Andreas Biesenbach

**Multi-Site-Scheduling in der chemischen Industrie**

D1823698

# GABLER EDITION WISSENSCHAFT

## Produktion und Logistik

Herausgegeben von
Professor Dr. Wolfgang Domschke,
Technische Universität Darmstadt,
Professor Dr. Andreas Drexl,
Universität Kiel,
Professor Dr. Bernhard Fleischmann,
Universität Augsburg,
Professor Dr. Hans-Otto Günther,
Technische Universität Berlin,
Professor Dr. Christoph Haehling von Lanzenauer,
Freie Universität Berlin,
Professor Dr. Karl Inderfurth,
Universität Magdeburg,
Professor Dr. Klaus Neumann,
Universität Karlsruhe,
Professor Dr. Christoph Schneeweiß,
Universität Mannheim (em.),
Professor Dr. Hartmut Stadtler,
Technische Universität Darmstadt,
Professor Dr. Horst Tempelmeier,
Universität zu Köln,
Professor Dr. Gerhard Wäscher,
Universität Magdeburg

**Kontakt:** *Professor Dr. Hans-Otto Günther, Technische Universität Berlin, FG BWL – Produktionsmanagement, Wilmersdorfer Str. 148, 10585 Berlin*

Diese Reihe dient der Veröffentlichung neuer Forschungsergebnisse auf den Gebieten der Produktion und Logistik. Aufgenommen werden vor allem herausragende quantitativ orientierte Dissertationen und Habilitationsschriften. Die Publikationen vermitteln innovative Beiträge zur Lösung praktischer Anwendungsprobleme der Produktion und Logistik unter Einsatz quantitativer Methoden und moderner Informationstechnologie.

Andreas Biesenbach

# Multi-Site-Scheduling in der chemischen Industrie

Anlagenbelegungsplanung
bei international verteilten
Produktionsstandorten

Mit einem Geleitwort von Prof. Dr. Rainer Leisten

Deutscher Universitäts-Verlag

Bibliografische Information Der Deutschen Nationalbibliothek
Die Deutsche Nationalbibliothek verzeichnet diese Publikation in der
Deutschen Nationalbibliografie; detaillierte bibliografische Daten sind im Internet über
<http://dnb.d-nb.de> abrufbar.

Dissertation Universität Duisburg-Essen, Campus Duisburg, 2006

1. Auflage Januar 2007

Alle Rechte vorbehalten
© Deutscher Universitäts-Verlag | GWV Fachverlage GmbH, Wiesbaden 2007

Lektorat: Brigitte Siegel / Nicole Schweitzer

Der Deutsche Universitäts-Verlag ist ein Unternehmen von Springer Science+Business Media.
www.duv.de

Umschlaggestaltung: Regine Zimmer, Dipl.-Designerin, Frankfurt/Main
Gedruckt auf säurefreiem und chlorfrei gebleichtem Papier
Printed in Germany

ISBN 978-3-8350-0641-6

# Geleitwort

Die Produktionsplanung in der chemischen Industrie bzw. in der Prozessindustrie ist lange Zeit eine Art Stiefkind der betriebswirtschaftlichen Forschung und Literatur gewesen. Die weit überwiegende Zahl entsprechender wissenschaftlicher Abhandlungen befasste und befasst sich vielmehr mit der Stückgutindustrie.

In Verbindung mit der Entwicklung, dass auch in der chemischen Industrie zunehmend weltweit agierende Großunternehmen die aufgebauten globalen Produktionsnetzwerke auch weltweit planen, stellt sich die Frage nach einer adäquaten methodischen Unterstützung dieser Planungstätigkeiten. Hierbei sind insbesondere die Spezifika dieser Branche, länderspezifische Anlagenunterschiede und die großen Entfernungen durch globale Belieferung zu berücksichtigen.

Andreas Biesenbach stellt sich in seiner Arbeit die Aufgabe, die existierenden Defizite in der Anlagenbelegungsplanung der chemischen Industrie dadurch zu reduzieren, dass er ein Planungsverfahren zur zentralen Anlagenbelegungsplanung bei international verteilten Produktionsstandorten (Multi-Site-Scheduling) für die chemische Industrie entwickelt. Dieses Verfahren setzt sich aus den Schritten Auftragszuordnung (zu einzelnen Standorten), Auftragsterminierung, Verfügbarkeitsprüfung und Reihenfolgeplanung (an dem einzelnen Standort) zusammen.

Hierbei bezieht der Autor bei der Entwicklung seines Planungsverfahrens die bekannten Methoden der lokalen Anlagenbelegungsplanung der Stückgutindustrie ein und passt sie an die besonderen Bedürfnisse einer Anlagenbelegungsplanung mit international verteilten Produktionsstandorten der chemischen Industrie an.

Da es sich bei dem hier vorliegenden Problem des Multi-Site-Scheduling um ein komplexes kombinatorisches Problem handelt, bei dem gleichzeitig mehrere Zielgrößen zu berücksichtigen sind und bei dem für das Lösungsverfahren eine praxisgerechte Handhabbarkeit mit kurzen Planungsdurchlaufzeiten gefordert wird, wird ein multikriterieller evolutionärer Algorithmus als Grundlage für das entwickelte Optimierungsverfahren ausgewählt.

Die Einsetzbarkeit des entwickelten Verfahrens weist Andreas Biesenbach eindrucksvoll und auch in didaktisch bemerkenswerter Form dadurch nach, dass er die Ergebnisse des Einsatzes des Verfahrens mit dem (manuellen) Planungsprozess vor Einführung des Multi-Site-Scheduling-Verfahrens vergleicht. Hierbei ist nicht nur die deutliche Zielwertverbesserung gegenüber der alten Planungssituation herauszustellen, sondern auch die Akzeptanz des Verfahrens in der Unternehmensplanung sehr groß.

Die vorliegende Monographie eröffnet neue Wege für die Anlagenbelegungsplanung in der chemischen Industrie. Da entsprechende Verfahren in der Literatur bislang nicht oder nur in engen Grenzen erörtert worden sind, stellt die Arbeit von Herrn Biesenbach einen wichtigen Beitrag zur wissenschaftlichen Diskussion in diesem Gebiet und auch eine fundierte Grundlage für eine praxisgerechte Anwendung dar. Daher wünsche ich der Arbeit sowohl in der Wissenschaft als auch in der Unternehmenspraxis eine ihrer Bedeutung angemessene weite Verbreitung.

Prof. Dr. Rainer Leisten

# Vorwort

Die vorliegende Arbeit entstand berufsparallel zu meiner Tätigkeit als Mitarbeiter in einem deutschen chemisch-pharmazeutischen Unternehmen. Für das große Verständnis, die Toleranz und die Rückendeckung meines ehemaligen Vorgesetzten (bis zu seiner Versetzung in den Ruhestand), Herrn Hans-Walter Hofmann und meines jetzigen Vorgesetzten, Herrn Dr. Helmut Bücker, bedanke ich mich ganz herzlich.

Besonderer Dank gebührt meinem akademischen Lehrer und Doktorvater, Herrn Prof. Dr. Rainer Leisten, der in kritischen Diskussionen wertvolle Anregungen gab. Nur in einer durch ihn geprägten Atmosphäre mit Offenheit, Menschlichkeit und gegenseitigem Vertrauen konnte diese Arbeit gelingen. Darüber hinaus möchte ich mich bei Herrn Prof. Dr. Chamoni bedanken, der trotz seiner hohen Arbeitsbelastung das Zweitgutachten übernahm.

Sicherlich wäre diese Arbeit gar nicht entstanden, wenn mir meine Eltern nicht eine entsprechende Ausbildung ermöglicht hätten. Mein herzlicher Dank gilt meinen Eltern, Frau Lore und Herrn Heribert Biesenbach, die mich tatkräftig und mental unterstützt und immer wieder motiviert haben.

Schließlich bedanke ich mich ganz besonders herzlich bei meiner Frau Alexandra und meinen beiden Kindern Esther und Alexander, ohne deren Rückhalt, Geduld, Unterstützung und Verzicht auf gemeinsame Stunden in der Familie diese Arbeit nicht entstanden wäre. Sie spornten mich immer wieder an und schafften mir zugleich die nötigen Freiräume, die es mir ermöglichten, diese Arbeit fertig zu stellen. Ihnen sei diese Arbeit gewidmet.

Andreas Biesenbach

# Inhaltsverzeichnis

Inhaltsverzeichnis ............................................................................. IX

Abbildungsverzeichnis ................................................................. XIII

Abkürzungs- und Symbolverzeichnis ........................................ XIX

    Abkürzungen .............................................................................. XIX

    Symbole ....................................................................................... XXI

        Symbole der Modellkonzeption und der Grundmodelle ............................ XXI

        Symbole der Verfahrensentwicklung ................................................. XXIV

**1 Einleitung** .................................................................................. 1

  1.1 Ausgangssituation und Problemstellung ................................... 1

  1.2 Zielsetzung und Aufbau der Arbeit .......................................... 4

**2 Abgrenzung des Untersuchungsbereichs und Begriffsbestimmung** ........ 8

  2.1 Prozessindustrie, chemische Industrie und Kunststoffindustrie ................. 9

    2.1.1 Mehrproduktanlagen .............................................................. 13

    2.1.2 Kunststoffherstellungsprozess ................................................. 14

    2.1.3 Produktionsprozessbeschreibung mit Hilfe eines Rezeptes ................ 15

  2.2 Produktionstypologische Abgrenzung des Untersuchungsbereichs ........... 17

  2.3 Einordnung der Anlagenbelegungsplanung in die Produktionsplanung ...... 33

    2.3.1 Produktionsplanung .............................................................. 33

    2.3.2 Operative Produktionsplanung und Anlagenbelegungsplanung ........... 35

    2.3.3 Rollierende Planung und Aggregationsgrade .............................. 41

    2.3.4 Simultanplanung ................................................................. 43

  2.4 Begriffsbestimmung: Auftragszuordnung bei international verteilten, redundanten Produktionsstandorten ........................................ 46

    2.4.1 Verteilte Standorte – Standortstrategien ................................... 46

    2.4.2 International verteilte Produktionsstandorte – Internationalisierungsstrategien – Standortfaktoren ................... 48

    2.4.3 Redundante Produktionsstandorte ........................................... 53

    2.4.4 Auftragszuordnung – Zuordnungskriterien ................................. 54

    2.4.5 Klassifizierung von international verteilten Produktionsstandorten .......... 57

2.5 Aufteilung der Planungsaufgaben bei verteilten Produktionsstandorten.....68

2.6 Funktionale Abgrenzung des Untersuchungsbereichs und
    Rahmenbedingungen ...........................................................................72

**3   Anforderungen an ein Verfahren zum Multi Site Scheduling ...............76**

3.1 Zielbestimmung .................................................................................77

    3.1.1   Ziele des Multi-Site-Scheduling ................................................. 77

    3.1.2   Ziele der Auftragszuordnung ...................................................... 82

3.2 Verfahrenseinsatz...............................................................................85

3.3 Funktionale Anforderungen ................................................................86

3.4 Leistungsbezogene Anforderungen.....................................................88

3.5 Qualitative Anforderungen ..................................................................90

3.6 Lastenheft..........................................................................................92

**4   Modellkonzeption .............................................................................94**

4.1 Modellbildung ....................................................................................94

4.2 Entscheidungsfeldprämissen.............................................................100

    4.2.1   Auftragsstrukturprämissen...................................................... 100

    4.2.2   Planungsdatenprämissen ........................................................ 103

    4.2.3   Standortstrukturprämissen ...................................................... 107

4.3 Problemstrukturprämissen.................................................................113

4.4 Ziel- und Bewertungsprämissen .......................................................115

    4.4.1   Ziel- und Bewertungsprämissen des Multi-Site-Scheduling ...................... 116

    4.4.2   Ziel- und Bewertungsprämissen der Auftragszuordnung ......................... 128

4.5 Modellstruktur...................................................................................129

**5   Grundmodelle und Lösungsansätze....................................................131**

5.1 Grundmodelle der Anlagenbelegungsplanung....................................131

    5.1.1   Anlagencharakteristika $\alpha$ ............................................................ 133

    5.1.2   Auftragscharakteristika $\beta$ ............................................................ 135

    5.1.3   Zielsetzungen $\gamma$..................................................................... 137

    5.1.4   Einordnung des Problems in die Tripel-Klassifizierung $(\alpha \mid \beta \mid \gamma)$................. 137

    5.1.5   Eignung der Grundmodelle zur Beschreibung des Problems.................... 139

5.2  Weitere Aspekte zur Charakterisierung des Multi-Site-Scheduling........... 140

    5.2.1  Unscharfe Planungsdaten ....................................................................... 140

    5.2.2  Mehrfachzielsetzung ............................................................................. 145

    5.2.3  Überbetriebliche Anlagenbelegungsplanung....................................... 145

    5.2.4  Komplexität des Problems..................................................................... 146

    5.2.5  Problemtyp .............................................................................................. 148

    5.2.6  Linearität des Modells und Art der Variablen....................................... 148

5.3  Auswahl eines geeigneten Lösungsverfahrens ..................................... 149

**6  Verfahrensentwicklung.........................................................................160**

6.1  Multikriterielle Evolutionäre Algorithmen................................................ 160

    6.1.1  Funktionsweise Evolutionärer Algorithmen ........................................ 161

    6.1.2  Auswahl der Repräsentation und Codierung....................................... 165

    6.1.3  Auswahl der Replikationsart................................................................. 168

    6.1.4  Auswahl der Mutationsart und Adjustierung der Mutationsparameter......... 170

    6.1.5  Besonderheiten multikriterieller Evolutionärer Algorithmen..................... 174

    6.1.6  NSGA-Algorithmus ............................................................................... 178

    6.1.7  Erweiterung des NSGA-Algorithmus ................................................... 182

    6.1.8  Abbruchkriterien ................................................................................... 187

    6.1.9  Generierung einer Anfangspopulation................................................. 188

    6.1.10 Zusammenfassende Betrachtung........................................................ 191

6.2  Konzept des Verfahrens .............................................................................. 192

6.3  Gestaltung der Auftragszuordnung........................................................... 197

    6.3.1  Problembeschreibung............................................................................ 197

    6.3.2  Auswahl eines geeigneten Verfahrens zur Zuordnung von Aufträgen
             zu Produktionsstandorten.................................................................... 199

    6.3.3  Zielerreichungsmatrix und MADM-Verfahren nach Topsis.................... 203

    6.3.4  Auswahl von relevanten Zuordnungskriterien ..................................... 204

    6.3.5  Ausprägung der relevanten Zuordnungskriterien ............................... 207

    6.3.6  Gewichtung der relevanten Zuordnungskriterien................................ 215

    6.3.7  Ermittlung der Produktionsstandorteignung ...................................... 219

6.4  Gestaltung der Auftragsterminierung........................................................ 228

    6.4.1  Auftragsterminierung als Datenlieferant .............................................. 229

    6.4.2  Auftragsterminierung zur Unterstützung der Auftragszuordnung .............. 234

6.5  Gestaltung der Verfügbarkeitsprüfung ..................................................... 235

6.6  Gestaltung der Reihenfolgeplanung ........................................................ 236

6.7  Auswahl eines bevorzugten Anlagenbelegungsplans aus vielen
     Planauftragslisten ................................................................................... 238

7    Validierung ........................................................................................... 241

7.1  Komplexitätstreiber des Fallbeispiels ..................................................... 243

7.2  Derzeitige manuelle Planung .................................................................. 244

7.3  Anwendung des entwickelten Verfahrens am Fallbeispiel ...................... 247

     7.3.1  Erfassung der relevanten Daten für das Fallbeispiel ...................... 247

     7.3.2  Leistungsfähigkeitsanalysen ........................................................... 252

     7.3.3  Akzeptanz ....................................................................................... 261

     7.3.4  Dauerhafter Einsatz des Verfahrens ............................................... 262

7.4  Zusammenfassende Betrachtung der Validierung .................................. 263

8    Zusammenfassung und Ausblick ........................................................ 264

Literaturverzeichnis ...................................................................................... 269

Anhang ............................................................................................................ 309

A 1 Vorgehensweise des Topsis-Verfahrens ................................................. 309

A 2 Beispiel für die Anwendung des Topsis-Verfahrens ................................ 312

A 3 Fuzzy-Sets und Fuzzy-Zahlen ................................................................. 314

A 4 Fuzzy-Algebra ......................................................................................... 318

A 5 Ranking von Fuzzy-Zahlen und Defuzzyfizierung ................................... 320

A 6 Überprüfung der Konsistenz der Paarvergleichsmatrix ........................... 324

A 7 Beispiel für die Berechnung des Gewichtungsvektors ............................. 326

A 8 Ergebnisdarstellung ................................................................................. 328

# Abbildungsverzeichnis

Abb. 1-1:   Zielsetzung ...............................................................................6

Abb. 2-1:   Differenzierung von Stückgut- und Prozessindustrie ....................12

Abb. 2-2:   Der Produktionsprozess von Thermoplasten ...............................14

Abb. 2-3:   Produktionstypologische Eingrenzung des
            Untersuchungsbereichs ..................................................................19

Abb. 2-4:   Die operative Produktionsplanung und ihre Aufgabenfelder ............34

Abb. 2-5:   Untersuchungsbereich Anlagenbelegungsplanung .......................39

Abb. 2-6:   Einbindung der Anlagenbelegungsplanung in eine
            rollierende Planung .........................................................................42

Abb. 2-7:   Aggregationsgrade von Anlagenbelegungsplanung und
            Produktionssteuerung ......................................................................43

Abb. 2-8:   Vergleich sukzessive und simultane Planung ...............................44

Abb. 2-9:   Typen von Standortstrategien ...........................................................47

Abb. 2-10:  Typen von Internationalisierungsstrategien .................................49

Abb. 2-11:  Standortfaktoren bei international verteilten Standorten ................53

Abb. 2-12:  Klassifizierung von Unternehmensnetzwerken ............................58

Abb. 2-13:  Aufteilung der Planungsaufgaben bei dezentralen
            Produktionsstandorten ..................................................................69

Abb. 2-14:  Funktionale Abgrenzung und Rahmenbedingungen ....................74

Abb. 3-1:   Übersicht über mögliche Zuordnungskriterien ...........................84

Abb. 3-2:   Lösungsmengen .............................................................................88

Abb. 3-3:   Lastenheft – Anforderungen an das Verfahren ............................93

Abb. 4-1:   Strukturierung der Modellprämissen ............................................97

Abb. 4-2:   Zusammensetzung der Auftragszeit ..............................................98

Abb. 4-3:  Zusammensetzung der Durchlaufzeit ............................................ 122

Abb. 4-4:  Modellstruktur ........................................................................... 130

Abb. 5-1:  Klassifizierung von Problemen der Anlagenbelegungsplanung ........ 133

Abb. 5-2:  Merkmale der Planungsdaten ....................................................... 141

Abb. 5-3:  Lösungsverfahren der Anlagenbelegungsplanung .......................... 151

Abb. 6-1:  Generationswechsel – Auswirkungen der genetischen
           Operatoren .................................................................................. 162

Abb. 6-2:  Prinzip Evolutionärer Algorithmen ................................................. 165

Abb. 6-3:  Codierung eines Evolutionären Algorithmus ................................... 167

Abb. 6-4:  Mutationsarten ............................................................................ 172

Abb. 6-5:  Strategieparameter ...................................................................... 173

Abb. 6-6:  Nicht-dominierte und Pareto-optimale Lösungen ........................... 176

Abb. 6-7:  Berechnung der Fitness nach dem Rang-Verfahren ....................... 179

Abb. 6-8:  Fitness-Sharing und Nischenradius .............................................. 181

Abb. 6-9:  Selektionsmechanismus .............................................................. 184

Abb. 6-10: Klassifikation der Populationsmodelle ........................................... 186

Abb. 6-11: Zusammenfassung ...................................................................... 192

Abb. 6-12: Verfahrenskonzept ...................................................................... 193

Abb. 6-13: Beispiel für unterschiedliche Standortzuordnungen ....................... 196

Abb. 6-14: Vorgehensweise der Zuordnung von Aufträgen zu
           Produktionsstandorten ................................................................. 202

Abb. 6-15: Zielerreichungsmatrix ................................................................. 203

Abb. 6-16: Beispiel für eine Hierarchie der Auftragszuordnungskriterien .......... 205

Abb. 6-17: Fuzzyfizierung der Auftragseigenschaften .................................... 208

Abb. 6-18: Fuzzyfizierung von unscharfen Ausdrücken .................................. 209

Abb. 6-19:  Vorgehensweise zur Fuzzyfizierung eines
            linguistischen Ausdrucks ................................................211

Abb. 6-20:  Umwandlungsskalen für linguistische Ausdrücke ............................213

Abb. 6-21:  Beispiel für Zielerreichungsmatrix mit scharfen und
            unscharfen Zahlen ..........................................................214

Abb. 6-22:  Paarweiser Vergleich von Zielkriterien ..............................................216

Abb. 6-23:  Gewichtung der hierarchisierten Zielkriterien (Beispiel)....................218

Abb. 6-24:  Gewünschte Auftrags- und Produktionsstandorteigenschaften ........220

Abb. 6-25:  Ungeeigneter Produktionsstandort bei zu maximierender
            Auftragseigenschaft.........................................................221

Abb. 6-26:  Geeigneter Produktionsstandort bei zu maximierender
            Auftragseigenschaft.........................................................222

Abb. 6-27:  Normierungsmaß ................................................................223

Abb. 6-28:  Angepasste Standorteigenschaft.....................................................223

Abb. 6-29:  Reduzierung eines gemischten MADM-Problems auf ein
            klassisches MADM-Problem..............................................225

Abb. 6-30:  Beispiel für Produktionsstandortzuordnung (Schritte 1 und 2)..........226

Abb. 6-31:  Beispiel für Produktionsstandortzuordnung (Schritt 3)....................227

Abb. 6-32:  Beispiel für Produktionsstandortzuordnung (Schritt 4)....................228

Abb. 6-33:  Ergebnisse der Auftragsterminierung .............................................230

Abb. 6-34:  Auftragsterminierung – Formeln/Ergebnisse für einen Auftrag i .......232

Abb. 6-35:  Auftragsterminierung – Formeln/Ergebnisse für Auftragsbestand ....233

Abb. 6-36:  Aufgaben der Terminierung bei der Auftragszuordnung..................234

Abb. 6-37:  Zur Rolle der Verfügbarkeitsprüfung................................................236

Abb. 6-38:  Auftragsreihenfolgeplanung................................................................237

Abb. 6-39:  Auswahl einer Planauftragsliste durch den Disponenten..................240

Abb. 7-1:   Komplexitätstreiber des Fallbeispiels .............................................244

Abb. 7-2:   Beispiel für Auftragszuordnung mit Hilfe einer Zuordnungsmatrix ....245

Abb. 7-3:   Ergänzung des Auftragsbestandes um qualitative
Zuordnungskriterien.......................................................................248

Abb. 7-4:   Auszug aus der Produktionsstandort-Tabelle....................................250

Abb. 7-5:   Rüstmatrizen (Übergangszeiten) für Produktionsstandort Nr. 1 .......251

Abb. 7-6:   Ergänzung des Auftragsbestandes um Transportzeiten
und -kosten....................................................................................252

Abb. 7-7:   Verbesserungspotenzial für Verfahrensdurchlauf Nr. 1 ...................254

Abb. 7-8:   Verbesserungspotenzial.................................................................255

Abb. 7-9:   Rechenzeiten des Fallbeispiels........................................................257

Abb. 7-10:  Vergleich der durchschnittlichen Planungsdurchlaufzeiten..............257

Abb. 7-11:  Vergleich der Mittelwerte der maximalen Verbesserungen
bei 1.000 und 500 Generationen ....................................................258

Abb. 7-12:  Einfluss der Startlösung.................................................................260

Abb. A 2-1: Schritt 1 des Topsis-Verfahrens ......................................................310

Abb. A 2-2: Schritte 2 und 3 des Topsis-Verfahrens ...........................................311

Abb. A 2-3: Schritte 4 und 5 des Topsis-Verfahrens ...........................................311

Abb. A 3-1: Zugehörigkeitsfunktion $\mu_{\tilde{A}}(x)$.............................................................313

Abb. A 3-2: Fuzzy-Zahl "ungefähr 10" ...............................................................314

Abb. A 3-2: Trapezförmige Fuzzy-Zahl...............................................................315

Abb. A 7-1: Schritte 1 und 2 bei der Gewichtung von Zielkriterien ....................324

Abb. A 7-2: Schritte 3 und 4 bei der Gewichtung von Zielkriterien ....................325

Abb. A 8-1: Darstellung der Pareto-Front ...........................................................326

Abb. A 8-2: Kapazitäts- und Kostenverteilung über die Produktionsstandorte ....326

Abb. A 8-3: Verteilung der Anzahl Aufträge über die Produktionsstandorte ........327

Abb. A 8-4: Pünktlichkeitsuntersuchung – Anzahl Aufträge...............................327

Abb. A 8-5: Pünktlichkeitsuntersuchung – Mengen...........................................328

Abb. A 8-6: Ablaufplan/Gantt-Diagramm für Produktionsstandort F05...............328

# Abkürzungs- und Symbolverzeichnis

## *Abkürzungen:*

| | |
|---|---|
| Abb. | Abbildung |
| APS | Advanced Planning System |
| Aufl. | Auflage |
| bzgl. | bezüglich |
| bzw. | beziehungsweise |
| ca. | circa |
| d. h. | das heißt |
| DEA | Data Envelopment Analysis |
| DIN | Deutsche Industrie-Norm |
| dyn. | dynamisch |
| EDI | Electronic Data Interchange |
| EDV | elektronische Datenverarbeitung |
| engl. | englisch |
| ERP | Enterprise Resource Planning |
| et al. | et alii |
| etc. | et cetera |
| EU | Europäische Union |
| evtl. | eventuell |
| f. | die bezifferte und die folgende Seite |
| ff. | die bezifferte und die folgenden Seiten |
| GE | Geldeinheit |
| ggf. | gegebenenfalls |
| GHz | Giga-Hertz |
| h | Stunden |
| Hrsg. | Herausgeber |
| Kap. | Kapitel |
| km | Kilometer |

| | |
|---|---|
| max. | maximal |
| min. | minimal |
| MTF | Make to Forecast |
| MTO | Make to Order |
| MTS | Make to Stock |
| Nr. | Nummer |
| PC | Personal Computer |
| PPS | Produktionsplanung und -steuerung |
| rel. | relativ |
| s. | siehe |
| S. | Seite |
| SCM | Supply Chain Management |
| sog. | so genannte |
| Tab. | Tabelle |
| u. | und |
| u. a. | unter anderem |
| u. U. | unter Umständen |
| usw. | und so weiter |
| vgl. | vergleiche |
| z. B. | zum Beispiel |
| z. T. | zum Teil |
| ZE | Zeiteinheit |

# Symbole:

## Symbole der Modellkonzeption und der Grundmodelle

| | |
|---|---|
| $(\alpha \mid \beta \mid \gamma)$ | Tripel zur Charakterisierung von Grundmodellen der Anlagenbelegungsplanung |
| a | Anzahl Aufträge |
| $AL_s$ | Anlagenleistung (Standortleistung) am Produktionsstandort s |
| $AM_i$ | Auftragsmenge des Auftrages i |
| $AW_i$ | Auftragswert des Auftrages i |
| $AZ_i$ | Auftragszeit des Auftrages i |
| $BEL_s$ | Belegungszeit des Produktionsstandortes s |
| $BK_{ges}$ | Summe der Bearbeitungskosten, Gesamtbearbeitungskosten des Auftragsbestandes |
| $BK_{i,s}$ | Bearbeitungskosten des Auftrages i am Produktionsstandort s |
| $BSK_s$ | Bearbeitungskostensatz am Produktionsstandort s |
| $BZ_{ges}$ | Summe der Bearbeitungszeiten, Gesamtbearbeitungszeit des Auftragsbestandes |
| $BZ_{i,s}$ | Bearbeitungszeit des Auftrages i am Produktionsstandort s |
| $DLZ_i$ | Durchlaufzeit des Auftrages i |
| $DLZ_m$ | mittlere Durchlaufzeit |
| $DLZ_{max}$ | maximale Durchlaufzeit |
| EDD | earliest due date (Prioritätsregel) |
| FLT | frühester Liefertermin (Prioritätsregel) |
| i (i=1...a) | Auftragsindex |
| j (j=1...n) | Zuordnungskriterienindex |
| KA | (Gesamt-)Kapazitätsauslastung des Auftragsbestandes |

| | |
|---|---|
| $KG_s$ | Kapazitätsgrenze des Produktionsstandortes s (Ressourcenangebot) |
| $K_{ges}$ | Summe der Kosten, Gesamtkosten des Auftragsbestandes |
| $k_{i,j}$ | Auftragsanforderung j des Auftrages i (Zuordnungskriterium) |
| $k_{s,j}$ | Standortbeschreibung j des Produktionsstandortes s (Zuordnungskriterium) |
| $KWT_i$ | Kundenwunschtermin des Auftrages i |
| $LK_{ges}$ | Summe der Lagerkosten, Gesamtlagerkosten des Auftragsbestandes |
| $LK_{i,s}$ | Lagerkosten des Auftrages i am Produktionsstandort s |
| $LKS_s$ | Lagerkostensatz am Produktionsstandort s |
| $LT_i$ | Liefertermin des Auftrages i |
| $LZ_{ges}$ | Summe der Lagerzeiten, Gesamtlagerzeit des Auftragsbestandes |
| $LZ_{i,s}$ | Lagerzeit des Auftrages i am Produktionsstandort s |
| m | Anzahl Produktionsstandorte, Produktionsanlagen |
| MS | Zykluszeit (Makespan) des Auftragsbestandes |
| n | Anzahl Zuordnungskriterien |
| NP | nicht polynomial |
| O | Komplexität, Rechenaufwand, Größenordnung eines Optimierungsproblems |
| $PT_i$ | Produktionsstarttermin des Auftrages i |
| PZ | Terminabweichungskostensatz, Prozentsatz |
| $RK_{ges}$ | Summe der Rüstkosten, Gesamtrüstkosten des Auftragsbestandes |
| $RK_{i,s}$ | Rüstkosten des Auftrages i am Produktionsstandort s |
| $RK_s$ | Rüstzeitmatrix, Farb- und Typwechsel bzgl. Kosten |

| | |
|---|---|
| $R_s$ | Rüstzeitmatrix, Farb- und Typwechsel bzgl. Kosten und Zeiten |
| $RZ_{ges}$ | Summe der Rüstzeiten, Gesamtrüstzeit des Auftragsbestandes |
| $RZ_{i,s}$ | Rüstzeit des Auftrages i am Produktionsstandort s |
| $RZ_s$ | Rüstzeitmatrix, Farb- und Typwechsel bzgl. Zeiten |
| s (s=1...m) | Produktionsstandorte-, Produktionsanlagenindex |
| $SK_{ges}$ | Summe der Terminabweichungskosten, Gesamtterminabweichungskosten des Auftragsbestandes |
| $SK_i$ | Terminabweichungskosten des Auftrages i |
| $SLZ_{ges}$ | Summe der Standortleerzeiten, Gesamtstandortleerzeit des Auftragsbestandes |
| $SLZ_s$ | Standortleerzeit des Produktionsstandortes s |
| T | Transportmatrix bzgl. Kosten und Zeiten |
| $TA_{ges}$ | Summe der Terminabweichungen, Gesamtterminabweichung des Auftragsbestandes |
| $TA_i$ | Terminabweichung des Auftrages i |
| TK | Transportmatrix bzgl. Kosten |
| $TK_{ges}$ | Summe der Transportkosten, Gesamttransportkosten des Auftragsbestandes |
| $TK_{i,s}$ | Transportkosten des Auftrages i am Produktionsstandort s |
| TKS | Transportkostensatz |
| TZ | Transportmatrix bzgl. Zeiten |
| $TZ_{ges}$ | Summe der Transportzeiten, Gesamttransportzeit des Auftragsbestandes |
| $TZ_{i,s}$ | Transportzeit des Auftrages i am Produktionsstandort s |

**Symbole der Verfahrensentwicklung**

**a) Evolutionäre Algorithmen**

| | |
|---|---|
| $\lambda$ | Populationsgröße, Anzahl Individuen einer Population |
| $\mu$ | Elternpopulationsgröße |
| $\sigma_{share}$ | Nischenradius |
| a | Anzahl Aufträge, Anzahl Planaufträge |
| EP | Größe der Elitepopulation |
| i, j (i, j=1...a) | Lösungs-, Individuum-, Auftragsindex |
| $MaxZG_z^n$ | Größte Ausprägung der Zielgröße z der n-ten Front |
| $MinZG_z^n$ | Kleinste Ausprägung der Zielgröße z der n-ten Front |
| MSW | Mutationsschrittweite |
| MUA | Mutationsart |
| MUR | Mutationsrate |
| n | Rangindex, Frontindex, Rang |
| NSGA | Nondominated-Sorting-Genetic-Algorithm |
| PAi | Planauftrag mit der Sequenznummer i |
| PMX | Partially Matched Crossover (Rekombinationsverfahren) |
| RZ | Rangzahl |
| x | Generationsindex |
| $ZG_z$ | Zielgröße z |

## b) Auftragszuordnung und Fuzzy

| | |
|---|---|
| $\alpha, \beta, \gamma, \delta$ | Eckpunkte trapezförmiger Fuzzy-Zahlen |
| $\lambda_{max}$ | größter Eigenwert der Paarvergleichsmatrix P |
| $\mu_{\tilde{A}}$ | Zugehörigkeitsfunktion von $\tilde{A}$ |
| $\varphi$ | Grad des Optimismus des Entscheiders |
| a | Anzahl Aufträge, Anzahl Planaufträge |
| $a_s$ | Alternative s |
| $\tilde{A}$ | Fuzzy-Menge, unscharfe Menge |
| $\tilde{A}SE_{ijs}$ | Angepasste Standorteigenschaft bezogen auf Kriterium j für Produktionsstandort s und Auftrag i |
| $d_s^+$ | Element s des positiven Abstandsvektors $D^+$ |
| $d_s^-$ | Element s des negativen Abstandsvektors $D^-$ |
| $D^+$ | Positiver Abstandsvektor |
| $D^-$ | Negativer Abstandsvektor |
| DLZ | Durchlaufzeit |
| $EG_{is}$ | Eignungsgrad eines Auftrages i für Produktionsstandort s |
| $\tilde{F}EG_{ijs}$ | Fuzzy-Eignungsgrad bezogen auf Kriterium j für Produktionsstandort s und Auftrag i |
| $\tilde{F}EG_{is}$ | Gesamt-Fuzzy-Eignungsgrad eines Auftrages i für Produktionsstandort s |
| $\tilde{G}AE_{ij}$ | Gewünschte, geforderte Auftragseigenschaft bezogen auf Kriterium j des Auftrages i |
| $I_T^\varphi(\tilde{N})$ | Totaler integraler Wert |
| $I_R(\tilde{N})$ | Rechter integraler Wert von $\tilde{N}$ |
| $I_L(\tilde{N})$ | Linker integraler Wert von $\tilde{N}$ |
| i (i=1...a) | Auftragsindex |
| j, l (j, l=1...n) | Eigenschaften-, Zuordnungs-, Zielkriterienindex |

| | |
|---|---|
| KI | Konsistenzindex |
| $k_j$ | Kriterium j, j-tes Element des Kriterienvektors |
| KW | Konsistenzwert |
| m | Anzahl Produktionsstandorte, Produktionsanlagen, Alternativen |
| MADM | Multi Attribute Decision Making |
| MODM | Multi Objective Decision Making |
| $\tilde{M}, \tilde{N}$ | Fuzzy-Zahlen |
| n | Anzahl Eigenschaften, Zielkriterien, Zuordnungskriterien |
| N | Vektor der relativen Nähe |
| $ND_{ij}$ | Normierungsmaß bezogen auf Kriterium j des Auftrages i |
| $n_s$ | Element s der relativen Nähe N |
| P | Paarvergleichsmatrix |
| $p_{lj}$ | Element der Paarvergleichsmatrix P bezogen auf Alternative l und j |
| QK | Qualitätskennzahl |
| R | Normalisierte Zielerreichungsmatrix |
| $\mathbb{R}$ | Menge $\mathbb{R}$ der reellen Zahlen |
| RI | Random Indices |
| $r_{sj}$ | Element der normalisierten Zielerreichungsmatrix R bezogen auf Alternative s und Kriterium j |
| $\tilde{SE}_{ijs}$ | Standorteigenschaft bezogen auf Kriterium j für Produktionsstandort s und Auftrag i |
| s (s=1...m) | Produktionsstandorte-, Produktionsanlagen-, Alternativenindex |
| SW | Schwellwert |
| V | Gewichtete, normalisierte Zielerreichungsmatrix |

| | |
|---|---|
| $v_{sj}$ | Element der gewichteten, normalisierten Zielerreichungs-matrix V bezogen auf Alternative s und Kriterium j |
| $v_j^+$ | Element j aus der Menge der positiv-idealen Lösungen $V^+$ |
| $v_j^-$ | Element j aus der Menge der negativ-idealen Lösungen $V^-$ |
| $V^+$ | Menge der positiv-idealen Lösungen |
| $V^-$ | Menge der negativ-idealen Lösungen |
| W | Gewichtungsvektor |
| $w_j$ | Gewichtung j, j-tes Element des Gewichtungsvektors W |
| X | Zielerreichungsmatrix |
| $x_{sj}$ | Element der Zielerreichungsmatrix X bezogen auf Alternative s und Kriterium j |

# 1 Einleitung

## 1.1 Ausgangssituation und Problemstellung

In den vergangenen Jahren hat sich die Wettbewerbssituation produzierender Unternehmen stark gewandelt. Als Antwort auf zunehmende Globalisierung der Märkte und steigende Kundenanforderungen setzen Unternehmen mehr und mehr Globalisierungs- und Internationalisierungsstrategien um. Dadurch verlagern Unternehmen gezielt Aktivitäten nach außerhalb des Heimatlandes.[1] Weitreichende Wettbewerbsvorteile werden erzielt, indem international verteilte Unternehmensstandorte aufgebaut werden und mit eigenständigen Partnern aus verschiedenen Ländern kooperiert wird. Ausdruck und Kennzeichen dieser Entwicklung sind u. a. international verteilte Produktionsstandorte in einem Unternehmensnetzwerk.[2]

Ein Unternehmensnetzwerk stellt eine auf die Realisierung von Wettbewerbsvorteilen zielende, von einem oder mehreren Unternehmen geführte Organisationsform dar. Hierbei zeichnen sich die im Unternehmensnetzwerk kooperierenden, oft rechtlich selbstständigen, wirtschaftlich jedoch zumeist abhängigen Unternehmen durch relativ stabile Beziehungen aus.[3] Produktionsnetzwerke – eine mögliche Ausprägung von Unternehmensnetzwerken – bestehen zumeist aus mehreren Produktionsstandorten, die sowohl organisatorisch dezentralisiert als auch räumlich verteilt sind.[4]

Der hohe Wettbewerbsdruck auf globalen Märkten zwingt die Unternehmen, gleiche und ähnliche Produktionsanlagen an unterschiedlichen Produktionsstandorten zu betreiben. Durch diese redundanten Produktionsstandorte werden einerseits kostenverursachende Überkapazitäten in Kauf genommen (die allerdings bei unerwartet hoher Nachfrage auch Wettbewerbsvorteile verschaffen), andererseits kann dem Kundenwunsch nach kurzen Lieferzeiten durch kürzere Transportzeiten besser entsprochen werden.[5] Der anhaltende Trend zur Verlagerung von Produk-

---

[1]  Vgl. Schuh/Eisen/Dierkes (2000), S. 64; Kreikebaum (1997), S. 255 f.

[2]  Vgl. Wildemann (2002), S. 40 f.; Picot/Reichwald/Wigand (2001), S. 316 f.; Baumgarten/Darkow (1999), S. 146.

[3]  Vgl. Sydow (1993), S. 315.

[4]  Vgl. Baumgarten/Darkow/Walter (2000), S. 17; Zadek/Priemer (2000), S. 204.

[5]  Vgl. Eversheim/Schellberg/Terhaag (2000), S. 36.

tionsaktivitäten ins Ausland, der durch die EU-Osterweiterung am 1. Mai 2004 weiter verstärkt wurde, bewirkt, dass der Anteil an Unternehmen mit geografisch verteilter Produktionsstruktur weiter steigen wird.[1]

Die oft komplexe Verflechtung räumlich verteilter Produktionsstandorte in einem
Produktionsnetzwerk bedingt, dass die bekannten, traditionellen Kontroll- und
Steuerungsmechanismen nicht mehr erfolgreich eingesetzt werden können.[2] Die
meisten Produktionsplanungs- und -steuerungssysteme sind auf eine unternehmensübergreifende, standortübergreifende, überbetriebliche Koordination nicht
zugeschnitten.[3] So werden in der Literatur Probleme der Produktionsplanung und
insbesondere der Anlagenbelegungsplanung häufig primär aus Sicht eines einzelnen, isolierten Produktionsstandortes betrachtet. Bei dieser lokal ausgerichteten
Planung bleibt eine Vielzahl von Fragestellungen unberücksichtigt, die sich dann
ergeben, wenn unterschiedliche Produktionsstandorte von einer zentralen Stelle
aus koordiniert werden sollen und Abstimmungsprozesse erforderlich sind. Wird
z. B. bei einer zentralen Anlagenbelegungsplanung das Ziel verfolgt, möglichst
geringe Kosten zu verursachen, so sind zusätzlich die Transportkosten und somit
u. a. die Entfernungen zwischen den Produktions- und Kundenstandorten bei der
Planung zu berücksichtigen.[4] Befinden sich die zur Verfügung stehenden Produktionsstandorte im Ausland, müssen zusätzlich länderspezifische Anforderungen
und Regularien bei der Anlagenbelegungsplanung berücksichtigt werden.[5]

Innerhalb der Produktionsplanung besteht die Aufgabe der Anlagenbelegungsplanung darin, eine Anzahl gegebener Produktionsaufträge (Auftragsbestand) innerhalb eines Anlagenverbundes so einzuplanen, dass alle Aufträge des Auftragsbestandes ausgeführt werden können. Diese Minimalanforderung wird durch weitere,
teilweise konkurrierende Ziele oder Anforderungen ergänzt; beispielsweise sollen
die durch die Anlagenbelegungsplanung in Form von Ablaufplänen zeitlich und
örtlich zugeordneten Aufträge zu minimalen Bearbeitungskosten, zu einer gleichmäßigen Auslastung der Produktionsanlagen und zu einer hohen Termintreue füh-

---

[1]  Vgl. Lücke (2004), S. 9.

[2]  Vgl. Schmidt/Meyer (2004), S. 4; Kaluza/Blecker (2001), S. 4; Picot/Neuburger (2000), S. 184;
     Appelrath/Freese/Sauer/Teschke (1999); S. 195.

[3]  Vgl. Schütte/Siedentopf/Zelewski (1999), S. 160 f.

[4]  Vgl. Sauer (2002), S. 6.

[5]  Vgl. Zeier (2002c), S. 33; Stieglitz/Prisczor/Steckel/Kraft (2001), S. 278.

ren.[1] Die Aufgaben der *zentralen* Anlagenbelegungsplanung in einem globalen Produktionsnetzwerk mit mehreren Produktionsanlagen an verschiedenen Produktionsstandorten orientieren sich neben der Machbarkeit (der Umsetzung eines Auftragsbestandes) an den Zielsetzungen des ganzen Netzwerkes, welche z. T. in Konflikt mit den lokalen Zielen an den Produktionsstandorten stehen können.

Produktionsprozesse der chemischen Industrie zeichnen sich durch eine besondere strukturelle Komplexität der Produktionsabläufe aus. So stellt die Produktionsplanung und damit auch die Anlagenbelegungsplanung von verfahrenstechnischen Mehrproduktanlagen – als typische Vertreter der Produktionsanlagen der chemischen Industrie – ein erheblich komplexeres Problem dar, als die Produktionsplanung in der stückgutorientierten Fertigungsindustrie.[2] Mehrproduktanlagen erfordern die Berücksichtigung zahlreicher Randbedingungen, die in der Stückgutindustrie in der Regel keine oder nur eine sehr geringe Bedeutung aufweisen.[3] Zu den besonderen Randbedingungen zählen beispielsweise, dass reihenfolgeabhängige Rüstzeiten und -kosten zu berücksichtigen sind und dass die einmal angelaufenen chemischen Produktionsprozesse nicht oder nur mit hohem Aufwand unterbrechbar sind.[4] Aus diesem Grunde können Konzepte zur Produktionsplanung und -steuerung, die für die Stückgutindustrie entworfen worden sind, nicht ohne weiteres auf die chemische Industrie übertragen werden. Vielmehr erfordert die chemische Produktion speziell auf die vorherrschenden Planungssituationen abgestimmte Planungsmodelle und Lösungsverfahren.[5]

Auch die chemische Industrie setzt, um die Folgen der Globalisierung des Wettbewerbs aufzufangen, zunehmend auf Unternehmensnetzwerke und insbesondere auf Produktionsnetzwerke mit international verteilten Produktionsstandorten.[6] Entsprechend muss auch in diesem Industriezweig die Anlagenbelegungsplanung auf die Verhältnisse einer globalen Standortstruktur zugeschnitten werden.

---

[1] Vgl. Lewis/Sweigart/Markland (1996), S. 3145; Fritz/Stobbe/Engell (1996), S. 150.

[2] Vgl. Crama/Pochet/Wera (2001), S. 5 ff.; Blömer (1999), S. 32 ff.; Fritz/Stobbe/Engell (1996), S. 149; Hofmann (1992), S. 30 f.

[3] Vgl. Fürer/Sanden (1998), S. 17; Loos (1997), S. 30 und S. 123.

[4] Vgl. Corsten/Gabriel (2002), S. 138; Stockrahm et al. (2001), S. 266 f. Weitere Besonderheiten der chemischen Industrie werden in Kap. 2.1 (Prozessindustrie, chemische Industrie und Kunststoffindustrie) aufgeführt.

[5] Vgl. Kießwetter (1999), S. 1.

[6] Vgl. Corsten/Gabriel (2002), S. 137; Stieglitz/Prisczor/Steckel/Kraft (2001), S. 276.

Zusammenfassend kann festgestellt werden, dass ein erheblicher Handlungsbedarf bei der Unterstützung der zentralen Anlagenbelegungsplanung in einem Produktionsnetzwerk der chemischen Industrie besteht. Die bestehenden Modelle und Lösungsansätze zur lokal ausgerichteten Anlagenbelegungsplanung für einen isolierten Produktionsstandort der Stückgutindustrie berücksichtigen folgende Aspekte nur unzureichend oder gar nicht:

- globale, standortübergreifende Ziele des Produktionsnetzwerkes, die mit den lokalen Zielen der Produktionsstandorte in Konflikt stehen können,

- standortübergreifende Prozessarten wie z. B. Transporte der Produkte zum Kunden sowie

- die vielfältigen Randbedingungen und Besonderheiten, die mit dem Einsatz von Mehrproduktanlagen in der chemischen Industrie verbunden sind.

## 1.2 Zielsetzung und Aufbau der Arbeit

Vor dem Hintergrund der geschilderten Defizite der heutigen Planungsmodelle und Lösungsansätze zur Anlagenbelegungsplanung besteht die Zielsetzung dieser Arbeit darin, ein Planungsverfahren zur zentralen Anlagenbelegungsplanung bei international verteilten Produktionsstandorten in der chemischen Industrie zu entwickeln. Das zu entwickelnde Verfahren zum Multi-Site-Scheduling[1] soll folgende Rahmenbedingungen und Anforderungen berücksichtigen (s. Abb. 1-1):

1. Es soll in Unternehmen der chemischen Industrie nutzbringend eingesetzt werden können, insbesondere in Unternehmen, die Kunststoffe in Form von Granulaten herstellen.

2. Hierbei weisen die Unternehmen eine globale Standortstruktur mit international verteilten, z. T. redundanten Produktionsstandorten auf.

3. Das Multi-Site-Scheduling-Verfahren soll Ablaufpläne erstellen, die im Hinblick auf die Einhaltung von relevanten Randbedingungen als zulässig bezeichnet werden können und die gleichzeitig unterschiedliche, standortüber-

---

[1] Im Folgenden wird der Begriff Multi-Site-Scheduling verwendet, wenn eine zentrale Anlagenbelegungsplanung bei verteilten Produktionsstandorten gemeint ist.

greifende Zielsetzungen erfüllen. Da hierbei gleichzeitig mehrere Zielgrößen zu beachten sind, soll das Verfahren mehrere alternative, hinsichtlich der Zielgrößen optimale Ablaufpläne ausgeben. Der Anwender des Verfahrens kann dann aus diesen alternativen Ablaufplänen einen geeigneten Ablaufplan auswählen.

4. Die im Rahmen der Anlagenbelegungsplanung durchzuführenden Planungsschritte – Auftragszuordnung, Auftragsterminierung, Verfügbarkeitsprüfung und Reihenfolgeplanung – sind durch Interdependenzen gekennzeichnet.[1] Aufgrund dieser Wechselwirkungen führt ein Verfahren, dass die genannten Planungsschritte sukzessive durchführt, zu suboptimalen Ergebnissen. Wesentlich bessere Ergebnisse lassen sich dagegen mit Hilfe sog. Simultanplanungsverfahren erzielen.[2] Aus diesem Grunde soll das hier zu entwickelnde Multi-Site-Scheduling-Verfahren die erforderlichen Planungsschritte simultan durchführen.

5. Der Auftragszuordnung innerhalb des Multi-Site-Scheduling muss eine besondere Rolle aufgrund der international verteilten Produktionsstandorte zugewiesen werden. Die Auftragszuordnung hat die Aufgabe, entsprechend den Auftragsanforderungen den (im Hinblick auf die Zielsetzungen) bestgeeigneten Produktionsstandort jeweils für jeden Auftrag des Auftragsbestands auszuwählen. Hierbei sind bei der Zuordnung von Aufträgen zu Produktionsstandorten neben Kriterien wie Transportkosten und -zeiten auch Kriterien von Bedeutung, welche die Lage und das Umfeld der Produktionsstandorte im Ausland berücksichtigen. So müssen beispielsweise steuerliche Gesichtspunkte, aber auch schwer erfassbare, unscharfe Kriterien wie klimatische Bedingungen bei der Auftragszuordnung berücksichtigt werden können.

6. Da das Multi-Site-Scheduling-Verfahren in der betrieblichen Praxis eingesetzt werden soll, muss sich die Laufzeit des Verfahrens der durch das rollierende Planungsumfeld vorgegebenen Planrevision[3] unterordnen. Aufgrund der in der chemischen Industrie üblichen Produktvielfalt und aufgrund eines Pla-

---

[1]  Vgl. Knolmayer (2001), S. 137; Mertens (2000), S. 179 f.

[2]  Vgl. Corsten (2000a), S. 512; Wöhe (1997), S. 155; Zäpfel (1982), S. 298.

[3]  Der Begriff *Planrevision* wird in Kap. 2.3.3 (Rollierende Planung und Aggregationsgrade) definiert.

nungshorizontes von ein bis drei Monaten ergibt sich eine vergleichsweise hohe Anzahl an Planaufträgen (pro Auftragsbestand), die eingeplant werden müssen. Da insbesondere durch die Anzahl der gleichzeitig einzuplanenden Planaufträge die Problemkomplexität exponentiell steigt,[1] muss das hier zu entwickelnde Multi-Site-Scheduling-Verfahren in der Lage sein, auch für Problemstellungen realer Größe, d. h. für einen großen Auftragsbestand, in angemessener Zeit die geforderten Ablaufpläne zu erstellen.

**Abb. 1-1:** *Zielsetzung*

Die vorliegende Arbeit gliedert sich im Anschluss an diese Einleitung in sieben weitere Kapitel. Zur Erreichung der genannten Zielsetzung wird zunächst in Kapitel 2 eine Abgrenzung des Untersuchungsbereiches vorgenommen. Hierbei werden die Besonderheiten der chemischen Industrie und der Kunststoffindustrie dargestellt, indem die Unterschiede zur Stückgutindustrie hervorgehoben werden.

---

[1] Zur Definition und Erläuterung der Problemkomplexität s. Kap. 5.2.4 (Komplexität des Problems).

Neben der Erläuterung der wesentlichen Begriffe, die oftmals in der Praxis unterschiedliche Bedeutungen haben, wird durch eine ausführliche Typologisierung des Untersuchungsbereiches der Leser in die Lage versetzt, hieraus auf Einsatzmöglichkeiten in anderen Branchen zu schließen. Auch werden in diesem Kapitel die Aufgaben der Anlagenbelegungsplanung im Allgemeinen identifiziert. Im Besonderen werden die Aufgaben einer zentralen Anlagenbelegungsplanung sowie die Problematik der Auftragszuordnung bei international verteilten Produktionsstandorten herausgestellt.

In Kapitel 3 werden dann die Anforderungen an ein Verfahren zum Multi-Site-Scheduling aufgestellt und in einem Lastenheft zusammengefasst. Das Lastenheft dient als Grundlage, um hieraus das Modell zum Multi-Site-Scheduling zu entwickeln, bei dem die isolierte Betrachtung der lokalen Anlagenbelegungsplanung auf die globale Ausrichtung von Produktionsnetzwerken erweitert wird. Das Modell zum Multi-Site-Scheduling wird in Kapitel 4 durch 34 Modellprämissen beschrieben. In Kapitel 5 werden zunächst die grundsätzlich in Frage kommenden Lösungsansätze zur Anlagenbelegungsplanung aufgezeigt und analysiert, um anschließend die Lösungsverfahren zielgerichtet auszuwählen, welche die Anforderungen der hier vorliegenden Problemstellung unter Beachtung der getroffenen Modellprämissen am besten erfüllen.

Auf dem Modell zum Multi-Site-Scheduling und der anforderungsgerechten Verfahrensauswahl fußt schließlich die Entwicklung des Verfahrens zum Multi-Site-Scheduling in Kapitel 6; insbesondere wird hier die algorithmische Umsetzung detailliert beschrieben. Das entwickelte Verfahren wird abschließend in Kapitel 7 prototypisch implementiert, und seine Leistungsfähigkeit wird anhand eines Praxisbeispiels aus der Kunststoffindustrie evaluiert.

Kapitel 8 schließt diese Arbeit mit einer Zusammenfassung der Ergebnisse und einem Ausblick auf noch nicht betrachtete, aber sinnvolle Erweiterungsmöglichkeiten von Problemstellung und Lösungsverfahren ab.

# 2  Abgrenzung des Untersuchungsbereichs und Begriffsbestimmung

Bevor mit der in Kapitel 1 festgelegten Zielsetzung (Entwicklung eines Verfahrens zum Multi-Site-Scheduling in der chemischen Industrie) begonnen werden kann, müssen die hier behandelte Problemstellung (Kapitel 2) beschrieben, die Anforderungen an ein Verfahren zur Problemlösung (Kapitel 3) aufgestellt sowie ein Modell zur Abbildung des Problems (Kapitel 4) entwickelt werden. In diesem Kapitel wird die Problemstellung der Anlagenbelegungsplanung bei verteilten Produktionsstandorten in der chemischen Industrie beschrieben und damit auch der Einsatzbereich des zu entwickelnden Verfahrens zum Multi-Site-Scheduling abgegrenzt.

Da das Einsatzgebiet des Verfahrens in der chemischen Industrie liegen soll, wird zunächst auf die Eigenarten der chemischen Industrie im Vergleich zur Stückgutindustrie eingegangen. Der Vergleich zur Stückgutindustrie wird deshalb gezogen, da in der Literatur Ansätze zur Produktionsplanung meist für die Stückgutindustrie entwickelt wurden, und diese nicht ohne weiteres auf die chemische Industrie übertragen werden können.[1] Darauf aufbauend wird der Einsatzbereich bzgl. des Produktionstyps abgegrenzt.

Ehe die von dem Verfahren zum Multi-Site-Scheduling abzudeckenden Funktionen definiert werden können, erfolgt eine Einordnung des sich aufgrund des Produktionstyps ergebenden Problems der Anlagenbelegungsplanung in das Produktionsplanungsumfeld. Anschließend werden die Besonderheiten der Auftragszuordnung bei international verteilten Produktionsstandorten und die daraus resultierende Aufteilung der Planungsaufgaben erläutert. Die Rahmenbedingungen und der Anwendungsbereich werden in einer funktionalen Abgrenzung zusammengefasst.

---

[1]  Vgl. Crama/Pochet/Wera (2001), S. 3–5; Blömer (1999), S. 3; Kießwetter (1999), S. 1; Königsperger (1997), S. 130 ff.; Allweyer/Loos/Scheer (1996), S. 1 f.; Hofmann (1992), S. 30–33. Auch sind viele Begriffe zur Produktionsplanung aus der Stückgutindustrie entnommen, z. B. Stücklistenauflösung, Arbeitsplan, Maschinenbelegungsplanung.

## 2.1 Prozessindustrie, chemische Industrie und Kunststoffindustrie

Obwohl die Begriffe Prozessindustrie und chemische Industrie sowohl in der Literatur als auch in der betrieblichen Praxis verbreitet Verwendung finden, bietet die Literatur keine eindeutige, allgemein eingeführte Abgrenzung der beiden Begriffe zu anderen Industriebereichen.[1]

Eine Möglichkeit zur Charakterisierung der chemischen Industrie ergibt sich in der Abgrenzung zu anderen Industriezweigen nach wirtschaftsstatistischen Kriterien. In Wirtschaftsstatistiken wird die chemische Industrie als Teilbereich des verarbeitenden Gewerbes eingeordnet. Die Herstellung folgender Produktgruppen wird demnach der chemischen Industrie zugeordnet:[2]

- Industriegase,

- Farbstoffe und Pigmente,

- sonstige anorganische sowie organische Grundstoffe und Chemikalien,

- Düngemittel und Stickstoffverbindungen,

- Kunststoffe in Primärform,

- synthetischer Kautschuk in Primärform,

- Schädlingsbekämpfungs- und Pflanzenschutzmittel,

- Anstrichmittel, Druckfarben, Lacke, Emaille und Kitte,

- pharmazeutische Grundstoffe, pharmazeutische Spezialitäten und sonstige pharmazeutische Erzeugnisse,

- Seifen, Wasch-, Reinigungs- und Poliermittel, Duft- und Körperpflegemittel,

- pyrotechnische Erzeugnisse, Klebstoffe und Gelatine, ätherische Öle,

- fotochemische Erzeugnisse, unbespielte Ton-, Bild- und Datenträger sowie

- Chemiefasern.

---

[1] Vgl. Loos (1995), S. 215; Corsten/May (1994), S. 874.

[2] Vgl. Statistisches Bundesamt (2002), S. 15.

Eine andere Möglichkeit, die chemische Industrie zu charakterisieren, besteht in der Abgrenzung der Eigenarten der Produktionsprozesse[1]. Demnach ist ein Unternehmen der chemischen Industrie zuzuordnen, wenn in der Produktion vorwiegend stoffumwandelnde, also chemische Produktionsprozesse eingesetzt werden.[2] In der Regel sind diese chemischen Prozesse (z. B. Elektrolyseverfahren, fotochemische Verfahren, chemische Reaktionen) zusätzlich mit der Durchführung unterschiedlichster physikalischer Vorgänge (z. B. Zerkleinern, Sieben, Filtrieren, Mischen) verbunden.[3] Die Kombination von chemischen und physikalischen Umwandlungsprozessen wird als verfahrenstechnischer Prozess oder aber auch als Verfahrenstechnik bezeichnet.[4]

DIN 8580 unterscheidet verfahrenstechnische von diskreten Produktionsprozessen.[5] Zu den verfahrenstechnischen Produktionsvorgängen gehören die Stoffumwandlung, die Stoffgewinnung, die Stoffaufbereitung und das Mischen. Diskrete Produktionsvorgänge werden durch die Produktionstechnologien wie Urformen, Umformen, Trennen und Fügen beschrieben.[6]

Verfahrenstechnische Prozesse werden nicht nur zur Herstellung der in der obigen Liste aufgeführten chemischen Produktgruppen verwendet.[7] Vielmehr setzt eine Vielzahl von Industriezweigen die Verfahrenstechnik zur Herstellung ihrer Produkte ein. Als Beispiele für die verfahrenstechnische Industrie seien hier genannt: Glas-, Keramik- und Zementindustrie, Stahlindustrie, Gummi- und Papierindustrie

---

[1] Unter einem Produktions- bzw. Leistungserbringungsprozess wird ein Vorgang verstanden, bei dem Einsatzstoffe in einer bestimmten Zeit unter Nutzung von Betriebsmitteln und menschlicher Arbeitskraft in Ausbringungsstoffe (Produkte, Erzeugnisse) transformiert werden; vgl. Corsten (2000a), S. 11. Günther und Tempelmeier beschreiben den Produktionsprozess als Folge von Arbeitsgängen, die von Arbeitssystemen an Arbeitsobjekten vollzogen werden; vgl. Günther/Tempelmeier (2000), S. 13. Unter Produktion wird zum einen die Erzeugung von Produkten aus materiellen und nichtmateriellen Einsatzgütern nach bestimmten technischen Verfahren verstanden, zum anderen wird darunter die Organisationseinheit bzw. der Funktionsbereich eines Unternehmens verstanden, in der bzw. in dem die Produkte hergestellt werden – Produktion wird als Subsystem eines Unternehmens verstanden; vgl. Corsten (2000a), S. 1 f.; Schneeweiß (1997), S. 6 ff.

[2] Vgl. Uhlig (1995), S. 338; Corsten/May (1994), S. 873; Riebel (1963), S 21.

[3] Vgl. Corsten/May (1994), S. 873.

[4] Vgl. Eversheim (1996), S. 1534–1544; Hoitsch (1993), S. 20 f.

[5] Vgl. DIN 8580. Die Industrie, die hauptsächlich diskrete Produktionsprozesse einsetzt, wird Stückgutindustrie genannt.

[6] Die Auflistung ist nicht vollständig, weitere Produktionsprozesse werden in der DIN 8580 aufgeführt.

[7] Vgl. Riebel (1963), S 64.

sowie Nahrungsmittelindustrie.[1] Die verfahrenstechnische Industrie wird in Anlehnung an den englischen Begriff „Process Industry" auch als Prozessindustrie bezeichnet. Folglich kann die chemische Industrie als ein Teil der Prozessindustrie definiert werden.[2]

Ein weiteres Charakteristikum der Prozessindustrie und damit auch der chemischen Industrie ist die Verwendung ungeformter, gestaltloser Materialien. Diese Materialien bestehen aus losen Stoffteilchen, die sich ohne größere Krafteinwirkung gegeneinander verschieben lassen.[3] Insbesondere in der chemischen Industrie liegen die Roh- und Zwischenprodukte fast durchweg als Flüssigkeiten, Pasten, Schüttgüter oder Gase vor. Endprodukte liegen dagegen auch als geformte Güter[4] wie z. B. Tabletten oder Seifen vor. In anderen Bereichen der Prozessindustrie wie der Papierindustrie oder der Stahlindustrie treten sowohl auf der Rohstoff- als auch auf der Produktseite geformte Güter auf.[5] Aufgrund der Eigenschaften von ungeformten Materialien stellen diese spezielle Anforderungen an Handhabung und Lagerung. Ungeformte Materialien werden meist zu ihrem eigenen Schutz und zum Schutz der Umwelt in Behältern gelagert und transportiert. Typische Behälter sind beispielsweise Fässer, Silos, Kessel, Rohrleitungen etc.[6]

Im Gegensatz zu ungeformten Materialien weisen geformte Materialien einen inneren Zusammenhalt auf. Meist können geformte Materialien nach der Dimension ihrer festgelegten Form differenziert werden.

Neben der Materialform ist die Teilbarkeit der Güter ein weiteres Kriterium zur Charakterisierung der Prozessindustrie. Es kann zwischen nichtteilbaren Gütern, den Stückgütern, und den beliebig teilbaren Gütern, den Fließgütern, unterschieden werden. Fließgüter sind oft Flüssigkeiten (z. B. Getränke, Benzin); bei geformten Fließgütern sind lediglich die Breite und die Höhe festgelegt, nicht aber die

---

[1]  Vgl. Zeier (2002b), S. 8; Loos (1995), S. 214 f.

[2]  Vgl. Loos (1997), S. 3.

[3]  Vgl. Riebel (1963), S. 47.

[4]  Mit dem Begriff Güter werden sowohl Produkte als auch Einsatzstoffe wie Rohstoffe bezeichnet. Als Gut wird ein Stoff bezeichnet, der durch einen Produktionsprozess weiterverarbeitet wurde oder weiterverarbeitet werden kann; vgl. Dyckhoff (2003), S. 22 u. 123; Corsten (2000a), S. 8; Schönsleben (2000), S. 4 f. Ein durch einen Bearbeitungsprozess entstehendes bzw. freigesetztes und am Markt angebotenes Gut heißt Produkt; Weber (2001), S. 6 f.

[5]  Vgl. Loos (1997), S. 20–22.

[6]  Vgl. Riebel (1963), S. 419.

Länge (z. B. Stahlbleche, Stangen). Dagegen sind bei Stückgütern (z. B. Maschinen, Automobilen) alle drei Dimensionen festgelegt. Zwischen geformten Fließgütern und Stückgütern lassen sich die Schüttgüter einordnen: bei deren Herstellung entstehen in einer Zwischenstufe geformte Fließgüter, die dann in einem letzten Arbeitsschritt in viele kleine, etwa gleich große Teile zerkleinert werden. Diese schüttbaren Güter werden charakterisiert durch die Körnung bzw. die Granularität, welche die korngrößenmäßige Zusammensetzung beschreibt.[1]

Die Teilbarkeit der Materialien stellt spezielle Anforderungen an die Verrechnung von Mengen. Die Mengen von Stückgütern werden in der Regel in der Dimension Anzahl bzw. Stück berechnet. Hingegen wird die Quantität von Fließgütern meist in Volumen- oder Gewichtseinheiten gemessen.[2]

Zusammenfassend lässt sich hier feststellen, dass sich durch die unterschiedliche Ausprägung von zwei entscheidenden Merkmalen eine Abgrenzung der Prozessindustrie von der Stückgutindustrie ergibt (s. Abb. 2-1):

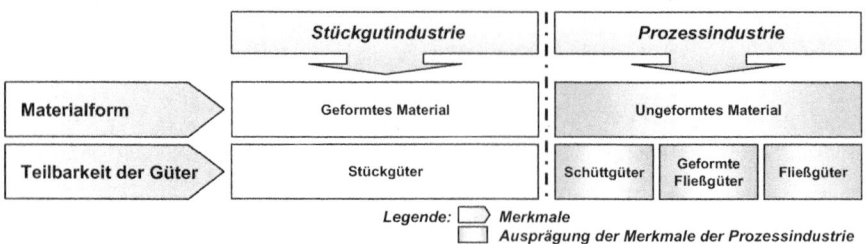

**Abb. 2-1**: *Differenzierung von Stückgut- und Prozessindustrie*

Entsprechend der Formulierung der Zielsetzung soll der Einsatzbereich des zu entwickelnden Verfahrens innerhalb der Prozessindustrie liegen, insbesondere bei der chemischen Industrie, und dort speziell bei der Industrie, die Kunststoffe in Primärform erzeugt. Letztere wird auch als Kunststoffindustrie[3] bezeichnet.

---

[1]  Vgl. Günther/Tempelmeier (2000), S. 11; Blömer (1999), S. 6; Schulze (1999), S. 143; Eisenführ (1998), S. 220.

[2]  Vgl. Loos (1997), S. 22.

[3]  Die Kunststoffindustrie ist nicht zu verwechseln mit der kunststoffverarbeitenden Industrie. Die kunststoffverarbeitende Industrie benötigt als Ausgangsmaterial das Produkt der Kunststoffindustrie, um daraus bei der Weiterverarbeitung Produkte wie z. B. Spritzgussteile herzustellen.

## 2.1.1 Mehrproduktanlagen

Der Kunde verlangt nach immer stärker auf sein Einsatzgebiet zugeschnittenen Produkten.[1] Für das Unternehmen bedeutet dies eine stärkere Produktdiversifikation, um im Wettbewerb mithalten zu können. Hierbei sinken die Produktionsmengen der einzelnen Produkte. Würde, wie noch vor 10 bis 20 Jahren, für jedes dieser Produkte eine eigene Produktionsanlage[2] vorgehalten, wäre diese dann nur noch selten ausgelastet. Die erzielbaren Preise würden die Produktionskosten nicht mehr decken. Eine mögliche Antwort auf diese Herausforderung besteht darin, die Produktionsanlagen flexibler bzgl. der Anzahl an unterschiedlichen Produkten und der Produktionsmenge zu gestalten.

Mehrproduktanlagen in der chemischen Industrie sind Anlagen, in denen je nach Anforderung des Marktes verschiedene Produkte erzeugt werden können.[3] Es werden nach weitgehend gleichen Verfahren[4] nacheinander verschiedene, aber meist ähnliche Produkte, beispielsweise aus einer Produktfamilie, hergestellt. Diese Anlagen sind in erster Linie für eine begrenzte Zahl von Produkten ausgelegt und aufgebaut. Mehrproduktanlagen weisen zum einen eine hohe Sortimentsflexibilität auf, d. h. ohne wesentliche Veränderung der Anlagenelemente können unterschiedliche Produkte hergestellt werden. Die Sortimentsflexibilität wird erkauft mit Rüst- und Reinigungsaufwendungen bei einem Produktwechsel. Zum anderen weisen Mehrproduktanlagen eine hohe kapazitive Flexibilität auf, d. h. sie können sowohl kleinere als auch größere Mengen wirtschaftlich produzieren.[5] Mehrproduktanlagen bestehen in der Regel aus einer Reihe von Apparateeinheiten, die in mehreren Stufen mit jeweils mehreren Apparaten gruppiert sind. Wegen der Ähnlichkeit der Herstellungsvorschriften durchläuft jedes Produkt die notwendigen Prozessschritte in derselben Reihenfolge.

---

[1]   Vgl. Corsten/Gabriel (2002), S. 19 und S. 24 ff.; Corsten (2000a), S. 4; Kießwetter (1999), S. 1; Adam (1997), S. 28.

[2]   Das Zusammenschalten von Apparaten, Maschinen, Rohrleitungen usw. wird Produktionsanlage bzw. Anlage genannt; vgl. Kögl/Moser (1981), S. 13. Eine Produktionsanlage umfasst alle technischen Einrichtungen, die zur Herstellung eines Produktes notwendig sind; vgl. Helget/Kersting (1998), S. 165. In der chemischen Industrie spricht man meist von Anlagen, während in der Stückgutindustrie von Maschinen gesprochen wird; vgl. Loos (1997), S. 123.

[3]   Vgl. Fürer/Rauch/Sanden (1998), S. 3; Fritz/Stobbe/Engell (1996), S. 149.

[4]   Bei sog. Vielzweck- oder Mehrzweckanlagen werden die verschiedenen Produkte nach verschiedenen Verfahren hergestellt; vgl. Blömer (1999), S. 13; Fürer/Rauch/Sanden (1998), S. 4.

[5]   Vgl. Blömer (1999), S. 13 f.; Fürer/Sanden (1998), S. 17; Gruhn/Fichtner/Jänicke (1983), S. 52.

Mehrproduktanlagen findet man in der chemischen Industrie dort, wo Produkte hergestellt werden, deren Marktmenge klein und deren Wertschöpfung verhältnismäßig hoch sind.[1] Die Absatzmengen der Produkte bewegen sich zwischen einigen hundert Kilogramm und einigen hundert Tonnen pro Jahr. Massenprodukte der chemischen Industrie werden auf Einprodukt- bzw. Monoanlagen produziert. Diese weisen Absatzmengen bis zu mehreren Millionen Tonnen pro Jahr auf.[2]

Ein typisches Einsatzgebiet von Mehrproduktanlagen ist die Herstellung von Kunststoffen.

### 2.1.2 Kunststoffherstellungsprozess

Um den Einsatzbereich des zu entwickelnden Verfahrens zur Produktionsplanung einzugrenzen, wird zunächst der Produktionsprozess von Thermoplasten[3] anhand des dieser Arbeit zugrunde liegenden Referenzprozesses verdeutlicht. Der Einsatzbereich des Verfahrens soll nicht nur auf den folgenden Kunststoffherstellungsprozess beschränkt bleiben, vielmehr soll der Leser mit Hilfe der groben Prozessbeschreibung in die Lage versetzt werden, ähnliche Prozesse aus evtl. anderen Branchen[4] zu identifizieren, bei denen das zu entwickelnde Verfahren zum Einsatz kommen könnte.

Die Herstellung von technischen Thermoplasten erfolgt in drei Produktionsstufen: Polymerisation, Compoundierung und Verpackung (s. Abb. 2-2).

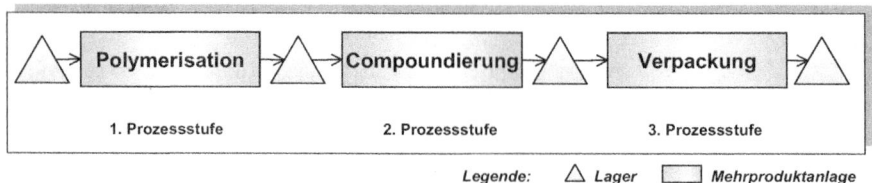

**Abb. 2-2:** *Der Produktionsprozess von Thermoplasten*

---

[1]    Vgl. Engell et al. (2001), S. 649.

[2]    Vgl. Blömer (1999), S. 14; Sanden (1998), S. 7; Loos (1997), S. 49.

[3]    Thermoplaste sind Kunststoffe, die sich mehrfach nach Erwärmung umformen lassen. Sie eignen sich besonders für das Spritzgießen, da sie nach dem Abkühlen ihre ursprünglichen physikalischen und chemischen Eigenschaften zurückgewinnen; vgl. Echte (1993), S. 111 ff.; Philip/ Stevens (1987), S. 239.

[4]    Zum Begriff Branche s. Zeier (2002a), S. 1.

Den ersten Schritt des Produktionsprozesses bildet die Polymerisation. Hierbei werden einzelne Moleküle, sog. Monomere, unter Einwirkung von Wärme mit Hilfe von Katalysatoren zu langen Molekülketten verknüpft.[1] Nach abgeschlossener Polymerisation werden die Polymere zwischengelagert, bevor in der zweiten Prozessstufe sog. Compounds hergestellt werden. Hierbei werden die in der ersten Prozessstufe erzeugten Polymere mit Additiven wie Verarbeitungshilfsmitteln, Füllstoffen und Farbmitteln gemischt.[2] Die physikalischen und chemischen Eigenschaften der technischen Thermoplaste werden überwiegend durch den Molekülaufbau bestimmt und somit durch die Polymerisation festgelegt. Durch das Hinzufügen der Additive lassen sich weitere Eigenschaftsverbesserungen erzielen; hierzu zählen die sog. Weichmacher, welche die Verarbeitung beim Kunden deutlich erleichtern. Weitere Additive sind Stabilisatoren, die den Kunststoff resistent etwa gegen UV-Strahlung oder Feuchtigkeit machen. Auch antistatisch oder flammhemmend wirkende Zusätze werden in der Compoundierung hinzugegeben.

Im letzten Bearbeitungsprozess innerhalb der Compoundierung wird die zähflüssige Kunststoffmasse durch Lochdüsen gepresst, mit rotierenden Messern abgetrennt und getrocknet; es entstehen sog. Pellets, das Kunststoffgranulat.[3] Dieses wird dann mittels Rohrleitungen in ein Silo, das als Zwischenlager dient, weiterbefördert. Von dort aus wird das Granulat in unterschiedlichste Verpackungen abgefüllt. Können nicht alle verpackten Produkte direkt zum Kunden weiterbefördert werden, müssen diese bis zum Versand lagern.

### 2.1.3 Produktionsprozessbeschreibung mit Hilfe eines Rezeptes

In der Stückgutindustrie hat sich eine Zweiteilung der Produktionsprozessbeschreibung durchgesetzt. Zum einen dient die Stückliste der Beschreibung der Erzeugnisstruktur und zum anderen der Arbeitsplan der Beschreibung der benötigten Arbeitsschritte. Diese Teilung hat sich durch die Trennung von Materialwirt-

---

[1]  Vgl. Helget/Kersting (1998), S. 176 ff.; Schwarz (1997), S. 25 ff.

[2]  Vgl. Philip/Stevens (1987), S. 246 f.

[3]  Vgl. Stoeckhert (1992), S. 122.

schaft einerseits und Zeitwirtschaft andererseits als sinnvoll für die Prozessbeschreibung erwiesen.[1]

Eine derart strenge Aufteilung ist in der Prozessindustrie nicht sinnvoll, da eine
Beschreibung der Prozessschritte ohne genauen Bezug zu den einzusetzenden
Materialien kaum möglich ist. So können beispielsweise bei der Entwicklung eines
chemischen Verfahrens die Prozessschritte nur unmittelbar mit der Auswahl eines
bestimmten Inputmaterials angegeben werden. Durch die wechselseitigen Abhängigkeiten zwischen Einsatzmaterialien einerseits und Verfahrensbeschreibung andererseits hat sich in der Prozessindustrie zur Beschreibung des Produktionsprozesses die Beschreibung mit Hilfe eines Rezeptes durchgesetzt. Das Rezept,
manchmal auch Rezeptur genannt, stellt somit in einem Dokument sowohl die Erzeugnisstruktur als auch die benötigten Prozessschritte dar.[2]

Entsprechend setzt sich ein Rezept aus verschiedenen Bestandteilen zusammen:

- aus der Einsatzstoffliste mit allen notwendigen Inputmaterialien,

- aus der Verfahrensbeschreibung,

- aus der Beschreibung der notwendigen Produktionsanlagen und der Angaben
  der benötigten Prozesszeiten,

- aus der Beschreibung sonstiger benötigter Ressourcen[3],

- aus der Beschreibung der erzeugten Produkte (inkl. Nebenprodukte) sowie

- aus weiteren Hinweisen bzgl. Handhabung der Ressourcen, In- und Output-
  materialien, wie beispielsweise Hinweise zu Reinigungsvorschriften bei Pro-
  duktwechseln oder Hinweise zur Gefährlichkeit der Produkte.

---

[1]  Vgl. Schönsleben (2000), S. 79–82; Much/Nicolai (1995), S. 25 ff. und S. 258 ff.; Dyckhoff (1994), S. 197; Kurbel (1993), S. 77 ff.; Hoitsch (1993), S. 309 und S. 455 ff.

[2]  Vgl. Crama/Pochet/Wera (2001), S. 11–14; Schönsleben (2000), S. 292 und S. 663; Blömer (1999), S. 28; Loos (1999), S. 239; Helget/Kersting (1998), S. 174 f.; Loos (1997), S. 173 ff.
Synonym zum Begriff Rezept werden die Begriffe Herstellvorschrift bzw. -anweisung und Ver-
fahrensvorschrift bzw. -anweisung verwendet.

[3]  Unter dem Begriff Ressource werden in der Prozessindustrie sämtliche in einem Produktionsprozess verbrauchten und produzierten Güter verstanden. Er wird meist als Oberbegriff für Material, Kapazitäten (inkl. Personen), Anlagen, Energie usw. verwendet; Schönsleben (2000),
S. 288 f. Im Gegensatz zu dem in der Betriebswirtschaftslehre häufig verwendeten Begriff Pro-
duktionsfaktor werden unter dem Terminus Ressource auch Output-Materialien verstanden;
vgl. Loos (1997), S. 122. Produktionsfaktoren setzen sich nach Gutenberg aus menschlicher
Arbeitskraft, Betriebsmittel sowie Werkstoffen zusammen; vgl. Gutenberg (1983), S. 70;
Domschke/Scholl (2000), S. 2.

Mit diesen Informationen beinhalten Rezepte die wichtigsten Grunddaten der Produktionsprozessbeschreibung der chemischen Industrie.

## 2.2 Produktionstypologische Abgrenzung des Untersuchungsbereichs

Da sich die Planungsproblematik in der betrieblichen Realität uneinheitlich gestaltet, ist zur Ableitung fundierter Aussagen und zur Sicherstellung der Praxisrelevanz eines zu entwickelnden Anlagenbelegungsverfahrens der Untersuchungsbereich näher einzugrenzen. In der Literatur ist eine Reihe von Betriebstypologien bzw. Unternehmenstypologien[1] vorgeschlagen worden, welche Unternehmen anhand unterschiedlicher Merkmale zu Typen zusammenfassen, die im Hinblick auf eine Fragestellung oder ein Entscheidungsproblem weitgehend homogen sind.[2]

Wird die Produktion bzw. der Produktionsprozess in den Mittelpunkt der Betrachtungen gestellt, so spricht man von einer Produktionstypologisierung. Diese kann „als eine spezifische Methode der gedanklichen Durchdringung von vielfältigen realen Erscheinungsformen" charakterisiert werden, „um in einer zielgerichteten, systematischen Verdichtung zu wesentlichen Erscheinungsformen Anwendungsbedingungen für quantitative Erklärungs- und Entscheidungsmodelle, insbesondere Planungsverfahren, zu formulieren".[3] Da typischerweise ein Unternehmen der chemischen Industrie mehrere Produktionsstandorte unterhält, müsste der Begriff Produktionstypologie auf den Begriff Produktionsstandorttypologie ausgeweitet werden.[4] Hiermit ist der Produktionstyp des jeweiligen Produktionsstandortes ge-

---

[1] Häufig wird der Begriff Betrieb als Synonym für Unternehmen verwendet. In der chemischen Industrie wird oftmals zwischen Unternehmen und Betrieb unterschieden – das Unternehmen wird als wirtschaftliche Einheit, der Betrieb als technisch-organisatorische Untereinheit verstanden. So hat ein Unternehmen meist mehrere Betriebe (Betriebsstätten); vgl. Eisenführ (1998), S. 1; Loos (1997), S. 31. Da Betriebe meist an unterschiedlichen Standorten liegen und da in dieser Arbeit der geografische Aspekt betont werden soll, wird hier von Unternehmensstandorten oder von Produktionsstandorten gesprochen. Zur Vermeidung von Missverständnissen wird in dieser Arbeit der Terminus Betrieb kaum verwendet. Nur für den Fall, dass ein Produktionsstandort mehrere Betriebe umfasst, wird der Begriff Betrieb verwendet.

[2] Vgl. z. B. Much/Nicolai (1995), S. 74 ff.; Schomburg (1980); Große-Oetringhaus (1972), S. 72 ff.

[3] Vgl. Große-Oetringhaus (1972), S. 22.

[4] Vgl. Loos (1997), S. 31 f. Für den Fall, dass ein Standort mehrere Betriebe umfasst, wäre der Begriff Betriebstypologie angebracht. Dieser wird, aus denselben Gründen wie in Fußnote 1 auf Seite 17 erläutert, hier nicht verwendet.

meint. Diese Differenzierung nach Standorten ist notwendig, da beispielsweise eine Produktion bei einer Betrachtung des gesamten Unternehmens mit allen Produktionsstandorten bei der Produktionsart der Kategorie Massenproduktion (s. Merkmalspunkt Nr. 9 in Abb. 2-3) zugeordnet werden könnte. Betrachtet man dagegen die einzelnen Produktionsstandorte getrennt voneinander, so könnte die Kategorie Serienproduktion für jeden einzelnen Standort zutreffend sein. Aus Vereinfachungsgründen werden im Folgenden die Termini Produktionstypologie bzw. Produktionstyp verwendet; damit ist die Produktionstypologie eines Standortes bzw. der Produktionstyp eines Standortes und nicht des ganzen Unternehmens gemeint.

Der dieser Arbeit zugrunde liegende Produktionstyp lässt sich mittels eines morphologischen Kastens (s. Abb. 2-3), der die verschiedenen Produktionsmerkmale eines Unternehmens und deren Ausprägung berücksichtigt, eingrenzen.[1] Hierbei reicht zur Beschreibung des realen Produktionstyps die Ausprägung eines einzigen Merkmals nicht aus. Eine exakte Beschreibung lässt sich nur mit einer Kombination mehrerer Merkmale erreichen.[2] Im morphologischen Kasten werden die relevanten Merkmale und deren Ausprägung wie folgt gegliedert:

i.  Merkmale, die mit der Auftragsauslösung durch den Kunden und Merkmale, die mit Änderungswünschen des Kunden zu tun haben, werden als *Initiierung* bezeichnet. Hierbei wird, ausgelöst durch den Kunden, der Auftragsabwicklungsprozess angestoßen bzw. eine Änderung im Prozessablauf eingeleitet.

ii. Merkmale, welche die *Ausführung der Produkte* bzw. Erzeugnisse[3] beschreiben, spiegeln den produktionsplanungsrelevanten Teil der Produkt- und Produktionskomplexität[4] wider.

iii. Der letzte Gliederungspunkt fasst die Merkmale zusammen, welche die *Auftragsabwicklung in der Produktion* charakterisieren.

---

[1]  Vgl. Eversheim (1999b), S. 14/61 ff.; Much/Nicolai (1995), S. 74.; Große-Oetringhaus (1972), S. 72 ff. Die in Abb. 2-3 dunkel hinterlegten Ausprägungen grenzen die für diese Arbeit relevanten Unternehmen ein.

[2]  Vgl. Große-Oetringhaus (1972), S. 392 f.

[3]  Die Begriffe Produkte und Erzeugnisse werden synonym verwendet. Siehe hierzu auch Fußnote 4 auf Seite 11.

[4]  Zum Begriff der Komplexität (Definitionen und Ausprägungen) s. z. B. Milling (2001), S. 2; Westphal (2000), S. 10 f. und S. 19–21; Blömer (1999), S. 103 ff.; Leisten (1995), S. 7–12. Vgl. auch mit Kap. 5.2.4 (Komplexität des Problems).

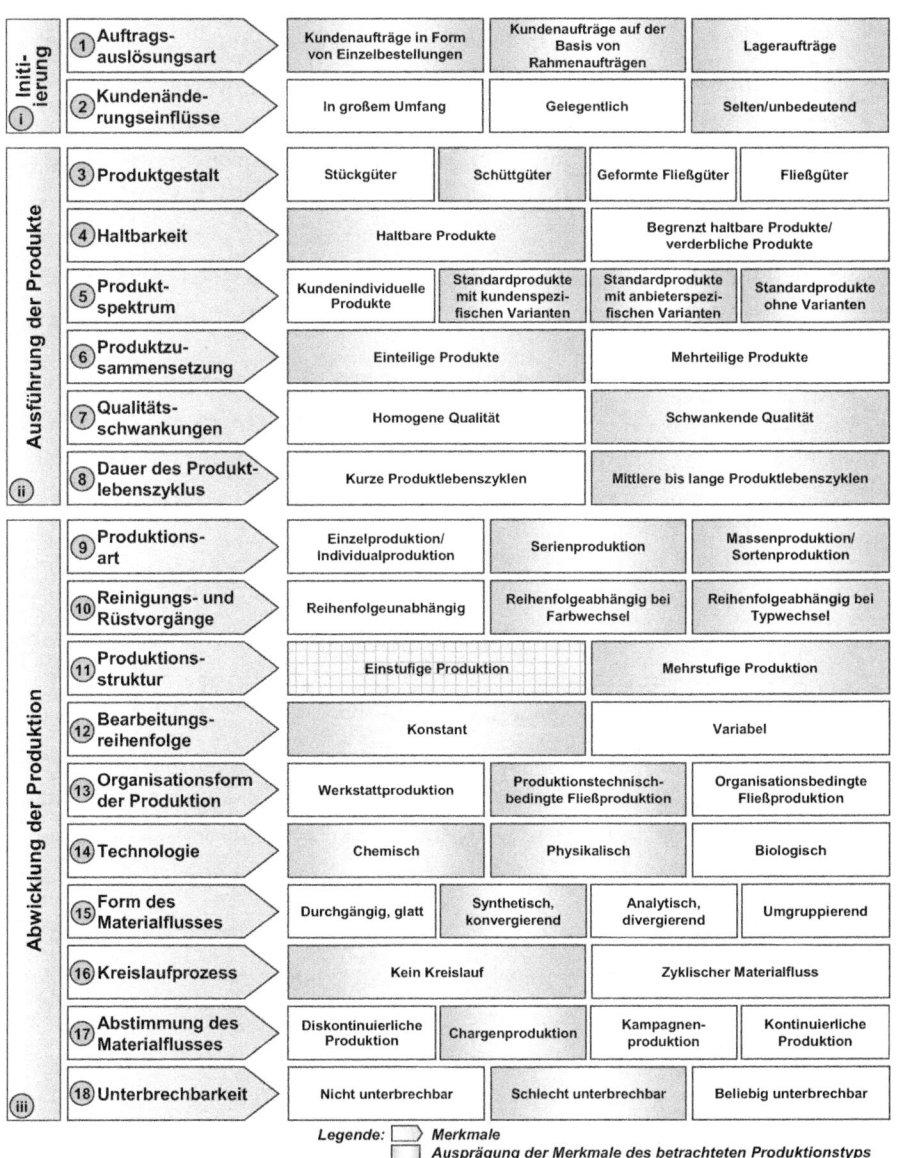

**Abb. 2-3:** *Produktionstypologische Eingrenzung des Untersuchungsbereichs*

Die auf den nächsten Seiten folgenden Ausführungen stellen ein systematisches Gerüst von Merkmalen dar, um den dieser Arbeit zugrunde liegenden Produktionstyp in der Vielfalt möglicher Produktionstypen einzuordnen und zu identifizieren.[1] Diese Ausführungen erheben nicht den Anspruch auf vollständige Erfassung aller Eigenschaften eines Produktionstyps, sondern sie führen nur die Merkmale auf, die als Grundlage für die Formulierung des Entscheidungsmodells zur Lösung der vorliegenden Problemstellung dienen.[2] In den anschließenden Erläuterungen werden die aufgeführten Begriffe definiert und, falls für diese Arbeit von Relevanz, vertieft. Abb. 2-3 fasst diese Ausführungen in Form eines morphologischen Kastens übersichtlich zusammen.

Der Einsatzbereich des zu entwickelnden Verfahrens kann mit Hilfe 18 ausgewählter Merkmale bezüglich des Produktionstyps eingegrenzt werden und weist die folgende Merkmalsstruktur auf:

1. **Auftragsauslösungsart**

   Bei dem vorliegenden Unternehmenstyp treten bezüglich der Art der Auftragsauslösung drei mögliche Merkmalsausprägungen auf. Es werden Kundenaufträge in Form von Einzelbestellungen und auf Basis von Rahmenverträgen generiert. Hierbei wird der Auftragsabwicklungsprozess durch verbindliche Aussagen des Kunden angestoßen. Bei Lageraufträgen wird eine kundenanonyme Produktion aufgrund von innerbetrieblichen Prognosen gestartet. Kundenaufträge auf Basis von Einzelbestellungen werden als MTO-Aufträge (engl. „Make to Order"), Lageraufträge werden als MTF-Aufträge (engl. „Make to Forecast") oder MTS-Aufträge (engl. „Make to Stock") bezeichnet.[3]

   Dadurch, dass alle drei Auftragsauslösungsarten in dieser Arbeit betrachtet werden, ergibt sich eine unterschiedliche Sicherheit bei der Festlegung der Auftragsmenge und des Liefertermins. Die Bedarfe basieren sowohl auf Kundenaufträgen als auch auf Absatzprognosen.[4] Der Produktionsplanung ste-

---

[1]  Die Auflistung ist aus folgenden Literaturquellen zusammengestellt worden: Dyckhoff (2003), S. 355–364; Schierenbeck (2003), S. 38–42; Zeier (2002b), S. 1–26; Crama/Pochet/Wera (2001), S. 3–14; Weber (2001), S. 61–64; Günther/Tempelmeier (2000), S. 10–21; Schönsleben (2000), S. 106–126; Corsten (2000a), S. 31–40; Eisenführ (1998), S. 219–225; Schneeweiß (1997), S. 10–19; Adam (1997), S. 8–24; Domschke/Scholl/Voß (1997), S. 5–8; Loos (1997), S. 17–86; Much/Nicolai (1995), S. 74–77; Hoitsch (1993), S. 12–19.

[2]  Vgl. Günther/Tempelmeier (2000), S. 10. Gerade bei „typologischem Vorgehen" werden nicht alle möglichen, sondern nur die im Hinblick auf den Untersuchungszweck erforderlichen Merkmale erfasst; Schierenbeck (2003), S. 27.

[3]  Vgl. Schönsleben (2000), S. 113 ff.; Günther/Tempelmeier (2000), S. 13.

[4]  Vgl. Strugalla (1998), S. 146.

hen damit Eingangsinformationen mit unterschiedlicher Sicherheit zur Verfügung.

## 2. Kundenänderungseinflüsse

Bei der Produktion auf Mehrproduktanlagen[1] werden hauptsächlich typisierte Produkte mit kundenspezifischen Varianten hergestellt (s. Merkmalspunkt Nr. 5). Da der Kunde bei Standarderzeugnissen ein weitgehend neutrales Produkt erwartet, das er unmittelbar nutzen kann, ist mit Kundenänderungseinflüssen nur seltener oder unbedeutender Art während Planung und Herstellung zu rechnen.

## 3. Produktgestalt

Unter dem Oberbegriff Produktgestalt werden die Merkmale Materialform und Teilbarkeit der Güter aus Kap. 2.1 zusammengefasst.[2] Der dieser Arbeit zugrunde liegende Unternehmenstypus produziert Kunststoffgranulate und wird damit als Schüttgutproduzent gekennzeichnet.

## 4. Haltbarkeit

Ein weiteres Merkmal, das die Produkte beschreibt, ist die Haltbarkeit. Verderbliche Produkte weisen eine beschränkte Lagerfähigkeit auf und werden deshalb meistens mit einem Haltbarkeitsdatum versehen.[3] Die beschränkte Haltbarkeit von Produkten stellt besondere Anforderungen an die operative Produktionsplanung, da der Zeitraum zwischen Einlagerung nach Produktionsende und Auslieferung eines Produktes an den Kunden auf keinen Fall die Haltbarkeitsdauer des Produktes überschreiten darf.[4] Es muss sogar zusätzlich die vorgesehene Nutzungszeit des Produktes beim Kunden mitberücksichtigt werden. Verderbliche Produkte sind in der Stückgutindustrie weitgehend unbekannt, während das Problem der Haltbarkeit in der chemischen Industrie häufig vorkommt. So sind Pharmazeutika und auch Farbstoffe oft nur begrenzt haltbar. Ebenso sind manche Kunststoffe unter Lichteinfluss nur für eine gewisse Zeit zur Weiterverarbeitung geeignet.

---

[1]  Zur genaueren Beschreibung einer Mehrproduktanlage s. Kap. 2.1.1 (Mehrproduktanlagen).

[2]  Vgl. Loos (1997), S. 22.

[3]  Vgl. Blömer (1999), S. 26; Loos (1997), S. 23.

[4]  Vgl. Zeier (2002b), S. 23.

Da die Kunststoffe, die der hier betrachtete Kunststoffproduzent herstellt, eine Haltbarkeit von mehreren Jahren bis Jahrzehnten aufweisen, ist die Haltbarkeit aus Sicht der Produktionsplanung zu vernachlässigen. Infolge dessen muss für das in dieser Arbeit zu entwickelnde Verfahren die Haltbarkeit als Produktmerkmal nicht berücksichtigt werden.

## 5. Produktspektrum

Das Merkmal Produktspektrum bzw. Erzeugnisspektrum beschreibt den Standardisierungsgrad und damit auch den Kundeneinfluss auf das Produkt.[1] In dieser Arbeit wird ein Unternehmen betrachtet, dessen Produktspektrum auf Standardprodukten mit anbieterspezifischen Varianten[2] oder ohne solche beruht. Erzeugnisse mit kleinen Variationen bzgl. des Standardproduktes werden auf Kundenwunsch ebenfalls in die Betrachtung mit einbezogen. Hinsichtlich der zu produzierenden Erzeugnisse liegen daher relativ konstante Vorgaben vor.

## 6. Produktzusammensetzung

Die Komplexität des Planungsproblems wird wesentlich durch die Struktur der herzustellenden Produkte determiniert.[3] Dabei sind ein- und mehrteilige Produkte zu unterscheiden. Durch die Bearbeitung von Rohmaterial an einer oder mehreren Produktionsstellen (Apparate, Anlagen, Maschinen) werden einteilige Produkte hergestellt. Hierbei besitzt jedes Produkt höchstens einen direkten Nachfolger und höchstens einen direkten Vorgänger.[4] Unter einteiligen Produkten sollen auch mehrteilige Produkte verstanden werden, die nur eine planungsrelevante Komponente aufweisen.[5]

In der Prozessindustrie werden üblicherweise nur die Hauptkomponenten geplant. Additive und sonstige Hilfs- und Betriebsstoffe werden nicht in die Planung mit einbezogen. Mehrteilige Produkte entstehen durch die Montage von Einzelteilen und Baugruppen, wobei letztere wiederum aus Einzelteilen

---

[1]  Vgl. Schönsleben (2000), S. 111 f.; Eisenführ (1998), S. 221; Schomburg (1980), S. 38 ff.

[2]  In der chemischen Industrie wird meist von Sorten statt von Varianten gesprochen; vgl. Loos (1997), S. 33.

[3]  Vgl. Domschke/Scholl/Voß (1997), S. 52.

[4]  Vgl. Tempelmeier (1999), S. 222.

[5]  Vgl. Schönsleben (2000), S. 88 ff.

und Unterbaugruppen bestehen können.[1] In dieser Arbeit werden nur einteilige Erzeugnisse bzw. Produkte betrachtet.

## 7. Qualitätsschwankungen

Das Merkmal Qualitätsschwankungen bezieht sich darauf, ob homogene
Qualitäten der Produkte sichergestellt werden können oder ob von Qualitätsschwankungen ausgegangen werden muss. Die Ursachen für die schwankende Qualität der Erzeugnisse können einerseits durch unterschiedliche
Qualitäten der gelieferten Rohstoffe von außen gegeben sein, andererseits
durch die fehlende Beherrschbarkeit und Steuerbarkeit der Produktionsprozesse im Unternehmen selbst begründet sein. Diese Qualitätsschwankungen
sind in beiden Fällen unbeabsichtigt.[2] Schwankende Qualitäten haben Auswirkungen auf die Verwaltung des Materials, den Ablauf der Produktion und
die Produktionsplanung. Bzgl. der Produktionsplanung muss z. B. berücksichtigt werden, dass manche Kunden die Spezifikationen ihrer bestellten
Produkte so eng fassen, dass nicht alle hergestellten Produkte deren hohen
Qualitätsanforderungen genügen.

Ein typisches Charakteristikum der chemischen Industrie und insbesondere
des dieser Arbeit zugrunde liegenden Kunststoffherstellers wird durch die
schwankende Produktqualität beschrieben.

## 8. Dauer des Produktlebenszyklus

Je nach Markt kann zwischen kurzen und langen Produktlebenszyklen unterschieden werden.[3] Voraussetzung für eine solide Produktionsplanung ist,
dass die Absatzprognosen insbesondere bei Unternehmen, deren Produkte
kurze Lebenszyklen besitzen, Vorhersagen über den gesamten Produktlebenszyklus erlauben. Kurze Produktlebenszyklen bedeuten, dass viele Produkte entweder am Anfang ihres Marktzyklus stehen, an dem noch keine
Nachfragehistorie existiert, oder am Ende, an dem das Risiko für eine Über-
produktion besteht. Bei häufiger Anpassung des Produktspektrums und der

---

[1]  Vgl. Sander (1994), S. 7; Popp (1992), S. 23.

[2]  Vgl. Kießwetter (1999), S. 11; Loos (1997), S. 25 ff. Große-Oetringhaus schreibt in diesem Zusammenhang auch von der Wiederholbarkeit der Qualität; vgl. Große-Oetringhaus (1972),
S. 189. Blömer bezeichnet die Qualitätsschwankungen als Prozessunsicherheiten; vgl. Blömer (1999), S. 26.

[3]  Vgl. Zeier (2002a), S. 48; Zeier (2002b), S. 19–21.

Produktzusammensetzung ergibt sich für die Produktionsplanung die Forderung nach einer flexiblen und übersichtlichen Produktdatenpflege.[1]

Das hier zugrunde gelegte Unternehmen weist bzgl. seiner Produkte mittlere bis lange Produktlebenszyklen auf, so dass sich hieraus keine besonderen Anforderungen an die Produktionsplanung ergeben.

## 9. Produktionsart

Auf Grundlage des Wiederholungsgrades und der Auflagengröße kann zwischen Einzel-, Serien- und Massenproduktion unterschieden werden. Die Auflagengröße, in der Stückgutindustrie auch Los- oder Lotgröße genannt, bezeichnet die Anzahl der nach Vorbereitung der Produktionsanlage ununterbrochen hergestellten Erzeugniseinheiten.[2] Die chemische Industrie unterscheidet hier zusätzlich die Begriffe Charge, Partie und Kampagne.[3]

Unter Charge (s. Merkmalspunkt Nr. 17) und Partie wird die durch technische und chemische Restriktionen bedingte Ausbringungsmenge pro Produktionszyklus auf einer Anlage verstanden. Zum einen bestimmt die Größe der in der Anlage befindlichen Behälter die maximal mögliche Chargen- bzw. Partiegröße, zum anderen sind für bestimmte chemische Reaktionen gewisse Mindestmengen erforderlich. Diese legen die minimale Chargen- bzw. Partiegröße fest.[4] Der Begriff Partie wird verwendet, wenn Qualitätsschwankungen des Produktes durch den Rohstoff verursacht werden. Der Terminus Charge ist bei Qualitätsdifferenzen gebräuchlich, die durch das eingesetzte Verfahren verursacht werden.[5] Da der hier betrachtete Kunststoffhersteller aufgrund der fehlenden Beherrschbarkeit und Steuerbarkeit seiner Produktionsprozesse Produkte schwankender Qualität hervorbringt, wird im Folgenden nur noch der Begriff Charge verwendet.

Während einer Kampagne werden auf einer Anlage nacheinander Chargen desselben Produktes gefertigt; hierbei bleibt die Anlage für einen bestimmten

---

[1]   Vgl. Piron/Kulow/Hellingrath/Laakmann (1999), S. 74.

[2]   Vgl. Günther/Tempelmeier (2000), S. 12; Domschke/Scholl/Voß (1997), S. 6.

[3]   Vgl. Schönsleben (2000), S. 124 ff. und S. 295 ff.

[4]   Vgl. Trautmann (2001), S. 9; Frauendorfer/Königsperger (1996), S. 28.

[5]   Vgl. Adam (1997), S. 24; Loos (1997), S. 25 f.

Zeitraum für die Produktion eines einzelnen Produktes konfiguriert. Durch die Kampagnenfahrweise wird eine Minimierung des Reinigungs- und Rüstaufwandes angestrebt. Eine Kampagne weist im Hinblick auf die Produktionsplanung weit reichende Ähnlichkeiten zu einem Produktionslos in der Stückgutindustrie auf.[1] Aus betriebswirtschaftlicher Sicht entspricht die Kampagne in der chemischen Industrie der Losgröße in der Stückgutindustrie.

Bei der Massenproduktion wird ständig, ohne zeitliche Begrenzung, dasselbe Produkt auf einer Produktionsanlage hergestellt; in der chemischen Industrie werden diese Produkte mit dem englischen Begriff „Commodities" bezeichnet.[2] Die Sortenproduktion, ein Spezialfall der Massenproduktion, ist dadurch gekennzeichnet, dass mehrere Varianten eines Grundproduktes auf denselben Produktionsanlagen zeitlich hintereinander produziert werden. Die Produktvarianten weisen dabei nur geringfügige Unterschiede hinsichtlich ihrer Abmessungen, Größe, Gestalt oder Qualität auf. Bei jedem Sortenwechsel wird der Produktionsprozess unterbrochen und die Produktionsanlage wird auf die neue Sorte umgestellt.[3] Typisch für Mehrproduktanlagen ist die Chargenproduktion, wobei hierbei die Möglichkeit ausgenutzt wird, gleiche Produktionsverfahren auf unterschiedliche Rohstoffe anzuwenden, so dass unterschiedliche Sorten entstehen.[4]

Unter dem Begriff Serienproduktion wird die Herstellung verschiedener Erzeugnisse auf derselben Produktionsanlage unter jeweiliger Zusammenfassung gleicher Einheiten aufgefasst. Beim Wechsel des Produktes ist in der Regel ein Umrüsten der Betriebsmittel auf die jeweiligen Erfordernisse des aufzulegenden Erzeugnisses nötig.[5]

---

[1]  Vgl. Zeier (2002b), S. 9;  Trautmann (2001), S. 89;  Schönsleben (2000), S. 295;  Kießwetter (1999), S. 17; Blömer (1999), S. 15 f.; Scheer (1997), S. 39.

[2]  Vgl. Loos (1997), S. 30.

[3]  Vgl. Corsten (2000a), S. 32; Eisenführ (1998), S. 220. In der Literatur wird der Begriff Sortenproduktion nicht eindeutig verwendet. Hoitsch beispielsweise charakterisiert mit diesem Terminus eine Produktion, bei der eigenschaftsverwandte Endprodukte hergestellt werden. Die Auflagengröße wird damit bei ihm nicht festgelegt; vgl. Hoitsch (1993), S. 13.

[4]  Vgl. Loos (1997), S. 30.

[5]  Vgl. Corsten (2000a), S. 39; Günther/Tempelmeier (2000), S. 12; Kistner/Steven (1993), S. 27.

Bei der Einzelproduktion setzt sich das Produktionsprogramm aus individuellen Produkten zusammen, die als Einzelstück hergestellt werden. Der Begriff der Einzelproduktion bezieht sich auf die Stückgutindustrie. In der chemischen Industrie spricht man eher von Individualproduktion, wenn für ein Produkt eine einmalige Durchführung des Produktionsprozesses vorgesehen ist. Bei der Einmalproduktion handelt es sich meist um kundenindividuelle Produkte (s. Merkmalspunkt Nr. 5).

Im Folgenden werden die Serien- und Sortenproduktion als die typischen Einsatzgebiete von Mehrproduktanlagen für den Anwendungsbereich des zu entwickelnden Verfahrens angenommen.[1] Die Chargengrößen variieren zwischen 25 kg und 230 Tonnen.

## 10. Reinigungs- und Rüstvorgänge

Während bei der Massenproduktion häufig eine langfristige Produktionsplanung über ein Jahr ausreicht, erfordert die Serien- und Sortenproduktion eine differenziertere Planung des Produktionsablaufes. So müssen bei einer Serien- und Sortenproduktion in der chemischen Industrie oftmals reihenfolgeabhängige Reinigungs- und Rüstzeiten in die Planung mit aufgenommen werden; die Zeitpunkte der Sortenwechsel unter Berücksichtigung der kapazitäts- und kostenmäßigen Konsequenzen müssen geplant werden.[2] Reinigungs- und Rüstzeiten entstehen bei sog. Farb- und/oder Typwechsel.

Reihenfolgeabhängige Farbwechsel begründen sich dadurch, dass nach einem Wechsel der Produktfarbe der Reinigungsaufwand von einem hellen Farbton eines Kunststoffes zu einem dunkeln Farbton in der Regel geringer ist als bei einem umgekehrten Wechsel. Reihenfolgeabhängige Typwechsel begründen sich dadurch, dass nach einem Wechsel der Kunststoffsorte oder des Kunststofftyps die Anlagen gereinigt werden müssen. Die Reinigungszeit ist abhängig vom produzierten Kunststofftyp und von dem als nächsten vor-

---

[1]   Da keine exakte Grenzziehung zwischen Serien- und Sortenproduktion möglich ist (fließender Übergang), weisen manche der Mehrproduktanlagen eher den Charakter einer Serienproduktion, manche eher den Charakter einer Sortenproduktion auf. Wesentlich für die Produktionsplanung und damit auch für diese Arbeit sind die zu berücksichtigenden Rüstvorgänge bei beiden Varianten.

[2]   Vgl. Zeier (2002b), S. 9 f.; Stockrahm et al. (2001), S. 266 f.; Trautmann (2001), S. 9; Mertens (2000), S. 179 u. S. 186 ff.; Blömer (1999), S. 24 f.; Adam (1997), S. 23 f.; Loos (1997), S. 32 und S. 201; Allweyer/Loos/Scheer (1996), S. 3.

gesehenen Kunststofftyp. Wird beispielsweise als erstes ein Kunststofftyp mit geringer UV-Beständigkeit produziert und anschließend ein anderer Kunststofftyp mit höherer UV-Beständigkeit, so muss zwischen den Typwechseln die Anlage gründlicher und damit länger und aufwändiger gereinigt werden, als es der Fall wäre, wenn zuerst der Kunststoff mit höherer UV-Beständigkeit produziert würde. Benötigt der Kunde keine hohe UV-Beständigkeit, so wird er eine höhere als die von ihm bestellte akzeptieren, umgekehrt jedoch nicht.

Vor diesem Hintergrund muss bei dem in dieser Arbeit betrachteten Kunststoffherstellungsprozess für die Produktionsplanung die Reihenfolge der Belegung in Abhängigkeit eines Farb- und/oder Typwechsels berücksichtigt werden.

**11. Produktionsstruktur**

Bezüglich des Merkmals Produktionsstruktur wird zwischen ein- und mehrstufiger Produktion unterschieden.[1] Bei einer einstufigen Produktion werden die unterschiedlichen Produkte nacheinander auf einer Produktionsanlage hergestellt. Die mehrstufige Produktion ist dagegen durch die Bearbeitung eines Produktes auf mehreren nacheinander zu durchlaufenden Produktionsstufen gekennzeichnet.[2]

Die Herstellung des Kunststoffgranulats erfolgt in einem dreistufigen Prozess.[3] Deshalb wird in dieser Arbeit aus technischer Sicht eine mehrstufige Produktion zugrunde gelegt. Aus produktionsplanerischer Sicht dürfen dagegen die hintereinander liegenden Anlagen zusammengefasst werden. Der erste Prozessschritt, die Polymerisation, kann planerisch als unerschöpfliche Quelle von Polymeren betrachtet werden, da zum einen für den zweiten Prozessschritt (Compoundierung) nur wenige unterschiedliche, d. h. ungefähr zehn Polymervarianten benötigt werden, um daraus mehrere tausend unterschiedliche Compounds herzustellen. Zum anderen wird die Polymerisation kundenauftragsunabhängig rund um die Uhr betrieben. So kann davon ausgegangen werden, dass zu jedem Zeitpunkt, unabhängig von dem herzustel-

---

[1]  Vgl. Much/Nicolai (1995), S. 75; Corsten (2000a), S. 32.

[2]  Vgl. Schönsleben (2000), S. 115 ff.; Kistner/Steven (1993), S. 24.

[3]  Vgl. Kap. 2.1.2 (Kunststoffherstellungsprozess).

lenden Compound, ausreichend Ausgangsmaterial für die Compoundierung, so wie ein Rohstoff, zur Verfügung steht.

Der dritte Prozessschritt, die Verpackung, kann ebenso planerisch übergangen werden. Während die Compoundierung ca. eine Stunde zur Herstellung einer Tonne Granulat benötigt, wird diese Tonne Kunststoff binnen weniger Minuten verpackt. Es kann davon ausgegangen werden, dass immer ausreichend Verpackungsmaterial für den letzten Prozessschritt bereitsteht.

Da die erste und dritte Prozessstufe aus Sicht der Produktionsplanung vernachlässigt werden können, reduziert sich das Planungsproblem auf den einstufigen Fall.[1] Planungsobjekt ist daher nur noch die zweite Prozessstufe, die Compoundierung. Eine mehrstufige Produktionsstruktur würde die Planungsproblemkomplexität wesentlich erhöhen.[2]

## 12. Bearbeitungsreihenfolge

Bei einem mehrstufigen Produktionsprozess (s. Merkmalspunkt Nr. 11) ist zusätzlich die Bearbeitungsreihenfolge zu beachten.[3] Durchläuft der Produktionsprozess mehrere Arbeitsgänge, so kann die Bearbeitungsfolge beliebig oder z. B. aufgrund von technologischen Rahmenbedingungen fest vorgegeben sein.[4] Diese Art der Produktion, bei der sich jeder Auftrag seine „eigene Bahn" sucht, wird auch Job-Shop-Produktion genannt.[5]

In der Stückgutindustrie kommen variable Bearbeitungsfolgen eher vor als in der chemischen Industrie.[6] Bei diskontinuierlichen Chargenprozessen (s. Merkmalspunkt Nr. 17) wird aufgrund des Reaktionsverlaufs meist bei jedem Prozessschritt von einem definierten Materialzustand ausgegangen, so dass variable Ablauffolgen nicht die Regel sind. Eine Produktion, bei der alle Aufträge dieselbe Bearbeitungsreihenfolge aufweisen, wird auch Flow-Shop-Produktion genannt. Die Produktion auf Mehrproduktanlagen, die in dieser

---

[1]　Vgl. Blömer (1999), S. 39 und S. 48.

[2]　Vgl. Adam (1997), S. 14; Domschke/Scholl/Voß (1997), S. 52.

[3]　Vgl. Günther/Tempelmeier (2000), S. 20; Kurbel (1993), S. 41.

[4]　Vgl. Corsten (2000a), S. 490, die Bearbeitungsreihenfolge wird hier Maschinenfolge genannt.

[5]　Vgl. Schneeweiß (1997), S. 14 f. Siehe auch Kap. 5.1 (Grundmodelle der Anlagenbelegungsplanung).

[6]　Vgl. Loos (1997), S. 55 f.; Allweyer/Loos/Scheer (1996), S. 3.

Arbeit angenommen wird, ist durch eine fest vorgegebene Bearbeitungsreihenfolge gekennzeichnet.[1]

## 13. Organisationsform der Produktion

Als ein weiteres Gliederungsmerkmal im Hinblick auf den betrieblichen Ablauf im Produktionsbereich ist die Organisationsform der Produktion anzusehen. Durch die räumliche Anordnung der Maschinen und Apparate werden
der organisatorische Ablauf und der Materialfluss der Produktion bestimmt.
Bei der Werkstattproduktion werden Produktionsanlagen mit gleichen oder
ähnlichen Bearbeitungsverfahren räumlich und organisatorisch zu einer Einheit zusammengefasst.[2] Bei der Fließproduktion erfolgt die Anordnung der
Produktionsanlagen in der Reihenfolge der an den Produkten zu verrichten-
den Arbeitsgänge. Auf Basis der Ursachen der Fließproduktion wird zwischen produktionstechnisch bedingter und organisationsbedingter Fließproduktion unterschieden.[3] Eine organisationsbedingte Fließproduktion liegt
dann vor, wenn die Anordnung der Produktionsanlagen aufgrund organisato-
rischer Überlegungen geschaffen wurde; typische Vertreter dieser Organisationsform sind in der Automobilindustrie zu finden.

Die in der chemischen Industrie und Prozessindustrie meist vorliegende Organisationsform, damit auch im Fokus dieser Arbeit stehend, ist die produktionstechnisch bedingte Fließproduktion. Diese liegt dann vor, wenn die Anordnung der Produktionsanlagen eine zwangsläufige Folge technologischer
Notwendigkeiten des Produktionsprozesses ist; aus diesem Grunde wird sie
manchmal auch Zwangslaufproduktion genannt.[4] Mehrproduktanlagen werden dieser Kategorie zugeordnet.[5]

---

[1]  Vgl. Fürer/Sanden (1998), S. 17; Schneeweiß (1997), S. 14 f. Siehe auch Kap. 5.1 (Grundmodelle der Anlagenbelegungsplanung).

[2]  Vgl. Günther/Tempelmeier (2000), S. 14; Schönsleben (2000), S. 117 f. Die Werkstattproduktion wird auch als funktionsorientierte bzw. verrichtungsorientierte Produktion bezeichnet;
vgl. Loos (1997), S. 62.

[3]  Vgl. Corsten (2000a), S. 35.

[4]  Vgl. Loos (1997), S. 63; Adam (1997), S. 18; Hoitsch (1993), S. 245.

[5]  In der Literatur wird manchmal noch eine vierte Ausprägung des Merkmals Organisationsform
erwähnt, die Baustellenproduktion; vgl. Corsten (2000a), S. 32; Loos (1997), S. 62. Diese orts-
ungebundene Produktion, die untypisch für die chemische Industrie ist, soll hier nicht weiter betrachtet werden.

## 14. Technologie

Die angewandte Technologie während des Produktionsprozesses eines Unternehmens kann chemischen, physikalischen oder biologischen Prozessen zugeordnet werden.[1]

Bei der hier beschriebenen Kunststoffherstellung[2] werden in einem ersten Schritt Monomere in Polymere umgewandelt, was einem chemischen Prozess zugeordnet werden kann. In einem zweiten Schritt, der Compoundierung, werden durch physikalische Mischvorgänge die gewünschten Eigenschaften des Produktes erzeugt.

## 15. Form des Materialflusses

Hinsichtlich der Form des Materialflusses kann man zwischen glatter, konvergierender, divergierender sowie umgruppierender Produktion trennen.[3] Bei einem glatten bzw. durchgängigen Materialfluss wird aus jeweils einer eingesetzten Stoffart (z. B. Rohstoff) eine einzige Produktart hergestellt. Dagegen wird bei einem konvergierenden bzw. synthetischen Materialfluss eine Produktart aus mehreren Einsatzstoffarten erzeugt. Ein Materialfluss wird als divergierender bzw. analytischer Materialfluss bezeichnet, wenn durch Aufspaltung aus einer Einsatzstoffart mehrere Produktarten hergestellt werden. Die in der chemischen Industrie häufig vorkommende Kuppelproduktion weist einen analytischen Materialfluss auf. Diese ist gekennzeichnet durch Produktionsprozesse, bei denen naturgemäß oder technologisch bedingt zwangsläufig zwei oder mehr Produktarten erzeugt werden.[4] Beim umgruppierenden Materialfluss entstehen aus mehreren Einsatzstoffarten verschiedene Produktarten.

Der hier zugrunde gelegte Produktionsprozess weist in der ersten und zweiten Produktionsstufe (Polymerisation und Compoundierung) einen konvergierenden Materialfluss auf, da aus mehreren Erzeugnissen (Rohstoffen, Zwischenprodukten und Füllstoffen) die Thermoplaste durch Synthese- und Mischvorgänge hergestellt werden. Die dritte Stufe des Herstellungsprozes-

---

[1]  Vgl. Corsten (2000a), S. 32.

[2]  Vgl. Kap. 2.1.2 (Kunststoffherstellungsprozess).

[3]  Vgl. Schönsleben (2000), S. 110; Günther/Tempelmeier (2000), S. 19; Loos (1997), S. 38 ff.

[4]  Vgl. Blömer (1999), S. 25 f.; Loos (1997), S. 40.

ses, der Verpackungsprozess, ist dagegen divergierend, denn es werden aus einer unverpackten Ware oftmals mehrere (verpackte) unterschiedliche Produkte hergestellt. Werden die drei Produktionsstufen planerisch zu einer zusammengefasst (s. Merkmalspunkt Nr. 11), so kann man von einem konvergierenden Materialfluss ausgehen, da Verpackungsmaterialien der dritten Prozessstufe planerisch nicht erfasst werden.[1]

Betrachtet man das Verhältnis zwischen Input- und Outputfaktoren des Materialflusses aus gesamtbetrieblicher Sicht, so werden aus wenigen Rohstoffen viele unterschiedliche Produkte hergestellt – die gesamtbetriebliche Materialflussform ist damit divergierend.

**16. Kreislaufprozess**

Es kann zwischen zyklischen und nicht zyklischen Materialflüssen unterschieden werden.[2] Bei zyklischen Materialflüssen wird ein Teil des Produktes oder ein Teil eines Zwischenproduktes dem Produktionsprozess wieder als Input zugeführt; man spricht hier von Wiederverwertung.[3] Zyklen lassen sich auf verfahrenstechnische, wirtschaftliche oder gesetzliche Ursachen zurückführen. Verfahrenstechnische Gründe liegen vor, wenn ein Teil des Outputs zur Aufrechterhaltung des Prozesses als Input wieder zurückgeführt werden muss. Wirtschaftliche Gründe liegen vor, wenn ein Teil des Inputs aus Abfall, Ausschuss oder minderer Qualität des Produktes besteht und deshalb nicht oder nur zu niedrigeren Preisen verkauft werden kann. Die gesetzlich bedingte Rückführung ist in der Regel ökologisch motiviert. Zyklische Prozesse stellen besondere Anforderungen an die Beschreibung der Prozessstrukturen sowie an die Produktionsplanung.[4]

Der dieser Arbeit zugrunde liegende Kunststoffherstellungsprozess weist keine zyklischen Materialflüsse auf.

---

[1]  Würden die Verpackungsmaterialien bei der Planung berücksichtigt, läge ein umgruppierender Materialfluss vor.

[2]  Vgl. Blömer (1999), S. 25 f.; Loos (1997), S. 49–53; Dyckhoff (1994), S. 293–309.

[3]  Vgl. Dyckhoff (1994), S. 296.

[4]  Vgl. Loos (1997), S. 53; Hofmann (1992), S. 31.

## 17. Abstimmung des Materialflusses

Nach der Abstimmung des Materialflusses wird zwischen kontinuierlicher und intermittierender bzw. diskontinuierlicher Produktion unterschieden.[1] Bei der mehrstufigen Produktion (s. Merkmalspunkt Nr. 11) werden bei einem kontinuierlichen Materialfluss die Zwischenprodukte ohne zeitliche Unterbrechung dem nächsten Arbeitssystem übergeben. In der chemischen Industrie werden oft die hergestellten Fließgüter durch entsprechende Rohrleitungen zwischen den einzelnen Anlagen kontinuierlich weitergeleitet; man spricht hier von sog. Konti-Prozessen.[2] Der diskontinuierliche Materialfluss ist durch eine Unterbrechung zwischen zwei Arbeitsstationen gekennzeichnet. Das Zwischenprodukt wird in bestimmten zeitlichen Abständen zur nächsten Arbeitsstation weitertransportiert.

Zwischen den beiden Extremen diskontinuierlicher und kontinuierlicher Produktion lassen sich die Chargen- und Kampagnenproduktion[3] einordnen. Bei der Chargenproduktion wird eine begrenzte Einsatzmenge als Ganzes dem Arbeitssystem zugeführt und diese ihm als Ganzes nach Abschluss des Produktionsprozesses entnommen.[4] Die Kampagnenproduktion wird dadurch gekennzeichnet, dass für eine begrenzte Zeitspanne (der Kampagne) nacheinander Chargen desselben Produktes bzw. derselben Produktgruppe hergestellt werden.[5] Typischerweise werden Mehrproduktanlagen durch einen von Chargen geprägten Materialfluss charakterisiert.[6]

## 18. Unterbrechbarkeit

Das Merkmal Unterbrechbarkeit beschreibt die wirtschaftlichen Auswirkungen des Anhaltens des Produktionsprozesses. Beliebige Unterbrechbarkeit bedeutet, dass für die Unterbrechung außer den Stillstandszeiten und den damit verbundenen Opportunitätskosten keine weiteren Kosten anfallen.

---

[1]  Vgl. Corsten (2000a), S. 32; Loos (1997), S. 46 f.

[2]  Vgl. Loos (1997), S. 47.

[3]  Die Begriffe Charge und Kampagne sind in Merkmalspunkt Nr. 9 erläutert worden. Häufig wird der englische Begriff „Batch" statt Charge verwendet.

[4]  Vgl. Günther/Tempelmeier (2000), S. 20; Kögl/Moser (1981), S. 14.

[5]  Vgl. Blömer (1999), S. 15 f.

[6]  Vgl. Fürer/Sanden (1998), S. 17; Helget/Kersting (1998), S. 164 f. Die Kampagnenfahrweise kommt hier nicht zur Anwendung, da in der Regel die mögliche Chargengröße der Mehrproduktanlagen bei weitem die Bedarfe deckt.

Nicht oder schlecht unterbrechbare Produktionsprozesse sind dort anzutreffen, wo die Unterbrechung der Produktion nur in Ausnahmefällen und Notfällen möglich ist. Solche Unterbrechungen sind mit hohen Kosten wie z. B. dem Verlust des eingesetzten Materials, hohen Wiederanlaufkosten aufgrund notwendiger Reinigungsarbeiten oder sogar Schäden an den Produktionsanlagen verbunden.[1]

Typisch für die chemische Industrie sind schlecht unterbrechbare Produktionsprozesse. So ist es oftmals unmöglich, eine einmal angelaufene chemische Reaktion zu stoppen. Bei Chargenprozessen ist die Unterbrechung einer laufenden Charge oft mit erheblichem Zusatzaufwand verbunden.[2] Somit gilt der in dieser Arbeit betrachtete Kunststoffherstellungsprozess mit Hilfe von Mehrproduktanlagen als schlecht unterbrechbar.

## 2.3 Einordnung der Anlagenbelegungsplanung in die Produktionsplanung

### 2.3.1 Produktionsplanung

In der Literatur wird zwischen dem strategischen, dem taktischen und dem operativen Produktionsmanagement unterschieden.[3] Eine der zentralen Aufgaben des Produktionsmanagements bildet dabei die Produktionsplanung.[4] Die Aufgaben der Produktionsplanung bestehen in der Planung der herzustellenden Produkte, der Planung der dafür erforderlichen Produktionsfaktoren sowie der Planung des eigentlichen Produktionsprozesses.[5] Es wird ebenfalls zwischen der strategischen, der taktischen und der operativen Produktionsplanung differenziert (s. Abb. 2-4 oberer Teil).

---

[1]  Vgl. Loos (1997), S. 60 f.; Große-Oetringhaus (1972), S. 246.

[2]  Vgl. Fürer/Sanden (1998), S. 17.

[3]  Vgl. Zäpfel (2001), S. 49; Corsten (2000a), S. 27 ff.; Domschke/Scholl/Voß (1997), S. 8 f.; Hoitsch (1993), S. 41–43; Günther und Tempelmeier fügen die dispositive Ebene hinzu, Günther/Tempelmeier (1995), S. 1.

[4]  Vgl. Hoitsch (1993), S. 27.

[5]  Vgl. Domschke/Scholl/Voß (1997), S. 4.

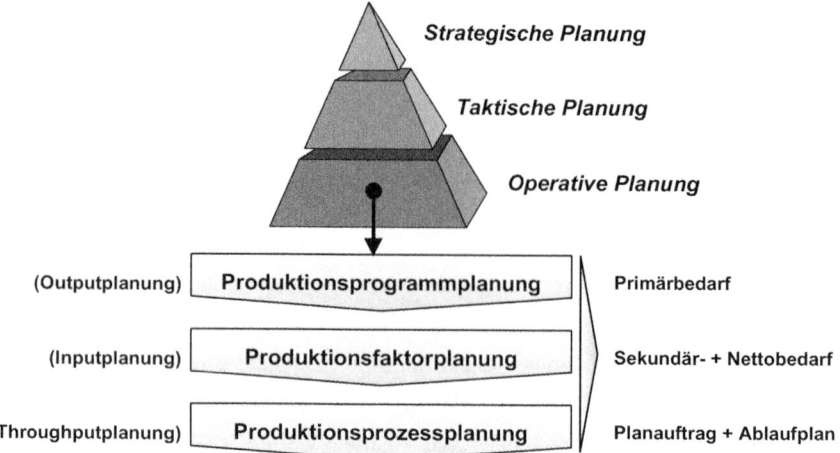

**Abb. 2-4:** *Die operative Produktionsplanung und ihre Aufgabenfelder*

Unter Planung wird in diesem Zusammenhang das systematische, zukunftsbezogene Durchdenken und Festlegen von Zielen sowie von Maßnahmen und Ressourcen zur zukünftigen Zielerreichung verstanden.[1] Unter Ressourcen werden hier alle Produktionsfaktoren verstanden, die im Rahmen der Produktion zur Herstellung der Erzeugnisse dienen.[2] Darunter fallen z. B. Personal, Betriebsmittel und Material. Bei einer aggregierten Betrachtung können aber auch ganze Produktionsanlagen und sogar Produktionsstandorte als eine Ressource betrachtet werden.[3]

In der strategischen Produktionsplanung werden grundlegende Entscheidungen mit langfristiger Tragweite getroffen wie z. B. die Festlegung der Produktionsstandorte und Produktionsverfahren.[4] Ihre Aufgabe besteht darin, die langfristigen Rahmenbedingungen zu schaffen, unter denen sich eine Unternehmung erfolgreich entwickeln kann.[5]

---

[1]  Vgl. Dyckhoff (2003), S. 367; Schneeweiß (1997), S. 20.

[2]  Vgl. Hoitsch (1993), S. 2 ff. Vgl. auch Fußnote 3 auf Seite 16.

[3]  Vgl. Kurbel (1993), S. 161.

[4]  Vgl. Domschke/Scholl/Voß (1997), S. 8 f.; Kurbel (1993), S. 17.

[5]  Vgl. Günther/Tempelmeier (1995), S. 5.

Die taktische Produktionsplanung führt unter den Vorgaben der strategischen Produktionsplanung u. a. die Produktentwicklung und die mittelfristige Sortiments-,
Mengen-, Termin- und Kapazitätsplanung durch.[1] Sie hat die Aufgabe, dass die
Ressourcen, die zur Erfüllung der operativen Aufgaben einer Unternehmung benötigt werden, rechtzeitig bereitstehen.[2]

Die operative Produktionsplanung baut auf den Vorgaben der strategischen und
taktischen Produktionsplanung auf.[3] Die Aufgaben der operativen Produktionsplanung bestehen in der kurzfristigen Festlegung der zu produzierenden Leistungen,
der Bereitstellung aller dafür notwendigen Werkstoffe sowie dem möglichst optimalen Einsatz des zur Verfügung stehenden Produktionssystems.[4] Sie soll gewährleisten, dass die von den Kundenaufträgen ausgehende Nachfrage innerhalb
der vorgegebenen Produktionskapazitäten befriedigt werden kann.[5] Die operative
Produktionsplanung umfasst die Teilbereiche der Programm- bzw. Outputplanung,
der Faktor- bzw. Inputplanung und der Prozess- bzw. Throughputplanung
(s. Abb. 2-4 unterer Teil).[6]

Das hier vorgestellte Planungsmodell ist gekennzeichnet durch eine strukturierte,
iterative Vorgehensweise, bei dem Ergebnisse der übergeordneten Planungsakti-
vitäten der untergeordneten Planung vorgegeben werden. Es wird von einer hierarchischen Planung ausgegangen.[7]

### 2.3.2 Operative Produktionsplanung und Anlagenbelegungsplanung

Die operative Produktionsprogrammplanung legt fest, welche Erzeugnisse und
Mengen in einem kommenden Planungszeitraum herzustellen und wie die Erzeugnisse und Mengen auf die einzelnen Perioden des Planungszeitraums zu ver-

---

[1]  Vgl. Zäpfel (2001), S. 46 f.

[2]  Vgl. Günther/Tempelmeier (1995), S. 21.

[3]  Vgl. Kreikebaum (1997), S. 211.

[4]  Vgl. Zäpfel (2001), S. 56 ff.; Domschke/Scholl/Voß (1997), S. 9.

[5]  Vgl. Günther/Tempelmeier (1995), S. 151.

[6]  Vgl. Dyckhoff (2003), S. 355 f.; Corsten (2000a), S. 7; Hoitsch (1993), S. 269; Zäpfel (1982),
     S. 37.

[7]  Vgl. Knolmayer (2001), S. 138 f.; Zäpfel (2001), S. 48–50; Westphal (2000), S. 36; Schnee-
     weiß (1997), S. 93 ff.

teilen sind.[1] Das Ergebnis der Produktionsprogrammplanung ist hinsichtlich seiner Realisierbarkeit und Absetzbarkeit ein abgestimmtes Produktionsprogramm bzw. der sog. Primärbedarf. Dieser bestimmt, welche (End-)Produkte in welchen Mengen zu welchem Zeitpunkt herzustellen sind.[2]

Im Rahmen der operativen Produktionsfaktorplanung erfolgt die Bereitstellung der zur Herstellung des ermittelten Primärbedarfs erforderlichen Produktionsfaktoren wie Betriebsmittel, Arbeitskräfte und Werkstoffe. Da die Produktionsfaktoren insbesondere die einzusetzenden Werkstoffe umfassen, wird die operative Produktionsfaktorplanung oftmals auch als Materialwirtschaft bezeichnet. Die Aufgabe der Materialwirtschaft besteht darin, genaue mengen- und terminmäßige Vorgaben hinsichtlich der eigenzufertigenden (Sekundärbedarf) und fremdzubeziehenden Erzeugnisbestandteile sowie einen Mengenabgleich (Nettobedarf) zwischen Lagerbestand und Bruttobedarf zu entwickeln.[3]

Die Aufgabe der operativen Produktionsprozessplanung, von Adam als Produktionsdurchführungsplanung bezeichnet, besteht in der zeitlichen, mengenmäßigen und räumlichen Planung des Produktionsvollzugs.[4] Da bei alternativen, redundanten Produktionsanlagen mehrere Anlagen für einen Planauftrag zur Verfügung stehen, ist vor der Auftragsterminierung, die den Produktionsbeginn und das Produktionsende festlegt, eine Entscheidung zu treffen, auf welcher Anlage ein Planauftrag abgearbeitet werden soll (Schritt 1, Abb. 2-5). Die Auftragszuordnung bzw. Anlagenzuordnung[5] hat die Aufgabe, eine Anlage zu finden, auf welcher der Planauftrag produziert werden kann, und, wenn mehrere redundante Ressourcen zur Auswahl stehen, die am besten geeignete Anlage auszuwählen.

In einem zweiten Schritt, der sog. Auftragsterminierung, sollen im Wesentlichen unter Beachtung des in den Rezepturen[6] festgehaltenen Ressourcenbedarfs der

---

[1]    Vgl. Zäpfel (2001), S. 57 und S. 81 ff.; Jacob (1990), S. 405.

[2]    Vgl. Hoitsch (1993), S. 269; Günther/Tempelmeier (1995), S. 199.

[3]    Vgl. Domschke/Scholl/Voß (1997), S. 11; Günther/Tempelmeier (1995), S. 287.

[4]    Vgl. Adam (1997), S. 103 ff.; Domschke/Scholl/Voß (1997), S. 10 ff.; Zäpfel (1982), S. 37.

[5]    In der Literatur werden sowohl die Begriffe Anlagen- als auch Auftragszuordnung verwendet. In dieser Arbeit soll der Begriff Auftragszuordnung bevorzugt benutzt werden. Adam verwendet den Begriff Produktionsaufteilungsplanung, vgl. Adam (1997), S. 104.

[6]    Zur Definition und Beschreibung von Rezepturen vgl. Kap. 2.1.3 (Produktionsprozessbeschreibung mit Hilfe eines Rezeptes).

Ablauf des Produktionsgeschehens und die Belegung der einzelnen Produktionsanlagen und -linien genauer geplant werden (Schritt 2, Abb. 2-5).[1] Das Ergebnis
der Auftragsterminierung ist ein sog. terminierter Planauftrag, der neben der Spezifikation des zu produzierenden Produktes, der geforderten Produktionsmenge
(Chargengröße)[2], der Angabe, auf welcher Anlage produziert wird, auch den Produktionszeitpunkt (Produktionsbeginn und -ende) enthält.[3] An dieser Stelle ist bereits zu erkennen, dass die Auftragszuordnung und die Auftragsterminierung in der
Praxis nicht streng sukzessive erfolgen können. Eine Auftragszuordnung macht
nur Sinn, wenn bereits Vorstellungen über Chargengröße und Produktionszeitpunkt vorliegen, da die Beurteilung der Eignung eines Produktionsstandortes wesentlich hiervon abhängt.[4]

Die Verfügbarkeitsprüfung (Schritt 3, Abb. 2-5) umfasst sowohl eine Kapazitätsde-
ckungs- als auch eine Materialdeckungsrechnung. Die Materialdeckungsrechnung
stellt sicher, dass das vorhandene Materialangebot zur Deckung des ermittelten
Bedarfs ausreicht. Aufgrund der in dieser Arbeit angenommenen Produktzusammensetzung besteht das zu planende Material nur aus Rohmaterial, welches in
ausreichenden Mengen zum gewünschten Zeitpunkt zur Verfügung steht.[5] Die Materialdeckungsrechnung weist daher nur eine geringe Komplexität auf. Sie wird im
Folgenden nicht weiter betrachtet.

Die Auftragsterminierung wird unter der Annahme von unendlich zur Verfügung
stehenden Ressourcen durchgeführt. In der Produktionswirklichkeit liegen dagegen begrenzte Ressourcen vor. Die Kapazitätsdeckungsrechnung ermittelt nun, ob
das vorhandene Kapazitätsangebot zur Deckung des errechneten Bedarfs ausreicht. Ist keine ausreichende Deckung gegeben, wird eine Kapazitätsabstimmung

---

[1]  Vgl. Günther/Tempelmeier (1995), S. 345.

[2]  Die Auftragsterminierung beinhaltet auch die sog. Losgrößenplanung. Unter Losgrößenplanung
    wird in der Regel die Zusammenfassung des Netto-Bedarfs zu einem Produktionslos verstan-
    den. Dabei werden die optimalen Los- bzw. Chargengrößen unter Berücksichtigung von Lager-
    und Rüstkosten ermittelt. Die Losgrößenplanung soll nicht Gegenstand dieser Arbeit sein. Es
    wird davon ausgegangen, dass der gesamte Netto-Bedarf eines Produktes für den Planungs-
    zeitraum zu einer Charge bzw. zu einer Kampagne zusammengefasst wird. Diese Vorgehens-
    weise wird auch „Los für Los" (engl. „Lot for Lot") genannt; vgl. Schneeweiß (1997), S. 206.

[3]  Vgl. Nicolai/Schotten/Much (1999), S. 40–42.

[4]  Vgl. Kap. 2.3.4 (Simultanplanung).

[5]  Vgl. Tempelmeier (1999), S. 110. Es wird von unbegrenzt verfügbarem Rohmaterial ausgegan-
    gen. In der chemischen Industrie werden meist standardisierte Rohstoffe eingesetzt;
    vgl. Loos (1997), S. 34.

erforderlich. Die Kapazitätsabstimmung stellt dem Kapazitätsbedarf das Kapazitätsangebot gegenüber. Grundsätzlich bestehen hierbei zwei Möglichkeiten, Abweichungen zwischen Angebot und Bedarf auszugleichen:[1]

1. Bei der Kapazitätsanpassung wird das zur Verfügung stehende Kapazitätsangebot erhöht. Zum einen können bestehende Produktionsanlagen durch Kapazitätserweiterungen (z. B. Überstunden und Sonderschichten) dem Kapazitätsbedarf angepasst werden. Zum anderen können auch neue Produktionsanlagen in die Planung mit aufgenommen werden.

2. Beim Kapazitätsabgleich wird der Bedarf, der in einer Periode nicht mehr hergestellt werden kann, zu vor- und nachgelagerten Perioden einer Anlage verschoben. Eine andere Möglichkeit besteht in der Verlagerung auf alternative, redundante Anlagen. Eine Kombination aus zeitlicher Verschiebung und örtlicher Verlagerung ist auch möglich.

Wird gegen begrenzte Kapazitäten geplant, ist die Auftragszuordnung eng mit der Kapazitätsdeckungsrechnung verbunden. Nach jeder Zuordnung muss die resultierende Belastung mit der durch den Planauftrag belegten Ressource berücksichtigt werden. Ist z. B. die für einen zuzuordnenden Planauftrag am besten geeignete Ressource zum geforderten Auftragstermin bereits belegt, so muss der Auftrag auf eine redundante, aber u. U. weniger geeignete Ressource verschoben werden. Bei der Entscheidung, einen Planauftrag einer Anlage zuzuordnen, sind sowohl die aktuelle Belastung der redundanten Ressourcen als auch die Flexibilität der geforderten Planauftragstermine zu berücksichtigen. Zudem bewirkt eine zeitliche Verschiebung bei der Kapazitätsdeckungsrechnung auch eine Veränderung der Auftragsreihenfolge.

Nach der Auftragsterminierung und der Verfügbarkeitsprüfung müssen in einem vierten Schritt die anliegenden Planaufträge in eine Reihenfolge gebracht werden (Schritt 4, Abb. 2-5).[2] Wie zuvor gezeigt, spielt im Hinblick auf Kosten- und Terminziele sowohl bei reihenfolgeabhängigen Rüstzeiten als auch bei der Einhaltung der Kundenwunschtermine die Reihenfolge, mit der die Planaufträge abgearbeitet

---

[1]   Vgl. Corsten (2000a),   S. 487 ff.;   Nicolai/Schotten/Much (1999),   S. 42 f.;   Eisenführ (1998), S. 226 und S. 238 f.; Glaser/Geiger/Rohde (1991), S. 175 ff.

[2]   Vgl. Corsten (2000a), S. 490 ff. Die Reihenfolgeplanung wird manchmal mit dem englischen Begriff „Sequencing" bezeichnet; vgl. Domschke/Scholl/Voß (1997), S. 16.

werden, eine wesentliche Rolle. Die Reihenfolgeplanung wird in der Prozessindustrie vielfach auch als Kampagnenplanung bezeichnet.[1]

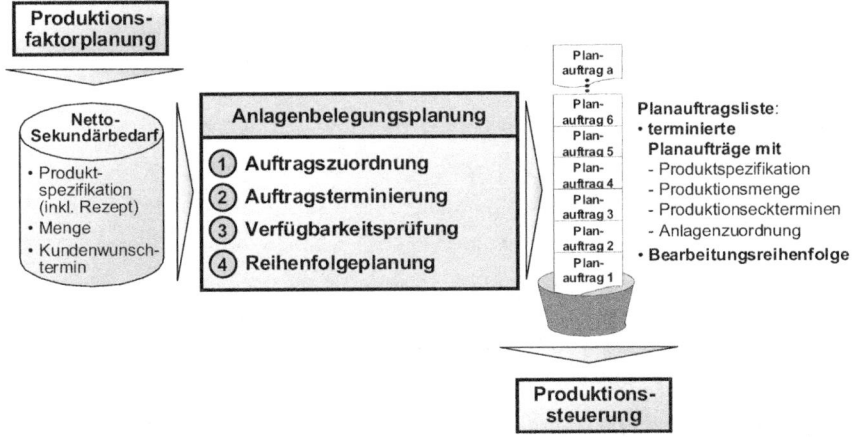

**Abb. 2-5:** *Untersuchungsbereich Anlagenbelegungsplanung*

Durch die reihenfolgeabhängigen Rüstzeiten gibt es Abhängigkeiten zwischen der Auftragszuordnung, der Auftragsterminierung, der Verfügbarkeitsprüfung und der Reihenfolgeplanung. Der erste Schritt, die Auftragszuordnung, lässt sich streng genommen nur bei einer angenommenen Auftragsreihenfolge vornehmen.[2] Bei einer geänderten Reihenfolge der Planaufträge werden u. U. auch die Rüstzeiten geändert. Dadurch kann eine optimale Auftragszuordnung anders ausfallen, was wiederum Auswirkungen auf die Auftragsterminierung und Verfügbarkeitsprüfung hat.[3] Die wechselseitigen Abhängigkeiten der vier Planungsschritte führen in der betrieblichen Praxis häufig dazu, dass die Schritte mehrfach hintereinander ausgeführt werden, um bei jedem Planungslauf die gewonnenen Erkenntnisse in die Planung mit einzubeziehen.

Die Erstellung von Ablaufplänen für die Produktion wird in der Stückgutindustrie als Maschinenbelegungsplanung bezeichnet. Im englischen Sprachraum ist hier-

---

[1]   Vgl. Kap. 2.2 (Produktionstypologische Abgrenzung des Untersuchungsbereichs) und Schönsleben (2000), S. 295 ff.

[2]   Die Reihenfolgeplanung könnte somit auch an erster Stelle stehen.

[3]   Vgl. Loos (1997), S. 214.

bei auch die Bezeichnung „Scheduling" gebräuchlich.[1] Da in der Prozessindustrie bzw. chemischen Industrie im Hinblick auf die verfügbaren Kapazitätseinheiten im Allgemeinen nicht von Maschinen, sondern von Apparaten oder Anlagen gesprochen wird, soll in dieser Arbeit im Folgenden die Erstellung von Ablaufplänen als Anlagenbelegungsplanung bezeichnet werden.[2]

Im Rahmen der operativen Produktionsprozessplanung umfasst die Anlagenbelegungsplanung alle vier zuvor aufgezeigten Schritte:[3] die Auftragszuordnung, die Auftragsterminierung, die Verfügbarkeitsprüfung sowie die Reihenfolgeplanung. Das in dieser Arbeit zu entwickelnde Verfahren soll diese vier Funktionen abdecken. Die Auftragsterminierung und die Verfügbarkeitsprüfung werden zusammen auch als Termin- und Kapazitätsplanung bezeichnet.[4]

Die im Rahmen der Anlagenbelegungsplanung erstellten terminierten Planaufträge inkl. Reihenfolgevorgaben werden an die Produktionssteuerung übergeben. Diese sog. Planauftragsliste bildet die Vorgabe für die Produktion. Die Aufgabe der Produktionssteuerung besteht in der Veranlassung, Sicherung und Kontrolle der Produktionsdurchführung.[5] Die Ergebnisse der Produktionssteuerung sind konkrete Produktionsaufträge, die auch Prozessaufträge genannt werden.[6] In der Produktionssteuerung, manchmal auch Feinplanung und in der chemischen Industrie Betriebsleitebene genannt, wird nicht nach Produktionsanlagen bzw. -linien wie in der Anlagenbelegungsplanung, sondern nach einzelnen Apparaten geplant. Entsprechend ist hier auch das Zeitraster feiner, z. B. Minuten statt Stunden oder Tagen.[7]

---

[1]   Vgl. Zäpfel (2001), S. 202; Domschke/Scholl/Voß (1997), S. 16 und S. 279; Kurbel (1993), S. 172; Hoitsch (1993), S. 478.

[2]   Der Begriff Multi-Site-Scheduling wird dann verwendet, wenn eine Anlagenbelegungsplanung insbesondere bei verteilten Produktionsstandorten gemeint ist; s. Kap. 1.2 (Zielsetzung und Aufbau der Arbeit).

[3]   Vgl. Blömer (1999), S. 64.

[4]   Vgl. Eisenführ (1998), S. 236.

[5]   Vgl. Hoitsch (1993), S. 424.

[6]   In dieser Arbeit wird der Terminus Produktionsauftrag als Oberbegriff für die Begriffe Plan- und Prozessauftrag verwendet. Der Terminus Auftrag wird als Oberbegriff für die Begriffe Kunden- und Produktionsauftrag verwendet.

[7]   Vgl. Eisenführ (1998), S. 241; Loos (1997), S. 219.

## 2.3.3 Rollierende Planung und Aggregationsgrade

Da bei der operativen Produktionsplanung stochastische Rahmenbedingungen wie Ausfälle von Anlagen, Fehlmengen und kurzfristige Eilaufträge berücksichtigt werden müssen, ist ein häufiges Aktualisieren eines Ausgangsplans erforderlich. Aus diesem Grunde werden in der Regel operative Planungen rollierend durchgeführt.[1] Dies bedeutet, dass mehrperiodig geplant wird (z. B. für mehrere Tage oder Wochen), dabei jedoch nur der Plan für die jeweils erste Periode realisiert wird. Wird die zweite Planungsperiode erreicht, wird unter Einbeziehung der aktuellsten Daten erneut geplant, wobei der Planungshorizont dann um eine Periode in die Zukunft erweitert wird.[2] Durch die Aktualisierung der Plandaten nur jeweils zu Beginn einer Periode wird die Planungsnervosität begrenzt.[3]

Eine solche rollierende Planung bietet sich auch für die Durchführung der Anlagenbelegungsplanung an. Es wird im Folgenden davon ausgegangen, dass als Ergebnis der operativen Produktionsprogramm- und Produktionsfaktorplanung regelmäßig, z. B. wöchentlich, eine Aktualisierung der Primär- und Netto-Sekundärbedarfe durchgeführt wird. Auf Basis dieser Bedarfe erfolgt dann rollierend die Anlagenbelegungsplanung für den gesamten Planungszeitraum (s. Abb. 2-6).

Das Ergebnis wird dann an die Produktionssteuerung übermittelt. Die Produktionssteuerung veranlasst die Realisierung des ermittelten Ablaufplans für die folgende Planungsperiode (z. B. die folgende Woche) und informiert die Produktionsplanung regelmäßig (wöchentlich oder täglich) über die tatsächlich bearbeiteten Planaufträge. Die abgearbeiteten Planaufträge werden aus der Planauftragsliste entfernt und damit beim nächsten Planungslauf nicht mehr berücksichtigt.[4]

---

[1] Vgl. Schütte/Siedentopf/Zelewski (1999), S. 144 f.; Blömer (1999), S. 64; Domschke/Scholl/ Voß (1997), S. 3. Die stochastischen Rahmenbedingungen fasst Zäpfel unter dem Begriff Prozessunsicherheiten zusammen; vgl. Zäpfel (2001), S. 52 f.

[2] Vgl. Schneeweiß (1997), S. 101; Leisten (1995), S. 49 f.; Dyckhoff (1994), S. 347; Kurbel (1993), S. 118; Hoitsch (1993), S. 31 f.; Schneeweiß (1992), S. 99.

[3] Vgl. Westphal (2000), S. 43.

[4] Vgl. Hoitsch (1993), S. 31 f.

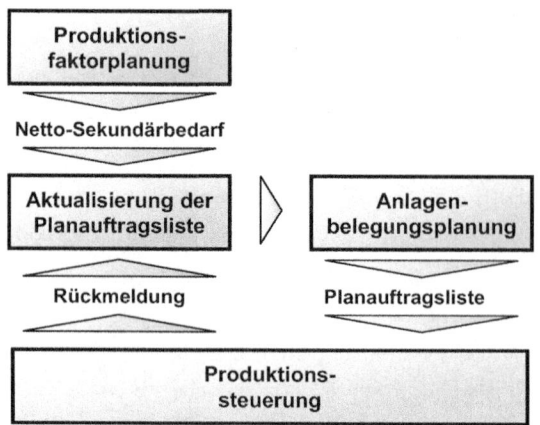

**Abb. 2-6:** *Einbindung der Anlagenbelegungsplanung in eine rollierende Planung*

Eine weitere Möglichkeit, die operative Produktionsplanung zu charakterisieren, bietet sich in der Zuordnung der Planungsschritte zu sog. Aggregationsobjekten.[1] Hierbei wird unterschieden zwischen einer zeitlichen Aggregation und einer Aggregation von Kapazitäts- und Produktionseinheiten.[2] Die Anlagenbelegungsplanung und die Produktionssteuerung weisen die in Abb. 2-7 aufgeführten Aggregationsgrade auf.

Planungsobjekte bei der Anlagenbelegungsplanung sind die Produktionsanlagen bzw. -linien an den Produktionsstandorten. Es werden unverpackte Produkte[3] den Anlagen zugeordnet. Hingegen werden bei der Produktionssteuerung die Produktionsanlagen auf Apparate im planerischen Sinne heruntergebrochen, denn hier steht der einzelne Arbeitsgang, der für einen Apparat vorgesehen ist, im Vordergrund. Das Zeitraster, also die kleinste zeitliche Planungseinheit, beträgt bei der Anlagenbelegungsplanung eine Stunde und bei der Produktionssteuerung eine Minute. Wöchentlich übergibt die Anlagenbelegungsplanung der Produktionssteuerung die Planauftragsliste, wobei im Sinne der rollierenden Planung die Liste der vorherigen Woche durch die aktuelle abgelöst wird. Die Planauftragsliste umfasst

---

[1]   Vgl. Ausborn/Leisten (1999).

[2]   Vgl. Schneeweiß (1992), S. 79 f.; Leisten spricht in diesem Zusammenhang von einer zeitlichen und einer sachlichen Aggregation; s. hierzu Leisten (1995), S. 47 ff.

[3]   Diese Produkte werden verpackt und dann dem Kunden zugesandt. Es werden nicht die verpackten Produkte geplant, da die Anlagenzuordnung aufgrund der Produktionsanlagen (Mehrproduktanlagen) und nicht der Verpackungsmaschinen erfolgt.

einen Zeitraum (Planungshorizont) von vier bis zwölf Wochen.[1] Die Produktionssteuerung wiederum leitet Prozessaufträge täglich an die Produktion weiter, die
eine Vorschau auf die nächsten ein bis vierzehn Tage gibt.

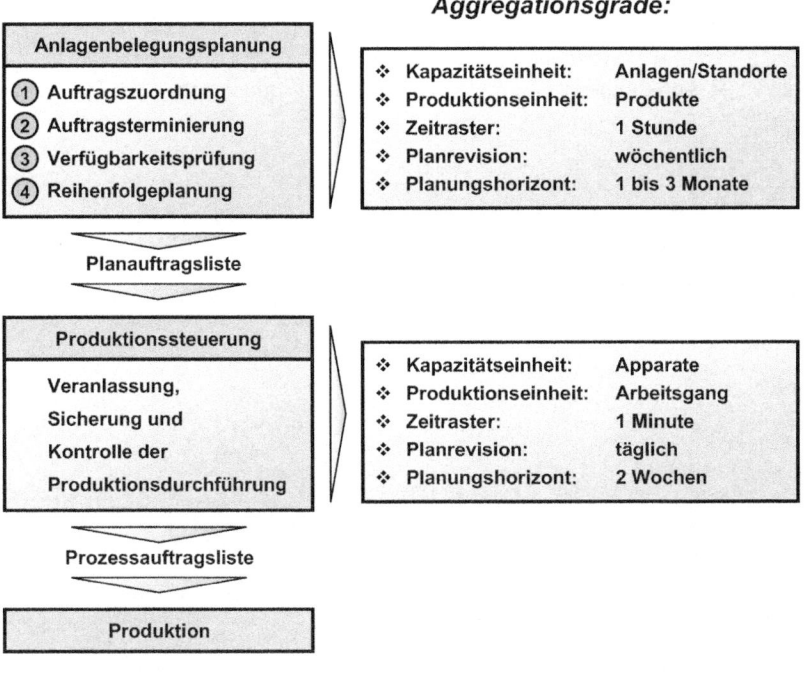

**Abb. 2-7:** *Aggregationsgrade von Anlagenbelegungsplanung und Produktionssteuerung (vgl. Ausborn (2001), S. 53, und Schneeweiß (1992), S. 80)*

### 2.3.4  Simultanplanung

Die Planungsschritte der Anlagenbelegungsplanung[2] können sukzessive oder simultan durchgeführt werden.[3] Eine Planung wird als sukzessiv bezeichnet, wenn
die einzelnen Planungsschritte nacheinander und voneinander unabhängig bear-

---

[1]  Als Planungshorizont wird der Zeitpunkt, bis zu dem geplant wird, bezeichnet; vgl. Domschke/
    Scholl/Voß (1997), S. 1.

[2]  Vgl. Kap. 2.3.2 (Operative Produktionsplanung und Anlagenbelegungsplanung).

[3]  Vgl. Blömer (1999), S. 89 ff.; Schütte/Siedentopf/Zelewski (1999), S. 150 ff.; Hoitsch (1993),
    S. 550 ff.; Zäpfel (1982), S. 297.

beitet werden.[1] Eine sukzessive Planung ist besonders dann nachteilig, wenn zwischen den einzelnen Planungsschritten wechselseitige Abhängigkeiten bestehen[2] – Corsten nennt dies ein „Zerschneiden" der Abhängigkeiten.[3] Derartige wechselseitige Abhängigkeiten werden auch als Interdependenzen bezeichnet. Solche Interdependenzen liegen zwischen den einzelnen Planungsschritten der Anlagenbelegungsplanung vor.[4] Das in Abb. 2-8 dargestellte Beispiel verdeutlicht die wechselseitige Abhängigkeit zwischen der Auftragszuordnung und der Reihenfolgeplanung.

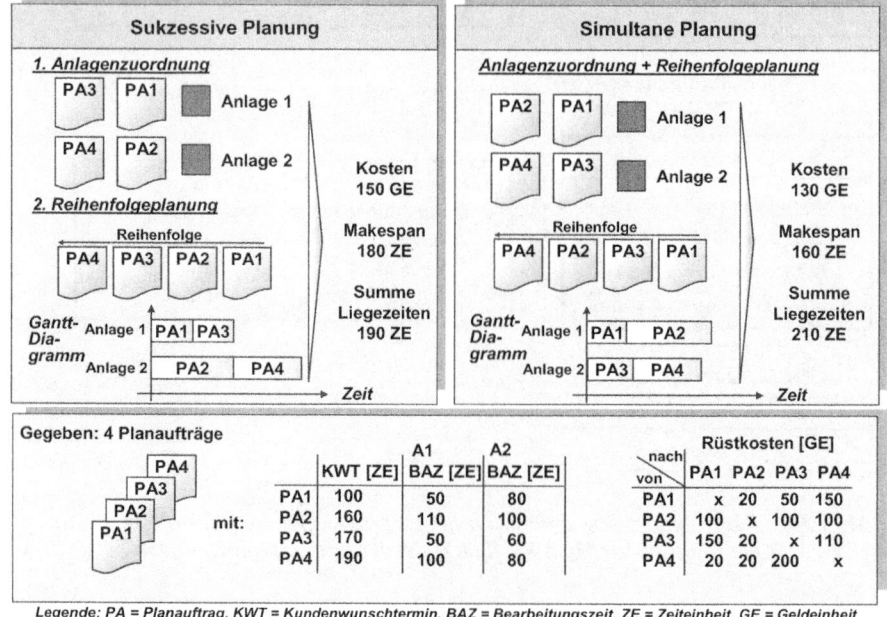

**Abb. 2-8:** *Vergleich sukzessive und simultane Planung*[5]

---

[1]    Vgl. Corsten (2000a), S. 511 f.

[2]    Vgl. Zäpfel (1982), S. 298.

[3]    Vgl. Corsten (2000a), S. 512.

[4]    Vgl. Knolmayer (2001), S. 137; Mertens (2000), S. 179 f.; Schütte/Siedentopf/Zelewski (1999), S. 150.

[5]    Bei einem Gantt-Diagramm werden die Bearbeitungszeiten über der Abszisse (Zeitachse) und die Anlagen über der Ordinate aufgetragen. Der Name dieses Anlagenbelegungsplans geht auf Henry Lawrence Gantt (1861 – 1919) zurück; vgl. Zäpfel (2001), S. 208 ff.; Corsten (2000a), S. 491 f.; Domschke/Scholl/Voß (1997), S. 282 f.; Rixen (1997), S. 12; Leisten (1984), S. 70.

Bei der sukzessiven Vorgehensweise erfolgt zunächst eine bearbeitungszeitmini-
male Zuordnung von Planaufträgen zu Anlagen und anschließend eine Reihenfolgeplanung anhand des Kundenwunschtermins. Beim zweiten Ansatz werden beide Planungsschritte simultan durchgeführt. Im dargelegten Fall führt die simultane
Durchführung beider Planungsschritte bei Einhaltung aller Kundenwunschtermine
zu deutlich geringeren Rüstkosten, und die Zykluszeit[1] ist ebenfalls niedriger. Die
Summe der Liegezeiten der Fertigprodukte ist hierbei allerdings höher, was evtl.
höhere Lagerhaltungskosten und Kapitalbindungskosten nach sich zieht, aber
auch eine höhere Wahrscheinlichkeit einer pünktlichen Auslieferung verspricht.[2]

In diesem Zusammenhang bedeutet simultane Planung nicht zwangsläufig, dass
mehrere Planungsschritte zeitgleich durchgeführt werden, sondern vielmehr, dass
die wechselseitigen Abhängigkeiten zwischen den Planungsschritten berücksichtigt werden.[3] Planungsverfahren, die sich einseitig auf einen der vier Planungsschritte der Anlagenbelegungsplanung konzentrieren, führen häufig zu optimalen
Ergebnissen nur für den isolierten Planungsschritt. Unter ganzheitlicher Beachtung
der bestehenden Abhängigkeiten zwischen den Planungsschritten kann das Ge-
samtergebnis jedoch Verbesserungspotenziale aufweisen, die durch ein simultan
arbeitendes Planungsverfahren erschlossen werden können.[4]

Unter einer simultanen Anlagenbelegungsplanung wird deshalb im Folgenden die
sukzessive Durchführung der Planungsschritte Auftragszuordnung, Auftragsterminierung, Verfügbarkeitsprüfung und Reihenfolgeplanung verstanden. Jedoch werden hierbei die wechselseitigen Abhängigkeiten der Planungsschritte so berücksichtigt, dass eine Optimierung des Gesamtergebnisses angestrebt wird.

---

[1]  Unter Zykluszeit (engl. „Makespan" oder „Schedule Length") wird die Zeitspanne zwischen dem
    Zeitpunkt des Produktionsstarts des ersten Planauftrages eines Auftragsbestandes und dem
    Zeitpunkt der Beendigung des letzten Arbeitsganges des Auftragsbestandes verstanden;
    vgl. Blömer (1999), S. 96; Domschke/Scholl/Voß (1997), S. 292.

[2]  Es wird davon ausgegangen, dass frühestens zum Kundenwunschtermin ausgeliefert wird. Die
    Zeitspanne zwischen Produktionsende und Auslieferung wird Liegezeit der Fertigprodukte ge-
    nannt.

[3]  Vgl. Dohmen (2004), S. 8; Daub (1994), S. 162 ff.; Kurbel (1993), S. 42 ff.; Hoitsch (1993),
    S. 551.

[4]  Vgl. Wöhe (1997), S. 155.

## 2.4 Begriffsbestimmung: Auftragszuordnung bei international verteilten, redundanten Produktionsstandorten

### 2.4.1 Verteilte Standorte – Standortstrategien

Unter einem Standort wird der geografische Ort verstanden, an dem ein Unternehmen Produktionsfaktoren zur betrieblichen Leistungserstellung einsetzt.[1] Unter einem Produktionsstandort wird entsprechend ein geografischer Ort verstanden, an dem der betriebliche Produktionsprozess vollzogen wird. Je besser die Unternehmenseinheiten durch Informations- und Kommunikationstechniken koordiniert werden können, desto stärker tritt auch die Standortfrage und damit die Standortstruktur eines Unternehmens in den Vordergrund. Werden mit einer Standortverlagerung ökonomische Vorteile erzielt, z. B. durch größere Marktnähe, durch die Nutzung von Kostenvorteilen oder durch Belieferungs- und Versorgungsvorteile, dann folgt der organisatorischen Dezentralisierung auch oftmals die räumliche Dezentralisierung, d. h. die Standortverlagerung von Organisationseinheiten.[2] Diese Standortverlagerung erstreckt sich auf die Standorte von ganzen Unternehmen oder von modularen Organisationseinheiten, wie z. B. die Produktion. Unterhält ein Unternehmen gleichzeitig mehrere Standorte, dann liegt eine Standortspaltung vor.[3]

Eine Standortstruktur mit dezentral verteilten Produktionsstandorten ist gekennzeichnet durch ein arbeitsteiliges und, bedingt durch die geografische Verteilung, auch durch ein standortteiliges Produktionssystem. Das Produktionssystem führt die koordinierte Produktion eines oder mehrerer Produkte in unterschiedlichen, räumlich verteilten Produktionsstätten mit abgegrenzten Produktionsaufgaben durch, die durch den Austausch von Materialien und Informationen miteinander verbunden sind.[4]

Wie bereits in Kap. 2.3 erwähnt, besteht eine der Aufgaben der strategischen Produktionsplanung in der Festlegung der langfristigen Standortstruktur. Die Stand-

---

[1]   Vgl. Götze (1996), S. 981.

[2]   Vgl. Picot/Reichwald/Wigand (2001), S. 9.

[3]   Vgl. Corsten (2000a), S. 381. In Anlehnung an die Unterscheidung von Betrieb und Unternehmen, könnte man auch sagen, dass ein Unternehmen mehrere Betriebe (Betriebsstätten) an unterschiedlichen Standorten aufweist, vgl. Eisenführ (1998), S. 1.

[4]   Vgl. Hartmann/Merath (1998), S. 68.

ortstrukturplanung legt die Standortstruktur der verteilten Standorte des Unternehmens fest. Sie hat das Ziel, Wettbewerbsvorteile für das Unternehmen zu erlangen und damit die gewählte Wettbewerbsstrategie des Unternehmens zu unterstützen.[1] Um im Rahmen der Standortstrukturplanung zur gewünschten Standortstruktur zu gelangen, können drei verschiedene Standortstrategien verfolgt werden (s. Abb. 2-9):[2]

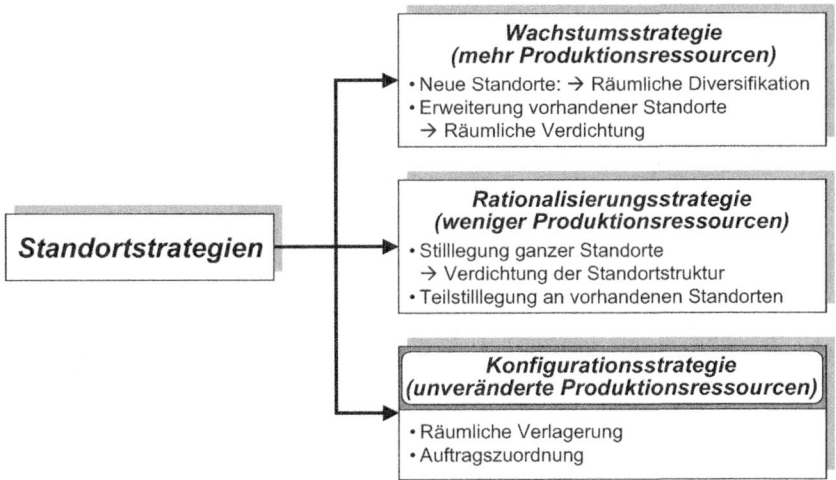

**Abb. 2-9:** *Typen von Standortstrategien (vgl. Hummel (1997), S. 108)*

Die *Wachstumsstrategie* verfolgt den Aufbau zusätzlicher Produktionsressourcen entweder an bestehenden (räumliche Verdichtung) oder an neuen Standorten (räumliche Diversifikation). Bei der *Rationalisierungsstrategie* werden vorhandene Produktionsressourcen abgebaut, indem Teilkapazitäten an vorhandenen Standorten oder aber ganze Standorte stillgelegt bzw. veräußert werden. Die *Konfigurationsstrategie* verändert gegenüber den beiden anderen Strategien die Produktionsressourcen nicht. Hierbei wird die geografische Verteilung der zu produzierenden Mengen durch räumliche Verlagerung festgelegt. Die zuletzt aufgeführte Strategie setzt redundante Ressourcen[3] verteilt über mehrere Standorte voraus.

---

[1]  Vgl. Weber (2001), S. 23 f.; Corsten (2000a), S. 394.

[2]  Vgl. Hummel (1997), S. 108 ff.; Corsten und Hoitsch wählen eine ähnliche Systematisierung; Corsten (2000a), S. 391 ff.; Hoitsch (1993), S. 82 ff.

[3]  Vgl. Kap. 2.4.3 (Redundante Produktionsstandorte).

Die in dieser Arbeit im Rahmen der Anlagenbelegungsplanung beschriebene An-
lagen- bzw. Auftragszuordnung erfolgt unter der strategischen Maßgabe der Konfigurationsstrategie. Bei der Auftragszuordnung werden Planaufträge redundanten
Produktionsstandorten zugeordnet, wobei die Gesamtressourcen für einen bestimmten Zeitraum stabil sind. Bei der hier beschriebenen Standortspaltung mit
einer mengenmäßigen Aufteilung der Produktionsaufträge auf die verteilten Produktionsstandorte besteht die Problematik, Planaufträge mit den korrespondierenden Mengen den geografisch verteilten Standorten zuzuordnen.[1]

## 2.4.2 International verteilte Produktionsstandorte –

## Internationalisierungsstrategien – Standortfaktoren

Um die Folgen und Auswirkungen der Globalisierung des Wettbewerbs aufzufangen, entwickeln Unternehmen zunehmend Internationalisierungsstrategien und
verlagern in Übereinstimmung mit ihnen die Aktivitäten in das Ausland (außerhalb
des Heimatlandes).[2] Durch die Internationalisierungsstrategien legt sich ein Unternehmen auf gezielt ausgewählte, länderübergreifende Aktivitäten und oft auch auf
Ressourcenallokationen im Ausland fest. Eine Ressourcenallokation kann z. B.
durch die Errichtung einer Produktionsstätte erfolgen. Erstreckt sich die zuvor beschriebene Verteilung der Unternehmens- bzw. Produktionsstandorte auf verschiedene Länder, so spricht man von international verteilten Standorten.

Die Zielrichtung der internationalen Aktivitäten kann anhand zweier voneinander
unabhängiger Merkmale klassifiziert werden: der geografischen Reichweite der
Verantwortung und der geografischen Verteilung der Ressourcen.[3] Die geografische Reichweite der Verantwortung gibt an, inwieweit die Standorte die einzelnen
Aktivitäten der Wertschöpfungskette selbst koordinieren dürfen. So können z. B.
einzelne Produktionsschritte unabhängig und in eigener Verantwortung durchgeführt und koordiniert werden, oder aber die Aktivitäten werden zentral abgestimmt,
und es werden zentral für alle Standorte Vorgaben gemacht. Die geografische
Verteilung der Ressourcen bringt zum Ausdruck, inwieweit die Aktivitäten der

---

[1]  Vgl. Corsten (2000a), S. 381.

[2]  Vgl. Kreikebaum (1997), S. 255 ff. In letzter Zeit werden verstärkt Auslandsaktivitäten angestoßen; vgl. Bohnenkamp/Hoffmann/Ludwig/Votsmeier (2003), S. 74–75; Wildemann (2002),
S. 40 f.

[3]  Vgl. Porter (1989), S. 29 f.

Wertschöpfungskette räumlich verteilt sind. Die Produktion kann z. B. an einem Standort konzentriert sein, oder aber sie ist weltweit verteilt. Durch die Kombination der Zielrichtungen internationaler Aktivitäten lassen sich vier idealtypische Internationalisierungsstrategien unterscheiden (s. Abb. 2-10).[1]

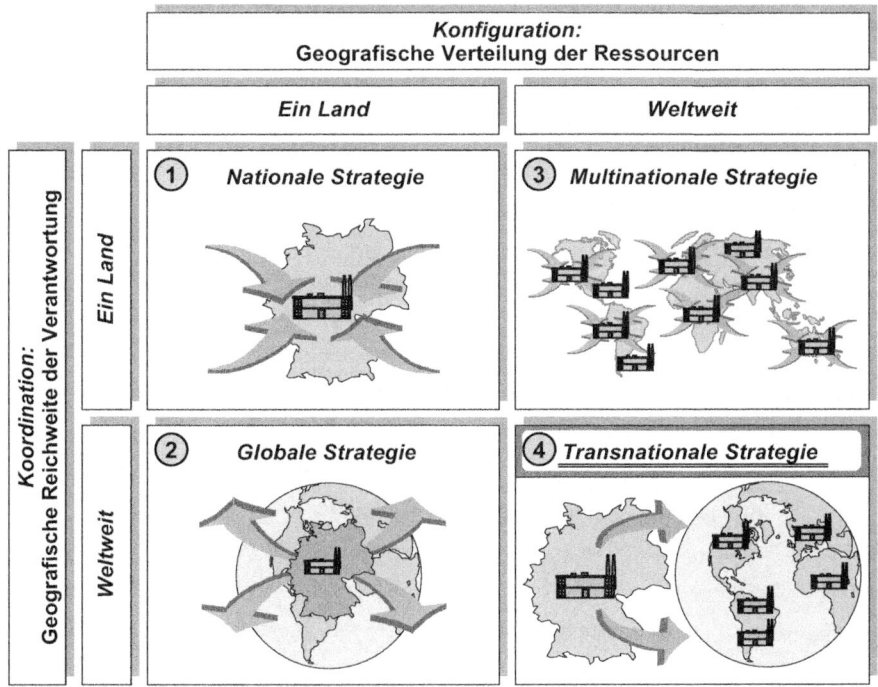

**Abb. 2-10:** *Typen von Internationalisierungsstrategien*

1.  Bei der *nationalen Strategie* konzentrieren sich alle Aktivitäten auf einen Standort, daher ist eine Koordination mit anderen Standorten nicht notwendig. Wenn Auslandsaktivitäten vorhanden sind, beschränken diese sich auf Exporte aus dem Stammhaus.

2.  Die *globale Strategie*[2] konzentriert die einzelnen Aktivitäten auch auf einen Standort; die Koordination der Aktivitäten ist jedoch auf einen weltweiten

---

[1]  Vgl. Neher (2001), S. 7 f.; Pries (2000), S. 678–681; Kreikebaum (1997), S. 257; Bélis-Bergouignan/Bordenave/Lung (1996), S. 100 f.

[2]  Die globale Strategie wird auch als geozentrische Strategie bezeichnet.

Markt abgestimmt. Die geografische Reichweite der Verantwortung reicht über den nationalen Markt hinaus.

3. Bei der *multinationalen Strategie*[1] sind die einzelnen Aktivitäten weltweit verteilt, wobei keine Koordination zwischen den Standorten erfolgt; so wird z. B. die Produktionsplanung an einem Standort unabhängig von den Planungen der anderen Standorte betrieben.

4. Bei der *transnationalen Strategie* sind wie bei der multinationalen Strategie die Aktivitäten weltweit gestreut, im Unterschied hierzu werden jedoch die Aktivitäten untereinander abgestimmt. So kann z. B. in einem gewissen Rahmen durch eine Zentrale vorgegeben werden, an welchem Standort mit welcher Priorität welche Produkte produziert werden sollen.

Absatz- und Distributionsaktivitäten erfordern eine relative geografische Nähe zum Kunden.[2] Aktivitäten rund um die Produktion und auch die Produktion selbst weisen dagegen eine vergleichsweise hohe Unabhängigkeit zu den Kundenstandorten auf. Aus diesem Grunde sind oftmals, entsprechend der transnationalen Strategie, die Produktionsstätten auf mehrere Standorte verteilt, und die einzelnen Aktivitäten der Standorte werden zentral abgestimmt. So kann auf Störungen oder veränderte Rahmenbedingungen flexibel reagiert werden, wenn z. B. ein Produktionsstandort ganz oder nur zum Teil ausfällt. Dann kann zentral veranlasst werden, dass mehrere andere Standorte die benötigten Kapazitäten abdecken. Mit der transnationalen Strategie werden sowohl Globalisierungsvorteile („think global") als auch Lokalisierungsvorteile („act local") ausgeschöpft.[3] Da die Zielsetzung dieser Arbeit in der Unterstützung der Anlagenbelegungsplanung bei international verteilten Produktionsstandorten besteht, wird im Folgenden von einer transnationalen Strategie ausgegangen. Die Anlagenbelegungsplanung bei international verteilten Produktionsstandorten wird in dieser Arbeit als Multi-Site-Scheduling bezeichnet.[4]

Die Aufgabe der Standortplanung eines Unternehmens besteht in der Festlegung der Lage des Unternehmens und seiner Produktionsstätten im geografischen

---

[1]  Die multinationale Strategie wird auch als polyzentrische Strategie bezeichnet.

[2]  Vgl. Hummel (1997), S. 103 f.

[3]  Vgl. Kreikebaum (1997), S. 256.

[4]  Vgl. Fußnote 2 auf Seite 40.

Raum. Im Rahmen der Internationalisierungs- und Standortstrategien ist eine Entscheidung zu treffen, welcher Standort oder welche Standortverteilung als optimal angesehen wird. Die Standortentscheidung wird mit Hilfe sog. Standortfaktoren getroffen. Diese legen die länder- und regionenspezifischen Rahmenbedingungen der Standortstruktur fest.[1]

Die Standortfaktoren sind im Allgemeinen unabhängig von dem Unternehmen oder der Branche gültig und spiegeln die unterschiedlichen Standortgegebenheiten der durch die verteilten Standorte abgedeckten Länder wider.[2] Für diese Arbeit hervorzuheben ist, dass die länderspezifischen Einflussfaktoren nicht nur einmalig bei der Konfiguration international verteilter Standorte zu berücksichtigen sind. Auch bei der Koordination und Planung sind diese Standortfaktoren zu beachten, indem sie bei der Auswahl von alternativen Produktionsstandorten im Rahmen der Auftragszuordnung für die Bearbeitung eines Auftrags heranzuziehen sind.[3] Ihre Berücksichtigung finden sie in sog. Zuordnungskriterien.[4]

Die in der folgenden Abbildung (Abb. 2-11) aufgeführten Standortfaktoren stellen eine Synthese aus verschiedenen in der Literatur aufgeführten Auflistungen dar, ohne den Anspruch auf Vollständigkeit zu erheben. Hierbei wurde besonderes Augenmerk auf international verteilte Standorte gelegt. Aus Übersichtlichkeitsgründen wurden die Standortfaktoren in vier Kategorien aufgeteilt.[5]

1. Durch die *wirtschaftlichen Faktoren* werden die Rahmenbedingungen für unternehmerische Tätigkeiten definiert. Damit haben diese Faktoren entscheidenden Einfluss auf die Geschäftspolitik. Sie beschreiben die wirtschaftliche Leistungsfähigkeit eines Standortes als Ganzes oder einzelner Funktionsbereiche wie Beschaffung, Absatz oder Produktion. Von besonderer Bedeutung in dieser Arbeit sind die Standortfaktoren der Produktion. Diese beschreiben für den Produktionsstandort die produktionstechnische und verfahrensbe-

---

[1]  Vgl. Schierenbeck (2003), S. 46; Corsten (2000a), S. 381.

[2]  Vgl. Hummel (1997), S. 78.

[3]  Vgl. Loukmidis (2002), S. 3; Zeier (2002c), S. 33; Gudehus (1999), S. 242 f.; Domschke/Scholl/Voß (1997), S. 31; Meijboom (1997), S. 433.

[4]  Vgl. Kap. 2.4.4 (Auftragszuordnung – Zuordnungskriterien).

[5]  Vgl. Schierenbeck (2003), S. 46–48; Weber (2001), S. 23 ff. und S. 168 ff.; Corsten (2000a), S. 381–383; von Wrede (2000), S. 15–17; Eversheim (1999a), S. 9/42 f. u. S. 9/52–9/57; Hummel (1997), S. 84–154; Kreikebaum (1997), S. 256 ff.; Hoitsch (1993), S. 85–87.

dingte Eignung zur Bearbeitung eines Auftrages; oftmals sind standortabhängige Anpassungs- und Einrichtungsaufwendungen zu berücksichtigen.
Weitere Aspekte, die bei der Zuordnung von Planaufträgen zu Standorten eine Rolle spielen, sind Faktoren wie Image und Ausstrahlung des Produktionsstandortes (Herkunfts-Goodwill). Häufig ist es ausdrücklicher Kundenwunsch, dass sein bestellter Artikel an einem bestimmten Standort produziert
wird. Die Beurteilung der Flexibilität bei erforderlichen Kapazitätsanpassun-
gen kann bei der Entscheidung über die Zuordnung von Planaufträgen zu
den international verteilten Standorten ebenfalls eine wesentliche Rolle spielen.

2.  Das politische System ist ein Indiz für die Stabilität eines Staates. Hierbei
spielen finanz- und steuerpolitische Aspekte eine besondere Rolle, da diese
die Kapitalflüsse und damit die Wirtschaftlichkeit wesentlich beeinflussen.[1]
Weitere *politische/rechtliche Faktoren* sind institutionelle Schranken wie
Markteintrittsschranken und politische Risiken der einzelnen Länder.

3.  *Soziokulturelle Faktoren* beschreiben eher qualitative Aspekte wie z. B.
Wertvorstellungen, Sprache und Verhaltensmuster in einem Land. Bei sonst
gleichen Standortfaktoren kann ein sonst günstiger Standort für eine Auftragsbearbeitung ungünstig sein, wenn z. B. Feiertage eine pünktliche Auslieferung des Produktes in einem Land verzögern könnten. Ein weiterer sozio-
kultureller Faktor ist z. B. die landesspezifische Einstellung zur Einhaltung
der Produktqualität. Bei der Entscheidung über den Bearbeitungsstandort
kann dies bei geforderter hoher Produktqualität ausschlaggebend sein.

4.  Die Topografie, das Klima und die Standortressourcen sind durch die Natur
im jeweiligen Land vorgegebene Einflussfaktoren. Diese *physischen Faktoren* können einerseits Einfluss auf die langfristige Standortplanung haben,
z. B. machen ungünstige klimatische Bedingungen eine Klimaanlage notwendig, womit höhere Investitionen und höhere laufende Kosten als an einem klimatisch günstigeren Standort anfallen. Andererseits beeinflussen
physische Faktoren auch die kurzfristige Entscheidung über den geeigneten
Bearbeitungsstandort für ein vom Kunden bestelltes Produkt. Liegt z. B. ein
Produktionsstandort in unwegsamem Gelände, so besteht eine hohe Unsi-

---

[1]  Vgl. Bohnenkamp/Hoffmann/Ludwig/Votsmeier (2003), S. 74–75.

cherheit bei der Festlegung der Transportzeiten und damit des Auslieferungszeitpunktes.

| ① **Wirtschaftlich** | ② **Politisch/rechtlich** | ③ **Soziokulturell** | ④ **Physisch** |
|---|---|---|---|
| **Gesamtwirtschaftliche Situation** <br> • Wirtschaftliche Stabilität <br> • Wirtschaftliches Potenzial <br> • Industrialisierungsgrad <br> • ... <br> **Infrastruktur** <br> • Verkehr <br> • Ver- und Entsorgung <br> • Information und Kommunikation <br> • Verkehrsanbindung <br> • Verkehrssicherheit <br> • ... <br> **Beschaffung** <br> • Arbeit <br> • Materielle und immaterielle Sachgüter <br> • ... <br> **Produktion** <br> • Produktionstechnik <br> • Flexibilität der Kapazitäten <br> • Anpassungs- bzw. Einrichtungskosten <br> • Erscheinungsbild des Produktionsstandortes <br> • ... <br> **Absatz** <br> • Marktnähe <br> • Distributionskanäle <br> • ... | **Ordnungspolitische Rahmenbedingungen** <br> • Freie bzw. soziale Marktwirtschaft <br> • Grad der Privatautonomie <br> • Freier Kapitalverkehr <br> • ... <br> **Träger der Wirtschaftspolitik** <br> • Einflussnahme auf Standort <br> • Sozialer Konsens <br> • ... <br> **Wirtschaftliche Aspekte des Rechtssystems** <br> • Gesetze, Auflagen und rechtliche Bestimmungen <br> • Steuern, Abgaben und Subventionen <br> • Wirtschaftspolitik <br> • Verwaltungspraxis <br> • ... <br> **Institutionelle Schranken** <br> • Gesetzliche Beschränkungen <br> • Handelsschranken <br> • ... <br> **Politische Risiken** <br> • Berechenbarkeit <br> • Schutzmöglichkeiten <br> • ... | **Soziokulturelle Nähe zum fokalen Unternehmen** <br> • Wertvorstellungen <br> • Sprache <br> • Geschäftspraktiken <br> • Entwicklungsstand <br> • Bildungsstand <br> • ... <br> **Soziokulturelle Eintrittsbarrieren** <br> • Aufgeschlossenheit <br> • Einstellung <br> • Sprachbarrieren <br> • ... <br> **Soziokulturelle Verhaltensmuster** <br> • Hierarchiegläubigkeit <br> • Religion <br> • Sozialer Konsens <br> • ... <br> **Arbeitsmarkt** <br> • Verfügbare Arbeitskräfte <br> • Qualifikation <br> • ... | **Topografie** <br> • Zugang zum Meer/Fluss ... <br> • Gebirgige Lage <br> • ... <br> **Geografische Lage** <br> • Entfernung zu Lieferanten und Kunden <br> • ... <br> **Klima** <br> • Luftfeuchtigkeit <br> • Temperatur (Durchschnitt und Extrema) <br> • Klimazone <br> • ... <br> **Ressourcen** <br> • Energie <br> • Wasser-/Luftqualität <br> • ... <br> **Geografische/klimatische Standortrisiken** <br> • Hitze <br> • Kälte (Frost) <br> • Erdbeben <br> • ... |

**Abb. 2-11:** *Standortfaktoren bei international verteilten Standorten*

Zusammenfassend lässt sich feststellen, dass international verteilte Standorte durch viele Standortfaktoren beschrieben werden. Für die operative Produktionsplanung, insbesondere bei der Zuordnung von Planaufträgen zu Produktionsstandorten, sind manche dieser Standortfaktoren von Relevanz, da sie die Auftragszuordnung wesentlich beeinflussen.

### 2.4.3 Redundante Produktionsstandorte

Die zunehmend dynamischeren Markt- und Kundenanforderungen verlangen eine erhöhte Reaktionsfähigkeit der Unternehmen. Durch die Anzahl der eingesetzten Ressourcen kann die gewünschte Reaktionsfähigkeit erreicht werden.[1] Die Reak-

---

[1]    Vgl. Kaluza/Blecker (2001), S. 4; Blecker (2001), S. 114; Zadek/Priemer (2000), S. 202; Jammernegg/Reiner/Trcka (2000), S. 191 ff.; Wiendahl (1999), S. 9/1 f.

tionsfähigkeit eines Unternehmens wird u. a. durch die Fähigkeit bestimmt, dispositiv nicht eingeplante Ressourcen im Bedarfsfall in Reaktion auf erhöhte Anforderungen wertschöpfend einzusetzen.[1] Hierzu wird bewusst ein Ressourcenüberschuss vorgehalten, der u. a. durch redundante Ressourcen erreicht wird. Sind genügend redundante Ressourcen vorhanden, können kurzfristig entstehende Engpässe infolge von Nachfrageerhöhungen oder Anlagenausfällen beseitigt oder zumindest verringert werden.[2]

Vor dem Hintergrund von international verteilten, redundanten Produktionsstandorten wird Redundanz in dieser Arbeit verstanden als mehrfach vorhandene Ressourcen an verschiedenen, international verteilten Produktionsstandorten. Durch die im Wertschöpfungsprozess parallel angeordneten Ressourcen wird es möglich, ein Produkt an verschiedenen Standorten zu produzieren. Die redundanten Ressourcen bedeuten nicht unbedingt, dass an den verteilten Produktionsstandorten identische bzw. baugleiche Maschinen und Apparate vorhanden sind. Es besagt nur, dass die Standorte bzw. Ressourcen bestimmte Grundanforderungen an z. B. Quantität, Qualität, Funktionsfähigkeit, Genauigkeit und Störanfälligkeit usw. erfüllen, damit sie für die Herstellung der geforderten Produkte grundsätzlich geeignet sind.[3] Die Randbedingungen, unter denen die Produktion stattfindet, müssen bei redundanten Standorten nicht zwangsläufig gleich sein, so können z. B. die Produktionskosten unterschiedlich ausfallen. In dieser Arbeit wird der Begriff Redundanz sowohl für parallele Ressourcen an einem Produktionsstandort als auch für parallele Ressourcen an verteilten Standorten verwendet.

### 2.4.4 Auftragszuordnung – Zuordnungskriterien

Erst durch redundante Ressourcen bzw. Produktionsstandorte wird eine Wahlmöglichkeit zwischen den Ressourcen bzw. Standorten für die Zuordnung von Planaufträgen zu Anlagen geschaffen. Bei dieser Wahlmöglichkeit, einen Planauftrag einer von mehreren redundanten Ressourcen bzw. einem von mehreren redundanten Produktionsstandorten zuzuordnen, besteht das Problem, diejenige

---

[1]   Vgl. Nöfer (1995), S. 29.

[2]   Vgl. Eversheim/Schellberg/Terhaag (2000), S. 36; Staehle (1991), S. 321 ff.

[3]   Vgl. Trautmann (2001), S. 8; Corsten (2000a), S. 360.

Ressource auszuwählen, die am besten geeignet[1] ist. Aus Sicht der Anlagen bzw. der Ressourcen besteht gewissermaßen eine Konkurrenz, weshalb im Rahmen der Produktionsplanung auch manchmal von Anlagenkonkurrenz gesprochen wird.[2] Die Auftragszuordnung entspricht einem Zuteilungs- oder Produktionsaufteilungsproblem, bei dem zwischen mehreren Produktionsanlagen zu wählen ist. Die redundanten Anlagen weisen eine grundsätzliche Eignung für die Bearbeitung einzelner Planaufträge auf, gleichzeitig besteht aber eine unterschiedliche Ausprägung der Kriterien, welche die Leistungsfähigkeit einer Anlage beschreiben.[3] Die Zuordnung von Planaufträgen zu den verfügbaren Kapazitätseinheiten ist die Grundlage der Auftragsterminierung[4]. Sind die zu produzierenden Planaufträge jeweils bestimmten Ressourcen zugeordnet, so kann anschließend der Kapazitätsbedarf ermittelt und bei der Verfügbarkeitsprüfung dieser dann mit dem Kapazitätsangebot abgeglichen werden.[5]

Bei dem hier beschriebenen Kapazitätsausgleich bei begrenzten Kapazitäten kann es vorkommen, dass die für einen Planauftrag am besten geeignete Ressource zum geforderten Auftragstermin bereits belegt ist.[6] In diesem Fall soll der Planauftrag auf eine redundante, aber u. U. weniger geeignete Ressource verschoben werden. Die Entscheidung, einen Planauftrag einer Ressource zuzuordnen, hat somit die aktuelle Belastung der redundanten Ressourcen zu berücksichtigen. Befinden sich die redundanten Produktionsanlagen an mehreren Produktionsstandorten verteilt, so sind für das Zuordnungsproblem neben den oben genannten Leistungsbeschreibungskriterien auch weitere Kriterien zu berücksichtigen, welche die Standorte beschreiben. In Kap. 2.4.2 wurden diese Kriterien mit Hilfe der Standortfaktoren beschrieben. Solche Zuordnungskriterien können beispielsweise die Transportkosten und -zeiten oder auch das Qualitätsniveau der einzelnen Standorte sein. Befinden sich die Produktionsanlagen teilweise im Ausland, so müssen auch länderspezifische Einflussfaktoren berücksichtigt werden.

---

[1]  Die unpräzise Formulierung „am besten geeignet" wird später präzisiert.

[2]  Vgl. Blömer (1999), S. 21.

[3]  Vgl. Eversheim (1999a), S. 9/43; Gudehus (1999), S. 242 f.; Hoitsch (1993), S. 459.

[4]  Vgl. Kap. 2.3.2 (Operative Produktionsplanung und Anlagenbelegungsplanung).

[5]  Vgl. Corsten (2000a), S. 359 f.

[6]  Vgl. Schönsleben (2000), S. 562 ff.

Für die Entscheidung, einen Planauftrag einer Ressource zuzuordnen, sind zusätzlich zu den oben erwähnten Standortfaktoren auch weitere Kriterien einzubeziehen.[1] Im Rahmen dieses Entscheidungsproblems wird häufig die Ressource ausgewählt, die der Maxime wirtschaftlicher Leistungserstellung unter Beachtung existenter Restriktionen am besten gerecht wird. Die Lösung des Zuteilungsproblems erfolgt hierbei meist anhand des Kriteriums Grenzkosten. In den Grenzkosten werden alle variablen Herstellkosten zusammengefasst, die an den alternativen Ressourcen anfallen. In der operativen Produktionsprozessplanung sind aber weitere, oft nur qualitativ zu formulierende Kriterien in die Zuordnungsentscheidung einzubeziehen.[2] Diese oft nur qualitativ zu formulierenden, zuordnungsrelevanten Kriterien ergeben sich aus den Anforderungen eines Planauftrages an seine Bearbeitung, wie z. B. Genauigkeit und Qualität.[3] Die Auftragszuordnung stellt somit häufig nicht nur ein eindimensionales Optimierungsproblem dar; es müssen vielmehr mehrere Ziele im Bewertungsprozess berücksichtigt werden.[4]

Im Folgenden werden die für die Zuordnung von Planaufträgen zu redundanten Ressourcen bzw. Produktionsstandorten relevanten Kriterien als Zuordnungskriterien bezeichnet. Diese beschreiben die Anforderungen eines Planauftrages an die Ressource bzw. an den Produktionsstandort.[5]

Im Gegensatz zur Fremdvergabe, bei der zwischen dem Unternehmen und dem Produktionsstandort eine durch Angebot und Nachfrage geprägte Koordination stattfindet, wird unter Auftragszuordnung die Verlagerung von Planaufträgen auf Produktionsanlagen und -standorte verstanden, die meist durch eine hierarchische Struktur mit dem planenden Unternehmen verbunden sind.[6] Dadurch ist im Allgemeinen eine bessere Verfügbarkeit der planungsrelevanten Informationen der Produktionspartner gegeben. Auch kann ein gewisser Einfluss der zentralen Anlagenbelegungsplanung auf die Produktionsstandorte ausgeübt werden.

---

[1]  Vgl. Corsten (2000a), S. 360 ff.; Zäpfel (1982), S. 136.

[2]  Vgl. Corsten (2000a), S. 360; Keuper (1999), S. 355 f.; Hummel (1997), S. 18; Hoitsch (1993), S. 459.

[3]  Vgl. Eversheim (1997), S. 33; Much/Nicolai (1995), S. 25 ff.

[4]  Vgl. Domschke/Scholl/Voß (1997), S. 262 ff. und S. 291 ff.

[5]  Vgl. Eversheim (1999a), S. 9/43.

[6]  Vgl. Kap. 2.4.5 (Klassifizierung von international verteilten Produktionsstandorten).

## 2.4.5 Klassifizierung von international verteilten Produktionsstandorten

Seit Anfang der 90er Jahre vollzieht sich im Bereich des Handels und der Industrie der Prozess zunehmender unternehmensübergreifender Zusammenarbeit. Diese Entwicklung trägt der Tatsache Rechnung, dass Unternehmen oft allein nicht mehr in der Lage sind, den hohen Anforderungen des Marktes gerecht zu werden. Als Hauptgründe für die unternehmensübergreifende Zusammenarbeit der Industrie werden Kostenreduzierung, Erhöhung der Flexibilität, Konzentration auf das Kerngeschäft sowie Serviceverbesserung genannt.[1]

Grundsätzlich gibt es viele unterschiedliche Formen der unternehmensübergreifenden Zusammenarbeit.[2] Die in dieser Arbeit betrachteten international verteilten und teilweise redundanten Produktionsstandorte werden als Ausprägung eines Unternehmensnetzwerkes verstanden.[3] Ähnlich wie bei der unternehmenstypologischen Eingrenzung aus Kap. 2.2 können auch Unternehmensnetzwerke anhand verschiedener Merkmale unterschieden werden. Die im Folgenden beschriebene Unternehmensnetzwerktypologie stellt eine Synthese aus verschiedenen in der Literatur beschriebenen Ansätzen dar.[4] Dabei werden nur die Merkmale betrachtet, die für diese Arbeit von Bedeutung sind. Für die weiteren Ausführungen werden zuvor drei Begriffe definiert, die für die Typologisierung von Unternehmensnetzwerken grundlegend sind:[5]

- **Kommunikation**

  Als Kommunikation wird hier die Übertragung von Informationen zwischen den Partnern des Unternehmensnetzwerkes bezeichnet. Die Kommunikation kann sowohl zwischen den Partnern und der zentralen Instanz, dem fokalen Unternehmen[6], als auch unter den Partnern erfolgen.

---

[1]  Vgl. Koch/Ulrich (2003), S. 38; Westkämper (2000), S. 631–636; Kaluza/Blecker (1996), S. 9.

[2]  Vgl. Zeller (2003), S. 3; Friedrich/Hinterhuber (1999), S. 2; Schuh (1999), S. 416–423.

[3]  Vgl. Corsten/Gabriel (2002), S. 8; Klein (1996), S. 88. Schönsleben verwendet die Begriffe Logistiknetzwerk und Produktionsnetzwerk synonym; vgl. Schönsleben (2000), S. 10.

[4]  Vgl. Zeller (2003), S. 3–7; Haupenthal/Juszczyk (2002), S. 12–15; Picot/Reichwald/Wigand (2001), insbesondere Teil 5, 6, 8 u. 10; Eversheim/Schellberg/Terhaag (2000), S. 38–40; von Wrede (2000), S. 14; Reichwald/Piller (2000), S. 606–613; Sydow (1993), S. 83 ff.

[5]  Vgl. Corsten/Gabriel (2002), S. 222; Corsten (2000b), S. 10–14; Nedeß/Käselau (1999), S. 466; Jablonski (1995), S. 14 f.

[6]  Mit fokalem Unternehmen ist die zentrale Instanz, das koordinierende Unternehmen gemeint. Es steht im Mittelpunkt des Netzwerkes; vgl. Reichwald/Piller (2000), S. 613; Kaluza/Blecker (1996), S. 13.

- **Kooperation**

  Unter Kooperation wird das gemeinsame Handeln mehrerer Personen an einer Aufgabe mit gemeinsamer Verantwortung auf ein gemeinsames Ziel hin verstanden. Hierzu ist der gemeinsame Zugriff auf Informationen und die aktuelle Anzeige erfüllter bzw. zu erfüllender Aufgaben erforderlich.

- **Koordination**

  Koordination ist Voraussetzung für funktionierende Kommunikation und Kooperation. Die Aufgabe der Koordination besteht in der Abstimmung gemeinsamer Aktivitäten mit dem Ziel, Doppel- oder Mehrfacharbeit zu vermeiden.

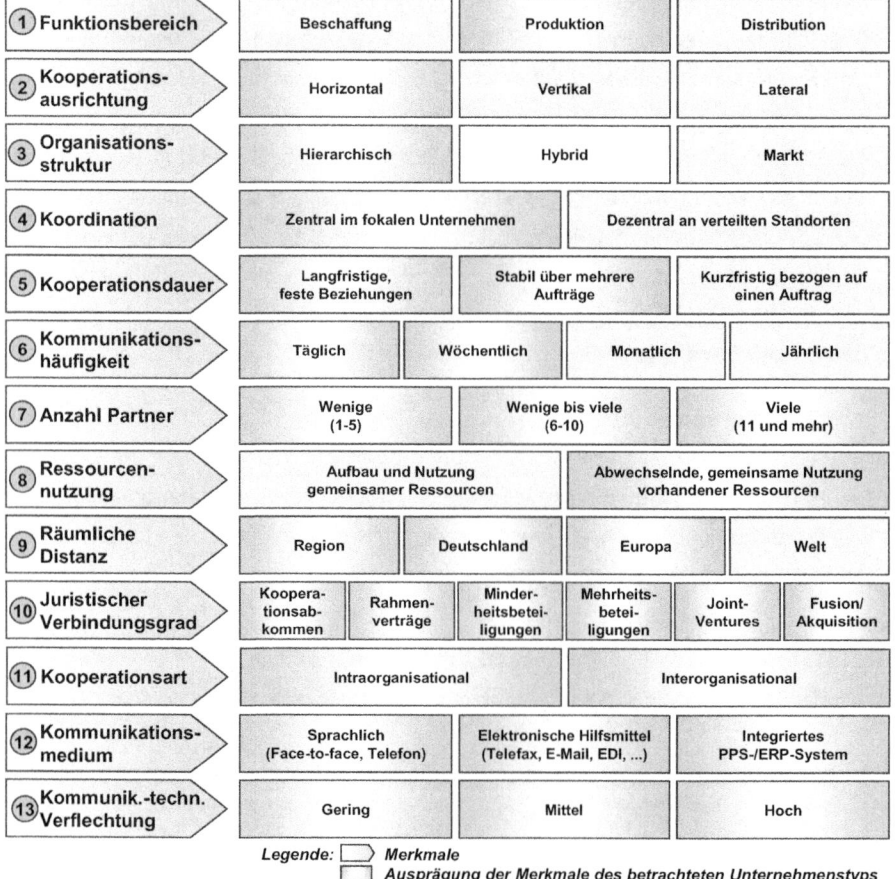

**Abb. 2-12:** *Klassifizierung von Unternehmensnetzwerken*

In Abb. 2-12 werden 13 unterschiedliche Merkmale von Unternehmensnetzwerken und ihre möglichen Ausprägungen vorgestellt. Die dunkel hinterlegten Ausprägungen grenzen die für diese Arbeit relevanten Unternehmen ein.

1. **Funktionsbereich**

Für eine Kooperation dezentraler Einheiten kommen grundsätzlich alle Unternehmensbereiche in Betracht. Über- sowie innerbetriebliche Kooperationen finden meist in Form von Logistiknetzwerken statt.[1] Dabei haben Logistiknetzwerke die Aufgabe, die Material- und Informationsflüsse zwischen verschiedenen Standorten eines Unternehmensnetzwerkes zu organisieren. Entsprechend der Aufteilung der Logistik in die betriebswirtschaftlichen Grundfunktionen (Beschaffung, Produktion und Distribution)[2] werden Logistiknetzwerke in Beschaffungs-, Produktions- sowie Distributionsleistungsnetzwerke untergliedert.[3]

In dieser Arbeit werden Produktionsnetzwerke betrachtet. Diese verknüpfen geografisch verteilte Produktionsstandorte eines oder mehrerer Unternehmen miteinander. Das Ziel hierbei besteht in der Optimierung der Material- und Informationsflüsse zwischen den Produktionsstandorten.[4]

2. **Kooperationsausrichtung**

Hinsichtlich der Kooperationsrichtung werden horizontale, vertikale und laterale Unternehmensnetzwerke unterschieden.[5] Vertikale Netzwerke beziehen sich auf Unternehmen aufeinanderfolgender Stufen der Wertschöpfungsketten. Diese Art der Netzwerke strebt vor allem nach einer Verbesserung der Unternehmensschnittstellen und damit der Reduzierung der Transaktionskosten.[6] Laterale Netzwerke haben das Ziel, dem Kunden durch die Zusammenarbeit verschiedener Branchen ein umfassendes Angebot zu unterbrei-

---

[1]  Vgl. Kernler (2003), S. 11 f. und S. 29 ff.; Pfohl (2000), S. 304 ff.; Schönsleben (2000), S. 10.

[2]  Vgl. Pfohl (2000), S. 17 f. und S. 44.

[3]  Vgl. Baumgarten/Darkow (1999), S. 146.

[4]  Vgl. Baumgarten/Darkow (1999), S. 147. Produktionsnetzwerke werden manchmal mit dem Terminus Produktionsverbund bezeichnet; vgl. Zadek/Priemer (2000), S. 204. In der Stückgutindustrie wird auch der Terminus Fertigungsnetzwerk bzw. Fertigungsverbund verwendet; vgl. von Wartenberg (2000), S. 107 ff.

[5]  Vgl. Picot/Reichwald/Wigand (2001), S. 305 f.; Sydow (2001), S. 279 f.; Pfohl (2000), S. 307; Domschke/Scholl (2000), S. 15; Kaluza/Blecker (1996), S. 10–13.

[6]  Vgl. Much (1999), S. 552; Kreikebaum (1997), S. 258 ff.

ten. Bei horizontalen Netzwerken arbeiten Unternehmen der gleichen Branche sowie der gleichen Wertschöpfungsstufe mit dem Ziel zusammen, durch
Mengeneffekte die Ressourcen besser auszunutzen und damit die Stückkos-
ten zu reduzieren.[1]

In dieser Arbeit werden redundante Ressourcen an verschiedenen Produktionsstandorten einer Wertschöpfungsstufe betrachtet; deshalb handelt es sich
um eine horizontale Kooperation.[2]

## 3. Organisationsstruktur

Die Organisationsstruktur von Unternehmensnetzwerken kann entweder
mehr hierarchischen oder mehr marktlichen[3] Charakter besitzen.[4] Bei der hierarchischen Organisationsform wird die Zusammenarbeit der Partner über
Anweisungen bestimmt. Dagegen wird bei der marktnahen Form die Zusammenarbeit durch den Preismechanismus in einem Kunden-Lieferanten-
Verhältnis bestimmt. Hybride Organisationsstrukturen kennzeichnen Formen
der Zusammenarbeit, die zwischen den beiden Extremen Markt und Hierarchie liegen.[5]

In dieser Arbeit sind die verteilten Produktionsstandorte mit einem zentral
koordinierenden Unternehmen bzw. Funktionsbereich eng verknüpft. Da die
Zentrale, das fokale Unternehmen, die Möglichkeit besitzt, Einfluss auf die
Produktionsstandorte zu nehmen, liegt eine hierarchische Organisationsstruktur vor.

---

[1]  Vgl. Baumgarten/Darkow (1999), S. 148.

[2]  Eine besondere Form der horizontalen Kooperation ist die Coopetition. Der Begriff setzt sich
     aus den englischen Begriffen für Zusammenarbeit („Cooperation") und Wettbewerb („Competi-
     tion") zusammen. Hierbei kooperieren zwei Unternehmen in einem Bereich, in einem anderen
     Bereich sind sie Konkurrenten; vgl. Littig (2002), S. 16–19; Werner (2001), S. 17. Unter dem
     Begriff Co-Makership wird die Zusammenarbeit auf der gemeinsamen Wertschöpfungskette in
     Produktion und Beschaffung verstanden; vgl. Schönsleben/Hieber/Bärtschi (2002), S. B1. Hori-
     zontale Netzwerke werden manchmal als strategische Allianzen, vertikale und laterale Netzwer-
     ke als strategische Netzwerke bezeichnet; vgl. Backhaus (1993), S. 330.

[3]  Marktlich bedeutet durch Angebot und Nachfrage geprägt, bestimmt.

[4]  Vgl. Picot/Reichwald/Wigand (2001), S. 316 f.; Corsten (2000b), S. 17; Kaluza/Blecker (1996),
     S. 12 f.; Sydow (1993), S. 98–104.

[5]  Vgl. Zeller (2003), S. 7; Sydow (1993), S. 101 f.

## 4. Koordination

Es gibt zwei Ausprägungen der Koordination in Unternehmensnetzwerken.[1] Bei der zentralen Koordination im fokalen Unternehmen werden alle Koordinationsaktivitäten durch das zentrale Unternehmen übernommen. Die verteilten Produktionsstandorte brauchen sich nicht abzustimmen. Hingegen bedeutet die dezentrale Koordination an verteilten Produktionsstandorten die völlige Übertragung aller Koordinationsaufgaben an die Standorte. In allen Planungssituationen stimmen sich die Standorte eigenständig ab; eine zentrale Koordinierung ist dabei nicht vorgesehen. Bei unvorhersehbaren kurzfristigen Planungssituationen, wie sie z. B. durch kurzfristige Anlagenausfälle hervorgerufen werden können, ist meist eine Vielzahl von Abstimmungsprozessen erforderlich. Steht in einem solchen Fall keine koordinierende Zentrale zur Seite, kann es zu langwierigen Verhandlungen zwischen den Produktionsstandorten kommen.

Da aus Unternehmensgesamtsicht solch langwierige, meist auftragsverzögernde Aktivitäten unerwünscht sind, wird in dieser Arbeit die Koordination des Unternehmensnetzwerkes durch das fokale Unternehmen übernommen.[2]

## 5. Kooperationsdauer

Eine weitere Möglichkeit zur Systematisierung von Unternehmensnetzwerken besteht darin, die Dauer der Kooperation der Partner zuzuordnen.[3] Die Zusammenarbeit kann sich auf nur einen Auftrag beziehen, sie kann aber auch auf einer langjährigen, festen Beziehung beruhen. Bei Produktionsnetzwerken werden Vorteile einer Kooperation meist nur bei langfristigen Beziehungen erreicht.[4] Bei solchen Kooperationen sind sowohl die Anzahl der Standorte als auch deren Leistungsfähigkeit als Kriterium der Auftragszuordnung bekannt.

---

[1]   Vgl. Picot/Reichwald/Wigand (2001), S. 235 und S. 427; Much (1999), S. 549.

[2]   Bei dauerhaften Unternehmensnetzwerken (s. nächster Merkmalspunkt) steht meist ein fokales Unternehmen zur zentralen Koordination im Mittelpunkt; vgl. Reichwald/Piller (2000), S. 613.

[3]   Vgl. Picot/Reichwald/Wigand (2001), S. 306 f.; Much (1999), S. 553; Sydow (1993), S. 79 ff. und S. 95 f.

[4]   Vgl. Bullinger/Ohlhausen/Hoffmann (1997), S. 29 und S. 57 f.

In dieser Arbeit wird von langfristig, festen Beziehungen ausgegangen; zumindest wird die Kooperation über mehrere Aufträge und damit über einen gewissen Zeitraum stabil gehalten.

6.  **Informations- und Kommunikationshäufigkeit**

Mit der Informations- und Kommunikationshäufigkeit wird die Anzahl an Kontakten im Planungsprozess zwischen den Partnern des Unternehmensnetzwerkes bezogen auf einen Zeitraum gemessen. Zwischen täglichen bis hin zu jährlich stattfindenden Kontakten sind theoretisch alle Kommunikationshäufigkeiten möglich.[1] In dieser Arbeit wird ein Verfahren zur operativen Produktionsplanung an der Nahtstelle zwischen Produktionsprozessplanung und Produktionssteuerung entwickelt.[2]

Da die Produktionssteuerung in der chemischen Industrie täglich die Anlagen plant und im Rahmen der rollierenden Planung die aktuelle Belegungssituation an die vorgelagerte Produktionsprozessplanung täglich zurückmeldet, wird in dieser Arbeit von einer täglichen Kommunikation ausgegangen.[3] Bei Partnern im Unternehmensnetzwerk, die nur selten für das fokale Unternehmen Aufträge ausführen, wird ein wöchentlicher Informationsaustausch angenommen.

7.  **Anzahl Partner**

Die Anzahl der am Unternehmensnetzwerk beteiligten Partner beeinflusst den Abstimmungsprozess.[4] Wenige Partner lassen sich meistens leichter koordinieren als viele. Das in dieser Arbeit zu entwickelnde Verfahren zur Anlagenbelegungsplanung bei verteilten Produktionsstandorten soll keinerlei Einschränkungen bzgl. der Anzahl der Partner bzw. Standorte erfahren. Aus diesem Grunde wird von minimal einem bis hin zu vielen Partnern bzw. Produktionsstandorten (d. h. mehr als zehn) ausgegangen.[5]

---

[1]  Vgl. Neher (2001), S. 5 f.

[2]  Vgl. Kap. 2.3.2 (Operative Produktionsplanung und Anlagenbelegungsplanung).

[3]  Vgl. hierzu Kap. 2.3.3 (Rollierende Planung und Aggregationsgrade).

[4]  Vgl. Littig (2002), S. 19.

[5]  Die Zuordnung der Anzahl der Partner zur Eingliederung der Merkmalsausprägung spielt für weitere Betrachtungen keine Rolle.

## 8.  Ressourcennutzung

Der zunehmende Wettbewerbsdruck zwingt die Unternehmen dazu, die Abstimmung zwischen Unternehmensaufgabe, Leistungstiefe und Wettbewerbsumfeld zu optimieren.[1] In den letzten Jahren wird deshalb eine Konzentration der Unternehmensaktivitäten auf die Kernkompetenzen gefordert und zunehmend auch verwirklicht.[2] Die Kernkompetenzen der einzelnen Partner in einem Produktionsnetzwerk sind gekennzeichnet durch die wesentlichen technischen, technologischen und organisatorischen Fähigkeiten. So zeichnen sich die Kernkompetenzen der einzelnen Partner z. B. durch standortspezifische Sachanlagen oder durch besonderes Humankapital aus.[3]

Um möglichst ein Optimum über alle Ziele der Partner im Produktionsnetzwerk zu erreichen, ist es erforderlich, die Know-how-Bündelung einzelner Partner zu kombinieren.[4] Falls das Unternehmen eine Wachstumsstrategie[5] verfolgt, können hierbei gemeinsame Ressourcen aufgebaut und dann genutzt werden. Verfolgt das Unternehmen eher eine Konfigurationsstrategie[6], so wird auf bereits vorhandene Ressourcen durch das fokale Unternehmen abwechselnd zurückgegriffen; je nach geforderter Kernkompetenz wird einmal auf die eine Ressource, ein anderes Mal auf eine andere zurückgegriffen.[7]

In Produktionsnetzwerken mit relativ standardisierten Transaktionen liegen die Ressourcen wie Produktions- und Logistikkapazitäten, welche die Kernkompetenz ausmachen, redundant vor.[8] Das fokale Unternehmen setzt in einem solchen Netzwerk die Ressourcen in Einklang mit der Konfigurations-

---

[1]  Vgl. Picot/Reichwald/Wigand (2001), S. 291 f.

[2]  Vgl. Corsten/Gabriel (2002), S. 22 ff.; Reichwald/Piller (2000), S. 605; Prahalad/Hamel (1990), S. 83 f.

[3]  Vgl. Picot/Reichwald/Wigand (2001), S. 291.

[4]  Vgl. Zadek/Priemer (2000), S. 204.

[5]  Vgl. Kap. 2.4.1 (Verteilte Standorte – Standortstrategien).

[6]  Vgl. Kap. 2.4.1 (Verteilte Standorte – Standortstrategien).

[7]  Vgl. Much (1999), S. 550–555.

[8]  Vgl. Kap. 2.4.3 (Redundante Produktionsstandorte).

strategie abwechselnd ein, und es betrachtet sie als gemeinsam zur Verfügung stehende Ressourcen.[1]

## 9. Räumliche Distanz

Mit räumlicher Distanz ist die Entfernung zwischen dem fokalen Unternehmen und den Partnern im Unternehmensnetzwerk gemeint. Hierbei können
sich die Partner in derselben Region wie das fokale Unternehmen[2] befinden,
oder aber sie können sich auf ganz Deutschland, ganz Europa oder sogar
die ganze Welt verteilen. Zum einen wird durch die geografische Lage die
räumliche Distanz mit den daraus resultierenden Transportzeiten, -kosten
und -mitteln festgelegt.[3] Zum anderen ergeben sich durch die geografische
Lage Rahmenbedingungen, wie z. B. Zoll- und Arbeitszeitregelungen, die bei
der Auftragszuordnung zu den verteilten Standorten zu berücksichtigen sind.[4]
Auch kann die Distanz der Partner in Unternehmensnetzwerken Einfluss auf
den Austausch von Personal und Material haben und somit die Intensität der
Bindung beeinflussen.[5]

Das dieser Arbeit zugrunde liegende Unternehmen verfügt über Produktionsstandorte in der Region, in Deutschland sowie im benachbarten Europa.

## 10. Juristischer Verbindungsgrad

In der Literatur lässt sich eine Reihe von Begriffen finden, die den juristischen
Verbindungsgrad in Unternehmensnetzwerken charakterisieren.[6] Mit Koope-
rationsabkommen sind Abkommen zwischen Partnern gemeint, die meist
keine Rechtsverbindlichkeit beinhalten; die wirtschaftliche und juristische
Selbstständigkeit der Beteiligten bleibt erhalten. Oft werden Kooperationsab-
kommen auch als Absichtserklärungen bezeichnet.[7] Rahmenverträge sind

---

[1]  Vgl. Kaluza/Blecker (2001), S. 3 f.; Blecker (2001), S. 117; Much (1999), S. 552 und S. 558. Es
wird in den zitierten Beiträgen von temporärer Nutzung bzw. wechselseitiger Nutzung der Ressourcen gesprochen.

[2]  Es wird hier angenommen, dass das fokale Unternehmen in Deutschland seinen Sitz hat.

[3]  Vgl. Zeier (2002c), S. 32; Eversheim (1999a), S. 9/51 f.

[4]  Vgl. Kap. 2.4.2 (International verteilte Produktionsstandorte – Internationalisierungsstrategien –
Standortfaktoren), insbesondere den Abschnitt über Standortfaktoren. In Eversheim (1999a),
S. 9/52 ff., werden weitere Standortfaktoren aufgezählt.

[5]  Vgl. Much (1999), S. 533.

[6]  Vgl. Picot/Reichwald/Wigand (2001), S. 303; Much (1999), S. 548; Sydow (1993), S. 90.

[7]  Vgl. Eisenführ (1998), S. 107.

konkreter und beinhalten rechtsverbindlich, welche Art von Austausch in welchem Zeitraum stattfinden soll. Kapitalbeteiligungen in Form von Minderheits- oder Mehrheitsbeteiligungen weisen auf einen langfristigen Charakter der Zusammenarbeit hin. Es wird hier zwischen einseitiger und wechselseitiger Kapitalbeteiligung unterschieden.[1] Kapitalbeteiligungen stellen z. B. eine Absicherung gegenüber Ausbeutungsversuchen des Abnehmers dar. Sind auf beiden Seiten Investitionen erforderlich, so lassen sich durch wechselseitige Kapitalverflechtungen Überwachungs- und Kontrollmöglichkeiten schaffen. Die Mehrheitsbeteiligung des fokalen Unternehmens an einem Partner kann langfristig in eine Fusion münden. Dabei gibt der Partner seine rechtliche Selbstständigkeit auf. Bei einem Joint-Venture wickeln Unternehmen die Zusammenarbeit über eine eigens dafür gegründete und rechtlich eigenständige Gesellschaft als Gemeinschaftsunternehmen ab, in das die Joint-Venture-Partner verschiedene Ressourcen einbringen. Die kooperierenden Unternehmen sind in der Regel zu gleichen Teilen beteiligt.[2]

Die in dieser Arbeit betrachteten Produktionsnetzwerke können durch sämtliche oben vorgestellte juristische Verbindungsgrade charakterisiert werden. Es hat sich gezeigt, dass die rechtlichen Verknüpfungen zwischen Partnern nur wenig Einfluss auf den Erfolg oder Misserfolg einer Zusammenarbeit haben.[3]

## 11. Kooperationsart

Eng mit dem juristischen Verbindungsgrad hängt die Ausprägung der Kooperationsart in einem Unternehmensnetzwerk zusammen. Hierbei wird zwischen intra- und interorganisationaler Kooperation unterschieden.[4] Bei der intraorganisationalen Kooperation findet die Kooperation zwischen den Partnern des Netzwerkes, damit zwischen den Produktionsstandorten innerhalb einer Organisation eines Unternehmens statt, bei der interorganisationalen zwischen mindestens zwei Organisationen zweier verschiedener Unternehmen.

---

[1]  Vgl. Picot/Reichwald/Wigand (2001), S. 313.

[2]  Vgl. Picot/Reichwald/Wigand (2001), S. 308 f.; Much (1999), S. 549.

[3]  Vgl. Picot/Reichwald/Wigand (2001),   S. 309 ff.;   Baumgarten/Darkow (1999),   S. 147;   Sydow (1993), S. 87.

[4]  Vgl. Sydow (1993), S. 78 f.

Da das hier betrachtete Produktionsnetzwerk nicht durch den juristischen Verbindungsgrad eingegrenzt werden soll,[1] können die Kooperationen sowohl als intra- als auch als interorganisational charakterisiert werden.[2]

## 12. Informations- und Kommunikationsmedien

Durch den Einsatz von modernen Informations- und Kommunikationstechniken können die Koordinationskosten als Kosten der Information und Kommunikation in der Arbeitsteilung erheblich gesenkt werden. Kontakte lassen sich leichter knüpfen, der Datenaustausch wird erleichtert und Absprachen auch über große Entfernungen lassen sich schneller erzielen. Die Koordination lässt sich mit Hilfe leistungsfähiger Telekommunikation auf räumlich verstreute Akteure wesentlich stärker ausdehnen, als ohne derartige Unterstützung. Dabei stellt die bloße Bereitstellung moderner Informations- und Kommunikationstechniken noch kein Indiz für eine effiziente Ausgestaltung der Unternehmensnetzwerke dar.[3]

Zwischen den Partnern eines Unternehmensnetzwerkes können unterschiedliche Formen des Informationsaustausches existieren.[4] Die sprachliche Kommunikation und die Face-to-face-Kommunikation dominieren bei der Lösung schlecht strukturierter Probleme, wo interaktiv und kreativ Informationen generiert werden müssen. Bei der Koordination administrativer Aufgaben, insbesondere bei routinisierten Standardaufgaben, dominiert der Austausch von Textdokumenten. Meist erfolgt die Übermittlung der Informationen durch elektronische Hilfsmittel wie z. B. Telefax oder E-Mail. Die Abwicklung von Informations- und Kommunikationsvorgängen zwischen Partnern in Unternehmensnetzwerken kann durch Electronic Data Interchange (EDI) unterstützt werden. EDI ist eine Form der zwischenbetrieblichen Kommunikation, bei der geschäftliche und technische Daten sowie allgemeine Geschäftsdokumente

---

[1]  Vgl. Merkmalspunkt Nr. 10.

[2]  Auch wenn die hier betrachtete Organisationsstruktur hierarchischen Charakter besitzt (vgl. Merkmalspunkt Nr. 3), der auf eine intraorganisationale Kooperation hindeutet, so werden durch die Möglichkeit, dass die Partner eines Produktionsnetzwerkes zwar grundsätzlich juristisch selbständig sein können (vgl. Merkmalspunkt Nr. 10), aber wirtschaftlich eng miteinander verbunden sind, auch gewisse Formen einer interorganisationalen Kooperation erfasst. Die "reine" interorganisationale Form der Kooperation ausschließlich über Marktbeziehungen ist hier allerdings nicht gemeint.

[3]  Vgl. Picot/Reichwald/Wigand (2001), S. 296.

[4]  Vgl. Picot/Reichwald/Wigand (2001), S. 319 ff.

wie Texte, Abbildungen und Grafiken zwischen Computern verschiedener Unternehmen ausgetauscht werden können. Ein Ziel hierbei besteht in der medienbruchlosen Weitergabe der Informationen und deren bruchloser Weiterverarbeitung.[1] Eine weitere Möglichkeit der Kommunikation zwischen Partnern in Unternehmensnetzwerken bieten integrierte EDV-Systeme. Unter einem PPS-System[2] versteht man ein EDV-System für die Planung, Steuerung und Überwachung der Produktionsabläufe von der Angebotsbearbeitung bis zum Versand unter Mengen-, Termin- und Kapazitätsaspekten.[3] ERP-Systeme[4] bieten zusätzlich Unterstützung für die Geschäftsplanung. Die Produktionsplanung wird um die Vertriebs- und Finanzplanung erweitert.[5] PPS- und ERP-Systeme sind transaktionsorientiert, sie unterstützen die Geschäftsprozesse, aggregieren Daten innerhalb eines Unternehmens und planen sequenziell.[6] Im Rahmen dieser Arbeit soll es nicht zu einer detaillierten Beschreibung von PPS- und ERP-Systemen kommen, da an dieser Stelle das Kommunikationsmedium im Vordergrund steht. Zum Thema PPS und ERP wird auf weiterführende Literatur verwiesen.[7] Es ist festzustellen, dass diese Systeme überwiegend isoliert bei einzelnen Partnern eines Netzwerkes eingesetzt werden und somit für die Kommunikation zwischen den Partnern eine untergeordnete Rolle spielen.[8]

Das in dieser Arbeit zu entwickelnde Verfahren soll unabhängig vom Kommunikationsmedium sein. Das Medium kann den Kommunikationsprozess zwar vereinfachen und beschleunigen; aber grundsätzlich können alle geforderten Informationen medienunabhängig übermittelt werden.[9]

---

[1] Vgl. Zeier (2002a), S. 49 f. Zur Definition von EDI und zu weiteren Ausprägungen s. von Wartenberg (2000), S. 132 ff.

[2] PPS steht für Produktionsplanung und -steuerung.

[3] Vgl. Domschke/Scholl/Voß (1997), S. 18; Much/Nicolai (1995), S. 210.

[4] ERP steht für den englischen Terminus „Enterprise Resource Planning".

[5] ERP-Systeme werden auch als MRP II-Systeme (engl. „Manufacturing Resource Planning") bezeichnet; vgl. Zäpfel (1999), S. 291–298.

[6] Vgl. Kernler (2003), S. 16.

[7] Vgl. Dyckhoff (2003), S. 333–354; Zäpfel (2001), S. 56 ff.; Corsten (2000a), S. 510–578; Domschke/Scholl/Voß (1997), S. 18–23; Kernler (1993) und dort aufgeführte Literaturhinweise.

[8] Vgl. Kernler (2003), S. 7 f.; von Wartenberg (2000), S. 143.

[9] Vgl. Reichwald/Piller (2000), S. 623.

**13. Informations- und kommunikationstechnische Verflechtungen**

Das oben beschriebene Kommunikationsmedium beeinflusst wesentlich die Koordination und Planung innerhalb eines Unternehmensnetzwerkes. Sind integrierte EDV-Systeme vorhanden, so werden diese meistens zwischen Werken eines Konzernunternehmens eingesetzt und nicht, wie in der Theorie des Supply Chain Management vorgesehen, entlang der gesamten logistischen Kette, also auch außerhalb des Konzernbereichs.[1]

Vor den geschilderten Hintergründen kann in dieser Arbeit von einer geringen bis mittleren informations- und kommunikationstechnischen Verflechtung ausgegangen werden. Da das zu entwickelnde Verfahren auch als Ergänzung zu bestehenden EDV-Planungssystemen verstanden wird, kommen auch Unternehmen mit hoher informations- und kommunikationstechnischer Verflechtung für eine Anwendung in Betracht.

Da der juristische Verbindungsgrad[2] zwischen fokalem Unternehmen und seinen Partnern eine untergeordnete Rolle spielt, wird in dieser Arbeit für die kooperierenden Partner-Unternehmen der Begriff Produktionsstandorte[3] verwendet. Im fokalen Unternehmen werden die koordinierenden Aufgaben abgewickelt.

## 2.5  Aufteilung der Planungsaufgaben bei verteilten Produktionsstandorten

Im Folgenden werden der Auftragsabwicklungsprozess und die Aufteilung der Planungsaufgaben bei verteilten Produktionsstandorten beschrieben. Das in dieser Arbeit zugrunde gelegte Produktionsnetzwerk wird u. a. durch langfristig ausgelegte Kooperation über mehrere Produktionsstandorte hinweg charakterisiert.[4] Es gilt, die dezentralen Standorte in diesem Produktionsnetzwerk zu koordinieren; bei-

---

[1]   Vgl. Zeier (2002d), S. 2; Knolmayer/Mertens/Zeier (2000), S. 15.

[2]   Vgl. Kap. 2.4.5 (Klassifizierung von international verteilten Produktionsstandorten), Merkmals-punkt Nr. 10.

[3]   Die Begriffe Produktionsstandort und Standort werden im Weiteren synonym verwendet.

[4]   Vgl. Kap. 2.4.5 (Klassifizierung von international verteilten Produktionsstandorten).

spielsweise müssen die Produktions- und Logistikprozesse abgestimmt werden.[1] Hierbei ist eine Unterscheidung der zentralen und dezentralen Aufgaben vorzunehmen, die unter den folgenden Begriffen subsumiert sind (s. Abb. 2-13):[2]

- zentrales Auftragsmanagement und

- dezentrales Auftragshandling (an den Produktionsstandorten).

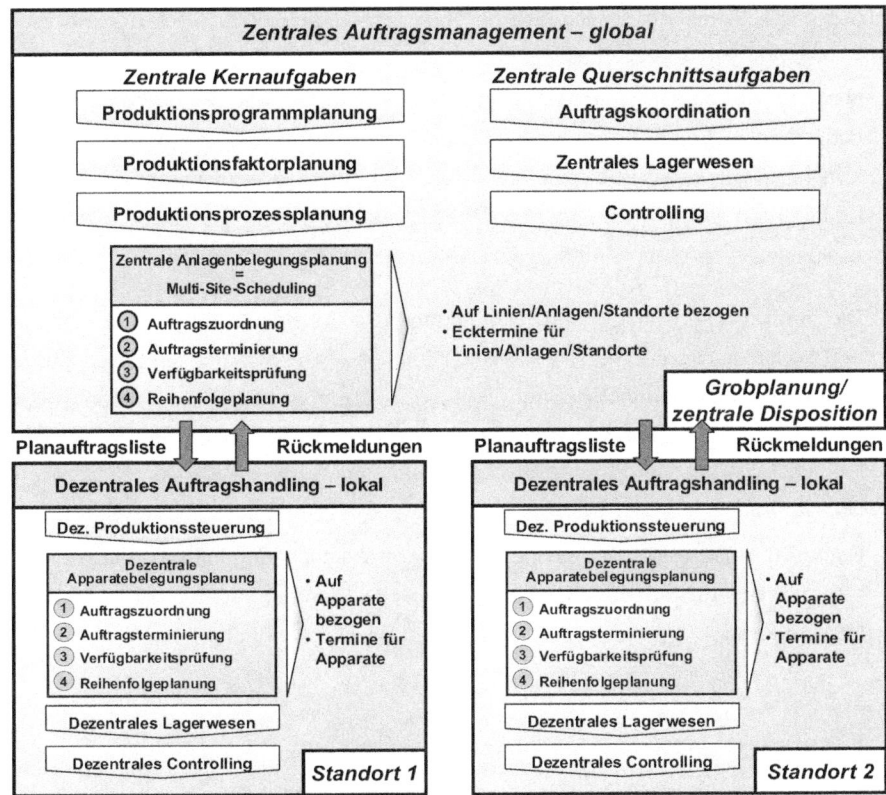

**Abb. 2-13:** *Aufteilung der Planungsaufgaben bei dezentralen Produktionsstandorten*

---

[1]   Vgl. Zeier (2002b), S. 18 f.; Kaluza/Blecker (2001), S. 4; Reichwald/Piller (2000), S. 613; Baumgarten/Darkow/Walter (2000), S. 17 ff.; Mertens (2000), S. 15 f.; Baumgarten/Darkow (1999), S. 150.

[2]   Vgl. Baumgarten/Darkow (1999), S. 151; Nedeß/Käselau (1999), S. 463.

Das zentrale Auftragsmanagement, welches global ausgerichtet ist,[1] lässt sich in Kern- und Querschnittsaufgaben unterscheiden. Die Kernaufgaben beziehen sich auf die Abwicklung eines Auftrags, während die Querschnittsaufgaben der übergreifenden Koordination und der Optimierung der Produktionseinheiten dienen.

Der Auftragskoordination kommt innerhalb der zentralen Querschnittsaufgaben im Rahmen des standortübergreifenden Auftragsmanagements eine besondere Bedeutung zu. Wesentliche Aufgabe der Auftragskoordination ist die Abstimmung der Aktivitäten aller an der Auftragsabwicklung beteiligten Einheiten durch eine übergreifende Grobplanung der Auftragsdurchläufe.[2] Im Rahmen der Auftragskoordination erfolgt bei einer Kundenanfrage oder einem Kundenauftrag die Angebotsbearbeitung. Hier müssen bereits erste Aussagen über die Realisierbarkeit geforderter Liefertermine getroffen werden. Dazu ist es erforderlich, Durchlaufzeiten abgeschlossener, ähnlicher Aufträge als Erfahrungswerte zu hinterlegen.

Die zentral durchzuführenden Kernaufgaben im fokalen Unternehmen bestehen aus Produktionsprogramm-, Produktionsfaktor- und Produktionsprozessplanung.[3] Der zentralen Anlagenbelegungsplanung fallen die Aufgaben Anlagen- bzw. Standortzuordnung, Auftragsterminierung, Verfügbarkeitsprüfung und Auftragsreihenfolgeplanung zu. Den dezentralen Produktionsstandorten wird jeweils eine Planauftragsliste mit Eckterminen bezogen auf die Linien bzw. Anlagen eines Standortes übergeben. Im Sinne einer hierarchischen Organisationsstruktur und einer zentral gesteuerten Koordination[4] ist die Planauftragsliste als Vorgabe zu interpretieren.[5]

---

[1]  Auch wenn in dieser Arbeit die Produktionsstandorte nur in Europa verteilt sind (vgl. Kap. 2.4.5 [Klassifizierung von international verteilten Produktionsstandorten]), so wird im Folgenden von einer global ausgerichteten Planung gesprochen. Hiermit wird zum Ausdruck gebracht, dass das in dieser Arbeit zu entwickelnde Verfahren auch auf weltweit verteilte Produktionsstandorte angewandt werden kann. Mit einer lokal ausgerichteten Planung ist die dezentrale Planung an den Produktionsstandorten gemeint; Sauer (2002), S. 9. Wenn also hier und im Folgenden die Begriffe globale/lokale Planung verwendet werden, so ist damit eine global/lokal ausgerichtete Planung gemeint.

[2]  Vgl. Reichwald/Piller (2000),     S. 615 f.;     Corsten/Gössinger (2000),     S. 250–252;     Nicolai/Schotten/Much (1999), S. 53.

[3]  Vgl. hierzu Kap. 2.3.1 (Produktionsplanung).

[4]  Vgl. 2.4.5 (Klassifizierung von international verteilten Produktionsstandorten), Merkmalspunkte Nr. 3 und Nr. 4.

[5]  Vgl. Sauer (2002), S. 90; Kaluza/Blecker (2001), S. 12 ff.; Schütte/Siedentopf/Zelewski (1999), S. 157.

Die dezentrale Produktionssteuerung hat die Aufgabe, aufgrund der ihr übermittelten Vorgaben in Form der Planauftragsliste eine dezentrale Apparatebelegungsplanung eigenständig, d. h. auf lokaler Ebene durchzuführen. Im Gegensatz zur zentralen, globalen Anlagenbelegungsplanung (Multi-Site-Scheduling) wird hier auf der Ebene von Apparaten minutengenau geplant.[1] Innerhalb der vorgegebenen Ecktermine optimieren sich die Produktionsstandorte selbst. Die Apparatebelegungsplanung wird in der betrieblichen Praxis oftmals mit Hilfe von Plantafeln manuell durchgeführt; zunehmend werden auch Produktions-Leitstände zur Unterstützung eingesetzt.[2]

Das zentrale Auftragsmanagement des fokalen Unternehmens wird in der Praxis meistens in einer Organisationseinheit zusammengefasst. Bezeichnet wird diese u. a. als globale Auftragsleitstelle oder als globales Auftragszentrum.[3] Steht innerhalb dieser Organisationseinheit vorrangig die Produktionsplanung im Vordergrund der Aufgaben, wird diese manchmal als Grobplanung oder auch zentrale Disposition bezeichnet. Entsprechend werden die Mitarbeiter, welche die Anlagenbelegungsplanung durchführen, als Disponenten bezeichnet.

Die zentralen Kern- und Querschnittsaufgaben können nur in einer übergeordneten zentralen Instanz durchgeführt werden, da ein Überblick über den Gesamtablauf eines Auftrages, über die Interdependenzen einzelner Teilaufgaben sowie über die Konsequenzen terminlicher Verschiebungen erforderlich ist.[4] Die zentrale, globale Grobplanung der Produktionsaufträge entspricht einer interorganisationalen bzw. standortübergreifenden Produktionsplanung, während die dezentrale, lokale Feinplanung der Prozessaufträge intraorganisational bzw. am Standort selbst stattfindet.[5]

Auffällig bei der hier vorgestellten Aufgabenverteilung bei verteilten Produktionsstandorten ist, dass eine Auftragsreihenfolgeplanung sowohl im zentralen Auf-

---

[1]  Vgl. hierzu Kap. 2.3.3 (Rollierende Planung und Aggregationsgrade) und dort den Abschnitt über Aggregationsgrade.

[2]  Vgl. Fuchs (1997), S. 16 ff.; Allweyer/Loos/Scheer (1996), S. 7; Kurbel (1993), S. 235 ff.

[3]  Vgl. Blecker (2001), S. 122; Eversheim/Böhmer/Dohms/Schellberg (1999), S. 376–381; Mertens/Knolmayer (1998), S. 84–103.

[4]  Vgl. Kaluza/Blecker (2001), S. 6–12; Hahn (2000), S. 16; Nedeß/Käselau (1999), S. 470 f.

[5]  Vgl. Kaluza/Blecker (2001), S. 14. Eine interorganisationale Planung setzt voraus, dass die Produktionsstandorte juristisch nicht dem fokalen Unternehmen angehören.

tragsmanagement als auch im dezentralen Auftragshandling erfolgt. In der Literatur wird meist die Reihenfolgeplanung nur der Produktionssteuerung zugewiesen.[1] Das dieser Arbeit zugrunde liegende Planungsproblem geht von reihenfolgeabhängigen Rüstzeiten bei Farb- und Typwechsel aus.[2] Da diese je nach Standort unterschiedlich ausfallen können und von ihrer Größenordnung wesentlich die Zykluszeiten[3] und ablaufabhängigen Kosten[4] bestimmt werden, ist es für eine optimale Produktionsplanung erforderlich, bei einer zentralen Anlagenbelegungsplanung (Multi-Site-Scheduling) die Reihenfolge ebenfalls zu berücksichtigen.[5]

## 2.6  Funktionale Abgrenzung des Untersuchungsbereichs und Rahmenbedingungen

Das in dieser Arbeit zu entwickelnde Verfahren zur Anlagenbelegungsplanung bei weltweit verteilten Produktionsstandorten – Multi-Site-Scheduling genannt – soll als Hilfsmittel für das zentrale Auftragsmanagement eingesetzt werden. Die global ausgerichtete Anlagenbelegungsplanung umfasst die Funktionen Auftragszuordnung, Auftragsterminierung, Verfügbarkeitsprüfung und Reihenfolgeplanung. Diese Funktionen sollen rollierend und simultan durchgeführt werden.

Angewandt werden soll das zu entwickelnde Verfahren in Unternehmen der Kunststoffindustrie (als Teilbereich der Prozessindustrie und der chemischen Industrie). Charakteristisch für die hier zugrunde gelegte Herstellung von Kunststoffen – und somit in starkem Maße die Produktionsplanung und Anlagenbelegungsplanung beeinflussend – sind Produkte in Form von Schüttgütern, die eine schwankende Qualität aufweisen. Weiterhin typisch sind hierbei die reihenfolgeabhängigen Rüstzeiten. Aus produktionsplanerischer Sicht kann das Problem als einstufig (für die Grobplanung) angesehen werden.

---

[1]  Vgl. Zäpfel (2001), S. 202; Domschke/Scholl/Voß (1997), S. 17; Hoitsch (1993), S. 478.

[2]  Vgl. Kap. 2.2 (Produktionstypologische Abgrenzung des Untersuchungsbereichs) und hierzu das Merkmal Nr. 10.

[3]  Zur Definition von Zykluszeit vgl. Fußnote 1 auf Seite 45 und Kap. 4.4 (Ziel- und Bewertungsprämissen).

[4]  Zur Definition von Kosten vgl. Kap. 4.4 (Ziel- und Bewertungsprämissen).

[5]  Vgl. Jänicke (2002), S. 46 f.; Reichwald/Piller (2000), S. 615.

Der dieser Arbeit zugrunde gelegte Unternehmenstypus, auf den das Verfahren zugeschnitten werden soll, wird zusätzlich gekennzeichnet durch international verteilte Produktionsstandorte mit redundanten Anlagen bzw. Produktionsstandorten. Die international verteilten Produktionsstandorte bilden ein Unternehmensnetzwerk. Das zentrale Auftragsmanagement im fokalen Unternehmen übergibt den im Unternehmensnetzwerk verbundenen Partnern wöchentlich und bei Bedarf täglich Anweisungen in Form von Planauftragslisten (terminierten Planaufträgen und Bearbeitungsreihenfolgen). Die Anlagenbelegungsplanung und hierbei die Funktion Auftragszuordnung müssen in besonderem Maße die international verteilten Produktionsstandorte berücksichtigen.

In der folgenden Abbildungen (Abb. 2-14) wird das Kapitel 2 stichpunktartig zusammengefasst: Zum einen werden die abzudeckenden Funktionen des zu entwickelnden Verfahrens aufgeführt. Zum anderen werden die Rahmenbedingungen aufgelistet, bei denen das zu entwickelnde Verfahren eingesetzt werden kann. Die Rahmenbedingungen werden untergliedert in Merkmale, welche das Unternehmen bezüglich der zugehörigen Branche und der Produktionsstandorte kennzeichnen, welche die Produktion und den Produktionsprozess charakterisieren und welche das Unternehmensnetzwerk beschreiben.

**Funktionen**

### Abzudeckende Funktionen

Produktionsplanung
→ Anlagenbelegungsplanung

- Auftragszuordnung
- Auftragsterminierung     ↑ rollierend
- Verfügbarkeitsprüfung    ↓ simultan
- Reihenfolgeplanung

**Rahmenbedingungen**

### Unternehmens-Charakterisierung

Branche
- Prozessindustrie
- Chemische Industrie
- Kunststoffindustrie

Standortstrategie
- Konfigurationsstrategie

Internationalisierungsstrategie
- Transnationale Strategie

Produktionsstandorte-Verteilung
- International verteilte Produktionsstandorte

Produktionsstandorte-Redundanz
- Ein Produkt mehrere Anlagen/Linien
- Ein Produkt mehrere Produktionsstandorte

### Produktions-Charakterisierung

Technologie
- Chemisch
- Physikalisch    auf Mehrproduktanlagen

Auftragsauslösungsart
- Kundenaufträge in Form von Einzelbestellungen
- Kundenaufträge auf der Basis von Rahmenaufträgen
- Lageraufträge

Kundenänderungseinflüsse
- Selten/unbedeutend

Produktgestalt
- Schüttgüter

Haltbarkeit
- Haltbare Produkte

Produktspektrum
- Standardprodukte mit kundenspezifischen Varianten
- Standardprodukte mit anbieterspezifischen Varianten
- Standardprodukte ohne Varianten

Produktzusammensetzung
- Einteilige Produkte

Qualitätsschwankungen
- Schwankende Qualität

Dauer des Produktlebenszyklus
- Lange Produktlebenszyklen

Produktionsart
- Serienproduktion
- Massenproduktion/Sortenproduktion

Reinigungs- und Rüstvorgänge
- Reihenfolgeabhängig bei Farbwechsel
- Reihenfolgeabhängig bei Typwechsel

Produktionsstruktur
- Einstufige Produktion (produktionsplanerische Sicht)
- Mehrstufige Produktion

Bearbeitungsreihenfolge
- Konstant

Organisationsform der Produktion
- Produktionstechnischbedingte Fließproduktion

Form des Materialflusses
- Synthetisch, konvergierend

Kreislaufprozess
- Kein Kreislauf

Abstimmung des Materialflusses
- Chargenproduktion

Unterbrechbarkeit
- Schlecht unterbrechbar

Fortsetzung

**Abb. 2-14:** *Funktionale Abgrenzung und Rahmenbedingungen*

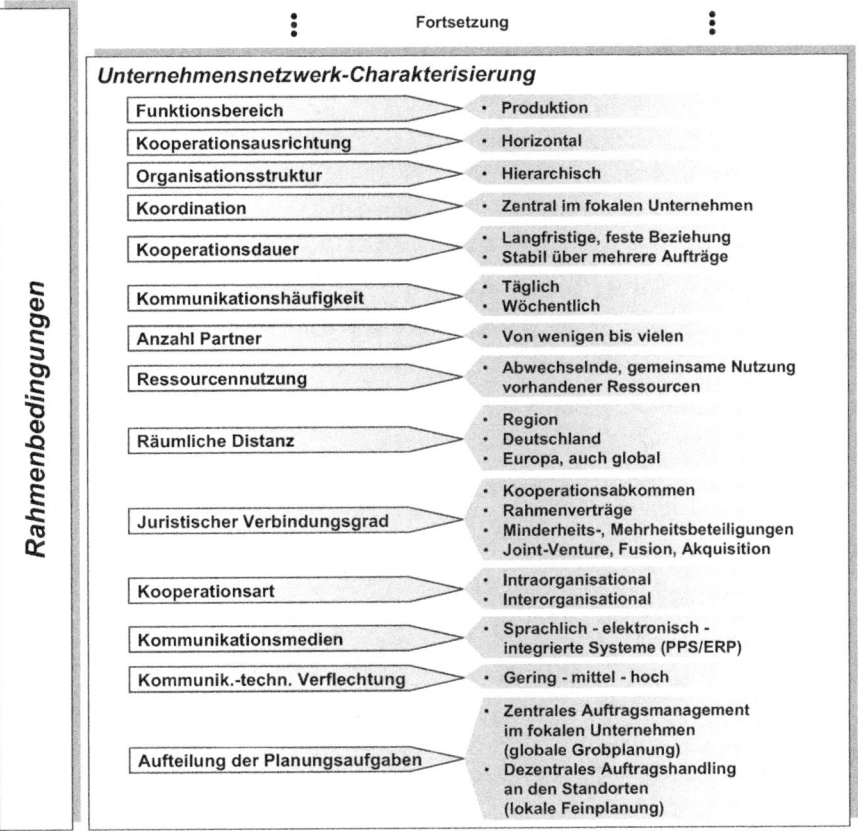

**Abb. 2-14 (Fortsetzung):** *Funktionale Abgrenzung und Rahmenbedingungen*

# 3 Anforderungen an ein Verfahren zum Multi-Site-Scheduling

Nachdem im vorherigen Kapitel die Rahmenbedingungen für die Einsatzmöglichkeiten eines Planungsverfahrens zum Multi-Site-Scheduling festgelegt worden
sind, werden in diesem Kapitel die Anforderungen an das zu entwickelnde Verfahren definiert. Die Aufgabe der Anforderungsdefinition besteht darin, die anfangs
oftmals nur vage, unzusammenhängend, unvollständig und widersprüchlich vorliegenden Anforderungen in die wahren Anforderungen zu überführen und in einem
Anforderungsdokument festzuschreiben.[1] In diesem Dokument müssen nach Balzert die definierten Anforderungen strukturiert zusammengefasst werden. Dabei
müssen die Anforderungen

- klar und widerspruchsfrei,

- vollständig,

- fehlerfrei,

- konsistent und

- realisierbar sein.[2]

Ein mögliches Anforderungsdokument stellt das Lastenheft dar.[3] Grundsätzlich
gibt es mehrere Möglichkeiten zur Gliederung der Anforderungen in einem Lastenheft. Da das hier zu entwickelnde Verfahren in einem Software-Produkt umge-
setzt werden soll, bietet sich eine Lastenheftgliederung nach Willmer und Balzert
an.[4] Die Autoren fassen in einem Lastenheft die grundlegenden Anforderungen
eines Anwenders an ein Software-Produkt zusammen.[5] Die vorgeschlagene Gliederung nach Zielbestimmung, Verfahrenseinsatz, funktionalen Anforderungen,
leistungsbezogenen Anforderungen und qualitativen Anforderungen wird
hier übernommen.

---

[1]    Vgl. Balzert (2000), S. 98 f.; Hesse/Merbeth/Frölich (1992), S. 51.

[2]    Vgl. Balzert (1982), S. 95.

[3]    Vgl. VDI/VDE 2519 (2001); VDI/VDE 3694 (1991).

[4]    Vgl. Willmer/Balzert (1984), S. 86 ff.

[5]    Willmer und Balzert nennen die grundlegenden Anforderungen „Basisanforderungen", um herauszustellen, dass die fundamentalen Eigenschaften des Software-Produktes beschrieben werden sollen. Ein Lastenheft dient der Beschreibung des „Was" und nicht des „Wie";
vgl. Willmer/Balzert (1984), S. 87.

Die Anforderungen an das zu entwickelnde Verfahren zur Anlagenbelegungsplanung lassen sich einerseits aus der Aufgabenstellung und andererseits aus dem zugrunde gelegten Unternehmenstyp und der Zuordnung zu einem Unternehmensnetzwerktyp ableiten.

## 3.1 Zielbestimmung

Die Zielbestimmung gibt an, welche Ziele durch den Einsatz des Verfahrens erreicht werden sollen.[1]

Das zu entwickelnde Verfahren soll Unternehmen, die der chemischen Industrie zugerechnet werden und über international verteilte Produktionsstandorte verfügen, beim Multi-Site-Scheduling[2] im Rahmen der Produktionsprozessplanung unterstützen. Die unterschiedlichen Anforderungen, die ein Auftrag an seine Bearbeitung stellt, und die relevanten Rahmenbedingungen, die durch den Kunststoffherstellungsprozess und durch die international verteilten Produktionsstandorte bedingt sind, sollen durch das Verfahren berücksichtigt werden.

Im Rahmen einer rollierenden Planung sollen sämtliche Planaufträge einer Planungsperiode zeitlich und örtlich so zugeordnet werden, dass die unterschiedlichen Zielgrößen der Produktionsplanung und des zentralen Auftragsmanagements möglichst umfassend erfüllt werden.

### 3.1.1 Ziele des Multi-Site-Scheduling

Für die Produktionsprozessplanung und insbesondere für die Anlagenbelegungsplanung wird in der Literatur eine Vielzahl möglicher, z. T. konträrer Zielgrößen vorgestellt.[3] Die Zielsetzungen der Anlagenbelegungsplanung in der chemischen

---

[1]  Vgl. Balzert (2000), S. 62.

[2]  Die Begriffe Multi-Site-Scheduling, Anlagenbelegungsplanung bei (international) verteilten Produktionsstandorten sowie zentrale Anlagenbelegungsplanung werden synonym verwendet.

[3]  Vgl. Sauer (2002), S. 87–97; Trautmann (2001), S. 12 f.; Matyas (2001), S. 1–4; Jahnke/Biskup (1999), S. 228–233; Kießwetter (1999), S. 44 ff.; Schultz (1999), S. 17–22; Blömer (1999), S. 96–103; Lechleiter (1999), S. 8–18; Schneeweiß (1997), S. 258 f.; Fuchs (1997), S. 58–68; Königsperger (1997), S. 132 f.; Frauendorfer/Königsperger (1996), S. 27–38; Much/Nicolai (1995), S. 216–219; Pinedo (1995), S. 13 f.; Borges (1994), S. 65–72; Siedentopf (1994), S. 4 f.; Kurbel (1993), S. 18–21; Morton/Pentico (1993), S. 52–74; Hoitsch (1993), S. 425 ff.

Industrie weisen keine Besonderheiten gegenüber der Planungssituation in anderen Industriezweigen auf.[1]

Die Verfolgung der für die Anlagenbelegungsplanung definierten Zielgrößen soll grundsätzlich zur Erreichung der obersten Unternehmensziele beitragen.[2] Das oberste ökonomische Ziel eines Unternehmens besteht in der Gewinnmaximierung.[3] Um zu diesem wichtigsten Ziel beizutragen, orientiert sich die Produktionsplanung am Betriebsgewinn. Dieser setzt sich zusammen aus der Differenz zwischen in einer Periode erzielten Erlösen und den entstandenen Kosten.[4] Kosten werden in fixe und variable Kosten unterteilt. Als fixe Kosten werden diejenigen Kosten bezeichnet, die alleine durch die Bereitstellung eines Produktionssystems, unabhängig vom Ausmaß seiner Nutzung, anfallen. Da das Multi-Site-Scheduling für einen Planungszyklus von fixen Rahmendingungen ausgeht, ist die Höhe der Fixkosten durch die Anlagenbelegungsplanung nicht beeinflussbar. Als relevante Kosten werden nur die Kosten angesetzt, deren Höhe direkt durch die von der Anlagenbelegungsplanung getroffenen Entscheidungen beeinflusst wird. Somit reduziert sich das oberste Unternehmensziel auf das Ziel der Deckungsbeitragsmaximierung je Periode. Der Deckungsbeitrag ergibt sich dabei aus den erzielten Erlösen je Periode abzüglich der variablen Kosten.[5]

Im Rahmen der operativen Produktionsplanung legt die operative Produktionsprogrammplanung fest, welche Produkte in welchen Mengen herzustellen sind.[6] Über die Auswahl der Produkte und die Bestimmung der Produktionsmengen hat die Produktionsprogrammplanung Einfluss auf den Erlös. Die nachgelagerten Bereiche beeinflussen dagegen den Erlös nicht.

Die Produktionsfaktorplanung bestimmt, vom Primärbedarf der Produktionsprogrammplanung ausgelöst, den Netto-Sekundärbedarf, und die Produktionsprozessplanung plant den Produktionsvollzug. Somit ist zum Zeitpunkt der Anlagenbelegungsplanung die Anzahl verkauffähiger Produkte vollständig determiniert.

---

[1]  Vgl. Kießwetter (1999), S. 44.

[2]  Vgl. Schultz (1999), S. 17; Adam (1997), S. 566; Borges (1994), S. 21 f. und S. 36 ff.

[3]  Vgl. Domschke/Scholl (2000), S. 4; Wöhe (1997), S. 42.

[4]  Vgl. Zäpfel/Piekarz (1996), S. 186 ff.; Hoitsch (1993), S. 24; Dellmann (1975), S. 42 f.

[5]  Vgl. Dyckhoff (2003), S. 195–197; Schierenbeck (2003), S. 683; Weber (2001), S. 196 f.

[6]  Vgl. hierzu Kap. 2.3 (Einordnung der Anlagenbelegungsplanung in die Produktionsplanung).

Dies wiederum führt dazu, dass die Periodenerlöse zum Zeitpunkt der Durchführung der Anlagenbelegungsplanung nicht mehr beeinflussbar sind.[1] Wegen der aufgezeigten Unbeeinflussbarkeit der Erlöse beschränkt sich das oberste, monetäre Unternehmensziel der Gewinnmaximierung für den Bereich des Multi-Site-Scheduling auf das Ziel der Minimierung der variablen Kosten je Periode.[2]

Als variable Kosten der Anlagenbelegungsplanung werden diejenigen Kosten bezeichnet, deren Höhe direkt durch die Planung und Entscheidungen dieses Bereiches beeinflusst wird. Da die Anlagenbelegungsplanung den Ablauf der Produktion festlegt, werden die durch diesen Bereich beeinflussbaren variablen Kosten auch ablaufabhängige Kosten genannt.[3] Somit besteht letztendlich das aus der obersten, ökonomischen Unternehmenszielsetzung abgeleitete Ziel des Multi-Site-Scheduling in der Minimierung der ablaufabhängigen Kosten. In den Anforderungen an das zu entwickelnde Verfahren wird dies durch die Formulierung von entsprechenden Kostenzielsetzungen berücksichtigt.

In der Literatur werden folgende ablaufabhängige Kostenarten genannt:[4]

- Einrichte- und Rüstkosten,

- Transportkosten,

- Herstellkosten,

- Lager- und Bestandskosten,

- Leerkosten,

- Liege- und Wartekosten sowie

- Terminüberschreitungskosten.

---

[1] Die indirekte Beeinflussung der Erlöse durch Liefer- bzw. Durchlaufzeiten sowie durch Liefer- bzw. Termintreue wird weiter unten in diesem Abschnitt behandelt.

[2] Vgl. Schierenbeck (2003), S. 235; Adam (1997), S. 206; Hahn (1994), S. 41 ff.; Hoitsch (1993), S. 423.

[3] Vgl. Much/Nicolai (1995), S. 216 f.; Hahn (1994), S. 42; Daub (1994), S. 62; Kistner/Steven (1993), S. 10 f.

[4] Vgl. Trautmann (2001), S. 12 f.; Corsten (2000a), S. 493–497; Domschke/Scholl/Voß (1997), S. 27; Daub (1994), S. 62 f.; Hoitsch (1993), S. 424; Kurbel (1993), S. 19. Eine detaillierte Beschreibung und eine formale Definition der Kostenarten werden in Kap. 4 (Modellkonzeption) vorgenommen.

In der bis hierhin dargelegten Betrachtungsweise determinierte die Produktionsprogrammplanung das Produktionsprogramm, und somit hat die Anlagenbelegungsplanung keinen Einfluss auf den Erlös. Wird der Blickwinkel der obigen Betrachtung um Aspekte der logistischen Leistungen erweitert, so ist sehr wohl ein
Einfluss des Multi-Site-Scheduling auf den Erlös festzustellen. Neben preisgünsti-
gen Produkten verlangen die Kunden zunehmend weitere, insbesondere logistische Leistungen.[1] Wird ein Produkt mit verbesserten logistischen Leistungen angeboten, so wirkt sich dies oftmals erlössteigernd aus. Aus diesem Grunde sind
neben den bisher betrachteten Kostenarten weitere logistische Zielgrößen für die
Anlagenbelegungsplanung aufzuführen. In der Literatur werden hauptsächlich
zwei weitere erlöswirksame logistische Zielgrößen aufgeführt:[2]

- kurze Liefer- bzw. Durchlaufzeiten sowie

- hohe Liefer- bzw. Termintreue.

Die Ziele der Produktionsplanung werden üblicherweise in Zeit- und Kostenziele
unterschieden. Obwohl in der betrieblichen Praxis eher Kostengrößen von Interes-
se sind, diese jedoch aufgrund von Bewertungsproblemen kaum zu operationali-
sieren sind, werden in der Anlagenbelegungsplanung vorwiegend Zeitgrößen verwendet.[3] Diese Ziele lassen sich in drei Gruppen unterteilen:[4]

- durchlaufzeitbezogene bzw. auftragsbezogene Ziele
  (z. B. Minimierung der Durchlaufzeit),

- kapazitätsbezogene bzw. anlagenbezogene Ziele
  (z. B. Maximierung der Kapazitätsauslastung) sowie

---

[1]   Vgl. Baumgarten/Wiegand (1997), S. 2; Adam (1997), S. 566 f.; Kernler (1993), S. 17–24.

[2]   Vgl. Zäpfel (2001), S. 41 f.; Thaler (2000), S. 12 f.; Sauer (2000), S. 23 f.; Schönsleben (2000),
      S. 16 f.; Weber (1999), S. 7 f.; Gudehus (1999), S. 10 ff.; Schulte (1996), S. 32 ff.; Zäpfel/Pie-
      karz (1996), S. 86 ff. und S. 183 ff. In diesem Zusammenhang wird oft ein drittes Ziel genannt,
      das Ziel der kundenwunschentsprechenden Qualität. Dieses Ziel wird in Kap. 3.1.2 (Ziele der
      Auftragszuordnung) aufgegriffen. Eine detaillierte Beschreibung und eine formale Definition der
      logistischen Zielgrößen erfolgen in Kap. 4 (Modellkonzeption).

[3]   Vgl. Zäpfel (2001), S. 204 f.; Corsten (2000a), S. 493; Jahnke/Biskup (1999), S. 231 f.; Gude-
      hus (1999), S. 251; Schneeweiß (1997), S. 260; Domschke/Scholl/Voß (1997), S. 26 und
      S. 298; Königsperger (1997), S. 131; Daub (1994), S. 68; Hahn (1994), S. 43; Hoitsch (1993),
      S. 424; Kurbel (1993), S. 19; Leisten (1984), S. 39 f.

[4]   Vgl. Zäpfel (2001), S. 205 f.; Jahnke/Biskup (1999), S. 232 f.; Neubauer (1998), S. 143 ff.;
      Domschke/Scholl/Voß (1997), S. 291; Leisten (1984), S. 40–45. Auch bei diesen Zielgrößen er-
      folgt die formale Definition in Kap. 4 (Modellkonzeption).

- terminorientierte bzw. kundenorientierte Ziele
  (z. B. Maximierung der Termintreue).

Die durchlaufzeitbezogenen Ziele verfolgen die Zielsetzung, durch einen schnellen Produktionsfluss die auftragsbedingten Kapitalbindungskosten zu minimieren. Hierbei werden die Durchlauf- oder Wartezeiten eines Auftrages oder eines ganzen Auftragspakets gemessen. Die kapazitätsbezogenen Ziele verfolgen die Zielsetzung, eine möglichst hohe produktive Ausnutzung der vorhandenen Anlagen bzw. Ressourcen zu gewährleisten. Um dies zu beurteilen, wird hierzu u. a. die Leer- und Belegzeit der Anlagen gemessen. Terminorientierte Ziele bewerten den Auftragsbestand bezüglich Einhaltung von mit dem Kunden vereinbarten Zielterminen. Hierbei werden Terminabweichungen (Verspätungen, Verfrühungen) berücksichtigt. Für den Begriff Zieltermin wird auch häufig die englische Bezeichnung „Due Date" verwendet.[1] Es sei darauf hingewiesen, dass durchlaufzeitbezogene und terminorientierte Ziele bereits bei den logistischen Zielen aufgeführt wurden.

Zwischen den Zielen lassen sich konkurrierende, komplementäre und indifferente Beziehungen zueinander unterscheiden. Zwei Ziele heißen konkurrierend oder auch konfliktär[2], wenn mit der Verschlechterung (Verbesserung) der einen Zielgröße die andere verbessert (verschlechtert) wird. Zwei Ziele heißen zueinander komplementär, wenn mit der Verbesserung (Verschlechterung) der einen Zielgröße die andere ebenfalls verbessert (verschlechtert) wird. Komplementäre Zielgrößen können demnach gegeneinander substituiert werden. So stellen „Minimierung der Zykluszeit" und „Minimierung der maximalen Durchlaufzeit" komplementäre Zielgrößen dar. Werden nur komplementäre Zielgrößen ausgewählt, reicht die Optimierung der Planaufträge nach einer Zielgröße aus, da die anderen Zielgrößen auch verbessert werden. Beeinflussen sich zwei Ziele nicht, d. h. sind damit die Ziele weder konkurrierend noch komplementär, so werden sie indifferent genannt.[3]

---

[1]  Zieltermine bzw. Due Dates müssen nicht notwendigerweise mit dem Kunden vereinbart werden. Aus innerbetrieblicher Sicht macht es Sinn, Aufträge mit Due Dates zu versehen, falls die produzierten Produkte im Unternehmen weiterverarbeitet werden sollen, und die weiterverarbeitenden Unternehmenseinheiten auf pünktliche Anlieferung angewiesen sind, um ihrerseits den Kunden pünktlich beliefern zu können; vgl. Jahnke/Biskup (1999), S. 233.

[2]  Für den Begriff „konkurrierend" werden in der Literatur die beiden Termini „konfliktär" und „konfliktionär" synonym verwendet.

[3]  Vgl. Matyas (2001), S. 1 f.; Corsten (2000a), S. 44 f.; Domschke/Scholl/Voß (1997), S. 28 f.; Peuker (1995), S. 29 f.; Berens/Delfmann (1995), S. 57 f.

Ein in der Literatur oft genanntes Beispiel für Zielkonkurrenz ist das gegenläufige Verhalten von Durchlaufzeiten und Kapazitätsauslastung. Hierbei besteht ein Zielkonflikt zwischen den Zielsetzungen der Minimierung der mittleren Durchlaufzeit eines Auftragsbestandes und der Maximierung der Kapazitätsauslastungen. Dieser Zusammenhang wird als „Dilemma der Ablaufplanung" bezeichnet.[1]

Da zur Sicherung des Markterfolges neben einer hohen logistischen Leistungsfähigkeit auch die Wirtschaftlichkeit der Produktion gewährleistet sein muss, sind in der Zielfunktion des Multi-Site-Scheduling die Wechselwirkungen zwischen den monetären und den logistischen Zielgrößen zu berücksichtigen.[2] Die Beschränkung auf ein Zielkriterium kann die unterschiedlichen, in Konflikt stehenden Ziele der Anlagenbelegungsplanung nicht widerspiegeln. Aufgrund der möglichen Zielkonflikte lassen sich die aufgeführten Ziele, ob Kostenziele, logistische Ziele oder Zeitziele, nicht alle gleichzeitig minimieren bzw. maximieren. Der Anwender des Verfahrens soll daher die Optimierung nach mehreren, frei aus obiger Liste auswählbaren Zielgrößen vornehmen können.[3] Auf Basis der ausgewählten, mehrdimensionalen Zielfunktion soll das Verfahren dem Anwender mehrere alternative, zulässige Lösungen vorschlagen. Er hat somit die Möglichkeit, die unterschiedlichen Lösungen zu vergleichen und aus diesen die unter den aktuellen Umständen für ihn geeignetste auszuwählen.[4]

### 3.1.2 Ziele der Auftragszuordnung

Neben den oben aufgeführten Zielen der Produktionsplanung sollen frei definierbare Ziele bei der Auftragszuordnung zu den international verteilten Produktionsstandorten durch das Verfahren berücksichtigt werden können. Die Auftragszuordnung zu den verteilten Produktionsstandorten soll anhand von Zuordnungs-

---

[1]  Vgl. Zäpfel (2001), S. 206 f.; Corsten (2000a), S. 496; Jahnke/Biskup (1999), S. 232; Domschke/Scholl/Voß (1997), S. 291 f.; Adam (1997), S. 28 f. und S. 567; Kurbel (1993), S. 20 f.

[2]  Vgl. Lewis/Sweigart/Markland (1996), S. 3145.

[3]  Nach Corsten stellt eine geordnete Gesamtheit von Zielen ein Zielsystem dar; vgl. Corsten (2000a), S. 44.

[4]  Vgl. Schultz (1999), S. 65 f.; Lewis/Sweigart/Markland (1996), S. 3146 f.; Borges (1994), S. 7 f. und S. 38 ff.; Kurbel (1993), S. 119; Hoitsch (1993), S. 323.

kriterien erfolgen.[1] Mit Hilfe der Zuordnungskriterien werden die Eignung eines Standortes und somit die Erfüllung der Anforderungen eines Planauftrages an den Produktionsstandort bewertet.[2]

Je nach herzustellendem Produkt werden unterschiedliche Anforderungen an den Produktionsprozess und damit auch an die Produktionsstandorte gestellt. Die Anforderungen an die verfügbaren und zulässigen Produktionsstandorte variieren auftragsabhängig. Die Auftragsanforderungen sind daher anhand mehrerer unterschiedlicher Zuordnungskriterien zu beschreiben. Diese Kriterien legen zum einen kosten- und zeitbezogene Anforderungen fest wie z. B. nicht zu überschreitende Herstellkosten oder Fertigstellungstermine. Zum anderen beinhalten diese Kriterien auch qualitative Anforderungen wie beispielsweise die Zuverlässigkeit der Farbeinhaltung an einem Standort.[3]

Grundsätzlich können die relevanten Zuordnungskriterien in statische und dynamische Kriterien unterteilt werden. Die Ausprägungen der dynamischen Kriterien sind ablaufabhängig und ändern sich mit jedem zugeordneten Planauftrag. Dagegen sind die Ausprägungen der statischen Zuordnungskriterien für den Betrachtungshorizont des Multi-Site-Scheduling zeitlich stabil, d. h. diese sind ablaufunabhängig und werden durch die Zuordnung eines Planauftrages nicht berührt. Die statischen Zuordnungskriterien lassen sich wiederum unterteilen in Kriterien, die einerseits die dezentrale Standortstruktur berücksichtigen und andererseits in Kriterien, welche die international verteilten Standorte mit ihren länderspezifischen Eigenheiten beschreiben. Die Kriterien der international verteilten Standorte wurden bereits in Kap. 2.4.2 beschrieben.[4] In der folgenden Abbildung (Abb. 3-1) werden die für eine Auftragszuordnung möglichen, relevanten Zuordnungskriterien beispielhaft aufgelistet.

Viele der aufgeführten Zuordnungskriterien lassen sich nur qualitativ formulieren, wie beispielsweise Zuverlässigkeits- und Qualitätskriterien. Das Verfahren soll die-

---

[1]  Zur besseren Unterscheidung werden die übergeordneten Ziele des Multi-Site-Scheduling im Folgenden als „Ziele" bezeichnet; die Ziele, die bei der Auftragszuordnung eingehalten werden sollen, werden als „Zuordnungskriterien" bezeichnet.

[2]  Vgl. Kap. 2.4.4 (Auftragszuordnung – Zuordnungskriterien) und Eversheim (1999a), S. 9/43.

[3]  Vgl. Sauer (2001), S. 4 ff.; Corsten (2000a), S. 359 ff.

[4]  Vgl. insbesondere Abb. 2-11: Standortfaktoren bei international verteilten Standorten.

se oftmals nur vage formulierten aber dennoch zuordnungsrelevanten Kriterien ebenfalls berücksichtigen können.[1] Mehrere der relevanten Zuordnungskriterien, ob quantitativ oder qualitativ ausgeprägt, sollen vom Anwender des Verfahrens frei aus der obigen Liste ausgewählt werden können, um bei der Berechnung der Eignung eines Planauftrages für einen Produktionsstandort durch das Verfahren berücksichtigt zu werden. Die unterschiedliche Bedeutung der Zielkriterien, im Hinblick auf die Eignung eines Produktionsstandortes, soll mit Hilfe von Gewichtungsfaktoren durch den Anwender des Verfahrens angegeben werden können.

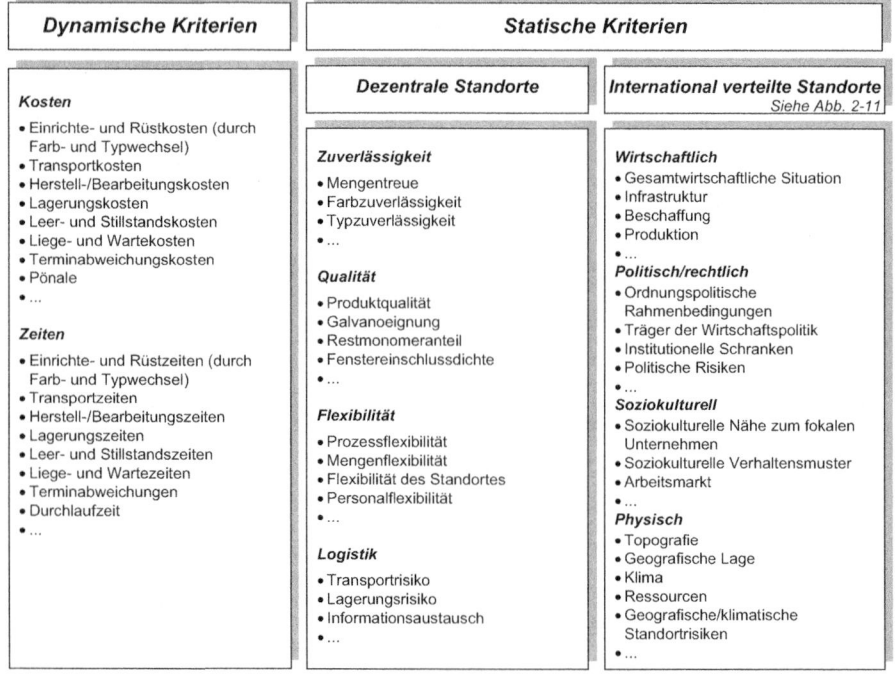

**Abb. 3-1:** *Übersicht über mögliche Zuordnungskriterien*
*(vgl. Loukmidis (2002), S. 3)*

Neben den bis jetzt beschriebenen Extremierungszielen müssen auch sog. Satisfizierungsziele bei der Auftragszuordnung berücksichtigt werden. Bei den Extremierungszielen werden maximale oder minimale Zielgrößenwerte gesucht. Satisfi-

---

[1]   Vgl. Eiden (2003), S. 72 ff. und S. 79 f.; Sauer (2002), S. 88; Appelrath/Freese/Sauer/Teschke (1999), S. 197.

zierungsziele nennen Anspruchniveaus für Zielgrößen, die mindestens erreicht werden sollen. So ist beispielsweise die Forderung an einen Auftrag, dass der Monomeranteil kleiner als 1 % sein muss, ein Satisfizierungsziel.[1]

Die Auftragsanforderungen sind durch die zugeordneten Produktionsstandorte nicht nur möglichst vollständig einzuhalten, sondern auch möglichst gut im Sinne der Zielvorgaben zu erfüllen. Erfüllen beispielsweise zwei oder mehrere Produktionsstandorte sämtliche Anforderungen, so ist der Standort für die Auftragsbearbeitung auszuwählen, der die Anforderungen am besten erfüllt.

## 3.2 Verfahrenseinsatz

Der Verfahrenseinsatz beschreibt die Anwendungsbereiche und die Zielgruppen des zu entwickelnden Verfahrens.[2]

Das Verfahren soll die Mitarbeiter der zentralen Auftragsdisposition, die Disponenten, bei der täglichen Durchführung des global ausgerichteten Multi-Site-Scheduling in Unternehmen mit einer Kunststoffproduktion unterstützen. Die heutige Anlagenbelegungsplanung, die ohne die Zuhilfenahme des Computers erfolgt, soll durch das zu entwickelnde Verfahren zukünftig ersetzt werden.

Das Unternehmen wird durch international verteilte Produktionsstandorte mit teilweise redundanten Produktionsanlagen als eine Ausprägung eines Unternehmensnetzwerkes charakterisiert. Eine detailliertere Spezifizierung des Verfahrenseinsatzes ist bereits in Kapitel 2 erfolgt. In Abb. 2-14 und Abb. 2-15 wurden die Rahmenbedingungen des Verfahrenseinsatzes zusammenfassend dargestellt.

---

[1]  Vgl. Corsten (2000a), S. 44; Roth (1998), S. 24.

[2]  Vgl. Willmer/Balzert (1984), S. 87.

## 3.3  Funktionale Anforderungen

Die funktionalen Anforderungen an ein Verfahren beschreiben die Funktionalitäten und Dienste, die durch das Verfahren geleistet werden sollen.[1]

Das hier zu entwickelnde Verfahren soll die zentrale Anlagenbelegungsplanung im Rahmen der Produktionsprozessplanung bei international verteilten Produktionsstandorten unterstützen. Hierbei umfasst das Multi-Site-Scheduling die global ausgerichteten Funktionen Auftragszuordnung, Auftragsterminierung, Verfügbarkeitsprüfung und Reihenfolgeplanung. Die einzelnen Funktionen sind interdependent und daher durch das Verfahren simultan durchzuführen.[2]

1.  Das Verfahren soll die Zuordnung von Planaufträgen zu den international verteilten Produktionsstandorten mittels ausgewählter Zuordnungskriterien unterstützen. Mit Hilfe der Zuordnungskriterien wird einerseits die Zulässigkeit eines Produktionsstandortes für die Auftragsbearbeitung geprüft, andererseits wird die Eignung für die Bearbeitung ermittelt. Das Verfahren soll jeden Planauftrag nach Möglichkeit einem Produktionsstandort mit hoher Eignung zuordnen.

2.  Die Funktionalitäten der Auftragsterminierung sollen durch das Verfahren abgedeckt werden. Hierbei werden die Produktionsdauer und der Produktionszeitpunkt eines im Planauftrag definierten Produktes ermittelt.

3.  Die Verfügbarkeitsprüfung ermittelt zunächst den Anlagen-Kapazitätsbedarf für einen Planauftrag, der für einen bestimmten Zeitraum einem bestimmten Standort zugeordnet wird. Anschließend wird der ermittelte Kapazitätsbedarf mit dem vorhandenen Anlagen-Kapazitätsangebot abgeglichen. Der Abgleich der Kapazitäten soll unter Beachtung der Zielsetzungen der Produktionsplanung und der Auftragszuordnung erfolgen.

4.  Die einzuplanenden Aufträge sind durch das Verfahren in eine Reihenfolge zu bringen. Da reihenfolgeabhängige Rüstzeiten und -kosten berücksichtigt werden müssen, werden die Auftragszuordnung, die Auftragsterminierung und die Verfügbarkeitsprüfung von der Auftragsreihenfolge beeinflusst. Er-

---

[1]  Vgl. Sommerville (2001), S. 110.

[2]  Zur Bedeutung und Interpretation von „interdependent" und „simultan" s. Kap. 2.3.4 (Simultanplanung).

weist sich die Planauftragsliste als nicht zulässig oder suboptimal, ist durch das Verfahren die Planauftragsreihenfolge so zu variieren, dass eine optimierte Reihenfolge im Sinne der Ziele der Produktionsplanung erzeugt wird.

Das Verfahren erhält als Eingangsinformation den durch die Produktionsfaktorplanung ermittelten Netto-Sekundärbedarf. Ergebnis des Verfahrens sollen mehrere alternative, hinsichtlich der Unternehmensziele optimierte Planauftragslisten[1] sein, bei denen jeweils die Produktionsecktermine, die Produktspezifikationen, die Zuordnung der Planaufträge zu Produktionsanlagen und -standorten sowie die Bearbeitungsreihenfolge feststehen. Wöchentlich sollen die optimierten Planauftragslisten im Rahmen einer rollierenden Planung den Produktionssteuerungen an den jeweiligen Standorten zur Verfügung gestellt werden. Bei dieser prädiktiven Planung werden vorausschauend für ein bis drei Monate Vorgaben für die Produktionssteuerung gemacht.[2] Durch Rückmeldungen der lokalen Produktionssteuerungen sollen die durch Störungen in der Produktion oder im Produktionsumfeld inkonsistent gewordenen Planauftragslisten an die aktuelle Situation durch entsprechende Umdisposition angepasst werden können. Bei dieser reaktiven Planung sollen nicht nur einfach neue Planauftragslisten erzeugt werden, sondern es sollen möglichst viele von den bestehenden erhalten bleiben. [3] Diese Umdispositionen sollten dann in den nächsten wöchentlichen Planungsrhythmus einfließen und erst dann an die Produktionssteuerung übergeben werden. So lassen sich „übernervöse" Reaktionen vermeiden.[4]

Um die Zulässigkeit der hinsichtlich der Unternehmensziele optimierten Planauftragslisten sicherzustellen, soll das Verfahren die besonderen Rahmenbedingungen der Produktionsstruktur, die sich aus international verteilten Produktionsstandorten und der chemischen Industrie ergeben, berücksichtigen. Zulässige bzw. gültige Planauftragslisten sind solche, die ohne Modifikationen zum Einsatz

---

[1]  Zum Begriff optimaler Planauftragslisten vgl. Kap. 3.4 (Leistungsbezogene Anforderungen).

[2]  Vgl. Sauer (2002), S. 83 und S. 87.

[3]  In der Literatur wird unterschieden zwischen prädiktiver und reaktiver Planung. Bei der prädiktiven Planung werden vorausschauende Pläne für andere Planungsebenen (Organisationseinheiten) erzeugt. Dabei wird eine statische Planungsumgebung angenommen. Bei der reaktiven Planung wird versucht, durch Reaktion auf Störungen der Planungsumgebung (Anlagenausfälle, geänderte Prioritäten, neue Aufträge, usw.) die Pläne an die aktuelle Situation anzupassen. Vgl. Vieira/Herrmann/Lin (2003), S. 36–51; Girsch (2001), S. 1–4; Szelke/Kerr (1995), S. 12–18 und S. 129–145; Tam (1994), S. 147–162; Burke/Prosser (1991), S. 106–111.

[4]  Vgl. Kap. 3.4 (Leistungsbezogene Anforderungen).

kommen können.[1] Aus den alternativ angebotenen, zulässigen Planauftragslisten soll der Disponent die bestgeeignete Liste auswählen. Entsprechend den Standortzuordnungen dieser ausgewählten Alternative werden den dezentralen Produktionsfeinplanungen an den Produktionsstandorten die standortspezifischen, optimierten Planauftragslisten als Vorgaben übermittelt.[2]

## 3.4 Leistungsbezogene Anforderungen

Anforderungen bezüglich der Dauer des Verfahrensdurchlaufs und der Genauigkeit der Ergebnisse werden hier aufgeführt.[3]

Da hierbei die Genauigkeit der Ergebnisse durch die Begriffe gültig, zulässig, konsistent, inkonsistent, optimal, effizient oder Pareto-optimal charakterisiert werden kann, sollen zunächst diese Termini erläutert werden (s. Abb. 3-2).[4]

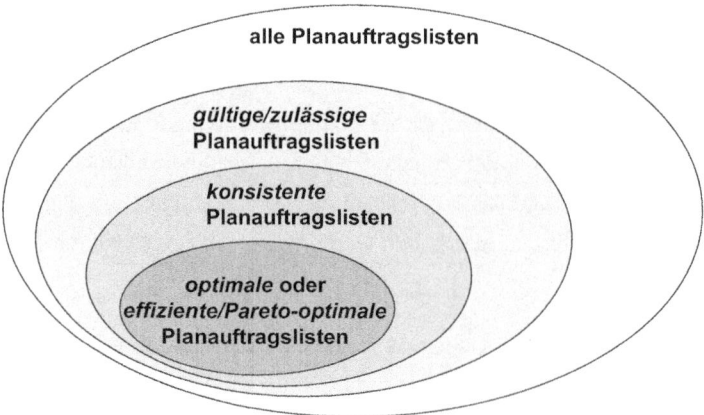

**Abb. 3-2:** *Lösungsmengen (vgl. Sauer (2002), S. 38)*

Eine Planauftragsliste heißt *gültig* oder *zulässig* genau dann, wenn alle harten Nebenbedingungen[5] erfüllt werden; d. h. sie ist technisch umsetzbar und entspricht

---

[1]    Vgl. Sauer (2002), S. 38; Blömer (1999), S. 92.

[2]    Vgl. Sauer (2002), S. 87 f.

[3]    Vgl. Trautmann (2001), S. 93 ff.; Balzert (2000), S. 63.

[4]    Vgl. Sauer (2002), S. 31; Michalewicz (1999), S. 312 f.

[5]    Harte Nebenbedingungen sind die, welche durch technische Restriktionen unbedingt einzuhalten sind.

der Minimalforderung, die an eine Planauftragsliste gestellt wird.[1] Eine *gültige* Planauftragsliste heißt *konsistent* genau dann, wenn alle Nebenbedingungen, d. h. die harten und die weichen[2] erfüllt werden. Entsprechend heißt eine Planauftragsliste *inkonsistent*, wenn mindestens eine Nebenbedingung nicht erfüllt wird. Eine konsistente Planauftragsliste heißt *optimal* bzgl. einer Bewertungsfunktion genau dann, wenn alle anderen Planauftragslisten nicht besser bezüglich dieser Bewertungsfunktion sind. Wird eine Planauftragsliste bzgl. verschiedener Zielgrößen bewertet, so spricht man von *effizienten* oder auch *Pareto-optimalen*[3] Planauftragslisten genau dann, wenn es keine andere Planauftragsliste gibt, die in mindestens einer Zielgröße besser und in keiner schlechter ist. Abb. 3-2 zeigt das Verhältnis der Ergebnis- bzw. Lösungsmengen zueinander.

Da das Verfahren in der betrieblichen Praxis im Rahmen der rollierenden, operativen Produktionsplanung eingesetzt werden soll, ist die zur Ermittlung terminierter Planaufträge erforderliche Rechenzeit den für das Multi-Site-Scheduling ermittelten Aggregationsgraden[4] unterzuordnen. Bei einer wöchentlichen Planrevision sollte die Dauer zwischen Start und Ende des Verfahrenseinsatzes max. einen Arbeitstag benötigen. Die Rechenzeit sollte somit acht Stunden nicht überschreiten.[5]

Aufgrund der Begrenzung der Rechenzeit und der hier vorliegenden Komplexität des Planungsproblems können nur suboptimale bzw. subeffiziente[6] Ergebnisse erzielt werden.[7] Hiermit ist keine Einschränkung der Einsetzbarkeit des zu entwickelnden Verfahrens verbunden, da in der betrieblichen Praxis weniger die theore-

---

[1]  Vgl. Meyer (2002), S. 2; French (1982), S. 4.

[2]  Weiche Nebenbedingungen sind die, welche bei der Planung bzw. vom Planungsergebnis eingehalten werden sollten, aber in gewissem Umfang verletzt werden können, z. B. in der Einhaltung von Lieferterminen.

[3]  In Kap. 6.1.5.1 (Dominanz und Pareto-Optimalität) wird näher auf die synonymen Begriffe effizient und Pareto-optimal eingegangen.

[4]  Vgl. Kap. 2.3.3 (Rollierende Planung und Aggregationsgrade).

[5]  Die Rechenzeit ist auch von der eingesetzten Hardware abhängig. Es wird von einem PC mit Pentium III Prozessor und einer Taktung von 1 GHz ausgegangen.

[6]  Üblicherweise lässt die Definition des Begriffs „effizient" nur eine binäre Unterscheidung zwischen „effizient" und „ineffizient" zu. In der neueren Literatur werden Grade der Ineffizienz diskutiert. So wird z. B. bei der Data Envelopment Analysis (DEA, Methodenfamilie zur Effizienzmessung) der Grad der Effizienz bestimmt. Aus dieser Sicht ist die Benutzung des Terminus „subeffizient" gerechtfertigt; vgl. Dyckhoff /Spengler (2005), S. 123 f.; Dyckhoff (2003), S. 139 und S. 176 ff.

[7]  Vgl. Borges (1994), S. 40 f.; Berens (1992), S. 7. Vgl. auch Kap. 5.2.4 (Komplexität des Problems).

tisch erzielbare Optimallösung angestrebt wird, als vielmehr Lösungen, die eine signifikante Verbesserung der bisherigen Planungsergebnisse mit geringem Aufwand erreichen.[1] Von Praktikern wird in den seltensten Fällen eine mathematisch beweisbare, optimale Lösung im Hinblick auf ein bestimmtes Zielkriterium gefordert. Es kann wertvolle Rechenzeit eingespart werden, wenn durch Abbruch des Verfahrens bei einer bestimmten Güte bzw. Nähe zum theoretischen Optimum auf eine aufwändige Enumeration aller möglichen Lösungen verzichtet wird.[2] Somit kommen durchaus nicht-optimale bzw. nicht-effiziente, aber konsistente Lösungen in Betracht.

Eine Planauftragsliste soll daher im Folgenden als optimal oder effizient bzw. Pareto-optimal bezeichnet werden, wenn eine bessere Erfüllung einer Zielgröße oder der verschiedenen Zielgrößen nicht mehr möglich ist oder aber nur noch mit unvertretbar hohem Rechenaufwand oder mit nur noch geringen weiteren Nutzenerwartungen. Auf jeden Fall müssen diese hier als optimal oder effizient bezeichneten Planauftragslisten gültig sein.

## 3.5 Qualitative Anforderungen

Damit das zu entwickelnde Verfahren in der Praxis angewandt und akzeptiert wird, müssen neben den bisherigen Anforderungen auch qualitative Anforderungen erfüllt werden.

Um eine hohe Akzeptanz des zu entwickelnden, global ausgerichteten Multi-Site-Scheduling-Verfahrens bei Anwendern in der betrieblichen Praxis zu gewährleisten, ist auf eine hohe Transparenz, eine nachvollziehbare Berechnungsweise und eine praxisgerechte Handhabbarkeit zu achten. Da beim Personal, das die operative Anlagenbelegungsplanung in der Praxis durchführt, meistens vielfältiges Planungs-Know-how vorhanden ist, sollten dieses Wissen und diese Erfahrung bei der Lösungsfindung Berücksichtigung finden. Es bietet sich an, den Disponenten bei der Auswahl und Abstimmung von Steuerungsparametern Einfluss auf den Lösungsweg ausüben zu lassen. In der Praxis ist es oftmals so, dass nicht nachvoll-

---

[1]   Vgl. Eiden (2003), S. 71; Höchst (1997), S. 56; Siedentopf (1994), S. 3 f.; Popp (1992), S. 131.

[2]   Vgl. Blömer (1999), S. 92 f.

ziehbare Berechnungsweisen ohne Einbindung des Disponenten bei der Lösungsfindung zu Akzeptanzproblemen des gesamten Verfahrens führen. So werden bereits implementierte Verfahren nach kurzer Zeit aufgrund mangelnden Interesses und/oder mangelnden Verständnisses nicht mehr gepflegt und schließlich nicht mehr eingesetzt.[1]

Dem potenziellen Anwender, dem Disponenten, sollen durch das Verfahren mehrere, alternative Vorschläge, d. h. hinsichtlich der Unternehmensziele optimierte Planauftragslisten unterbreitet werden, die vom Entscheidungsträger akzeptiert oder modifiziert werden können. In den meisten praktischen Fällen besteht weniger die Forderung nach einem völlig automatisierten Planungsverfahren, als vielmehr der Wunsch einer Entscheidungsunterstützung beim Auffinden eines guten, zulässigen Anlagenbelegungsplans. Der durch den Disponenten letztlich freigegebene Plan wird erst im Rahmen eines interaktiven Kontrollprozesses vom Planer selbst modifiziert und dann freigegeben. So sollen die Kenntnisse der Mitarbeiter aufgrund ihrer langjährigen Erfahrungen in die Entscheidung bzgl. eines optimierten Planauftrages mit einfließen. Die endgültige Entscheidung, welche Planauftragsliste der Produktionssteuerung übergeben wird, soll dem Anwender überlassen werden.[2] Um die Entscheidungsfindung zu unterstützen, sollen die vom Verfahren vorgeschlagenen Ergebnisse im Hinblick auf die relevanten Zielgrößen durch Diagramme und Grafiken dem Disponenten transparent gemacht werden.[3]

Wie in Kapitel 2 gezeigt, können international verteilte Produktionsstandorte unterschiedliche Ausprägungen aufweisen. Auch die hier vorgenommene Eingrenzung weist bei manchen Merkmalen eine Bandbreite von Ausprägungen auf. Das zu entwickelnde Verfahren soll daher so flexibel gestaltet werden, dass es bei unterschiedlichen Ausprägungen einsetzbar ist und eine Änderung der zu berücksichtigenden Rahmenbedingungen mit geringem Aufwand und ohne Verfahrensmodifikation möglich ist.[4]

---

[1] Vgl. Eiden (2003), S. 73–76; Sauer (2002), S. 92; Blömer (1999), S. 92 f.; Kießwetter (1999), S. 47 f.; Borges (1994), S. 43 f.

[2] Vgl. Blömer (1999). S. 92 f. Higgins und Wirth haben ausführlich die Wichtigkeit des interaktiven Eingreifens des Planers dargelegt; Higgins/Wirth (1997).

[3] Vgl. Sauer (2002), S. 6; Stobbe/Fritz/Löhl/Engell (1997), S. 292.

[4] Vgl. Sauer (2002), S. 69.

Neben der Forderung der Adaptibilität bzgl. der Berücksichtigung der Änderungen der Rahmenbedingungen soll das Verfahren an die evtl. im Laufe der Zeit veränderten Produktionsplanungszielsetzungen sowie Kundenanforderungen leicht angepasst werden können (Adaptibilität bzgl. der Planungsziele und Kundenwünsche). Auch die oftmals nur verbal und unscharf formulierten Ziele der Produktionsplanung und die damit verbundenen Standortzuordnungskriterien sollen bei der Generierung der hinsichtlich der Unternehmensziele optimierten Planauftragslisten einfließen.[1]

Somit soll das Verfahren die Entscheidung unterstützen, welche der grundsätzlich geeigneten Planauftragslisten am besten den Zielvorstellungen der global ausgerichteten Produktionsplanung entspricht.

## 3.6 Lastenheft

Nachdem in den vorherigen Abschnitten (Kap. 3.1 bis 3.5) die Anforderungen an das zu entwickelnde Verfahren definiert worden sind, können diese in einem Lastenheft zusammengefasst werden. Auf Basis der genannten Anforderungen stellt sich als Ziel dieser Arbeit die Konzeption eines standortübergreifenden Multi-Site-Scheduling-Systems.

---

[1]  Vgl. Eiden (2003), S. 80 f.; Appelrath/Freese/Sauer/Teschke (1999), S. 196; Siedentopf (1994), S. 3 f.; Borges (1994), S. 38.

**Zielbestimmung**

☒ Unterstützung des Multi-Site-Scheduling (= zentrale, globale Anlagenbelegungsplanung)

☒ Ausrichtung der Rahmenbedingungen an die chemische Industrie und an international verteilte Produktionsstandorte (global)

☒ Bewertung anhand mehrerer Zielgrößen (Zeiten und Kosten)

☒ Auftragszuordnung anhand relevanter Zuordnungskriterien

 **Verfahrenseinsatz**

Unternehmen mit:

☒ Kunststoffproduktion

☒ International verteilten Produktionsstandorten

☒ Redundanten Produktionsstandorten

Zielgruppe:

☒ Mitarbeiter der zentralen Auftragsdisposition (Disponenten in der global ausgerichteten Grobplanung)

 **Funktionale Anforderungen**

☒ Simultane Durchführung der global ausgerichteten Planungsaufgaben
→ Auftragszuordnung
→ Auftragsterminierung
→ Verfügbarkeitsprüfung
→ Reihenfolgeplanung

☒ Input: Netto-Sekundärbedarf der Produktionsfaktorplanung

☒ Output: optimierte und zulässige, terminierte Planauftragsliste mit
→ Produktspezifikationen (Art und Menge)
→ Produktionseckterminen
→ Planauftragszuordnungen zu Produktionsanlagen/ -standorten
→ Bearbeitungsreihenfolge

☒ Adressat: dezentrale/lokale Produktionsplanung an den jeweiligen Produktionsstandorten (prädiktiv)

☒ Rückmeldungen (z. B. Störungen) der dezentralen/lokalen Produktionsplanungen (reaktiv)

 **Leistungsbezogene Anforderungen**

☒ Generierung einer terminierten Planauftragsliste in vertretbarer Rechenzeit (< 8 h)

☒ Genauigkeit: signifikante Verbesserung gegenüber bisheriger Situation, suboptimale Ergebnisse erlaubt

⑤ **Qualitative Anforderungen**

☒ Entscheidungsunterstützung der Disponenten bei der Auswahl alternativer, optimierter Planauftragslisten

☒ Grafische Unterstützung der Entscheidung

☒ Flexible Anpassung an sich dynamisch ändernde Produktionsplanungszielsetzungen, Kundenanforderungen und Rahmenbedingungen

☒ Berücksichtigung von unscharfen Planungsdaten

**Abb. 3-3:** *Lastenheft – Anforderungen an das Verfahren*

# 4 Modellkonzeption

In diesem Kapitel wird das Modell für das Multi-Site-Scheduling bei international verteilten Produktionsstandorten entwickelt. Grundlage der Modellkonzeption bilden die zuvor aufgestellten Anforderungen, die Analyse der themenbezogenen Literatur sowie die Gegebenheiten in der betrieblichen Praxis. Das Modell wird durch Modellprämissen[1] beschrieben, welche die verschiedenen Anforderungen in ein der Lösungsfindung zugängliches, formales Modell überführen. Am Ende des Kapitels werden die Modellprämissen zu einer Modellstruktur zusammengefasst.

## 4.1 Modellbildung

Voraussetzung für die Entwicklung eines mathematischen Verfahrens ist die Nachbildung der Realität in einem Entscheidungs- oder Optimierungsmodell.[2] Da die Gesamtheit der Realität mit ihren komplexen Zusammenhängen und Bedingungen nicht in einem Modell beschrieben werden kann, ist ein Ausschnitt der Realität zu wählen, der für die Lösung der Problemstellung geeignet ist und sich in einem Modell nachbilden lässt. Das Modell stellt daher eine idealisierte Beschreibung der Realität dar, weil nicht alle, sondern lediglich die problemrelevanten Tatbestände wiedergegeben werden.[3] Strukturgleichheit oder -ähnlichkeit mit dem realen Entscheidungsproblem ist eine zwingende Forderung, da Rückschlüsse von den Lösungen des Modells auf das Realproblem ermöglicht werden sollen. Erst durch ein Modell wird das Realproblem einer mathematischen Lösung und damit auch einer softwaremäßigen Abbildung zugänglich. Ausgehend von der realen Problemstellung des Multi-Site-Scheduling bei international verteilten Produkti-

---

[1] Eine Prämisse stellt eine das Modell betreffende Grundannahme dar; vgl. Busse von Colbe/Laßmann (1999), S. 48.

[2] Entscheidungs- und Optimierungsmodelle sind Modelle, bei denen neben dem eigentlichen Sachverhalt zusätzlich die Zielgrößen beschrieben werden; vgl. Domschke/Scholl/Voß (1997), S. 35. Es wird zwischen Entscheidungs-, Beschreibungs-, Prognose- und Simulationsmodellen unterschieden; die Unterschiede sind in Zimmermann (1998), S. 6, beschrieben.

[3] Vertiefende Literatur zur Modellbildung und Modellierung: Rommelfanger/Eickemeier (2002), S. 9–15; Domschke/Drexl (2002), S. 3–7; Ellinger/Beuermann/Leisten (2001), S. 4 f.; Domschke/Scholl (2000), S. 27 ff.; Lechleiter (1999), S. 81 ff.; Keuper (1999), S. 17–61; Schneeweiß (1997), S. 104 ff.; Domschke/Scholl/Voß (1997), S. 35 ff.; Zimmermann (1997), S. 3–5; Leisten (1995), S. 12 ff.; Much/Nicolai (1995), S. 172 f.; Dyckhoff (1994), S. 21 ff.; Schneeweiß (1991a), S. 13; Müller-Merbach (1973), S. 14–21.

onsstandorten ist daher durch zweckmäßige Strukturierung ein geeignetes Modell zu entwickeln.

Unter dem Begriff Verfahren oder auch Algorithmus wird in dieser Arbeit eine Vorschrift verstanden, mit deren Hilfe aus bestimmten Eingabedaten in einer definierten Reihenfolge durch eine endliche Zahl von Operationen (Rechenschritten) eine Lösung für ein Problem des Multi-Site-Scheduling ermittelt wird.[1]

Das aufgezeigte (reale) Planungsproblem des Multi-Site-Scheduling lässt sich als schlecht strukturierbares Problem charakterisieren, da Strukturdefekte gegeben sind:[2]

- Es existieren *Wirkungsdefekte* durch weitreichende Unkenntnis erfolgsversprechender Handlungsalternativen in Form alternativer Planauftragslisten. Beispielsweise lässt sich die Auswirkung der Zuordnung eines Auftrages zu einem Produktionsstandort auf die Gesamtkosten oder auch auf die Lieferpünktlichkeit aller Produkte nicht vollständig erfassen.

- Es bestehen *Bewertungsdefekte* bei den Zuordnungskriterien, da sich manche der Kriterien gar nicht oder nur schwierig quantifizieren lassen.

- *Zielsetzungsdefekte* resultieren aus mehreren, gleichzeitig zu berücksichtigenden und konfliktären Zielgrößen.

- Darüber hinaus besteht ein *Lösungsdefekt*, da für die hier angesprochene Problemklasse kein effizientes Lösungsverfahren zur Ermittlung optimaler Lösungen verfügbar ist.[3]

Sofern es gelingt, den gewählten Realitätsausschnitt in einer natürlichen Sprache exakt zu beschreiben, ist der wesentliche Teil der Modellbildung abgeschlossen. Die Umsetzung des in natürlicher Sprache formulierten Modells in mathematische Gleichungen und Funktionen mit den erforderlichen Variablen, Konstanten und Nebenbedingungen ist dann in erster Linie nur noch eine „mechanische Arbeit".[4]

---

[1]  Vgl. Domschke/Scholl/Voß (1997), S. 39 f. Mit einem Algorithmus wird eigentlich das Modell (und nicht das Problem) gelöst, doch wie es in der Literatur üblich ist, werden im Folgenden die Begriffe Problem und Modell synonym verwendet; vgl. Domschke/Scholl/Voß (1997), S. 35 f.

[2]  Vgl. Domschke/Scholl (2000), S. 38 ff.; Erben (2000), S. 39 ff.; Keuper (1999), S. 23 ff.; Berens/ Delfmann (1995), S. 17 ff.; Berens (1992), S. 16 f.

[3]  Vgl. Berens/Delfmann (1995), S. 388. Vgl. auch Kap. 5.2.4 (Komplexität des Problems).

[4]  Vgl. Müller-Merbach (1973), S. 14.

Im Folgenden soll daher das Modell des Multi-Site-Scheduling bei international verteilten Produktionsstandorten durch die Formulierung von Modellprämissen in natürlicher Sprache beschrieben werden. Die Darstellung der auf dieser Basis entwickelten formelmäßigen Zusammenhänge erfolgt dann, sofern sie zur Verdeutlichung eines Sachverhaltes erforderlich ist, jeweils im Anschluss an die verbalen Beschreibungen der Prämissen.

Abb. 4-1 gibt die gewählte Struktur für die anschließende Beschreibung der Prämissen wieder. Modellprämissen werden in Entscheidungsfeldprämissen, Problemstrukturprämissen sowie in Ziel- und Bewertungsprämissen unterschieden. Entscheidungsfeldprämissen beschreiben die Art und Anzahl der betrachteten Variablen und Einflussgrößen sowie deren Wirkungszusammenhänge. Problemstrukturprämissen fassen die Annahmen über den Aufbau des Planungsproblems mit seinen Elementen und Beziehungen zusammen. Die Ziel- und Bewertungsprämissen beschreiben schließlich Annahmen über operationale Ziele und Bewertungsaspekte.[1]

Die Entscheidungsfeldprämissen werden in Auftragsstruktur-, Planungsdaten- sowie Standortstrukturprämissen unterteilt. Auftragsstrukturprämissen fassen Annahmen, die sich aus der Art und Zusammensetzung der Aufträge ergeben, zusammen. Planungsdatenprämissen definieren die Annahmen, welche die Art der für die Planung notwendigen Eingangsdaten betreffen. Standortstrukturprämissen beschreiben die Annahmen, die sich aus den international verteilten Produktionsstandorten ergeben.

Ziel- und Bewertungsprämissen werden, ähnlich der Einteilung im Lastenheft, in zwei Gruppen unterteilt: Prämissen, welche die Ziele des Multi-Site-Scheduling beschreiben und Prämissen, welche die Ziele der Auftragszuordnung betreffen.[2] Die Ziele des Multi-Site-Scheduling werden anhand von Kosten- und Zeitgrößen definiert, wobei die Zeitgrößen wiederum in die Kategorien auftragsbezogen, kapazitätsbezogen und terminorientiert untergliedert werden. Bei den Zielen der Auftragszuordnung wird eine Unterteilung in Kosten-, Zeit- sowie Qualitätsziele ge-

---

[1]   Vgl. Berens/Delfmann (1995), S. 44.

[2]   Vgl. Kap. 3.1.1 (Ziele des Multi-Site-Scheduling) und Kap. 3.1.2 (Ziele der Auftragszuordnung).

wählt. Die im Folgenden gewählte Kapitelgliederung richtet sich nach der in Abb. 4-1 vorgestellten Strukturierung der Modellprämissen.

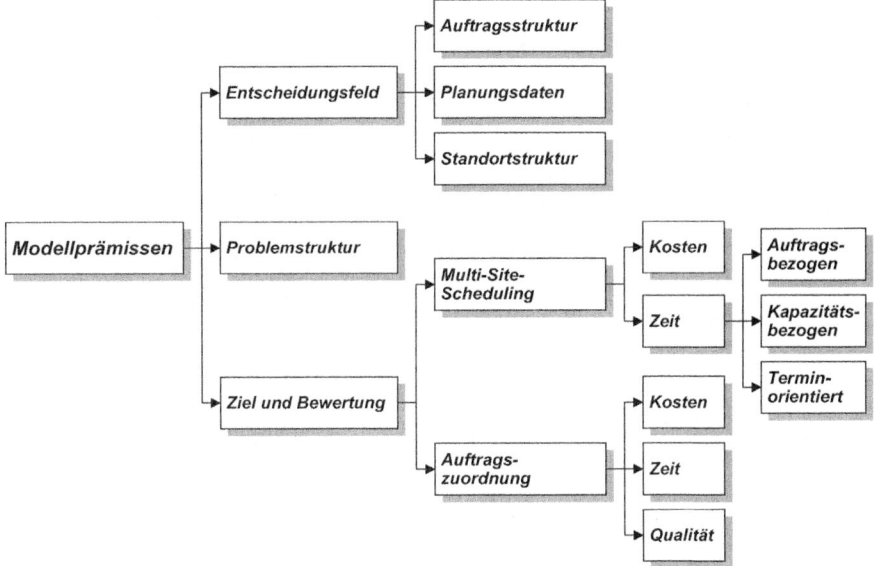

**Abb. 4-1:** *Strukturierung der Modellprämissen*

Zum besseren Verständnis wesentlicher Begriffe, die in den Prämissen Verwendung finden, sollen vorab folgende Erläuterungen dienen (s. Abb. 4-2):

Als Oberbegriff für einen Produktions- und einen Kundenauftrag wird in der Produktionsplanung der Begriff *Auftrag* verwendet. Für die Termini Planauftrag und Prozessauftrag wird der Oberbegriff Produktionsauftrag verwendet. Wenn im Folgenden der Begriff Auftrag verwendet wird, so ist damit der für die Produktionssteuerung bestimmte Planauftrag gemeint, der aus mit dem Lagerbestand abgeglichenen, akzeptierten Kundenaufträgen oder aus Prognosen entstanden ist.[1]

---

[1]  Vgl. Corsten (2000a), S. 440. Siehe auch die Anmerkungen zum Auftragsbegriff in Kap. 2.3.2 (Operative Produktionsplanung und Anlagenbelegungsplanung).
Es kann vorkommen, dass ein Produktionsauftrag aus mehreren Kundenaufträgen generiert worden ist.

Die Auftragszeit eines Auftrages setzt sich aus der Rüst- und Reinigungszeit, aus der Bearbeitungszeit, aus der Lagerzeit sowie aus der Transportzeit zusammen:[1]

Es gilt: $AZ_i = RZ_{i,s} + BZ_{i,s} + LZ_{i,s} + TZ_{i,s}$ .                                   (1)

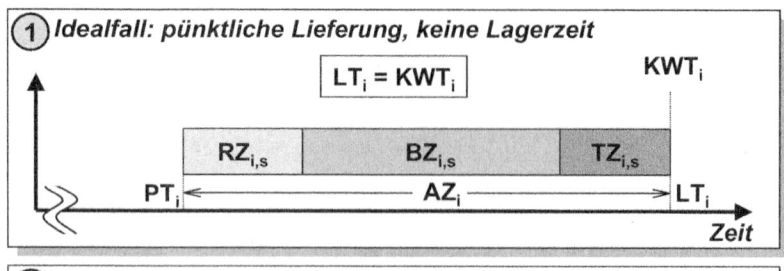

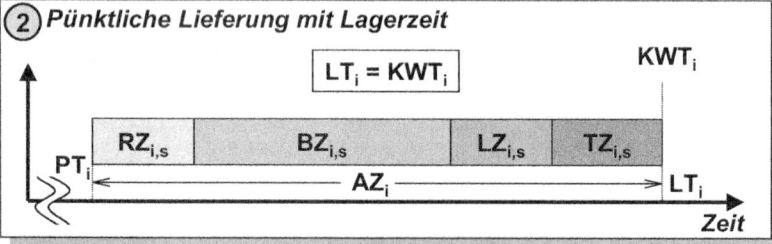

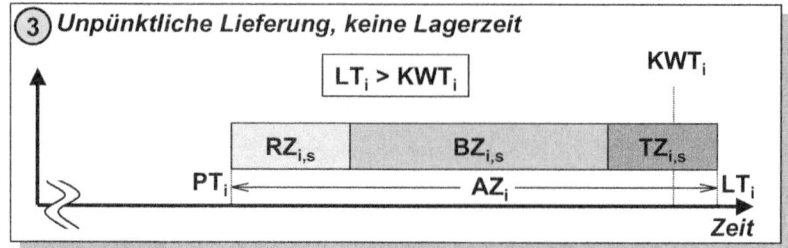

Legende:  *RZ=Rüstzeit; BZ=Bearbeitungszeit; LZ=Lagerzeit; TZ=Transportzeit;*
*KWT=Kundenwunschtermin; LT=Liefertermin; PT=Produktionsstarttermin;*
*AZ=Auftragszeit; i,s=Index für Auftrag,Standort*

**Abb. 4-2:** *Zusammensetzung der Auftragszeit*

Rüst- und Reinigungszeiten werden manchmal auch als Einrichtezeiten bezeich-net.[2] In dieser Arbeit wird meist die Kurzform Rüstzeit verwendet, auch wenn so-

---

[1]   Im Unterschied zu der sonst üblichen Definition der Auftragszeit wird hier die Transportzeit (zum Kunden) in die Auftragszeit hineingerechnet. Auf diese Art und Weise lässt sich das hier auftre-tende Problem der unterschiedlichen Transportkosten und -zeiten bei international verteilten Produktionsstandorten in das Modell integrieren, ohne ein völlig neues Modell zu generieren; Sauer/Appelrath (2000), S. 3.

[2]   Vgl. Zäpfel (1982), S. 186.

wohl Rüst- als auch Reinigungszeit gemeint sind. In der Prozessindustrie und damit auch in der chemischen Industrie wird häufig der Begriff Prozess- statt Bearbeitungszeit verwendet. Da beide Begriffe geläufig sind und in der Literatur zur Maschinen- und Anlagenbelegungsplanung meist der Terminus Bearbeitungszeit genutzt wird, soll hier der Begriff Bearbeitungszeit bevorzugt angewendet werden.

Im Idealfall wird davon ausgegangen, dass ein Produkt direkt nach der Bearbeitung abgeholt und dann zum Kunden transportiert wird; d. h. es wird nicht gelagert (s. Punkt 1, Abb. 4-2). Es kommt somit pünktlich zum Kundenwunschtermin beim Kunden an. Falls bei einem Auftrag früher, als durch eine Rückwärtsterminierung berechnet, mit der Produktion begonnen wird, muss das frühzeitig hergestellte Produkt zwischengelagert werden (s. Punkt 2, Abb. 4-2). Auch hier kann dem Kunden pünktlich angeliefert werden, aber zum Preis einer Zwischenlagerung. Falls bei einem Auftrag später, als durch eine Rückwärtsterminierung berechnet, mit der Produktion begonnen wird, muss das Produkt nicht zwischengelagert, aber der Kunde kann nicht pünktlich beliefert werden (s. Punkt 3, Abb. 4-2).[1] Die unpünktliche Lieferung kann dann durch Terminüberschreitungskosten[2] geahndet werden.

Der Kundenwunschtermin (KWT) ist der Zeitpunkt, zu dem zugesagt worden ist, dem Kunden das von ihm gewünschte Produkt zu übergeben. Der Produktionsstarttermin (PT) definiert den Zeitpunkt, an dem die Produktion mit der Bearbeitung des Auftrages beginnen wird. Der Liefertermin (LT) bezeichnet den Zeitpunkt, zu dem nach Berechnung der Produktionsplanung der Kunde beliefert werden wird.

Der Begriff Redundanz wird sowohl für parallele Produktionsmöglichkeiten an einem Produktionsstandort als auch für parallele Produktionsmöglichkeiten an (international) verteilten Produktionsstandorten verwendet.[3] Der Laufindex in den

---

[1]   In der Praxis kommt es manchmal vor, dass in diesem Fall (Punkt 3, Abb. 4-2) dennoch zwischengelagert wird, und so der Liefertermin weiter verzögert wird. Diese Variante soll in dieser Arbeit nicht betrachtet werden.

[2]   Vgl. 4.4.1.1 (Kostenbezogene Zielgrößen).

[3]   Vgl. Kap. 2.4.3 (Redundante Produktionsstandorte). Blömer verwendet den Begriff der Anlagenkonkurrenz; vgl. Blömer (1999), S. 21. Dyckhoff verwendet die Begriffe Funktions- und Kostengleichheit. Zwei Anlagen sind funktionsgleich, wenn ihre Outputströme addiert werden dürfen. Sind zusätzlich ihre produktspezifischen Verbrauchfunktionen identisch, so nennt man sie kostengleich. In diesem Sinne sind redundante Produktionsstandorte oft funktionsgleich, aber selten kostengleich; vgl. Dyckhoff (2003), S. 307.

formalen Definitionen[1] wird mit „s" (dem ersten Buchstaben des Wortes Standort) bezeichnet, da sich in der Regel nur eine Produktionsanlage an einem Standort befindet. Haben Standorte parallele Ressourcen, so werden diese jeweils als eigenständige Standorte betrachtet. Werden im Folgenden die Begriffe Produktionsstandort bzw. Standort verwendet, so sind damit auch parallele Produktionsanlagen an einem Standort gemeint.

Neben den im Lastenheft aufgeführten Anforderungen orientieren sich die folgenden Annahmen auch an den in der Literatur für vergleichbare Planungsprobleme diskutierten Prämissen.[2]

## 4.2 Entscheidungsfeldprämissen

### 4.2.1 Auftragsstrukturprämissen

*Prämisse 1:*    Zu Beginn der Planung sind a Aufträge gegeben, die auf die international verteilten Produktionsstandorte aufzuteilen sind. Der Auftragsfreigabetermin ist für alle a Aufträge gleich. (Laufindex: i=1...a)

Die Aufträge werden als die einzuplanenden Objekte verstanden. Die Summe der Aufträge bildet den Netto-Sekundärbedarf.[3] Es liegt eine deterministische Planungssituation vor, d. h. der Bedarf pro Produkt ist im Planungszeitraum bekannt.

Der Auftragsfreigabetermin bestimmt den Zeitpunkt, zu dem die Aufträge für die Produktionssteuerung freigegeben werden. Im hier vorliegenden statischen Modell

---

[1]  Beispielsweise in $\sum_{s=1}^{m} \cdots$

[2]  Vgl. Trautmann (2001), S. 15–34; Garus (2000), S. 97–111; Blömer (1999), S. 20–27; Lechleiter (1999), S. 1–18 und S. 39–46; Neubauer (1998), S. 142–146; Domschke/Scholl/Voß (1997), S. 283–290; Fuchs (1997), S. 58–73; Rixen (1997), S. 10 f.; Pinedo (1995), S. 8–15; Peuker (1995), S. 19–21; Borges (1994), S. 22–24; Daub (1994), S. 57–60; Bierwirth (1993), S. 10 f.; Morton/Pentico (1993), S. 52–74; French (1982), S. 8 f.

[3]  Die Summe der Aufträge bildet den sog. Auftragsbestand.

werden alle Aufträge zum gleichen Zeitpunkt freigegeben; im Modell wird dieser auf null gesetzt.[1]

*Prämisse 2:*     Jeder Auftrag i ist durch ein zu produzierendes Produkt, die zu produzierende Menge $AM_i$, den Auftragswert $AW_i$ und einen Kundenwunschtermin $KWT_i$ definiert. Es wird davon ausgegangen, dass die zur Auftragsrealisierung benötigten Rohstoffe ausreichend vorhanden sind.

Jedem Auftrag wird somit genau ein Produkt zugewiesen. Zur Durchführung einer Anlagenbelegungsplanung müssen die in Prämisse 2 beschriebenen Informationen vorliegen; diese sind im Netto-Sekundärbedarf enthalten.[2] In der chemischen Industrie werden diese Informationen durch ein Rezept festgehalten und können somit als gegeben angenommen werden.[3]

Der Auftragswert $AW_i$ muss angegeben werden, da sich damit die Terminabweichungskosten berechnen lassen.[4]

Eine pünktliche Lieferung ist durch das Zusammenfallen von Kundenwunsch- und Liefertermin gekennzeichnet (s. Abb. 4-2). Setzt sich ein (Produktions-)Auftrag aus mehreren Kundenaufträgen zusammen, so wird für diesen Auftrag der früheste Kundenwunschtermin aus den für ihn relevanten Kundenaufträgen gewählt.

*Prämisse 3:*     Jeder Auftrag i wird zusätzlich durch seine Auftragsanforderungen gekennzeichnet. Die Auftragsanforderungen des Auftrages i werden durch n Zuordnungskriterien $k_{i,j}$ beschrieben. (Laufindex: j=1...n)

Die Auftragsanforderungen legen die Restriktionen bezüglich der Auftragsbearbeitung fest und werden mit Hilfe von Zuordnungskriterien beschrieben. Die Zuordnungskriterien müssen mit den entsprechenden Kriterien zur Standortbeschrei-

---

[1]   Vgl. Domschke/Scholl/Voß (1997), S. 288. Der Auftragsfreigabetermin wird manchmal auch als Bereitstellungstermin bezeichnet; vgl. Lechleiter (1999), S. 6.

[2]   Vgl. Kap. 2.3.2 (Operative Produktionsplanung und Anlagenbelegungsplanung).

[3]   Vgl. Kap. 2.1.3 (Produktionsprozessbeschreibung mit Hilfe eines Rezeptes) und Garus (2000), S. 107. Oftmals wird ein Auftrag auch zusätzlich durch die Bearbeitungszeit definiert. Hier wird die Bearbeitungszeit nicht direkt angegeben, sondern über die zu produzierende Menge und die Anlagenleistung berechnet; vgl. Prämisse 5.

[4]   Vgl. Kap. 4.4.1.1 (Kostenbezogene Zielgrößen).

bung korrespondieren (s. Prämisse 14). Die durch die Kriterien beschriebenen Anforderungen unterteilen sich in kostenbezogene, zeitbezogene und qualitative Anforderungen. Die Anzahl der Kriterien liegt verbindlich fest. Alle einzuplanenden Aufträge werden durch die Kriterien bezüglich ihrer Anforderung an die Bearbeitung eindeutig beschrieben. Falls eine Kriterienausprägung zu einem Auftrag nicht ermittelt werden kann, wird das entsprechende Kriterium gestrichen.

*Prämisse 4:*     Aufträge werden nicht gesplittet.

Ein einmal an einem Produktionsstandort begonnener Auftrag wird zu Ende produziert, ohne von einem zweiten Auftrag unterbrochen zu werden.

Eine Chargenlappung wird auch nicht zugelassen.

Bei einer Splittung wird ein Auftrag geteilt, und diese Chargenteile werden auf unterschiedlichen Produktionsanlagen (zeit-)parallel bearbeitet.[1] Die dabei in Kauf genommenen erhöhten Rüstkosten sind mit den ohne Splittung auftretenden längeren Auftragszeiten und den zugehörigen Lagerkosten abzuwägen. Da in der chemischen Industrie die Rüstkosten relativ hoch im Vergleich zu den restlichen Auftragskosten sind, wird die Chargensplittung eher selten praktiziert. Außerdem kann bei chemischen Produktionsanlagen nicht garantiert werden, dass auf zwei zwar redundanten, aber nicht baugleichen Produktionsanlagen, die manchmal in unterschiedlichen Ländern stehen, Produkte mit identischen Eigenschaften hergestellt werden. Eine Chargensplittung wird deshalb hier ausgeschlossen. Ein weiterer Grund der gegen eine Splittung spricht, ist die damit verbundene erschwerte, manchmal gesetzlich vorgeschriebene Chargenverfolgung.[2]

Eine einmal angelaufene chemische Reaktion ist kaum zu stoppen. Bei den hier vorliegenden Chargenprozessen ist eine Unterbrechung mit erheblichem Zusatzaufwand verbunden.[3] Auch wird ein Produktionsauftrag beispielsweise durch ein Schichtende nicht unterbrochen, da die hier betrachteten Anlagen ohne Unterbrechung das ganze Jahr betrieben werden.

---

[1]   Die Splittung setzt parallele Ressourcen voraus.

[2]   Vgl. Garus (2000), S. 106 und S. 112; Corsten (2000a), S. 476 f.; Kießwetter (1999), S. 15 f.; Blömer (1999), S. 8; Loos (1997), S. 207; Hoitsch (1993), S. 451 f.

[3]   Vgl. Kap. 2.2 (Produktionstypologische Abgrenzung des Untersuchungsbereichs), insbesondere Merkmalspunkt Nr. 18 (Unterbrechbarkeit).

Das Prinzip der Chargenlappung besagt, dass eine Charge in mehrere Teilmengen aufgeteilt wird. Nach Fertigstellung der ersten Teilmenge wird diese beispielsweise bereits an den Kunden weitergereicht, ohne auf die Fertigstellung der gesamten Charge zu warten. Im hier vorgestellten Modell wird davon ausgegangen, dass keine Chargenlappung stattfindet, da die hier vorliegenden chemischen Reaktionen bis zum vorgesehenen Ende durchgeführt werden müssen, um die gewünschten Produkteigenschaften zu erhalten.[1] Eine Lagerung oder ein Transport der Produkte findet erst statt, wenn eine komplette Charge zu Ende bearbeitet wurde, d. h. wenn die im Auftrag angegebene Menge vollständig erreicht wurde. Die Produktweitergabe erfolgt geschlossen.[2]

### 4.2.2 Planungsdatenprämissen

*Prämisse 5:*    Die Bearbeitungszeit $BZ_{i,s}$ des Auftrages i am Produktionsstandort s wird durch Division der Auftragsmenge $AM_i$ durch die standortspezifische Anlagenleistung $AL_s$ bestimmt. Die Anlagenleistungen (Standortleistungen) sind vorgegeben.

*Prämisse 6:*    Die Bearbeitungskosten $BK_{i,s}$ des Auftrages i am Produktionsstandort s werden durch Multiplikation von Bearbeitungszeit $BZ_{i,s}$ mit dem standortspezifischen Bearbeitungskostensatz $BSK_s$ bestimmt. Die standortspezifischen Bearbeitungskostensätze sind vorgegeben.

Es gelten:    $BZ_{i,s} = \dfrac{AM_i}{AL_s}$ und

$$BK_{i,s} = BZ_{i,s} \cdot BSK_s = \dfrac{AM_i}{AL_s} \cdot BSK_s. \qquad (2)$$

Obwohl in der Prozessindustrie die erforderlichen Prozesszeiten im Vorhinein wesentlich schwieriger zu bestimmen sind als in der Stückgutindustrie, kann man davon ausgehen, dass für die Anlagenbelegungsplanung in der Kunststoffindustrie

---

[1]  Die für die Herstellung des Kunststoffes erforderlichen Prozessbedingungen können nur innerhalb eines geschlossenen Raumes (Kessels) eingehalten werden; vgl. Garus (2000), S. 93.

[2]  Vgl. Zäpfel (2001), S. 179 ff.; Corsten (2000a), S. 476 f.; Lechleiter (1999), S. 40.

hinreichend genaue Erfahrungswerte über notwendige Prozesszeiten und -kosten vorliegen.[1]

Das Ressourcenangebot der Produktionsstandorte wird über die Anlagenleistungen festgelegt. Der Bedarf an Ressourcen für einen Auftrag wird über die Bearbeitungszeiten mit Hilfe der Anlagenleistungen definiert.

*Prämisse 7:*     Die Rüstzeit $RZ_{i,s}$ und -kosten $RK_{i,s}$ des Auftrages i am Produktionsstandort s werden mit Hilfe einer Rüstmatrix $R_s$ ($RZ_s$ und $RK_s$) bestimmt. Die Rüstmatrix $R_s$ ist vorgegeben.[2]

Bei der hier vorliegenden deterministischen Planungssituation liegen alle benötigten Daten bzgl. Farb- und Typwechsel vor. In einer Farbwechselmatrix werden alle Kombinationen von Kunststofffarbwechseln bzgl. Kosten und Zeiten festgelegt, in einer Typwechselmatrix alle Kombinationen von Kunststofftypwechseln.[3] Zu bemerken ist hierbei, dass in der chemischen Industrie die Höhe der anfallenden Rüstkosten unabhängig von den erforderlichen Rüstzeiten sein kann. Aus diesem Grunde verbietet sich die Quantifizierung der Rüstkosten anhand der erforderlichen Rüstzeiten.[4]

*Prämisse 8:*     Die Transportzeit $TZ_{i,s}$ und -kosten $TK_{i,s}$ des Auftrages i am Produktionsstandort s werden mit Hilfe einer Transportmatrix T (TZ und TK) bestimmt. Die Transportmatrix T ist vorgegeben.[5]

In einer Transportkostenmatrix T werden Zeiten sowie Kosten aller Kombinationen von Produktionsstandorten und Kundenstandorten festgelegt.

---

[1]   Vgl. Loos (1997), S. 205 f.

[2]   In der Rüstmatrix $R_s$ werden sowohl Farb- und Typwechsel bzgl. Kosten und Zeiten festgehalten. Die Farb- und Typwechselkosten sowie die Farb- und Typwechselzeiten differieren je nach Produktionsstandort. $RZ_s$ bezieht sich auf die Rüstzeiten und $RK_s$ auf die Rüstkosten.

[3]   Vgl. Schöneburg/Heinzmann/Feddersen (1994), S. 288. Eine Farbwechsel- bzw. eine Typwechselmatrix wird manchmal auch als Übergangsmatrix bezeichnet; vgl. Loos (1997), S. 201.

[4]   Vgl. Blömer (1999), S. 24 f.

[5]   TZ bezieht sich auf die Transportzeiten und TK auf die Transportkosten.

*Prämisse 9:*  Die Lagerzeiten $LZ_{i,s}$ und -kosten $LK_{i,s}$ des Auftrages i am Produktionsstandort s werden berechnet. Hierbei ist der standortspezifische Lagerkostensatz $LKS_s$ vorgegeben.

Da in diesem Modell die Lagerzeit als Pufferzeit (zwischen Bearbeitungsende und Transportbeginn zum Kunden) angesehen wird, ergibt sich die Lagerzeit $LZ_{i,s}$ aus einer Rückwärtsterminierung (s. Abb. 4-2):

$$LZ_{i,s} = max\left\{\left(\left(KWT_i - PT_i\right) - \left(RZ_{i,s} + BZ_{i,s} + TZ_{i,s}\right)\right), 0\right\}. \qquad (3)$$

Für den Fall einer unpünktlichen Belieferung ist die Lagerzeit null.

Die Lagerkosten $LK_{i,s}$ eines Auftrages i am Produktionsstandort s werden durch Multiplikation von Lagerzeit $LZ_{i,s}$ mit der Auftragsmenge $AM_i$ und dem standortspezifischen Lagerkostensatz $LKS_s$ bestimmt:[1]

$$LK_{i,s} = LZ_{i,s} \cdot AM_i \cdot LKS_s. \qquad (4)$$

*Prämisse 10:*  Die Terminabweichung[2] eines Auftrages i wird durch die Differenz zwischen Liefertermin und Kundenwunschtermin quantifiziert. Die Terminabweichungskosten $SK_i$ eines Auftrages i berechnen sich durch Multiplikation der Terminabweichung $TA_i$ mit dem Auftragswert $AW_i$ und dem Terminabweichungskostensatz PZ. Hierbei ist der Terminabweichungskostensatz PZ vorgegeben.

Es gelten:  $TA_i = |LT_i - KWT_i|$ und

$$SK_i = TA_i \cdot AW_i \cdot PZ = |LT_i - KWT_i| \cdot AW_i \cdot PZ. \qquad (5)$$

Die Quantifizierung von verspäteten Auslieferungen der Produkte an den Kunden wird durch Terminabweichungen und Terminabweichungskosten vorgenommen. Eine weitgehendere Erläuterung dieser Größen wird in Prämisse 33 Absatz 5 (Terminabweichungskosten) vorgenommen.

---

[1]  Für weitere Erläuterungen zu den Lagerkosten vgl. Kap. 4.4.1.1 (Kostenbezogene Zielgrößen).

[2]  Da im hier vorgestellten Modell eine zu früh begonnene Bearbeitung durch die Lagerzeit kompensiert wird, ist die Terminabweichung einer Terminüberschreitung gleichzusetzen. Es gilt im Modell immer $LT_i \geq KWT_i$, somit kann die Betragsbildung in der folgenden Gleichung für die Berechnung der Terminabweichung weggelassen werden.

*Prämisse 11:*    Der von der Produktionsfaktorplanung festgelegte zeitbezogene
Netto-Sekundärbedarf entspricht der zu produzierenden Chargengröße.

In der Stückgutindustrie ist es üblich, abhängig von den verfügbaren Produktions-
und Lagerressourcen die Netto-Bedarfe in einzelne Lose und dann in entsprechende Produktionsaufträge zu unterteilen. Da dies der betrieblichen Praxis des
hier zugrunde gelegten Kunststoffherstellungsunternehmens nicht entspricht und
dadurch die Planungskomplexität wesentlich zunehmen würde, wird hier von einer
Los-für-Los-Vorgehensweise ausgegangen.[1] Im vorliegenden Planungsmodell wird
die Losgrößenplanung explizit ausgeschlossen. Davon unberührt ist die dezentrale
Chargengrößenplanung (Produktionssteuerung) an den verteilten Produktionsstandorten.

*Prämisse 12:*    Für jeden Produktionsstandort s ist das Ressourcenangebot $KG_s$
vorgegeben.

Im vorliegenden Planungsmodell wird eine fest vorgegebene Ressourcenausstat-
tung[2] der Produktionsstandorte entsprechend der Konfigurationsstrategie als Ausprägung der Standortstrategie angenommen.[3] Von den zwei grundsätzlichen Möglichkeiten der Kapazitätsabstimmung[4] (Kapazitätsanpassung und -abgleich) wird
daher nur der Kapazitätsabgleich durch örtliches oder zeitliches Verlagern der Aufträge betrachtet. Bezogen auf den insgesamt zu betrachtenden Planungshorizont
liegen ausreichende Ressourcen für die zu bearbeitenden Aufträge vor.

---

[1]    Vgl. Schneeweiß (1997), S. 206; Kistner/Steven (1993), S. 250 f. Siehe auch Kap. 2.3.2 (Operative Produktionsplanung und Anlagenbelegungsplanung).

[2]    Aus Sicht der Verfügbarkeitsprüfung stellt das Ressourcenangebot eine Kapazitätsgrenze dar.
Deshalb ist die Abkürzung „KG" gewählt worden.

[3]    Vgl. Kap. 2.4.1 (Verteilte Standorte – Standortstrategien).

[4]    Vgl. Kap. 2.3.2 (Operative Produktionsplanung und Anlagenbelegungsplanung).

## 4.2.3 Standortstrukturprämissen

*Prämisse 13:*   Für jeden Auftrag stehen m ≥ 1 redundante Produktionsstandorte
zur Verfügung. Die Produktionsstandorte stellen die benötigten
Produktionsanlagen für eine Abarbeitung der Aufträge bereit. Aus
Sicht des zentralen Multi-Site-Scheduling bilden die Produktionsstandorte den für den Auftrag (im Rezept) vorgesehenen Prozessschritt vollständig ab. Es werden keine Fehlmengen produziert.

(Laufindex: s=1...m)

Prämisse 13 repräsentiert die hier vorliegende Standort- und Internationalisierungsstrategie: es wird eine Konfigurationsstrategie und eine transnationale Strategie angenommen.[1] Außerdem wird von einer einstufigen Produktion aus Sicht
des zentralen Multi-Site-Scheduling ausgegangen.[2]

Im Modell werden keine Fehlmengen berücksichtigt, da eine vollständige Erfüllung
der Bedarfe angestrebt wird. Üblicherweise werden Fehlmengen in stochastischen
und nicht in deterministischen Planungsmodellen berücksichtigt.[3]

*Prämisse 14:*   Die leistungs- und qualitätsbezogene Eignung eines redundanten
Produktionsstandortes s wird durch n Zuordnungskriterien $k_{s,j}$ beschrieben.

(Laufindex: j=1...n)

Alle leistungs- und qualitätsbezogenen Angaben der redundanten Produktionsstandorte differieren sowohl von der Produktionsanlage bzw. vom Produktionsstandort, vom herzustellenden Produkt als auch vom Auftrag. So sind beispielsweise Produktionsgeschwindigkeit und -kosten standort-, produkt- und auftragsabhängig.[4] Für einen gegebenen Auftrag muss mit Hilfe der Zuordnungskriterien ent-

---

[1]  Vgl. Kap. 2.4.1 (Verteilte Standorte – Standortstrategien) und Kap. 2.4.2 (International verteilte
Produktionsstandorte – Internationalisierungsstrategien – Standortfaktoren).

[2]  Vgl. Kap. 2.2 (Produktionstypologische Abgrenzung des Untersuchungsbereichs), insbesondere
Merkmalspunkt Nr. 11 (Produktionsstruktur).

[3]  Vgl. Domschke/Scholl/Voß (1997), S. 72 f.

[4]  Je nach Produktionsstandort sind, bedingt durch unterschiedliche Produktionsanlagen und
Standortrahmenbedingungen, unterschiedliche Produktionskosten zu erwarten. Die Produktionskosten werden auch durch das Produkt selbst beeinflusst: je nachdem, ob z. B. mehr oder
weniger Additive benötigt werden. Der Auftrag hat über die Auftragsreihenfolge Einfluss auf die
Produktionskosten.

schieden werden, an welchem Produktionsstandort der Auftrag am besten bearbeitet werden kann. Es müssen die Zuordnungskriterien mit den Auftragsanforderungen verglichen werden. Hierzu müssen die Kriterien der Standortbeschreibung
mit den Auftragsanforderungskriterien korrespondieren – die Anzahl beider Kriterien n muss also gleich sein und verbindlich festgelegt werden (s. Prämisse 3).

Für den Fall, dass eine Kriterienausprägung nicht ermittelt werden kann, ist das
entsprechende Kriterium von der Entscheidungsfindung auszuschließen.

*Prämisse 15:*  Die leistungs- und qualitätsbezogene Eignung der redundanten
                Produktionsstandorte wird neben kosten- und zeitorientierten Zu-
                ordnungskriterien auch durch qualitative Zuordnungskriterien be-
                schrieben.

Die Eignung der redundanten Produktionsstandorte wird zusätzlich durch qualitative Zuordnungskriterien definiert. Alle drei Gruppen von Kriterien (Kosten-, Zeit-
und Qualitätskriterien) sind bei der Auftragszuordnung zu berücksichtigen. Es liegt
somit ein multikriterielles Entscheidungsproblem vor, bei dem die Kriterien sowohl
miteinander konkurrieren als auch durch unvergleichbare Einheiten charakterisiert
sind.[1]

Durch die Prämissen 14 und 15 wird der Anforderung aus dem Lastenheft Rechnung getragen, nach der eine Auftragszuordnung nicht ausschließlich nach einem
Zuordnungskriterium unter Beachtung von Nebenbedingungen, sondern nach
mehreren zu optimierenden Kriterien durchzuführen ist. Ferner sollen auch schwer
quantifizierbare, qualitative Zuordnungskriterien berücksichtigt werden.[2]

*Prämisse 16:*  Die Zuordnungskriterienausprägung für Zeit- und Kostengrößen
                ist ablaufabhängig, d. h. abhängig von der vorgenommenen Auf-
                tragszuordnung.

Wird ein Auftrag einem Produktionsstandort zugeordnet, so ändert sich die Situation des Produktionsstandortes. Durch die Zuordnung werden beispielsweise die
zur Verfügung stehenden Kapazitäten verringert. Ebenso wird der aktuelle Rüst-

---

[1]  Vgl. Zimmermann/Gutsche (1991), S. 21.

[2]  Vgl. Kap. 3.1.2 (Ziele der Auftragszuordnung) und Kap. 3.5 (Qualitative Anforderungen).

zustand der Produktionsanlage verändert. Somit wird die Eignung der Produktionsanlage der nachfolgenden Aufträge beeinflusst.

*Prämisse 17:*  Die Zuordnungskriterienausprägung für qualitative Größen ist ablaufunabhängig, d. h. unabhängig von der vorgenommenen Auftragszuordnung.

Qualitative Zuordnungskriterien ändern sich nicht durch die Zuordnung eines Auftrages zu einem Produktionsstandort. Qualitative Kriterien sind oftmals Entscheidungsgrößen, die als Erfahrungswissen der verantwortlichen Disponenten in die Entscheidungsfindung einfließen. Da sich solches Erfahrungswissen in der Regel auf eine Produktionsanlage bzw. einen Produktionsstandort und weniger auf einen spezifischen Auftrag bezieht, können die Produktionsstandorte mit ihren Produktionsanlagen unabhängig von der aktuellen Auftragszuordnung durch qualitative Zuordnungskriterien beschrieben werden.

Die Prämissen 16 und 17 berücksichtigen zum einen die reihenfolgeabhängigen Farb- und Typwechselkosten sowie Farb- und Typwechselzeiten.[1] Zum anderen wird der Anforderung des Lastenheftes nach einer Unterteilung in dynamische und statische Zuordnungskriterien Folge geleistet.[2]

*Prämisse 18:*  Die Auftragszeiten und -kosten für identische Produktionsaufträge an den redundanten Produktionsstandorten sind unterschiedlich.[3]

Redundante Ressourcen besagen nicht unbedingt, dass an den verteilten Produktionsanlagen bzw. Produktionsstandorten identische oder baugleiche Anlagen vorhanden sind. Das Adjektiv „redundant" besagt nur, dass die Produktionsanlagen grundsätzlich zur Bearbeitung geeignet sind. Da die Randbedingungen der Produktionsanlagen nicht gleich sind, unterscheiden sich z. B. Bearbeitungs- und

---

[1]  Vgl. Kap. 2.2 (Produktionstypologische Abgrenzung des Untersuchungsbereichs), insbesondere Merkmalspunkt Nr. 10 (Reinigungs- und Rüstvorgänge).

[2]  Vgl. Kap. 3.1.2 (Ziele der Auftragszuordnung), insbesondere Abb. 3–1 (Übersicht über mögliche Zuordnungskriterien).

[3]  In den Prämissen 5 bis 9 wurde bereits die Standortabhängigkeit von Bearbeitungszeit und -kosten, von Rüstzeit und -kosten, von Lagerzeit und -kosten sowie von Transportzeit und -kosten vorausgesetzt. Dadurch sind die Auftragszeiten und -kosten ebenfalls standortspezifisch.

Rüstzeiten sowie Bearbeitungs- und Rüstkosten an den redundanten Produktionsanlagen für einen identischen Auftrag.[1]

*Prämisse 19:*   Rüstzeiten und -kosten zur Vorbereitung der Produktionsstandorte für die Bearbeitung eines Auftrages sind bekannt und ablaufabhängig.

Wie bereits unter Prämisse 16 angesprochen, ist der Rüstzustand einer Produktionsanlage ablaufabhängig. Die Rüstzeiten und -kosten werden nicht nur durch den aktuell zu bearbeitenden Auftrag determiniert, sondern auch durch den Rüstzustand der Produktionsanlage des Vorgängerauftrages. Für die Eignung eines Produktionsstandortes bzw. einer Produktionsanlage kann daher auch der aktuelle Rüstzustand ausschlaggebend sein.

*Prämisse 20:*   Die redundanten Produktionsstandorte sind geografisch unterschiedlich weit von den Kundenstandorten entfernt. Entsprechend müssen bei der Auftragszuordnung entfernungsabhängige Transportzeiten und -kosten berücksichtigt werden.

Die geografische Entfernung zwischen Produktionsanlagen und Kunden verursacht neben den eigentlichen Transportkosten auch einen Verbrauch an Zeit. Transportzeiten spielen daher beim zentralen Multi-Site-Scheduling mit international verteilten Produktionsstandorten eine nicht zu vernachlässigende Rolle.

*Prämisse 21:*   Transportzeiten fassen alle Zeitanteile zusammen, die mit dem Transportvorgang verbunden sind.

*Prämisse 22:*   Transportkosten fassen alle Kosten zusammen, die mit dem Transportvorgang verbunden sind.

*Prämisse 23:*   Transportzeiten und -kosten sind unabhängig vom transportierten Produkt und von der zu transportierenden Menge.

Im Modell wird davon ausgegangen, dass für jedes zu transportierende Produkt Transportkosten festgelegt werden. Da hier Schüttgüter hergestellt und transportiert werden, die auch bei unterschiedlichen Produktarten ähnliche Dichte- und

---

[1]   Vgl. Kap. 2.4.3 (Redundante Produktionsstandorte).

Volumeneigenschaften aufweisen, wird die Produktgestalt nicht berücksichtigt.[1] Bündelungseffekte durch Zusammenlegung mehrerer Produkte, die für einen Kunden bestimmt sind, werden aus Komplexitätsgründen nicht angerechnet.

*Prämisse 24:*    Die Lagerkapazitäten nach einer Bearbeitung sind bzgl. Menge und Zeit unbegrenzt.

Begrenzte Lagerkapazitäten werden im Modell nicht berücksichtigt.

*Prämisse 25:*    Die Lagerzeiten und -kosten sind für identische Produktionsaufträge an den redundanten Produktionsstandorten unterschiedlich.

Da identische Produktionsaufträge an redundanten Produktionsstandorten unterschiedlich lang bearbeitet werden müssen, sind die Lagerzeiten auch unterschiedlich (bedingt durch die in Prämisse 9 aufgestellte Definition der Lagerzeit). Da die Lagerkostensätze standortabhängig sind, ergeben sich auch standortabhängige Lagerkosten.

*Prämisse 26:*    An einem Produktionsstandort kann zu einem Zeitpunkt nur ein Auftrag bearbeitet werden.

Aus technischen Gründen können auf einer Produktionsanlage unterschiedliche Produkte nicht gleichzeitig produziert werden. Im Übrigen verbietet dies oftmals die in der chemischen Industrie gesetzlich vorgeschriebene oder von Kunden angeforderte Chargenverfolgung.[2]

Zusammenfassend für die Entscheidungsfeldprämissen lässt sich schließen, dass die Prämissen 1 bis 26 eine statisch-deterministische Planungssituation berücksichtigen. Bei einem deterministischen Modell werden die Variablen der Zielfunktionen und der Nebenbedingungen als bekannt und fest vorgegeben vorausgesetzt. Statisch bedeutet in diesem Zusammenhang, dass während eines Planungslaufs keine neuen Aufträge hinzukommen.[3]

---

[1]   Vgl. Kap. 2.2 (Produktionstypologische Abgrenzung des Untersuchungsbereichs), insbesondere Merkmalspunkt Nr. 3 (Produktgestalt).

[2]   Vgl. Garus (2000), S. 106 und S. 112.

[3]   Vgl. Domschke/Scholl/Voß (1997), S. 37 f. und S. 281; Adam (1997), S. 562 ff.; Kopfer/Rixen/ Bierwirth (1995), S. 572; Dyckhoff (1994), S. 30 f.; Daub (1994), S. 58.

Als einzuplanende Objekte sind folgende Auftragsgrößen gegeben:

- a Aufträge mit folgender Spezifikation für jeden Auftrag:

  - das zu produzierende Produkt (inkl. Rezept),

  - die Produkt- bzw. Auftragsmenge $AM_i$,

  - der Produkt- bzw. Auftragswert $AW_i$,

  - der Kundenwunschtermin $KWT_i$ und

  - n Zuordnungskriterien $k_{i,j}$ als Auftragsanforderung (Kosten, Zeit und Qualität).

Folgende Variablen der (Produktions-)Standortbeschreibung werden vorgegeben:

- die standortspezifische Anlagenleistung $AL_s$,

- die standortspezifische Kapazitätsgrenze (Ressourcenangebot) $KG_s$,

- der standortspezifische Bearbeitungskostensatz $BSK_s$,

- der standortspezifische Lagerkostensatz $LKS_s$,

- die Rüstmatrix für Farb- und Typwechsel $R_s$ (Zeiten und Kosten),

- die Transportmatrix $T$ (Zeiten und Kosten),

- der Terminabweichungskostensatz $PZ$ und

- die n Zuordnungskriterien $k_{s,j}$ als Standorteignungsbeschreibung (Kosten, Zeit und Qualität).

Für einen Planungslauf werden diese Eingangsparameter als fest vorgegeben angenommen. Da das zu entwickelnde Verfahren im Rahmen einer rollierenden Planung eingesetzt werden soll, können sich die angegebenen Variablen bei Rückmeldungen der Produktion und der Produktionssteuerung ändern und sollen dann für den nächsten Planungslauf berücksichtigt werden. Damit wird auf veränderte Rahmenbedingungen reagiert.[1] Während eines Planungslaufes werden keine Änderungen der Input-Größen zugelassen.

---

[1] Zum Begriff der reaktiven Planung siehe die Anmerkungen im Lastenheft; vgl. Kap. 3.3 (Funktionale Anforderungen).

## 4.3  Problemstrukturprämissen

*Prämisse 27:*   Das Modell untergliedert sich in die Module Auftragszuordnung, Auftragsterminierung, Verfügbarkeitsprüfung und Reihenfolgeplanung. Da die Module interdependent miteinander verknüpft sind, werden die Module simultan eingesetzt. Die Interdependenzen zwischen den Modulen werden durch die Entscheidungsfeldprämissen abgebildet.

Die vier Module entsprechen den Aufgaben des Multi-Site-Scheduling.[1] Damit wird den funktionalen Anforderungen aus dem Lastenheft entsprochen.[2] Simultan soll hier bedeuten, dass die Module nicht zeitgleich, sondern die optimierten Ergebnisse der einzelnen Module in gegenseitiger Abstimmung festgelegt werden.[3]

*Prämisse 28:*   Die Auftragszuordnung ordnet jeden Auftrag demjenigen Produktionsstandort zu, der die höchste Eignung für die Bearbeitung des Auftrages aufweist. Die Zuordnungsentscheidung wird anhand mehrerer Zuordnungskriterien getroffen.

Da bei redundanten Produktionsstandorten pro Auftrag mehrere Produktionsstandorte zur Verfügung stehen, ermittelt das Modul Auftragszuordnung denjenigen Standort, der die Auftragsanforderungen am besten erfüllt. Mit Hilfe der Zuordnungskriterien, welche die Auftragsanforderungen beinhalten (s. Prämisse 3), werden einerseits einzuhaltende Restriktionen überprüft, andererseits wird die Eignung für die Bearbeitung ermittelt. Der Produktionsstandort mit der höchsten Eignung wird dann durch das Modul ausgewählt.

Das Modul Auftragszuordnung hat somit einen starken Einfluss auf die Ermittlung sowohl von zulässigen als auch von optimierten Planauftragslisten.

*Prämisse 29:*   Die Auftragsterminierung terminiert die auf die Produktionsstandorte zugeordneten Aufträge.

Das Modul Auftragsterminierung ermittelt für jeden Auftrag den Produktionsstarttermin $PT_i$, die Rüstzeit $RZ_{i,s}$, die Bearbeitungszeit $BZ_{i,s}$, die Lagerzeit $LZ_{i,s}$, die

---

[1]  Vgl. Kap. 2.3.2 (Operative Produktionsplanung und Anlagenbelegungsplanung).

[2]  Vgl. Kap. 3.3 (Funktionale Anforderungen).

[3]  Vgl. Hoitsch (1993), S. 551, und auch Kap. 2.3.4 (Simultanplanung).

Transportzeit $TZ_{i,s}$ sowie den Liefertermin $LT_i$ und legt somit die Auftragszeit $AZ_i$ fest (s. Abb. 4-2). Die in diesem Modul berechneten Ecktermine werden im Modul Verfügbarkeitsprüfung weiterverwendet.

*Prämisse 30:*   Die Verfügbarkeitsprüfung ermittelt den erforderlichen Kapazitätsbedarf der auf die Produktionsstandorte zugeordneten Aufträge. Dieser Kapazitätsbedarf wird dem Kapazitätsangebot[1] der Produktionsstandorte gegenübergestellt. Falls erforderlich, werden die benötigten Kapazitäten durch zeitliches und örtliches Verlagern der Aufträge in der bestehenden Produktionsstandortstruktur abgeglichen.

Falls das Modul Verfügbarkeitsprüfung einen Kapazitätsabgleich für erforderlich hält, wird mit Hilfe des Moduls Auftragszuordnung eine neue Produktionsstandortzuordnung gesucht, die auch eine hohe Eignung für die Bearbeitung des Auftrages aufweist und gleichzeitig der Begrenzung der Kapazitäten Rechnung trägt.

*Prämisse 31:*   Die Reihenfolgeplanung ordnet die Aufträge in einer Reihenfolge an. In einer mit einer Reihenfolge versehenen Planauftragsliste sind die Aufträge einzelnen Produktionsstandorten zugeordnet, und die dort benötigten Kapazitäten sind eingeplant.

Durch die Festlegung der Reihenfolge legt das Modul Reihenfolgeplanung fest, wann ein Auftrag einem Produktionsstandort zugeordnet wird. Die Festlegung der Reihenfolge hat somit eine starke Auswirkung auf die anderen Module. Eine optimierte Planauftragsliste wird wesentlich durch die Reihenfolge der Aufträge bestimmt.[2]

---

[1]   Das Kapazitätsangebot wird durch die Kapazitätsgrenze begrenzt; vgl. Prämisse 12.

[2]   Vgl. Schönsleben (2000), S. 295.

## 4.4  Ziel- und Bewertungsprämissen

*Prämisse 32:*   Grundlegende Zielsetzung des zu entwickelnden Verfahrens ist die Generierung von optimierten Planauftragslisten als Vorgaben für die Produktionssteuerungen der verteilten Produktionsstandorte. Die Optimierung der Planauftragslisten erfolgt anhand mehrerer Zielgrößen, die vom Disponenten ausgewählt werden können. Der Disponent erhält als Vorschlag mehrere, hinsichtlich der von ihm ausgewählten produktionsbezogenen Zielgrößen[1] optimierte Planauftragslisten zur Auswahl, aus denen er sich eine aussuchen kann. Relevante Restriktionen, die durch die international verteilten Produktionsstandorte oder durch die Auftragsanforderungen bedingt sind, werden bei der Ermittlung optimierter Planauftragslisten berücksichtigt.

Prämisse 32 wird gleich mehreren Anforderungen aus dem Lastenheft gerecht:[2]

- Der Anforderung nach einer mehrdimensionalen Zielfunktion (→ Zielbestimmung),

- der Anforderung einer interaktiven Auswahl des Disponenten aus mehreren optimierten Planauftragslisten (→ Zielbestimmung),

- der Anforderung nach flexibler Gestaltung des Verfahrens bezüglich der einzustellenden Zielgrößen, z. B. durch Auswahl des Disponenten aus einer Liste mit mehreren, produktionsbezogenen Zielgrößen (→ Qualitative Anforderungen),

- der Anforderung einer prädiktiven Planung als Vorgabe für die dezentralen, international verteilten, lokalen Produktionssteuerungen (→ Funktionale Anforderungen) sowie

- den Anforderungen, die durch die Rahmenbedingungen des Einsatzes des Verfahrens in der Kunststoffindustrie bei international verteilten Produktionsstandorten bedingt sind (→ Verfahrenseinsatz).

---

[1]  Produktionsbezogene Zielgrößen sind die aus den obersten Unternehmenszielen für die Produktion und Produktionsplanung abgeleiteten Zielgrößen; vgl. Kap. 3.1 (Zielbestimmung).

[2]  Vgl. Kap. 3 (Anforderungen an ein Verfahren zum Multi-Site-Scheduling).

Ähnlich wie die Anforderungen des Lastenheftes lassen sich die Ziel- und Bewertungsprämissen untergliedern in Prämissen des Multi-Site-Scheduling und Prämissen der Auftragszuordnung.

### 4.4.1 Ziel- und Bewertungsprämissen des Multi-Site-Scheduling

*Prämisse 33:*     Die Bewertung der Planauftragslisten erfolgt nach produktionsbezogenen Zielgrößen. Der Disponent hat die Möglichkeit, die Optimierung der Planauftragslisten nach mehreren, frei wählbaren Zielgrößen durchzuführen.

Im Wesentlichen werden produktionsbezogene Zielgrößen in Zeit- und Kostenziele unterschieden.[1] Diese Untergliederung bietet sich auch hier an. Im Folgenden werden die im Modell einzusetzenden Ziele formal beschrieben.

#### 4.4.1.1 Kostenbezogene Zielgrößen

Zur Bewertung der Planauftragslisten werden nur die entscheidungsrelevanten Kosten herangezogen. Diese setzen sich zusammen aus ablaufabhängigen Bearbeitungs-, Rüst-, Transport-, Lager- und Terminabweichungskosten. Nur diese sind durch Variation der Planungsparameter zu beeinflussen.

1.  **Bearbeitungskosten**

    Herstellkosten stellen für die Durchführung des Multi-Site-Scheduling dann eine entscheidungsrelevante Zielgröße dar, wenn Betriebsmittel existieren, auf denen gleiche Prozesse zu unterschiedlichen Kosten durchgeführt werden können.[2] Gerade diese Bedingung wird durch Prämisse 13 gefordert, womit die Herstellkosten im vorliegenden Modell entscheidungsrelevant sind.

    Entscheidungsrelevant ist lediglich der Anteil der Herstellkosten, deren Höhe direkt durch das Multi-Site-Scheduling beeinflusst werden kann. Da davon ausgegangen wird, dass die Höhe der durch die Bearbeitung eines Auftrages entstehenden Materialkosten vom Produktionsstandort unabhängig ist, brau-

---

[1]    Vgl. Domschke/Scholl/Voß (1997), S. 26; Borges (1994), S. 66.

[2]    Vgl. Hoitsch (1993), S. 425.

chen die Materialkosten beim Multi-Site-Scheduling nicht berücksichtigt zu werden.[1]

Als ablaufabhängiger Anteil der Herstellkosten sind jedoch die variablen Personal- und Betriebskosten aufzufassen. Bei international verteilten Produktionsstandorten spielen die unterschiedlichen Lohnkosten in den verschiedenen Ländern eine bedeutende Rolle. Da sich die Heterogenität der in der chemischen Industrie eingesetzten Anlagen insbesondere in dem Umstand äußert, dass die Anlagen unterschiedlich lange Prozesszeiten beanspruchen, können bei redundanten Produktionsanlagen die Betriebskosten unterschiedlich ausfallen. Auch können die in den Betriebskosten enthaltenen Energiekosten von Produktionsstandort zu Produktionsstandort stark differieren.[2]

Die variablen Personal- und Betriebskosten werden durch die Bearbeitungskosten $BK_{i,s}$ erfasst. Diese fallen bei der Bearbeitung eins Auftrages i am Produktionsstandort s an und berechnen sich, indem die Bearbeitungskosten je Zeiteinheit $BSK_s$ des Standortes s (standortspezifischer Bearbeitungskostensatz) mit der Bearbeitungszeit $BZ_{i,s}$ des Auftrages i am Standort s multipliziert werden.[3] Die insgesamt resultierenden Bearbeitungskosten bei Umsetzung einer Planauftragsliste ergeben sich durch Summierung der Bearbeitungskosten über alle m Produktionsstandorte und über alle a Aufträge:[4]

$$BK_{ges} = \sum_{i=1}^{a} \sum_{s=1}^{m} BZ_{i,s} \cdot BSK_s \ . \qquad (6)$$

Die Minimierung der Bearbeitungszeiten und die Minimierung der Bearbeitungskosten sind komplementär, da die Bearbeitungszeiten und die Bearbeitungskosten in direktem Verhältnis zueinander stehen.[5]

---

[1]  Der Fall, dass durch unterschiedliche Einkaufsbedingungen bei international verteilten Produktionsstandorten auch unterschiedliche Materialeinkaufspreise anzunehmen sind, wird hier ausgeschlossen. Falls das Modell dahin gehend erweitert werden sollte, könnten die dann ablaufabhängigen Materialkosten in den Bearbeitungskosten berücksichtigt werden.

[2]  Vgl. Garus (2000), S. 40; Lechleiter (1999), S. 6.

[3]  Diese Art der Kalkulation nach dem „Maschinenstundensatzverfahren" wird üblicherweise in anlageintensiven Betrieben angewendet. Hierbei bilden die Schlüsselgrößen der Kostenverteilung die Bearbeitungszeiten der Anlagen; Schierenbeck (2003), S. 672.

[4]  Vgl. auch Prämisse 6.

[5]  Zum Begriff „komplementär" s. Kap. 3.1.1 (Ziele des Multi-Site-Scheduling).

## 2. Rüst- oder Einrichtekosten

Rüst- oder Einrichtekosten fassen alle Kosten zusammen, die durch einen Produktwechsel als Vorbereitung für das zu produzierende Produkt auf einer Produktionsanlage entstehen.[1] In der chemischen Industrie fallen hier insbesondere Reinigungs- inkl. Reinigungsmittel-Entsorgungskosten und Anlaufkosten an, deren Höhe von der Reihenfolge der Aufträge abhängt. Die Rüstkosten sind daher nicht nur vom aktuellen Auftrag, sondern auch vom Rüstzustand vor Beginn der Umrüstung des anstehenden Auftrages, der durch den Vorgängerauftrag bestimmt wurde, abhängig.[2] Die durch die Umsetzung einer Planauftragsliste verursachten Rüstkosten lassen sich berechnen, indem für alle m Produktionsstandorte ermittelt wird, welche Auftragsreihenfolgen i,j entsprechend der Planauftragsliste realisiert werden und die bei diesen Auftragsreihenfolgen entstehenden Rüstkosten summiert werden:[3]

$$RK_{ges} = \sum_{i=1}^{a} \sum_{j=1}^{a} \sum_{s=1}^{m} RK_{i,j,s} \cdot X_{i,j,s} \qquad (7)$$

es gilt:   $X_{i,j,s} = 1$, wenn Auftrag i direkt nach Auftrag j am Produktionsstandort s bearbeitet wird,

$X_{i,j,s} = 0$ sonst.

## 3. Transportkosten

Transportkosten fassen alle Kosten zusammen, die beim Transport der Produkte von den Produktionsstandorten zum Kunden entstehen. Unter Transportkosten werden beispielsweise Speditionskosten, Zollkosten, Be- und Entladekosten sowie Transportmittelkosten zusammengefasst. Die Transportkosten spiegeln u. a. die Transportbedingungen und auch die Erreichbarkeit der Produktions- und Kundenstandorte wider.[4] Auch hier sind nur die ablaufabhängigen Transportkosten zu berücksichtigen. Die Zuordnung eines Auftrages zu einem Produktionsstandort hängt in starkem Maße von den Transportkosten ab. Beispielsweise ist die Standorteignung bei zwei redun-

---

[1]   Vgl. Günther/Tempelmeier (2000), S. 197; Corsten (2000a), S. 321 f.; Gudehus (1999), S. 182; Domschke/Scholl/Voß (1997), S. 27; Hoitsch (1993), S. 390.

[2]   Vgl. Kap. 2.2 (Produktionstypologische Abgrenzung des Untersuchungsbereichs), insbesondere Merkmalspunkt Nr. 10 (Reinigungs- und Rüstvorgänge).

[3]   Vgl. auch Prämisse 7 und Prämisse 19.

[4]   Vgl. Gudehus (1999), S. 288 und S. 730 ff.

danten Produktionsstandorten mit identischen Produktionsbedingungen nur von den Transportkosten abhängig. Die gesamten Transportkosten lassen sich berechnen, indem für alle m Produktionsstandorte und alle a Aufträge die Transportkosten $TK_{i,s}$ summiert werden:[1]

$$TK_{ges} = \sum_{i=1}^{a} \sum_{s=1}^{m} TK_{i,s} .\qquad(8)$$

Die Transportkosten $TK_{i,s}$ können z. B. in Form einer Transportkostenmatrix vorliegen.

## 4. Lagerkosten

Lagerkosten quantifizieren den Zeitraum in Geldeinheiten, der zwischen Produktionsbereitstellung eines Produktes und Transport zum Kunden vergeht. Diese Kosten setzen sich im Allgemeinen aus Kosten der Einlagerung, der Vorratshaltung sowie der Auslagerung zusammen.[2] Da hier nur die ablaufabhängigen Kosten betrachtet werden, sind die Kosten der Ein- und Auslagerung für das Multi-Site-Scheduling entscheidungsirrelevant. Gleiches gilt für die Kosten der Vorratshaltung, die durch Versicherungen und Steuern sowie durch die Abschreibung des Lagergebäudes entstehen. Nur die in den Kosten der Vorratshaltung enthaltenen Kapitalbindungskosten können durch die Lagerzeit von der Anlagenbelegungsplanung beeinflusst werden.[3] Die Lagerkosten berechnen sich aus den an allen m Produktionsstandorten durch den Auftrag i anfallenden Lagerzeiten $LZ_{i,s}$ multipliziert mit der zu lagernden Menge $AM_i$ und dem Lagerkostensatz $LKS_s$:[4]

$$LK_{ges} = \sum_{i=1}^{a} \sum_{s=1}^{m} LK_{i,s} = \sum_{i=1}^{a} \sum_{s=1}^{m} LZ_{i,s} \cdot AM_i \cdot LKS_s .\qquad(9)$$

---

[1] Vgl. auch Prämisse 8 sowie Prämissen 20 bis 23.

[2] Vgl. Corsten (2000a), S. 441 f.; Gudehus (1999), S. 289 f.; Hoitsch (1993), S. 391.

[3] Vgl. Daub (1994), S. 64 f.

[4] Vgl. Schulte (1996), S. 26 ff.; siehe auch Prämisse 9 sowie Prämisse 24 und Prämisse 25. Der Lagerkostensatz ergibt sich im Wesentlichen aus den Zinskosten des in den Umlaufbeständen gebundenen Kapitals.

Die Minimierung der Lagerzeiten und die Minimierung der Lagerkosten sind komplementär, da die Lagerzeiten und die Lagerkosten in direktem Verhältnis zueinander stehen.[1]

## 5. Terminabweichungskosten[2]

Terminabweichungskosten können durch die Nichteinhaltung von Lieferterminen entstehen.[3] Die Einhaltung von Lieferterminen kann dabei über die Festlegung der Bearbeitungsreihenfolgen der Aufträge direkt durch das Multi-Site-Scheduling beeinflusst werden. Daher sind Terminabweichungskosten für die Durchführung des Multi-Site-Scheduling entscheidungsrelevant.

Im Allgemeinen erweist sich die Quantifizierung der Terminabweichungskosten als schwierig, da sie neben eventuellen Konventionalstrafen[4] u. a. auch sog. Goodwill-Verluste enthalten.[5] Für die betriebliche Praxis wird daher empfohlen, Terminabweichungskosten in Form von Strafkosten für die Lieferterminüberschreitung anzuwenden.[6] Neben seiner einfachen Handhabung bietet dieser Ansatz zudem den Vorteil, dass Lieferterminabweichungen zwar zu einem Anstieg der ablaufabhängigen Kosten führen, prinzipiell aber zulässig sind und damit eine Lieferterminabweichung nicht zur Ermittlung unzulässiger Ablaufpläne führt. In der Praxis ist es durchaus üblich, unter gewissen Randbedingungen Lieferterminabweichungen in Kauf zu nehmen.[7]

Die Höhe der bei Abweichung eines Liefertermins zu berücksichtigenden Kosten eines Auftrages i ist sowohl vom zeitlichen Ausmaß der Terminüberschreitung ($LT_i - KWT_i$) als auch vom Wert des Auftrages $AW_i$ abhängig. Für jeden Tag Lieferterminabweichung eines Auftrages i wird ein bestimmter

---

[1]  Zum Begriff „komplementär" s. Kap. 3.1.1 (Ziele des Multi-Site-Scheduling).

[2]  Da für das Modell immer $LT_i \geq KWT_i$ gilt, sind Terminabweichungen und Terminüberschreitungen gleichzusetzen; vgl. hierzu die Anmerkungen zu Prämisse 10.

[3]  Vgl. Domschke/Scholl/Voß (1997), S. 27; Hoitsch (1993), S. 426 f.

[4]  Konventionalstrafen werden manchmal mit dem Begriff Pönale oder mit dem englischen Terminus „Penalty-Costs" bezeichnet; vgl. Gudehus (1999), S. 161.

[5]  Vgl. Gudehus (1999), S. 161; Schultz (1999), S. 19 f.; Adam (1997), S. 567; Borges (1994), S. 91 f.; Hoitsch (1993), S. 427.

[6]  Vgl. Schulte (1996), S. 29; Daub (1994), S. 65 f.

[7]  Vgl. Gudehus (1999), S. 162.

Prozentsatz PZ des Auftragswertes $AW_i$ als Kosten berechnet.[1] Somit ergeben sich die ablaufabhängigen Terminabweichungskosten wie folgt:

$$SK_{ges} = \sum_{i=1}^{a} SK_i = \sum_{i=1}^{a} \left| LT_i - KWT_i \right| \cdot AW_i \cdot PZ. \qquad (10)$$

Da Kosten auf einer Ratio-Skala[2] messbar sind, können sie ohne Restriktionen
miteinander addiert und miteinander verglichen werden.[3] Zur Erreichung des für
das Multi-Site-Scheduling formulierten Ziels – Minimierung der ablaufabhängigen
Kosten – gilt es, die Summe der genannten Kosten zu minimieren. Die einzelnen
Kostenziele werden daher zu dem Ziel Reduzierung der Gesamtkosten $K_{ges}$ zusammengefasst:

$$min \quad K_{ges} = BK_{ges} + RK_{ges} + TK_{ges} + LK_{ges} + SK_{ges}. \qquad (11)$$

### 4.4.1.2 Zeitbezogene Zielgrößen

Kostenbezogene Zielgrößen sind meist nur schwierig quantifizierbar und können
häufig nicht in einer ausreichenden Qualität erfasst werden. Als Ersatzziele werden meist zeitbezogene Ziele herangezogen.[4] Wie im Lastenheft gefordert, soll es
dem Disponenten möglich sein, neben Kostenzielen auch Zeitziele bei der Optimierung der Planauftragslisten zu berücksichtigen. Im Folgenden werden die
durch das Verfahren abzubildenden Zeitziele beschrieben.

Wie bereits in Kap. 3.1.1 (Ziele des Multi-Site-Scheduling) vorgeschlagen, ist es
sinnvoll, nach auftragsbezogenen, kapazitätsbezogenen und terminorientierten
Zielen zu differenzieren. Die folgende Abbildung (s. Abb. 4-3) soll beim Verständnis der Definition der Zielgrößen helfen. In der Darstellung werden acht Aufträge
(Auftragsbestand) drei Produktionsstandorten zugewiesen.

---

[1]  Der Strafkostensatz PZ ist in diesem Modell standortunabhängig. Es könnte durchaus sein,
     dass an den international verteilten Produktionsstandorten unterschiedliche Strafkostensätze
     vereinbart würden, um dem länderspezifischen Kundenanforderungen gerecht zu werden. Hier-
     für müsste im Modell PZ durch $PZ_s$ (länderspezifischer Strafkostensatz) ersetzt werden.
[2]  Eine Ratio-Skala wird auch als Verhältnis-Skala bezeichnet.
[3]  Vgl. Zimmermann/Gutsche (1991), S. 12.
[4]  Vgl. die Ausführungen in Kap. 3.1.1 (Ziele des Multi-Site-Scheduling).

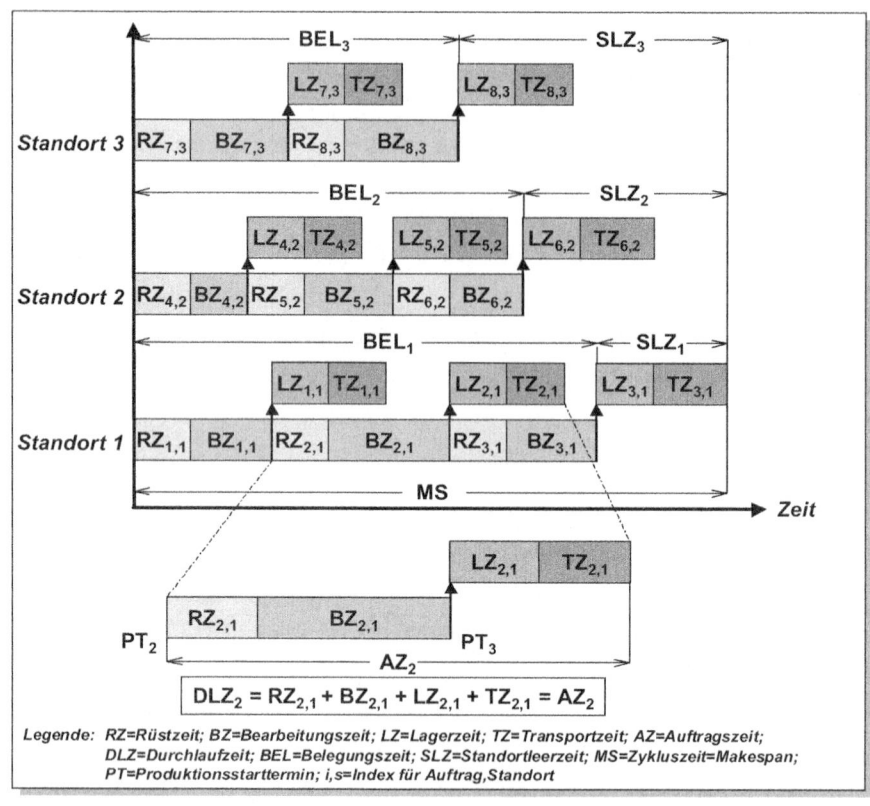

**Abb. 4-3:** *Zusammensetzung der Durchlaufzeit*

Es wird davon ausgegangen, dass an allen drei Produktionsstandorten mit der Produktion zum gleichen Zeitpunkt begonnen wird. Der Produktionsstarttermin $PT_i$ eines Auftrages i bildet den Ausgangspunkt aller Berechnungen. Da in dieser Arbeit ein statisches Problem mit einem Auftragsfreigabetermin von null zugrunde liegt,[1] wird der Produktionsstarttermin für den ersten Auftrag eines Auftragsbestandes auf null gesetzt. Da angenommen wird, dass alle Produktionsstandorte zum gleichen Zeitpunkt mit der Produktion beginnen können, werden die Produktionsstarttermine der Aufträge, die als jeweils erste an einem Standort bearbeitet werden, auf null gesetzt. Die Produktionsstarttermine der folgenden Aufträge an dem jeweiligen Produktionsstandort werden mit dem Bearbeitungsende des Vor-

---

[1]  Vgl. Kap. 4.2.1 (Auftragsstrukturprämissen), Prämisse 1 und Kap. 5.1.4 (Einordnung des Problems in die Tripel-Klassifikation).

gängerauftrages am selben Produktionsstandort gleichgesetzt. Hierbei wird das Bearbeitungsende des Vorgängerauftrages durch seinen Produktionsstart und durch seine Rüst- und Bearbeitungszeit determiniert (s. Abb. 4-3). Es gilt:

$$PT_i = PT_{vorher} + BZ_{vorher,s} + RZ_{vorher,s} \, , \tag{12}$$

wobei sich die Bezeichnung „vorher" auf den Vorgängerauftrag am selben Produktionsstandort bezieht.

Die Belegungszeiten der Standorte $BEL_s$ ergeben sich durch Summierung der Rüst- $RZ_{i,s}$ und Bearbeitungszeiten $BZ_{i,s}$ der Aufträge i am Standort s. Lager- und Transportzeiten werden hierbei nicht hinzugerechnet.

Die Durchlaufzeit eines Auftrages ist definiert als die Zeitspanne, die vom Produktionsbeginn bis hin zum Transport der Ware zum Kunden vergeht.[1] Da hier von einer einstufigen Produktion ausgegangen wird und ein Auftrag an einem Produktionsstandort komplett bearbeitet wird, sind die Auftragszeit $AZ_i$ und die Durchlaufzeit $DLZ_i$ eines Auftrages i identisch. Die Berücksichtigung von Leer- und Wartezeiten, eine sonst übliche Problematik beispielsweise bei Flow-Shop-Problemen, entfällt hier.

Das Modell soll folgende auftragsbezogene Zielgrößen abbilden. Zur Optimierung der Planauftragslisten können aus diesen Zielgrößen mehrere ausgewählt werden:[2]

1. **Minimierung der maximalen Durchlaufzeit**

   Das Maximum der Durchlaufzeiten aller a Aufträge wird bei der Quantifizierung dieses Ziels als Grundlage herangezogen:

   $$DLZ_{max} = max\{DLZ_1, DLZ_2, ..., DLZ_i, ..., DLZ_a\} \, , \tag{13}$$

---

[1] Die Transportzeit wird hier in die Durchlaufzeit eingerechnet; vgl. hierzu die Anmerkungen in Kap. 4.1 (Modellbildung) und insbesondere Abb. 4-3 (Zusammensetzung der Durchlaufzeit). Die Durchlaufzeit wird in der Literatur nicht einheitlich definiert; vgl. Adam (1997), S. 569; Daub (1994), S. 53 f.

[2] Die Auflistung der zeitbezogenen Zielgrößen ist nicht vollständig, es werden nur die wesentlichen Zielgrößen aufgeführt. Aus folgenden Literaturquellen wurden die zeitbezogenen Zielgrößen entnommen: Garus (2000), S. 108; Corsten (2000a), S. 493 ff.; Schultz (1999), S. 18; Neubauer (1998), S. 143–146; Schneeweiß (1997), S. 258 f.; Domschke/Scholl/Voß (1997), S. 28 f. und S. 291 f.; Adam (1997), S. 568 ff.; Borges (1994), S. 67 f.; Fang (1994), S. 121 f.; Hoitsch (1993), S. 427 f.; Bierwirth (1993), S. 224 f.; Cheng/Sin (1990), S. 274; Leisten (1984), S. 41 f.

hierbei berechnet sich die Durchlaufzeit eines Auftrages i aus der Differenz von End- und Starttermin, d. h. der Differenz von Liefertermin $LT_i$ und Produktionsstarttermin $PT_i$:

$$DLZ_i = LT_i - PT_i. \tag{14}$$

**2. Minimierung der mittleren Durchlaufzeit**

Der Durchschnitt der Durchlaufzeiten aller a Aufträge wird bei dieser Zielsetzung als Maß genommen:

$$DLZ_m = \frac{1}{a}\sum_{i=1}^{a} DLZ_i = \frac{1}{a}\sum_{i=1}^{a}\left(LT_i - PT_i\right). \tag{15}$$

**3. Minimierung der Zykluszeit**

Die Minimierung der Zeitspanne zwischen dem Zeitpunkt des Produktionsstarts des ersten Auftrages des Auftragsbestandes und dem Zeitpunkt der Beendigung des letzten Auftrages des Auftragsbestandes wird häufig als Zielgröße herangezogen.

Zur Berechnung der Zykluszeit, auch Makespan genannt, werden jeweils an allen m Standorten die Summen aus Belegungszeiten $BEL_s$ sowie Lager- $LZ_{i,s}$ und Transportzeiten $TZ_{i,s}$ des jeweils als letzten eingeplanten Auftrages am Standort s gebildet. Aus dem Maximum der gebildeten Summen ergibt sich dann die Zykluszeit des Auftragsbestandes (s. Abb. 4-3):

$$MS = \max_s\left\{BEL_s + LZ_{letzter,s} + TZ_{letzter,s}\right\}, \tag{16}$$

wobei die Anlagenbelegungszeit $BEL_s$ eines Standortes s definiert ist als

$$BEL_s = \sum_{i=1}^{a}\left(RZ_{i,s} + BZ_{i,s}\right). \tag{17}$$

Das Ziel der Minimierung der Zykluszeit stellt das am häufigsten verfolgte Zeitziel dar und ist komplementär zum Ziel der Minimierung der maximalen Durchlaufzeit.[1]

---

[1]  Vgl. Domschke/Scholl/Voß (1997), S. 28; Morton/Pentico (1993), S. 327. Zum Begriff „komplementär" s. Kap. 3.1.1 (Ziele des Multi-Site-Scheduling).

**4. Minimierung der Rüstzeiten**

Die Summe aller Rüstzeiten des Auftragsbestandes wird als Bewertungsgröße eingesetzt:

$$RZ_{ges} = \sum_{i=1}^{a} \sum_{s=1}^{m} RZ_{i,s} \; . \tag{18}$$

**5. Minimierung der Bearbeitungszeiten**

Die Summe aller Bearbeitungszeiten des Auftragsbestandes wird als Bewertungsgröße herangezogen:

$$BZ_{ges} = \sum_{i=1}^{a} \sum_{s=1}^{m} BZ_{i,s} \; . \tag{19}$$

**6. Minimierung der Lagerzeiten**

Die Summe aller Lagerzeiten des Auftragsbestandes wird als Bewertungsgröße eingesetzt:

$$LZ_{ges} = \sum_{i=1}^{a} \sum_{s=1}^{m} LZ_{i,s} \; . \tag{20}$$

Werden alle Aufträge pünktlich oder zu spät ausgeliefert entstehen keine Lagerzeiten.[1]

**7. Minimierung der Transportzeiten**

Die Summe aller Transportzeiten des Auftragsbestandes wird als Bewertungsgröße herangezogen:

$$TZ_{ges} = \sum_{i=1}^{a} \sum_{s=1}^{m} TZ_{i,s} \; . \tag{21}$$

---

[1] Vgl. Abb. 4-2 (Zusammensetzung der Auftragszeit).

Des Weiteren soll das Modell folgende kapazitätsbezogene Zielgrößen einsetzen, aus denen der Disponent mehrere auswählen kann:[1]

## 8. Maximierung der Kapazitätsauslastung

Die Gesamtkapazitätsauslastung über alle Produktionsstandorte berechnet sich wie folgt:

$$KA = \frac{\sum\limits_{s=1}^{m} BEL_s}{\max\limits_{s}\{BEL_s\}} = \frac{\sum\limits_{i=1}^{a}\sum\limits_{s=1}^{m}\left(RZ_{i,s} + BZ_{i,s}\right)}{\max\limits_{s}\left\{\sum\limits_{i=1}^{a}\left(RZ_{i,s} + BZ_{i,s}\right)\right\}}, \tag{22}$$

hierbei ist die Anlagenbelegungszeit $BEL_s$ eines Standortes s in Gleichung (17) dieses Kapitels definiert worden.

Diese Zielsetzung sorgt für eine möglichst gleichmäßige Auslastung der Produktionsstandorte. Die kapazitätsbezogenen Zielgrößen orientieren sich an der effizienten Nutzung des in den Produktionsanlagen gebundenen Kapitals. Da die Lagerung und der Transport zeitparallel zur Bearbeitung auf den Anlagen erfolgen, werden sie zur Belegungszeit nicht hinzugerechnet. Bei den auftragsorientierten Zielgrößen müssen diese jedoch berücksichtigt werden, z. B. bei der Ermittlung der Durchlaufzeiten, weil hier die Dauer der Aufträge im Vordergrund steht.

## 9. Minimierung der Standortleerzeiten

Eine der Maximierung der Kapazitätsauslastung gleichwertige Zielgröße besteht in der Minimierung der Standortleerzeiten:

$$SLZ_{ges} = \sum\limits_{s=1}^{m} SLZ_s = \sum\limits_{s=1}^{m}\left(MS - BEL_s\right), \tag{23}$$

hierbei ist die Standortleerzeit $SLZ_s$ des Produktionsstandortes s definiert als Differenz der Zykluszeit MS (aller Aufträge) und der Belegungszeit $BEL_s$ des Standortes s. MS berechnet sich nach Gleichung (16) und $BEL_s$ nach Gleichung (17).

---

[1] Die Auflistung der kapazitätsbezogenen Zielgrößen ist nicht vollständig, es werden nur die wesentlichen Zielgrößen aufgeführt. Aus folgenden Literaturquellen wurden die kapazitätsbezogenen Zielgrößen entnommen: Garus (2000), S. 108; Corsten (2000a), S. 493 ff.; Schultz (1999), S. 18 f.; Domschke/Scholl/Voß (1997), S. 28 f. und S. 292; Hoitsch (1993), S. 428 f.; Leisten (1984), S. 44 f.

Das Modell soll folgende terminorientierte Zielgrößen ermitteln, aus denen mehre-re ausgewählt werden können:[1]

**10. Minimierung der Terminabweichung**

Die Terminabweichung eines Auftragsbestandes berechnet sich aus der Summe aller Differenzen von Liefertermin und Kundenwunschtermin der a Aufträge:[2]

$$TA_{ges} = \sum_{i=1}^{a} |LT_i - KWT_i| . \quad (24)$$

Im hier vorliegenden Modell werden zu früh begonnene Aufträge nach der Bearbeitung gelagert und dann erst (pünktlich) zum Kunden transportiert. Terminunterschreitungen werden damit durch Lagerzeiten kompensiert. Bei der oben verwendeten Formel (24) werden daher nur Terminüberschreitun-gen berücksichtigt. Es gilt für das Modell immer $LT_i \geq KWT_i$. Um auch Ter-minunterschreitungen zu berücksichtigen, lässt sich obige Formel (24) um Lagerzeiten erweitern:

$$TA_{ges} = \sum_{i=1}^{a} LZ_i + |LT_i - KWT_i| . \quad (25)$$

Der Nutzer des Verfahrens, der Disponent, soll aus den verschiedenen aufgezeig-ten Zielgrößen auswählen können. Die Optimierung der Planauftragslisten kann somit bestmöglich auf die Zielsetzungen des zentralen Multi-Site-Scheduling ab-gestimmt werden.

---

[1]  Die Auflistung der terminorientierten Zielgrößen ist nicht vollständig, es werden nur die wesent-lichen Zielgrößen aufgeführt. Aus folgenden Literaturquellen wurden die terminorientierten Ziel-größen entnommen: Zäpfel (2001), S. 42; Corsten (2000a), S. 494 ff.; Schultz (1999), S. 17 f.; Gudehus (1999), S. 72; Neubauer (1998), S. 143–146; Domschke/Scholl/Voß (1997), S. 28 f. und S. 292 ff.; Hoitsch (1993), S. 429 f.; Cheng/Sin (1990), S. 274; Leisten (1984), S. 42 f.

[2]  Vgl. Daub (1994), S. 71 f.; Morton/Pentico (1993), S. 40 ff.

## 4.4.2  Ziel- und Bewertungsprämissen der Auftragszuordnung

*Prämisse 34:*  Die Bewertung der Eignung zur Erfüllung der Anforderungen eines Auftrages an die international verteilten Produktionsstandorte
erfolgt anhand von Zuordnungskriterien. Die relevanten Zuordnungskriterien können vom Disponenten frei ausgewählt werden.
Eine einmal getroffene Auswahl an Zuordnungskriterien ist für
einen Planungsdurchlauf für alle Aufträge verbindlich.

Eine Liste der möglichen Zuordnungskriterien ist bereits im Lastenheft in Abb. 3-1
vorgestellt worden.[1] Um dem Disponenten die Auswahl der relevanten Zuordnungskriterien zu erleichtern, sind die Kriterien möglichst in Gruppen trennscharf
gegeneinander abzugrenzen. Es bietet sich eine Einteilung nach Kosten- und
Zeitkriterien sowie nach qualitativen Zuordnungskriterien an. Der Disponent sollte
jedes dieser Kriterien kennzeichnen, ob es bei der Auswahl eines Produktionsstandortes zu minimieren oder zu maximieren ist. So wird dem Verfahren mitge-
teilt, ob die Optimierung eher eine Vergrößerung oder eine Verkleinerung der Kriterien anstreben soll. Des Weiteren sollte er eine Differenzierung in Extremie-
rungs- oder Satisfizierungsziele vornehmen können.[2] Ferner sollte er Gewichtungen der Zuordnungskriterien angeben können, um seine Präferenz bei der Beurteilung der Standorteignung zu berücksichtigen.

In klassischen Entscheidungs- bzw. Optimierungsmodellen werden Restriktionen
und Zielfunktionen streng voneinander getrennt, obwohl es dem Entscheider oft
schwer fällt, festzustellen, was von seinen Vorstellungen Ziele und was Nebenbedingungen sind. Beispielsweise kann ein Liefertermin eines Auftrages entweder
als unbedingt einzuhaltende Restriktion oder aber als gut zu erfüllendes Zuordnungskriterium verstanden werden, das unter- oder überschritten werden kann.
Die Zuordnungskriterien sind daher einerseits als den Lösungsraum beschränken-
de Restriktionen zu verstehen, andererseits als zu optimierende Zielgrößen. In
diesem Sinne soll das zu entwickelnde Verfahren nicht nur auf klassische Ent-
scheidungs- bzw. Optimierungsmodelle zurückgreifen, sondern es soll sog. unscharfe Entscheidungsmodelle integrieren.[3] Die unscharfen Formulierungen der

---

[1]  Vgl. Kap. 3.1.2 (Ziele der Auftragszuordnung).

[2]  Vgl. Corsten (2000a), S. 44. Der Unterschied von Extremierungs- und Satisfizierungszielen ist
in Kap. 3.1.2 (Ziele der Auftragszuordnung) erläutert.

[3]  Vgl. Zimmermann/Gutsche (1991), S. 247 f.

Art wie beispielsweise „an diesem Produktionsstandort können Produkte mittlerer Qualität hergestellt werden" und „für den Auftrag ist eine niedrige bis mittlere Qualität ausreichend" sollten bei der Auswahl eines Produktionsstandortes in die Entscheidungsfindung mit einfließen.

## 4.5 Modellstruktur

Aus den Problemstrukturprämissen ist bereits ein wesentlicher Teil der Modellstruktur des zu entwickelnden Verfahrens abgeleitet worden. Das Multi-Site-Scheduling unterteilt sich in dem definierten Modell in die Planungsaufgaben Auftragszuordnung, Auftragsterminierung, Verfügbarkeitsprüfung und Reihenfolgeplanung. Die vier Planungsaufgaben sind simultan, d. h. unter Berücksichtigung der Interdependenzen, durchzuführen.

Die aus den vier Modulen ermittelten Planauftragslisten sind hinsichtlich einer mehrdimensionalen Zielfunktion zu bewerten. Sind die Planauftragslisten hinsichtlich der Zielfunktion nicht optimal bzw. hinsichtlich der Zielfunktionen nicht effizient[1], so sollen sie in einem nächsten Schritt verbessert werden. Die vier Module des Multi-Site-Scheduling werden daher um ein Optimierungsmodul ergänzt (s. Abb. 4-4). Dieses Optimierungsmodul besteht aus den Teilmodulen Bewertung und Optimierung.[2] In einem iterativen Prozess werden die einzelnen Module solange durchlaufen, bis dem Disponenten ausreichend optimierte Planauftragslisten zur Verfügung stehen. Die Gestaltung der Module geht aus den Entscheidungsfeldprämissen hervor.

Die einzuplanenden Objekte sind die aus der Produktionsfaktorplanung eingereichten Netto-Sekundärbedarfe. Ergebnisse des Verfahrens sind die für die lokale Produktionssteuerung bestimmten optimierten Planauftragslisten. Im Rahmen einer rollierenden Planung werden die Planungsparameter durch Rückmeldungen der Produktion und der Produktionssteuerung an die aktuellen Gegebenheiten angepasst. Während eines Planungslaufes werden die Parameter nicht variiert.

---

[1]  Wie im Lastenheft vereinbart, s. Kap. 3.4 (Leistungsbezogene Anforderungen), wird hier der Begriff der Optimalität und Effizienz verwendet.

[2]  Diese Module werden ausführlich in Kap. 6 (Verfahrensentwicklung) beschrieben.

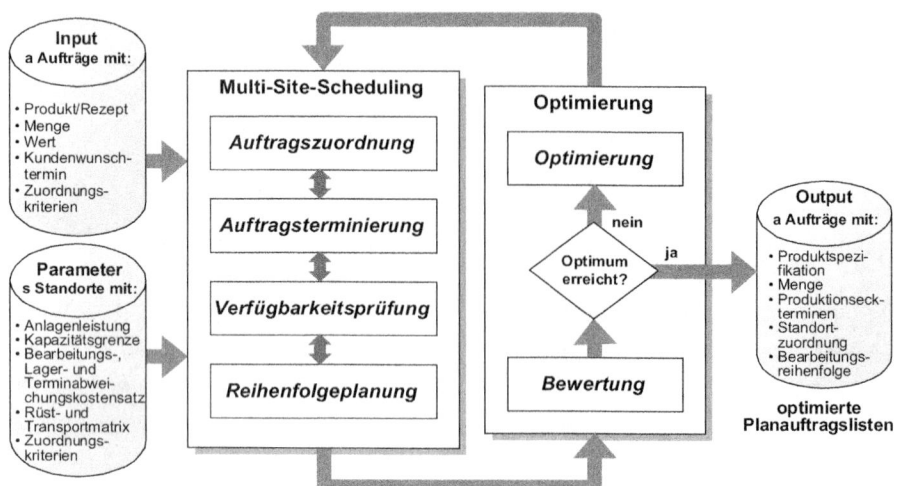

**Abb. 4-4:** *Modellstruktur*

# 5 Grundmodelle und Lösungsansätze

In der Literatur werden Modelle zur Anlagenbelegungsplanung bzw. Maschinenbelegungsplanung in nahezu unüberschaubarer Anzahl beschrieben. Zunächst werden in diesem Kapitel die (klassischen) Grundmodelle der Anlagenbelegungsplanung vorgestellt und auf ihre Tauglichkeit bzgl. der Beschreibung und Charakterisierung des hier vorliegenden Problems (Multi-Site-Scheduling in der chemischen Industrie bei international verteilten Produktionsstandorten) untersucht. Anschließend werden weitere Aspekte (die nicht in den Grundmodellen enthalten sind) zur Charakterisierung des hier vorliegenden Multi-Site-Scheduling-Problems betrachtet. Abschließend werden mit Hilfe dieser Erkenntnisse aus den in der Literatur vorgestellten Lösungsverfahren und -ansätzen der Anlagenbelegungsplanung zielgerichtet die Verfahren für das vorliegende Multi-Site-Scheduling-Problem ausgewählt, welche den aufgestellten Anforderungen unter Beachtung der getroffenen Prämissen am besten genügen.

## 5.1 Grundmodelle der Anlagenbelegungsplanung

Das Grundproblem der Anlagenbelegungsplanung bzw. Maschinenbelegungsplanung[1] besteht darin, a Aufträge (i=1...a) auf m verschiedene Produktionsanlagen (s=1...m) einzuplanen. Mindestens ein Teil der Anlagen wird benötigt, um diese Aufträge umzusetzen. Zur Bearbeitung eines Auftrages i werden verschiedene Arbeitsgänge bzw. Prozessstufen[2] benötigt. Im einfachsten Fall wird für eine Auftragserfüllung nur eine Prozessstufe benötigt. Für jede Prozessstufe wird auf einer Produktionsanlage eine Bearbeitungszeit angenommen. Ist jede Prozessstufe eines Auftrages i eindeutig einer Produktionsanlage zugeordnet, so wird die zeitliche Reihenfolge als Produktionsanlagenfolge des Auftrages i bezeichnet. Gegenstand der Anlagenbelegungsplanung ist es, aus den Produktionsanlagenfolgen schließlich die Auftragsfolge zu generieren: die zeitliche Reihenfolge mit der die Aufträge auf den Produktionsanlagen zu bearbeiten sind. Ergebnis der Planung ist ein sog.

---

[1]  Anlagen- und Maschinenbelegungsplan(ung) werden hier synonym verwendet; vgl. hierzu Kap. 2.3.2 (Operative Produktionsplanung und Anlagenbelegungsplanung).

[2]  In der Prozessindustrie werden Arbeitsgänge meist als Prozessstufen bezeichnet.

Anlagenbelegungsplan.[1] Die Schwierigkeit bei der hier aufgezeigten Problemstellung besteht darin, einen zulässigen Anlagenbelegungsplan zu finden, der unter Berücksichtigung der Zielkriterien möglichst optimal bzw. effizient[2] ist.

Grundsätzlich lassen sich die Probleme der Anlagenbelegungsplanung entweder *deterministischen* Modellen bzw. Problemen oder aber *stochastischen* Modellen bzw. Problemen zuordnen (s. Abb. 5-1).[3] In einem *deterministischen* Modell werden die Eingangsgrößen wie z. B. die Bearbeitungszeiten als bekannt und fest vorgegeben angenommen. Hingegen unterliegen bei *stochastischen* Modellen die Eingangsgrößen zufälligen Einflüssen.[4]

Deterministische Ablaufprobleme werden üblicherweise mit Hilfe eines Tripels $(\alpha \mid \beta \mid \gamma)$ charakterisiert. Der erste Deskriptor $\alpha$ beschreibt die Anlagenart, die Anlagenanordnung sowie die Anzahl der zur Verfügung stehenden Produktionsanlagen. Der zweite Deskriptor $\beta$ geht auf die Auftragscharakteristik ein. Der dritte Deskriptor $\gamma$ definiert die Zielkriterien.[5]

Die folgende Charakterisierung der Probleme der Anlagenbelegungsplanung mit Hilfe der Grundmodelle erhebt keinen Anspruch auf Vollständigkeit. Sie soll lediglich eine Idee der möglichen Ausprägungen geben, um das hier vorliegende Problem einordnen zu können. In den folgenden Abschnitten (Kap. 5.1.1 bis 5.1.3) werden kurz die möglichen Ausprägungen der Deskriptoren beschrieben.[6]

---

[1] Vgl. Domschke/Scholl/Voß (1997), S. 280 ff. Der Anlagenbelegungsplan entspricht der in Kap. 2.3.2 (Operative Produktionsplanung und Anlagenbelegungsplanung) vorgestellten Planauftragsliste. In Bezug auf die Grundmodelle wird meist der Begriff Anlagenbelegungsplan verwendet. Wenn dagegen das hier vorliegende Problem angesprochen und diskutiert wird, wird der Terminus Planauftragsliste verwendet.

[2] Zur Bedeutung der Begriffe „zulässig", „optimal" und „effizient" in diesem Zusammenhang vgl. Kap. 3.4 (Leistungsbezogene Anforderungen) und insbesondere Abb. 3-2 (Lösungsmengen).

[3] So wie es in der Literatur üblich ist, werden im Folgenden die Begriffe Problem und Modell synonym verwendet. Beispielsweise wird der Begriff Ein-Anlagen-Problem verwendet, statt korrekt Ein-Anlagen-Modell zu benutzen. Vgl. hierzu auch die Anmerkungen in den Fußnoten von Kap. 4.1 (Modellbildung).

[4] Vgl. auch Kap. 4.2 (Entscheidungsfeldprämissen).

[5] Vgl. Domschke/Scholl/Voß (1997), S. 283.

[6] Die Klassifizierung folgt weitestgehend den Ausführungen in Domschke/Scholl/Voß (1997), S. 283–299. Eine ähnliche Klassifizierung findet sich in Brucker (2001), S. 3–7; Jahnke/ Biskup (1999), S. 229–233; Knust (1999), S. 9–14; Pinedo (1995), S. 8–14 und in Daub (1994), S. 36–48.

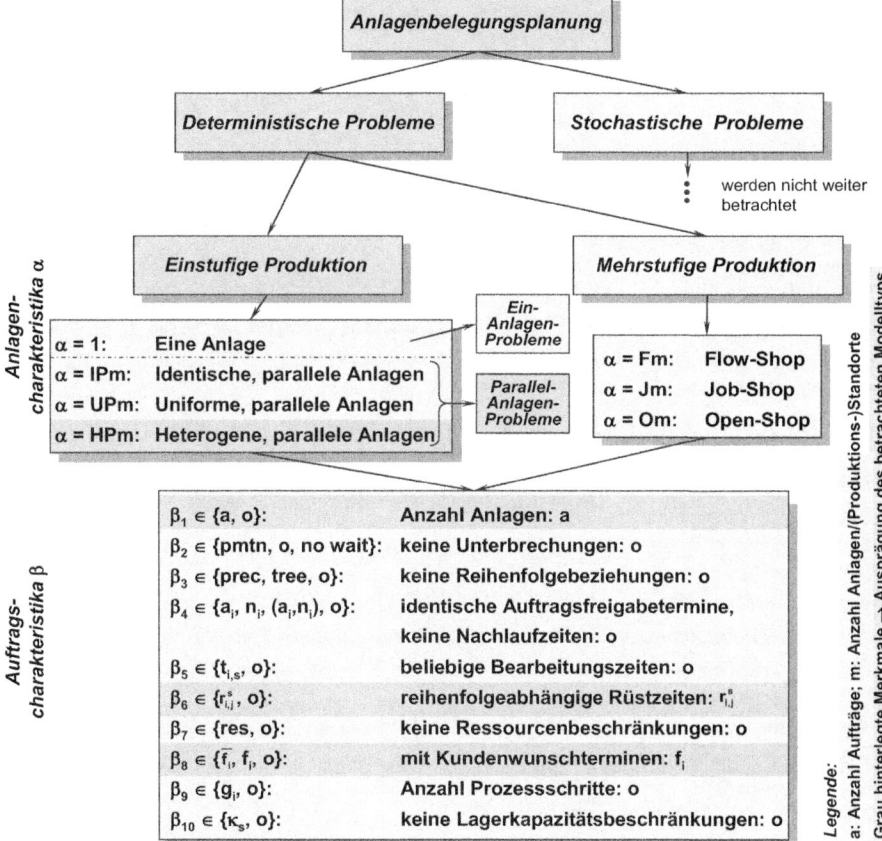

**Abb. 5-1:** *Klassifizierung von Problemen der Anlagenbelegungsplanung (in Anlehnung an Domschke/Scholl/Voß (1997), S. 283–291)*

### 5.1.1 Anlagencharakteristika α

Eine erste Unterteilung deterministischer Probleme der Anlagenbelegungsplanung bezieht sich auf die Produktionsstruktur. Es wird unterschieden zwischen einer einstufigen Produktion und einer mehrstufigen (s. Abb. 5-1).[1] Probleme mit einer einstufigen Produktionsstruktur untergliedern sich hinsichtlich Anzahl und Art der

---

[1]   Vgl. auch Kap. 2.2 (Produktionstypologische Abgrenzung des Untersuchungsbereichs) und insbesondere Merkmalpunkt Nr. 11 (Produktionsstruktur).

für die eine Prozessstufe zur Verfügung stehenden Anlagen. Hierbei werden vier Fälle unterschieden:

i.  Im einfachsten Fall steht nur *eine Anlage* zur Verfügung. Auf das hier vorliegende Problem gespiegelt hieße das, es gäbe nur einen Produktionsstandort zur Bearbeitung der Aufträge ($\alpha = 1$). Solche Probleme werden als Ein-Anlagen-Probleme bezeichnet.

Für den Fall, dass m Anlagen für eine Prozessstufe bereitstehen, wird die Bezeichnung Parallel-Anlagen-Probleme verwendet. Hierbei wird das Problem wie folgt weiter unterteilt:[1]

ii. Bei *identischen, parallelen Anlagen* können die m Produktionsanlagen nicht nur die geforderten Produkte produzieren, sondern ihre Bearbeitungsgeschwindigkeiten sind auch identisch ($\alpha = \text{IPm}$).

iii. *Uniforme, parallele Anlagen* sind zwar auch in der Lage die geforderten Produkte herzustellen, jedoch ist ihre Bearbeitungsgeschwindigkeit unterschiedlich. Die Bearbeitungsgeschwindigkeit ist in diesem Fall unabhängig vom Auftrag ($\alpha = \text{UPm}$).

iv. *Heterogene, parallele Anlagen* produzieren auch die geforderten Produkte bei unterschiedlicher Bearbeitungsgeschwindigkeit, jedoch ist die Bearbeitungsgeschwindigkeit nicht nur anlagen-, sondern auch auftragsabhängig ($\alpha = \text{HPm}$). Die m zur Verfügung stehenden Anlagen sind unabhängig voneinander.

Probleme mit einer mehrstufigen Produktionsstruktur untergliedern sich in:[2]

i.  *Flow-Shop-Probleme* (Fließfertigung), bei der alle Aufträge in der gleichen Reihenfolge die m Anlagen durchlaufen ($\alpha = \text{Fm}$).

ii. *Job-Shop-Probleme* (Werkstattfertigung), bei der alle Aufträge in unterschiedlichen, fest vorgegebenen Reihenfolgen die Anlagen durchlaufen ($\alpha = \text{Jm}$).[3]

iii. *Open-Shop-Probleme*, bei der alle Aufträge in unterschiedlichen, beliebigen Reihenfolgen die m Anlagen durchlaufen ($\alpha = \text{Om}$).

---

[1]  Vgl. French (1982), S. 200.

[2]  Weitere Detaillierungen in Domschke/Scholl/Voß (1997), S. 285.

[3]  Die Anlagenfolge ist beispielsweise durch ein Rezept fest vorgegeben.

## 5.1.2 Auftragscharakteristika β

Aufträge werden nach bestimmten a priori vorgegebenen Merkmalen, Eigenschaften und Anforderungen unterschieden. Es werden an dieser Stelle die für das vorliegende Problem relevanten Merkmale aufgeführt:

i. *Auftragszahl* $\beta_1$: Die Anzahl der Aufträge ist

- entweder fest vorgegeben ($\beta_1 = a$) oder aber
- beliebig ($\beta_1 = o$).[1]

ii. *Unterbrechbarkeit* $\beta_2$: Die Bearbeitung eines Auftrages auf einer Anlage oder zwischen den Anlagen kann unterbrochen werden.

- Hierbei können Unterbrechungen auf den Anlagen beliebig oft möglich sein ($\beta_2 = pmtn$)[2] oder
- Unterbrechungen auf einer Anlage sind nicht zulässig, aber Wartezeiten zwischen den Anlagen sind erlaubt ($\beta_2 = o$).
- Bei der dritten Variante der Unterbrechbarkeit sind Unterbrechungen weder auf einer Anlage noch zwischen den Anlagen erlaubt ($\beta_2 = no\,wait$).

iii. *Reihenfolgebeziehungen* $\beta_3$: Hier werden Prioritäten von Aufträgen berücksichtigt.

- Zwischen Aufträgen bestehen Reihenfolgebeziehungen in Form eines gerichteten, zyklenfreien Graphen ($\beta_3 = prec$),[3] oder
- in Form eines gerichteten Baums ($\beta_3 = tree$), oder aber
- Reihenfolgebeziehungen werden nicht berücksichtigt ($\beta_3 = o$).

iv. *Auftragsfreigabetermine und Nachlaufzeiten* $\beta_4$: Im Gegensatz zu statischen Problemen stehen die Aufträge bei dynamischen Problemen erst im Verlauf der Bearbeitung zur Verfügung (Auftragsfreigabe). Ebenso kommt es vor, dass Aufträge unabhängig von der Bearbeitungszeit nach der Produktion warten müssen. Folgende Möglichkeiten lassen sich unterscheiden:

---

[1] „o" steht für die leere Menge.

[2] Die Abkürzung „pmtn" steht für „Preemption", was die englische Bezeichnung für Bevorrechtigung ist.

[3] Die Abkürzung „prec" steht für „Precedence", was die englische Bezeichnung für Vorrang ist.

- Die Aufträge sind zu unterschiedlichen Auftragsfreigabeterminen verfügbar ($\beta_4 = a_i$).

- Es sind für einen Auftrag Nachlaufzeiten vorhanden. Ein Auftrag i muss mindestens $n_i$ Zeiteinheiten nach der Bearbeitung warten ($\beta_4 = n_i$).[1]

- Für einen Auftrag bestehen sowohl Auftragsfreigabetermine als auch Nachlaufzeiten ($\beta_4 = a_i, n_i$).

- Die Aufträge sind alle zu Beginn der Planung verfügbar und haben keine Nachlaufzeit ($\beta_4 = o$).

v. *Bearbeitungszeiten* $\beta_5$: Die Bearbeitungszeiten eines Auftrages können entweder

- fest vorgegeben, d. h. für alle Anlagen gleich ($\beta_5 = t_{i,s}$) oder

- beliebig sein ($\beta_5 = o$).

vi. *Rüstzeiten* $\beta_6$: Beim Wechsel zwischen zwei Aufträgen auf einer Anlage können Rüstzeiten auftreten. Diese sind entweder

- reihenfolgeabhängig ($\beta_6 = r_{i,j}^s$) oder

- reihenfolgeunabhängig ($\beta_6 = o$).

vii. *Ressourcenbeschränkungen* $\beta_7$:

- Es sind knappe, erneuerbare Ressourcen oder Hilfsmittel zu berücksichtigen ($\beta_7 = res$).[2]

- Es werden keine Ressourcenbeschränkungen betrachtet ($\beta_7 = o$).

viii. *Fertigstellungstermine* $\beta_8$: In der Praxis werden durch den Kunden sog. Kundenwunschtermine für die Aufträge vorgegeben. Hierbei wird unterschieden zwischen:

- Für alle Aufträge muss der Fertigstellungstermin (Liefertermin) dem zugeordneten Kundenwunschtermin entsprechen ($\beta_8 = \overline{f_i}$).

- Es sind Kundenwunschtermine angegeben, die aber nicht fest eingehalten werden müssen ($\beta_8 = f_i$).

---

[1] Beispielsweise ist nach der Bearbeitung eines Auftrages auf einer Anlage eine bestimmte Mindestdauer für Trocknungs- oder Abkühlungsvorgänge einzuhalten.

[2] Weitere Detaillierungen in Domschke/Scholl/Voß (1997), S. 289.

- Es werden keine Kundenwunschtermine berücksichtigt, somit liegen auch keine Vorschriften über den Fertigstellungstermin vor ($\beta_8 = o$).

ix. *Prozessschrittzahl* $\beta_9$: Die Anzahl der Prozessschritte, die zu bearbeiten sind, ist entweder

- fest vorgegeben und beträgt $g_i$ Prozessschritte ($\beta_9 = g_i$), oder

- die Anzahl ist variabel ($\beta_9 = o$).

x. *Lagerkapazitätsbeschränkungen* $\beta_{10}$: Vor oder nach den Anlagen können Lagerkapazitätsbeschränkungen existieren.

- An Anlage s besteht eine Lagerkapazitätsbeschränkung. Die verfügbare Kapazität wird durch $\kappa_s$ beschrieben ($\beta_{10} = \kappa_s$).

- Es bestehen an den Anlagen keine Lagerkapazitätsbeschränkungen ($\beta_{10} = o$).

## 5.1.3 Zielsetzungen γ

Der dritte Deskriptor $\gamma$ beschreibt die Art der Bewertung eines Anlagenbelegungsplans. Es wird hierbei angegeben, welches Ziel angestrebt wird. Als Zielgrößen lassen sich alle bereits angeführten Ziele aus Kap. 4.4 (Ziel- und Bewertungsprämissen) anführen. Beispielsweise bedeutet $\gamma = MS_{min}$, dass der Anlagenbelegungsplan bzgl. der Zykluszeit minimiert werden soll. Es können sowohl Kosten- als auch Zeitziele angegeben werden.[1] Den hier vorgestellten Grundmodellen ist gemeinsam, dass sie von einer statischen Umgebung ausgehen, das Problem auf Kernpunkte reduzieren und vor allem die Optimierung von nur einer Zielfunktion anstreben. Die für die Grundmodelle entwickelten Lösungsverfahren sind auf die Optimierung dieser einen Zielfunktion ausgerichtet.[2]

## 5.1.4 Einordnung des Problems in die Tripel-Klassifizierung ($\alpha \mid \beta \mid \gamma$)

Für die in dieser Arbeit vorliegende Problemstellung des Multi-Site-Scheduling in der chemischen Industrie bei international verteilten Produktionsstandorten kann von einem Parallel-Anlagen-Problem ausgegangen werden. Wie in der Typologi-

---

[1] Vgl. Prämisse 32 und 33 aus Kap. 4.4 (Ziel- und Bewertungsprämissen).

[2] Vgl. Sauer (2002), S. 29.

sierung des hier betrachteten Unternehmens und auch in der Modellbildung bereits beschrieben worden ist, liegt aus Sicht der zentralen Grobplanung eine einstufige Produktionsstruktur an den Produktionsstandorten vor.[1] Da alle verteilten, redundanten Produktionsstandorte grundsätzlich zur Bearbeitung der Aufträge geeignet sind und die Produktionsstandorte sich lediglich in ihrer leistungs- und qualitätsbezogenen Eignung unterscheiden,[2] entsprechen die m Produktionsstandorte heterogenen, parallelen Anlagen. Für den ersten Deskriptor gilt deshalb:

$\alpha = HPm$.

Die Auftragscharakteristik des hier vorliegenden Problems lässt sich folgendermaßen beschreiben, wobei sich die Angaben in Klammern auf die aufgestellten Prämissen der Modellkonzeption beziehen (s. Abb. 5-1):[3]

i.    Es sind a Aufträge einzuplanen, d. h. $\beta_1 = a$ (→ Prämisse 1).

ii.   Unterbrechungen sind unzulässig, d. h. $\beta_2 = o$ (→ Prämisse 4).

iii.  Reihenfolgebeziehungen sind nicht zu berücksichtigen, d. h. $\beta_3 = o$.

iv.   Der Auftragsfreigabetermin ist für alle Aufträge gleich und es gibt auch keine Nachlaufzeiten, somit gilt $\beta_4 = o$ (→ Prämisse 1).[4]

v.    Die Bearbeitungszeiten können beliebig sein, d. h. $\beta_5 = o$ (→ Prämisse 5).

vi.   Es liegen reihenfolgeabhängige Rüstzeiten vor, es gilt $\beta_6 = r_{i,j}^s$ (→ Prämissen 7 und 19).

vii.  Ressourcenbeschränkungen werden nicht betrachtet, d. h. $\beta_7 = o$ (→ Prämissen 2 und 12).

viii. Kundenwunschtermine sind zu berücksichtigen, diese müssen nicht zwingend eingehalten werden, d. h. $\beta_8 = f_i$ (→ Prämissen 2 und 10).

ix.   Bei Ein- und bei Parallel-Anlagen-Problemen macht eine Angabe der Prozessschrittanzahl keinen Sinn, d. h. $\beta_9 = o$.

---

[1]  Vgl. Kap. 4.2.3 (Standortstrukturprämissen), insbesondere Prämisse 13.

[2]  Vgl. Kap. 4.2.3 (Standortstrukturprämissen), insbesondere Prämissen 13 und 14.

[3]  Vgl. Kap. 4 (Modellkonzeption).

[4]  Jeder Auftrag kann prinzipiell sofort bearbeitet werden; vgl. Kopfer/Rixen/Bierwirth (1995), S. 572.

x.  Lagerkapazitätsbeschränkungen sind nicht zu berücksichtigen, d. h. $\beta_{10} = 0$ ($\rightarrow$ Prämisse 24).

Somit gilt für den zweiten Deskriptor:[1]

$$\beta = a, r_{i,j}^s, f_i.$$

Folgt man den Grundannahmen der Prämisse 33 (Ziel- und Bewertungsprämissen) aus Kap. 4.4, so müsste zum einen durch den Zielsetzungs-Deskriptor $\gamma$ zum Ausdruck kommen, dass mehrere Zielfunktionen aus einer Liste auszuwählen sind und zum anderen, dass diese gleichzeitig bei der Optimierung des Problems zu berücksichtigen sind. Der dritte Deskriptor könnte beispielsweise folgendermaßen definiert werden:[2]

$$\gamma = \text{Auswahl und Kombination aus } \{BK_{ges/min}, RK_{ges/min}, TK_{ges/min}, LK_{ges/min},$$
$$SK_{ges/min}, K_{ges/min}, DLZ_{max/min}, DLZ_{m/min}, MS_{min}, RZ_{ges/min}, BZ_{ges/min}, LZ_{ges/min},$$
$$TZ_{ges/min}, KA_{max}, SLZ_{ges/min}, TA_{ges/min} \}.$$

## 5.1.5 Eignung der Grundmodelle zur Beschreibung des Problems

Zusammenfassend lässt sich feststellen, dass das Grundmodell der heterogenen, parallelen Produktionsanlagen die Struktur des Problems des Multi-Site-Scheduling bei international verteilten Produktionsstandorten nur zum Teil wiedergibt. Einerseits können mit den Parallel-Anlagen-Modellen die Einstufigkeit der Auftragsbearbeitung sowie die redundanten Standorte abgebildet werden. Andererseits lassen sich die Anforderungen, die aus einer internationalen Standortverteilung herrühren, nicht genau wiedergeben. So fällt beispielsweise auf, dass in der hier vorgestellten Klassifizierung Transportzeiten nicht berücksichtigt werden. Doch gerade Transportzeiten, ebenso wie Rüstzeiten spielen bei dem hier vorgestellten Problem eine bedeutende Rolle, denn sie beeinflussen wesentlich die Zielgrößen.[3] Das Grundmodell müsste also um standort- und kundenabhängige Transportzeiten erweitert werden.

---

[1]  Falls $\beta_i = 0$ für i=1 bis 10 wird der Deskriptor in der Beschreibung weggelassen.

[2]  In der Literatur wird diese Ausprägung des Zielsetzungs-Deskriptors nicht vorgestellt. $BK_{ges/min}$ bedeutet beispielsweise, dass die Gesamtbearbeitungskosten minimiert werden sollen.

[3]  Vgl. Sauer/Appelrath (2000), S. 1 ff.

Auch finden in den Grundmodellen und Lösungsansätzen der Anlagenbelegungsplanung die Zuordnung von Aufträgen mit Hilfe qualitativer Kriterien, der Umgang
mit unsicheren bzw. unscharfen Daten und Planungsinformationen, die Optimierung nach gleichzeitig mehreren Zielkriterien und der Gesichtspunkt der überbetrieblichen Planung keine Berücksichtigung.

Da die Grundmodelle der Anlagenbelegungsplanung das hier vorgestellte Problem
nur unzureichend charakterisieren, können die zur Lösung der Grundmodelle in
der Literatur vorgeschlagenen Algorithmen das dieser Arbeit zugrunde liegende
Problem nicht lösen. Es müssen andere Lösungsalgorithmen gesucht werden oder
aber bekannte Algorithmen so erweitert werden, dass sie das Problem lösen. Um
andere Lösungsansätze für die Lösung des vorliegenden Problems zu finden,
werden weitere Aspekte zur Charakterisierung der Anlagenbelegungsplanung und
des Multi-Site-Scheduling, die nicht in den Grundmodellen berücksichtigt worden
sind, betrachtet.

## 5.2  *Weitere Aspekte zur Charakterisierung des Multi-Site-Scheduling*

### 5.2.1  Unscharfe Planungsdaten

Die Anforderungen an einen Auftrag werden durch mehrere Zuordnungskriterien
beschrieben. Diese Kriterien legen sowohl kosten- und zeitbezogene Anforderungen fest als auch qualitative und schwierig quantifizierbare Anforderungen wie
z. B. Zuverlässigkeit bzgl. der Farbeinhaltung. Diese Auftragsanforderungen müssen mit den Standorteigenschaften verglichen werden, um damit die Eignung eines Produktionsstandortes für die Erfüllung der Auftragsanforderungen zu überprüfen und zu bewerten. Eine Eignungsüberprüfung nach ausschließlich quantifizierbaren Kosten- und Leistungsgrößen ist nicht ausreichend.[1]

Die Eignung eines Produktionsstandortes bzgl. der Erfüllung der Auftragsanforderungen wird mit Hilfe unsicherer Daten getroffen.[2] Entscheidungsprozesse auf Ba-

---

[1]  Vgl. Wildemann (1996), S. 35.

[2]  Vgl. Rehfeldt/Turowski (1994), S. 1.

sis von unsicheren Daten sind dadurch gekennzeichnet, dass vorhandene und wahrgenommene Kriterien nicht immer eindeutig und sicher zu bestimmen sind, sondern mit Unsicherheiten und Unschärfen behaftet vorliegen.[1] Beispielsweise „weiß" ein Disponent aus Erfahrung, dass ein bestimmter Produktionsstandort für die Herstellung von Kunststoffen mit hoher Farbtreue besonders geeignet ist. Er vermutet es, da seine Erfahrung ihn die besondere Eignung gelehrt hat, doch er weiß es nicht mit Sicherheit. Sein Wissen wird durch unscharfe Aussagen zum Ausdruck gebracht.

Im Folgenden wird eine Klassifizierung der gegebenen Planungsdaten vorgenommen (s. Abb. 5-2).

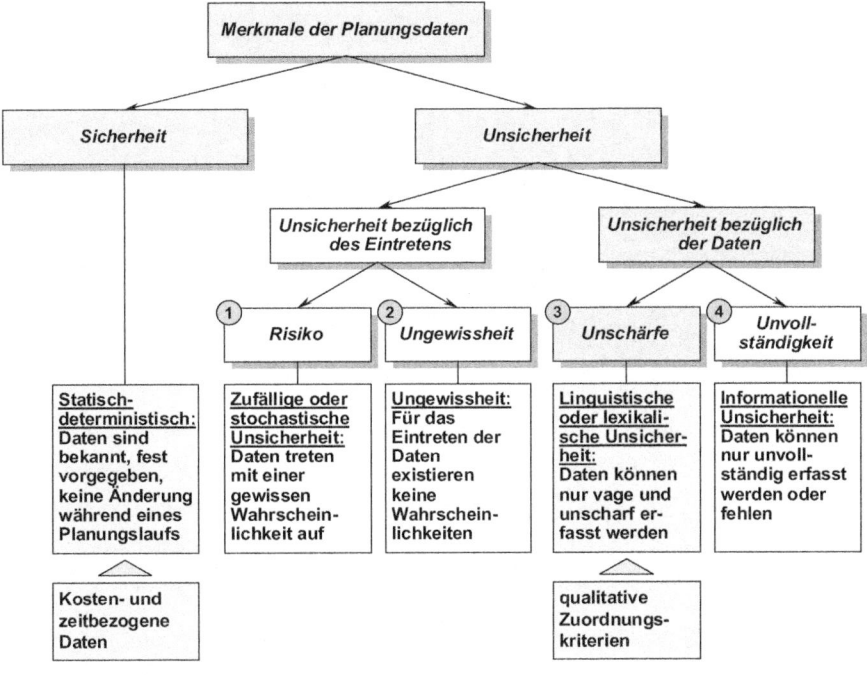

**Abb. 5-2:** *Merkmale der Planungsdaten (in Anlehnung an Loibl (2002), S. 64)*

---

[1]  Vgl. Fink/Voß (1998), S. 19 f.; Vering (1997), S. 4.

Grundsätzlich können Planungsdaten sicher oder unsicher sein. Da von einem statisch-deterministischen Modell ausgegangen wird, sind die Planungsdaten, die kosten- und zeitbezogene Größen berücksichtigen, sicher.[1] Aus der oben vorgenommenen Beschreibung der beispielhaften Planungssituation geht eindeutig hervor, dass die Planungsdaten für die qualitativen Zuordnungskriterien unsicher sind. Unsicherheiten lassen sich weiter unterteilen in Unsicherheiten bezüglich des Eintretens der Daten und Unsicherheiten, die aus den Daten selbst resultieren.[2] Folgende vier Merkmale werden hierbei unterschieden:[3]

**1. Risiko: Zufällige oder stochastische Unsicherheit**

Diese Form der Unsicherheit kann mit Hilfe der Wahrscheinlichkeitstheorie ausgedrückt werden. Eine typische Aussage könnte wie folgt lauten: „Die Wahrscheinlichkeit, diesen Auftrag an diesem Standort qualitätsgerecht abzuwickeln, beträgt 30 %." In der Entscheidungstheorie wird diese Form der Unsicherheit Risiko genannt.[4]

Ein Teil der obigen Aussage beschreibt das Ergebnis, während der andere Teil die wahrscheinlichkeitstheoretische Aussage enthält. Um jedoch aus der Aussage einen eindeutigen, logischen Schluss zu ziehen, müsste der Ausdruck „qualitätsgerecht abzuwickeln" auch in einer exakten, mathematischen Form vorliegen. Viele Ereignisse, insbesondere im Bereich der Produktionsplanung, sind jedoch keine zweiwertigen Phänomene.[5]

Die numerische Angabe der Wahrscheinlichkeit in obiger Aussage täuscht eine oftmals nicht vorhandene Genauigkeit vor. Die genaue Angabe einer Wahrscheinlichkeit ist nur dann angemessen, wenn aufgrund empirischer Untersuchungen für dieses Ereignis entsprechende Häufigkeitsinformationen vorliegen. Solche Untersuchungen werden in der Produktionsplanung eher selten durchgeführt.

---

[1]   Vgl. Kap. 4.2 (Entscheidungsfeldprämissen).

[2]   Vgl. Loibl (2002), S. 63 f.

[3]   Vgl. Vering (1997), S. 6 ff.; Rommelfanger (1994), S. 4 ff.; Nietsch (1993), S. 11.

[4]   Vgl. Eisenführ/Weber (1999), S. 20.

[5]   Vgl. Borges (1994), S. 49.

2. **Ungewissheit**

Bei dieser Ausprägung der Planungsdaten liegt keinerlei Vorstellung und auch keine Wahrscheinlichkeit über das Eintreten der Daten vor. Dieser Fall liegt, wie die Beschreibung der beispielhaften Planungssituation aus dem einleitenden Abschnitt von Kap. 5.2.1 zeigt, nicht vor.[1]

3. **Unschärfe: Linguistische, lexikalische oder intrinsische Unsicherheit**

Diese Form der Unsicherheit resultiert aus der Undefiniertheit der menschlichen Sprache und Empfindungen.[2] Die beschreibenden Adjektive ermöglichen keine eindeutige Definition des Begriffes, sondern die inhaltliche Bedeutung ist stark vom jeweiligen Kontext abhängig. So wird beispielsweise das Adjektiv „hohe" in der vagen Formulierung „hohe Pünktlichkeit für diesen Auftrag" erst durch den Vergleich mit „niedrige Pünktlichkeit für diesen Auftrag" eine Bedeutung zugemessen. Diese Aussagen beruhen auf den Erfahrungen – dem sog. Expertenwissen – desjenigen, der die Aussagen trifft, welche situationsabhängig sind.[3]

Für die menschliche Kommunikation hat diese Form der kontextabhängigen und situationsabhängigen Interpretation im Allgemeinen keine Nachteile, denn für den Fall, dass die gegebenen Informationen nicht ausreichend sind, erbittet der Mensch in der Regel weitere, präzisierende Informationen in Form von Nachfragen.

Wie das obige Beispiel zeigt, lässt sich das vorhandene Expertenwissen in der Anlagenbelegungsplanung dem Typ des vagen und unsicheren Wissens zuordnen, welches durch linguistische Unschärfen bei der Formulierung geprägt ist. Mit dieser Art der Unsicherheit befasst sich die Fuzzy-Set-Theorie.[4]

---

[1]  Vgl. Eisenführ/Weber (1999), S. 20 und S. 259; Schneeweiß (1991a), S. 35 f.; die Autoren halten die Ungewissheit für realitätsfern, da es in der Wirklichkeit keine Fälle gibt, in denen keinerlei Wahrscheinlichkeitsvorstellungen vorliegen.

[2]  Vgl. Erben (2000), S. 53 f.; Vering (1997), S. 7; Schneeweiß (1991a), S. 35.

[3]  Vgl. Keuper (1999), S. 43.

[4]  Für eine ausführliche Abgrenzung zwischen Wahrscheinlichkeitstheorie und Fuzzy-Set-Theorie sei auf Dubois/Nguyen/Prade (2000), S. 343–438, hingewiesen. Zur Fuzzy-Set-Theorie s. auch Anhang A3 (Fuzzy-Sets und Fuzzy-Zahlen).

## 4.  Unvollständigkeit: Informationelle Unsicherheit

Genauso wie die linguistische Unsicherheit beruht die informationelle Unsicherheit auf einer inhaltlichen Unschärfe, die aber nicht aus einer ungenauen Beschreibung resultiert, sondern aus der Schwierigkeit der praktischen Erfassung einer an sich exakt definierbaren Größe. Manche Begriffe lassen sich zwar exakt definieren, umfassen aber so viele Unterbegriffe, die zu ihrer Beschreibung nötig sind, dass die Verwendung der exakten Definition nicht praktikabel ist.[1] So ist beispielsweise im Ausdruck „die Zuordnung sollte nach umweltfreundlichen Gesichtspunkten praktiziert werden" das Adjektiv „umweltfreundlich" durch viele Beschreibungen exakt zu definieren. Jedoch wird es bei der Aggregation vieler Komponenten, welche die Umweltfreundlichkeit beschreiben, Schwierigkeiten bei der Informationsbeschaffung geben.

Um einen nachvollziehbaren, optimalen Anlagenbelegungsplan durch ein Verfahren berechnen zu lassen, wird abgeraten, informationelle Unsicherheiten zu berücksichtigen, da sonst z. B. für die Standortzuordnung eine Vielzahl von weiteren Kriterien benötigt würde, die nur schwierig zu ermitteln wäre. Die Praxistauglichkeit des Verfahrens würde damit in Frage gestellt.[2]

Bezogen auf das Multi-Site-Scheduling bei international verteilten Produktionsstandorten – und hier insbesondere auf die Auftragszuordnung – lässt sich zusammenfassend feststellen, dass Unsicherheiten sich in erster Linie auf linguistische Unschärfen beschränken.[3] Gerade die bei der Auftragszuordnung zu beachtenden weichen Nebenbedingungen[4] liegen oftmals in vagen Formulierungen vor.[5] Aus diesem Grunde werden in den weiteren Abschnitten die planungsrelevanten, qualitativen Daten für die Auftragszuordnung als unscharfe Daten angenommen.

---

[1]  Vgl. Erben (2000), S. 54 f.; Roth (1998), S. 37. Diese Oberbegriffe werden auch als "subjektive Kategorien" bezeichnet; vgl. Vering (1997), S. 7.

[2]  Vgl. Borges (1994), S. 50 f.

[3]  Vgl. Zimmermann (1991), S. 308.

[4]  Zum Begriff der weichen Nebenbedingung s. Kap. 3.4 (Leistungsbezogene Anforderungen).

[5]  Vgl. Sauer (2002), S. 51.

## 5.2.2 Mehrfachzielsetzung

Die Auftragszuordnung entspricht einem Zuteilungsproblem, bei dem für die Bearbeitung eines Auftrages zwischen mehreren redundanten Produktionsstandorten zu wählen ist.[1] Die Standorte stellen die möglichen Alternativen dar. Da die Optimierung der Planauftragslisten anhand mehrerer vom Anwender des Verfahrens ausgewählter Zielgrößen erfolgen soll, handelt sich es hier um ein Entscheidungsproblem bei Mehrfachzielsetzung.[2]

Die Entscheidung für den optimalen Produktionsstandort, der für die Auftragsbearbeitung am besten geeignet ist, wird dadurch erschwert, dass die Ziele häufig untereinander konkurrieren und nicht direkt miteinander verglichen werden können.[3]

## 5.2.3 Überbetriebliche Anlagenbelegungsplanung

Sauer unterscheidet zwischen einer globalen und einer lokalen Planung.[4] Die globale Planung betrachtet die Verteilung der Produktion auf mehrere Produktionsstandorte innerhalb eines Produktionsnetzwerkes und die Koordination der dezentralen Planungsabläufe. Die lokale Planung beinhaltet die Produktionssteuerungen an den Produktionsstandorten.[5]

Aufgrund der überbetrieblichen Anlagenbelegungsplanung ergeben sich weitaus mehr Kriterien, die es gilt zu berücksichtigen, als bei einer rein lokalen Planung. Zum einen ergeben sich aus der internationalen Standortverteilung Restriktionen und Anforderungen, welche die Internationalität beschreiben.[6] Beispielsweise müssen Transportzeiten und -kosten in die Bewertung von Planauftragslisten einfließen. Es müssen also nicht nur, wie bei der lokalen Planung üblich, die eigentlichen Produktionsprozesse geplant, sondern darüber hinaus Transporte, also auch nicht produzierende Einheiten, einbezogen werden.[7] Zum anderen ergeben sich

---

[1] Vgl. Kap. 4.2.1 (Auftragsstrukturprämissen), Prämisse 1.

[2] Vgl. Kap. 4.4 (Ziel- und Bewertungsprämissen), Prämisse 32. Vgl. auch Rommelfanger/Eickemeier (2002), S. 25; Daub (1994), S. 88–95; Zimmermann/Gutsche (1991), S. 21.

[3] Vgl. Kap. 3.1 (Zielbestimmung).

[4] Vgl. Sauer (2002), S. 9.

[5] Vgl. Kap. 2.5 (Aufteilung der Planungsaufgaben bei verteilten Produktionsstandorten).

[6] Vgl. Abb. 2-11 (Standortfaktoren bei international verteilten Standorten).

[7] Vgl. Sauer/Appelrath (2000), S. 2 f. und S. 7. Vgl. auch Kap. 4.1 (Modellbildung), hier wird vorgeschlagen die Transportzeit in die Auftragszeit einzubeziehen.

aus den verteilten Produktionsstandorten auch z. T. nur ungenaue und unscharfe Informationen, die sich u. a. aus der Entfernung zur zentralen Planungsstelle begründen.[1] So wird ein Disponent der globalen Planung nicht so aktuell und genau über die Geschehnisse in der Produktion Bescheid wissen, wie ein Planer in der Feinsteuerung. Sein Wissen ist mit Unsicherheiten und der damit verbundenen Unschärfe der Informationen behaftet.

### 5.2.4 Komplexität des Problems

Die Komplexität eines Problems gibt den bis zur Lösung des Problems notwendigen Rechenaufwand an.[2] Hierbei wird der Rechenaufwand durch die Größenordnung O beschrieben und ist definiert durch die Anzahl auszuführender Rechenschritte. Ein Optimierungsproblem hat die Komplexität $O[f(n)]$[3], wenn es mit einem Algorithmus lösbar ist, dessen Rechenzeit – unter der Voraussetzung eines genügend großen Parameters n – proportional zu einer Funktion $f(n)$ ist. Je nachdem, ob diese Funktion beispielsweise die Form $f(n)=n^2$ oder $f(n)=2^n$ hat, ergibt sich ein polynomial begrenzter oder ein exponentieller Rechenaufwand.

Der Begriff NP-schwer[4] kennzeichnet Probleme, bei denen die Zahl der erforderlichen Rechenschritte nicht polynomial mit der Größe des Problems wächst. NP-schwer klassifiziert ein Optimierungsproblem als sehr schwer lösbar, d. h. es existiert kein effizienter Algorithmus, der für das Problem in akzeptabler Zeit das Optimum oder die Optima mit Sicherheit findet.[5] Die Komplexität im Bereich der Probleme der Anlagenbelegungsplanung ist im Regelfall NP-schwer.[6] Werden einfa-

---

[1]   Vgl. Sauer (2002), S. 88.

[2]   Es wird hier nur eine kurze Beschreibung der Komplexität im Umfeld der Produktionsplanung vorgenommen. Wesentlich ausführlichere Erläuterungen zur Komplexität und Komplexitätstheorie finden sich in: Domschke/Drexl (2002), S. 115–117; Brucker (2001), S. 37–48; Zelewski (2001), S. 270–272; Jahnke/Biskup (1999), S. 37–48; Domschke/Scholl/Voß (1997), S. 39 f. u. S. 52–57; Wegener (1996), S. 39–68; Leisten (1995), S. 10 f.; Pinedo (1995), S. 339–346; Zelewski (1989), S. 51–93.

[3]   Das Funktionssymbol „O" kann als Akronym für die (Größen-)„O"rdnung des Rechenaufwandes des Problems angesehen werden; vgl. Zelewski (1989), S. 42.

[4]   „NP" steht für „n"icht „p"olynomial beschränkt; vgl. Zelewski (1989), S. 51.

[5]   Vgl. Domschke/Scholl (2000), S. 39 ; Domschke/Scholl/Voß (1997), S. 55.
     NP-schwere Probleme werden auch als „schwierige" oder als „schwer lösbare" Probleme bezeichnet; vgl. Domschke/Drexl (2002), S. 116.

[6]   Vgl. Schulz (2002), S. 29; Neubauer (1998), S. 1; Greb/Erkens/Kopfer (1998), S. 444; Zimmermann (1997), S. 263; Kurbel/Rohmann (1995), S. 581; Siedentopf (1994), S. 2; Bierwirth/Kopfer/Mattfeld/Utecht (1993), S. 2.

che Parallel-Anlagen-Probleme zugrunde gelegt, deren Komplexität im Allgemeinen noch nicht NP-schwer ist, so führen die hier zugrunde liegenden Erweiterungen, wie reihenfolgeabhängige Rüstzeiten und die Bewertung anhand mehrerer zum Teil konkurrierender Zielgrößen, zu einer Komplexität von NP-schwer.[1] Verschiedene Autoren haben in ihren Untersuchungen gezeigt, dass Probleme mit der hier vorliegenden Struktur mit heterogenen, parallelen Anlagen, mit reihenfolgeabhängigen Rüstzeiten und unter Berücksichtigung des Kundenwunschtermins NP-schwer sind.[2]

Um einen Eindruck von der Größe des Lösungsraumes zu bekommen, lässt sich die Anzahl Kombinationen, die ein Problem theoretisch zulässt, ermitteln.[3] Bei dem hier vorliegenden Reihenfolge- und Zuordnungsproblem berechnet sich die Anzahl möglicher Reihenfolgen und Zuordnungen wie folgt:[4]

Bei dem Reihenfolgeproblem handelt es sich um eine Permutation, bei der die Elemente (a Aufträge) beliebig angeordnet werden dürfen. Die Anzahl möglicher Reihenfolgen einer Permutation errechnet sich folgendermaßen:

Anzahl Kombinationen: a!.

Wird das Zuordnungsproblem betrachtet, so handelt es sich um eine Kombination a-ter Ordnung mit Wiederholung und mit Berücksichtigung der Anordnung. Jedem der a Aufträge wird einer der m Standorte zugeordnet. Die Anzahl möglicher Zuordnungen berechnet sich wie folgt:

---

[1]  Vgl. Sauer (2002), S. 40; Murtadi/Taboun (2001), S. 509 f.; Salem/Anagnostopoulos/Rabadi (2000), S. 88 f.; Neubauer (1998), S. 150; Akkiraju/Keskinocak/Murthy/Wu (1998), S. 1; Daub (1994), S. 120 ff. Insbesondere durch die große Anzahl von Randbedingungen in der chemischen Industrie wird das Problem NP-schwer; Wang et al. (2000), S. 393 f.; Schwindt/Trautmann (2000), S. 503; Fritz/Stobbe/Engell (1996), S. 149.

[2]  Vgl. Brucker (2001), S. 136–139, S. 150–154 und S. 284–288; He/Babayan/Kusiak (1999), S. 4; Chen (1999), S. 3; Cheng/Sin (1990), S. 272 ff. Zusammenstellungen der Komplexität von Optimierungsproblemen der Anlagenbelegungsplanung mit parallelen Anlagen sind aufgeführt in: Brucker et al. (2002), S. 429 ff.; Domschke/Scholl/Voß (1997), S. 307, S. 334, S. 351 und S. 355; Pinedo (1995), S. 347–349 sowie Cheng/Sin (1990), S. 278 ff. Im Internet haben Brucker und Knust unter http://www.mathematik.uni-osnabrueck.de/research/OR/class eine umfangreiche Liste mit der Komplexitätszuordnung vieler Probleme der Anlagenbelegungsplanung hinterlegt; vgl. Brucker/Knust (2004).

[3]  Große Lösungsräume implizieren nicht notwendigerweise, dass ein Problem NP-schwer ist. Bei NP-schweren Problemen gibt die Größe des Lösungsraumes an, wie viele Kombinationen bei einer vollständigen Enumeration auf Optimalität zu prüfen sind.

[4]  Vgl. Bronstein et al. (2000), S. 107–112; Zimmermann (1997), S. 148 und S. 161; Müller-Merbach (1973), S. 266 ff.

Anzahl Kombinationen: $m^a$.

Würde das vorliegende Multi-Site-Scheduling-Problem vollständig enumeriert, ergäbe sich folgende Anzahl möglicher Kombinationen:

Anzahl Kombinationen: $a! \cdot m^a$.

Mit dieser Formel lässt sich die Anzahl möglicher Lösungen abschätzen. Der Rechenumfang wächst also mit dem Problemumfang exponentiell an. Die Anzahl gültiger bzw. konsistenter Lösungen[1] kann nur schwer abgeschätzt werden, da die Auswirkungen der Nebenbedingungen meist nicht vorausgesagt werden können.[2]

### 5.2.5 Problemtyp

Das Multi-Site-Scheduling bei verteilten Produktionsstandorten stellt ein Problem der kombinatorischen Optimierung[3] dar. Zum einen gehört das Multi-Site-Scheduling als eine Ausprägung der Anlagenbelegungsplanung zur Klasse der Reihenfolgeprobleme, bei der die Auftragsreihenfolge optimiert werden soll. Zum anderen kann sie den Zuordnungs- und Zuteilungsproblemen zugeordnet werden, da eine optimierte Auftragszuordnung zu den Produktionsstandorten gesucht wird.[4]

### 5.2.6 Linearität des Modells und Art der Variablen

Lineare Modelle bestehen aus einer oder mehreren linearen Zielfunktionen und zumeist aus einer Vielzahl von linearen Nebenbedingungen. Im Gegensatz dazu gibt es bei nichtlinearen Modellen nichtlineare Zielfunktionen und/oder nichtlineare Nebenbedingungen.

Probleme der Produktionsplanung und damit auch der Anlagenbelegungsplanung beinhalten häufig ein Mix aus unterschiedlichen Zielfunktionen, die stetig oder diskret sein können, sich durch nichtlineare und nicht-differenzierbare Eigenschaften auszeichnen und durch scharfe oder durch unscharfe Angaben gekennzeichnet

---

[1]  Zu den Begriffen „gültig" und „konsistent" s. Kap. 3.4 (Leistungsbezogene Anforderungen).

[2]  Vgl. Sauer (2002), S. 41.

[3]  Die Begriffe „kombinatorisches Problem" und „Problem der kombinatorischen Optimierung" werden synonym verwendet.

[4]  Vgl. Domschke/Drexl (2002), S. 111; Sauer (2002), S. 40; Ellinger/Beuermann/Leisten (2001), S. 8 ff.; Schneeweiß (1997), S. 255; Berens/Delfmann (1995), S. 130; Pinedo (1995), S. 62.

sind.[1] Insbesondere sind in der chemischen Industrie nichtlineare Zusammenhänge zu berücksichtigen.[2] Der Lösungsraum ist durch globale und lokale Optima gekennzeichnet. Deshalb ist das vorliegende Problem ein nichtlineares Problem. Nichtlineare Modelle sind im Allgemeinen schwieriger zu lösen als lineare.[3]

Die Variablen der Zielfunktion und der Nebenbedingungen (sowohl bei linearen als auch bei nichtlinearen Modellen) können entweder reell oder ganzzahlig/binär sein. Bei gemischt-ganzzahligen Modellen ist mindestens eine Variable ganzzahlig oder binär.[4] Typischerweise weisen Reihenfolge- und Zuordnungsprobleme Ganzzahligkeitsbedingungen auf. Damit gehören sie zur Klasse der ganzzahligen/binären Optimierungsprobleme. Ganzzahlige/binäre oder gemischt-ganzzahlige Modelle sind im Allgemeinen schwieriger zu lösen als solche mit reellen Variablen.[5]

## 5.3 Auswahl eines geeigneten Lösungsverfahrens

Die Auswahl eines geeigneten Verfahrens zur Lösung des hier vorliegenden Problems des Multi-Site-Scheduling bei international verteilten Produktionsstandorten basiert auf dem Ansatz, die Methoden der lokalen Anlagenbelegungsplanung an die Bedürfnisse einer Anlagenbelegungsplanung mit international verteilten Produktionsstandorten der chemischen Industrie anzupassen. Die Idee hierbei beruht auf der Nutzung bereits bekannter Lösungsansätze der lokalen Planung, die hier um Aspekte wie internationale Produktionsstandorte und unscharfe Planungsdaten erweitert werden. In Kapitel 6 (Verfahrensentwicklung) werden die hier vorgestellten und ausgewählten Verfahren dann in ein Gesamtkonzept eingebracht.

Das hier vorliegende Problem ähnelt von der Modellstruktur den Transport- und den Tourenplanungsproblemen; diese gehören ebenfalls zur Klasse der kombina-

---

[1]  Vgl. Kernler (2003), S. 186; Zimmermann (1997), S. 208; Shaw/Fleming (1996), S. 8.

[2]  Als typisch für chemische Prozesse gilt, dass die standortspezifische Anlagenleistung abhängig von der zu produzierenden Menge ist. Beispielsweise wird bedingt durch die chemischen Reaktionen bei kleinen Produktionsmengen ein Monomer langsamer in ein Polymer umgewandelt (Polymerisation) als bei größeren Mengen; vgl. Wang et al. (2000), S. 393 f.; Schwindt/Trautmann (2000), S. 503; Stobbe/Fritz/Löhl/Engell (1997), S. 290.

[3]  Vgl. Domschke/Drexl (2002), S. 8; Zimmermann (1992), S. 138.

[4]  Vgl. Domschke/Scholl/Voß (1997), S. 38; Zimmermann (1997), S. 125.

[5]  Vgl. Domschke/Drexl (2002), S. 8; Domschke/Scholl/Voß (1997), S. 41.

torischen Optimierungsprobleme, so dass die dort verwendeten Lösungsansätze auch hier angewandt werden können.[1]

Die folgende Abbildung gibt eine kurze Übersicht über mögliche Lösungsverfahren der Anlagenbelegungsplanung wieder. Durch die grau hinterlegten Feldern sind die für diese Arbeit ausgewählten Verfahren gekennzeichnet, die als besonders geeignet für das hier vorliegende Planungsproblem erscheinen (s. Abb. 5-3).[2]

---

[1]  Zuordnungsprobleme sind als Spezialfall der Transportprobleme anzusehen; vgl. Ellinger/Beu-ermann/Leisten (2001), S. 75; Zimmermann (1997), S. 111; Müller-Merbach (1973), S. 262. Das Reihenfolgeproblem ist eng verwandt mit dem Zuordnungsproblem; vgl. Zimmermann (1997), S. 147. Probleme der Anlagenbelegungsplanung werden (im Unterschied zu den „einfachen" Reihenfolgeproblemen der Tourenplanung) als „komplexe" Reihenfolgeprobleme bezeichnet; vgl. Bierwirth/Kopfer/Mattfeld/Utecht (1993), S. 5.
Ein Problem, dass dem Parallel-Anlagen-Problem ähnelt, ist das Parallel-Prozessor-Problem. Hierbei geht es um die Zuteilung verschiedener Computer-Jobs auf die parallelen Prozessoren eines Computers. Es können dieselben Lösungsalgorithmen wie bei Parallel-Maschinen-Problemen angewandt werden; vgl. Cheng/Sin (1990), S. 276.

[2]  Die Lösungsverfahren werden beispielsweise in Domschke/Drexl (2002), S. 116 ff., und in Domschke/Scholl/Voß (1997), S. 39 ff., detailliert beschrieben.

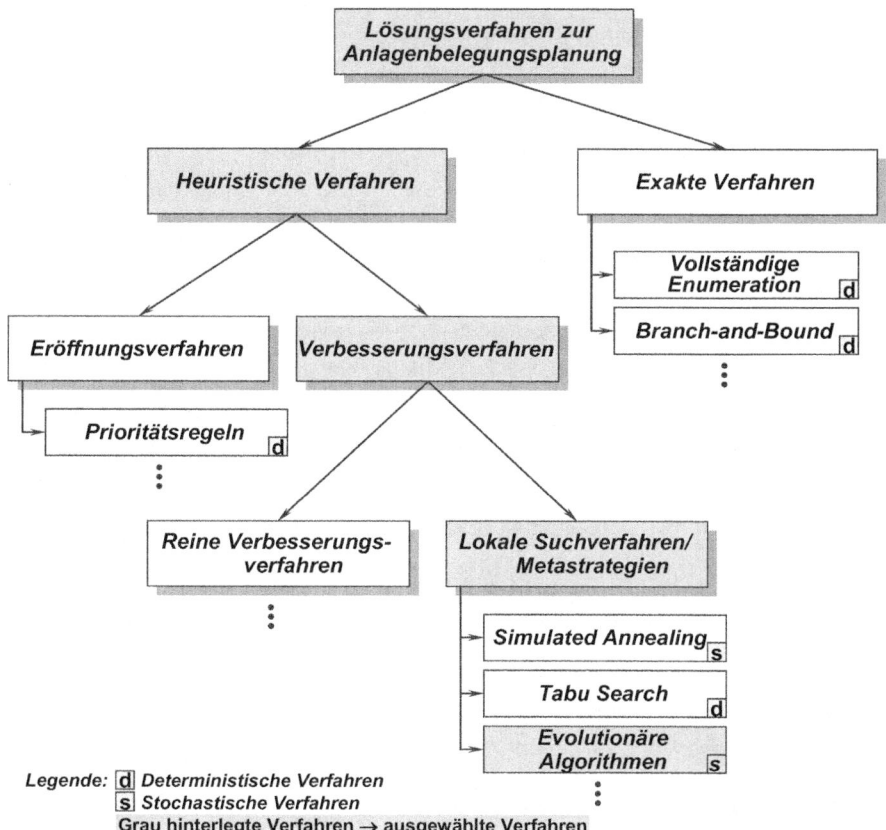

**Abb. 5-3:** *Lösungsverfahren der Anlagenbelegungsplanung*
*(in Anlehnung an die Strukturierung von Domschke/Drexl (2002),*
*S. 116–121)*

Wegen der hohen Komplexität des hier beschriebenen kombinatorischen Optimierungsproblems kann im allgemeinen Fall die optimale Lösung nur im Wege der *Vollenumeration* aller Reihenfolgen gefunden werden.[1] Die *vollständige Enumera-*

---

[1]  Bei der *vollständigen Enumeration* werden alle möglichen Lösungen berechnet und aus der Gesamtheit der Lösungen die beste ausgewählt; vgl. Ellinger/Beuermann/Leisten (2001), S. 12; Zimmermann (1997), S. 148.

Neben der vollständigen Enumeration zählt u. a. auch das Branch-and-Bound-Verfahren zu den exakten Verfahren. Eine ausführliche Darstellung des Branch-and-Bound-Verfahrens ist beispielsweise in Brucker (2001), S. 56–58; in Michalewicz/Fogel (2000), S. 101–105; in Jain/Meeran (1998), S. 7–10; in Domschke/Scholl/Voß (1997), S. 41–44 oder in Morton/Pentico (1993), S. 93–101 zu finden. Eine sehr anschauliche Beschreibung des Verfahrens ist in Scholl/Krispin/Klein/Domschke (1997), S. 336–345, wiedergegeben.

*tion* ist wegen des hohen Rechenaufwandes für Probleme mit einer realistischen Größenordnung von Aufträgen nicht praktikabel.[1] Die erforderlichen Rechenzeiten (selbst beim Einsatz leistungsfähiger Computer) schließen den praktischen Einsatz exakter Verfahren zur Lösung kombinatorischer Optimierungsprobleme – und damit auch des Multi-Site-Scheduling – aus, weil die bei einer rollierenden Planung zur Verfügung stehende Rechenzeit bei weitem nicht für die erfolgreiche Anwendung dieser Verfahren ausreicht.

Kombinatorische Optimierungsprobleme mit realistischen Größenordnungen lassen sich aufgrund der beschriebenen Lösungsdefekte[2] nur mit Hilfe von heuristischen Verfahren (Heuristiken) lösen.[3] Nachteile heuristischer Lösungen sind die mangelnde Garantie, eine optimale Lösung zu finden und die unzureichende Fähigkeit, dass eine ermittelte optimale Lösung auch als eine optimale Lösung erkannt wird.[4] Als Vorteil der heuristischen Verfahren ist im Vergleich zu exakten Verfahren der wesentlich geringere Rechenaufwand zu nennen. Gerade die Rechenzeit und oftmals weniger die Sicherheit, das Optimum erreicht zu haben, kann ein entscheidendes Argument für den praktischen Einsatz bedeuten.[5]

Heuristische Verfahren lassen sich in zwei weitere Verfahren, die *Eröffnungs-* und die *Verbesserungsverfahren*, untergliedern (s. Abb. 5-3).[6]

*Eröffnungsverfahren* ermitteln eine zulässige Ausgangs- bzw. Startlösung. Die a Aufträge werden nach festgelegten (heuristischen) Regeln in eine Reihenfolge

---

[1] Da bei einem Reihenfolge- und Zuordnungsproblem mit a Aufträgen und m Standorten bereits $a! \cdot m^a$ unterschiedliche Reihenfolgen zu generieren sind, scheidet die vollständige Enumeration bei der Größenordnung des hier vorliegenden Problems mit mehr als 400 Aufträgen aus. Vgl. Kap. 5.2.4 (Komplexität des Problems). Bereits bei 10 Aufträgen und zwei Standorten sind $10! \cdot 2^{10} = 3.715.891.200$, also mehr als 3,7 Milliarden unterschiedliche Planauftragslisten zu berechnen.

[2] Vgl. Kap. 4.1 (Modellbildung).

[3] Vgl. Eiden (2003), S. 71; Schulz (2002), S. 29; Corsten (2000a), S. 464 und S. 498; Schneeweiß (1997), S. 255; Adam (1997), S. 581; Zimmermann (1997), S. 150; Hoitsch (1993), S. 479.

[4] Vgl. Mertens (2000), S. 189; Fink/Voß (1998), S. 20; Domschke/Scholl/Voß (1997), S. 40; Berens/Delfmann (1995), S. 119 ff. und S. 126 ff.

[5] Vgl. Kap. 3.4 (Leistungsbezogene Anforderungen).

[6] In der Literatur werden heuristische Verfahren in unterschiedlicher Weise systematisiert. Auf eine Darstellung und Erläuterung dieser Klassifikationen wird hier verzichtet. Vgl. Domschke/ Drexl (2002), S. 117; Domschke/Scholl/Voß (1997), S. 44–52; Berens/Delfmann (1995), S. 133 f.; Daub (1994), S. 136 ff.; Müller-Merbach (1973), S. 275.

gebracht. Diese festgelegte Reihenfolge wird dann jedoch nicht weiter verbessert.[1] Hierbei werden insbesondere Prioritätsregel-Verfahren verwendet, die einfach umzusetzen sind und dadurch auch einen hohen Verbreitungsgrad haben.[2] Eine Prioritätsregel gibt an, in welcher Reihenfolge Aufträge einzulasten sind.[3] Die Anwendung von Prioritätsregeln hat den Vorteil, dass die gesuchte Bearbeitungsreihenfolge der Aufträge sehr einfach zu berechnen ist.

Aufgrund der Komplexität des in dieser Arbeit vorliegenden Problems kann davon ausgegangen werden, dass mit einem Eröffnungsverfahren in der Regel keine optimale Lösung erzielt wird, da die Interdependenzen zwischen Anlagen und Aufträgen nicht in ihrer Gesamtheit beachtet werden.[4]

Die zweite Variante heuristischer Optimierungsverfahren bilden die *Verbesserungsverfahren*. Diese versuchen eine gegebene Startlösung bzw. bestehende Lösungen mit einer endlichen Anzahl von Iterationen weiter zu verbessern. Diese Verfahren werden deshalb auch als Nachbarschafts-Suchverfahren bezeichnet, weil sie, ausgehend von einer oder mehreren bestehenden Lösungen, nach einer besseren „benachbarten" Lösung suchen.[5]

Häufig werden Eröffnungs- und Verbesserungsverfahren in heuristischen Verfahren kombiniert zur Anwendung gebracht. Die Startlösung wird mit einem Eröffnungsverfahren ermittelt, darauf aufbauend wird eine bessere Lösung mit Hilfe eines Verbesserungsverfahrens gesucht.[6]

Verbesserungsverfahren lassen sich weiter untergliedern in *reine Verbesserungsverfahren* und in *lokale Suchverfahren* bzw. *Metastrategien* (s. Abb. 5-3).[7]

---

[1]  Vgl. Daub (1994), S. 139.

[2]  Vgl. Domschke/Scholl/Voß (1997), S. 45.

[3]  In der Literatur werden viele, unterschiedliche Prioritätsregeln beschrieben: vgl. Günther/Tempelmeier (2000), S. 230; Zäpfel (2001), S. 219; Corsten (2000a), S. 507; Jahnke/Biskup (1999), S. 270 f.; Gudehus (1999), S. 252 ff.; Mattfeld/Bierwirth (1998), S. 63; Schneeweiß (1997), S. 259 f.; Adam (1997), S. 584 f.; Domschke/Scholl/Voß (1997), S. 299 f.; Rixen (1997), S. 47 f.; Daub (1994), S. 144 f.; Kurbel (1993), S. 174; Hoitsch (1993), S. 480 f.; French (1982), S. 164.

[4]  Vgl. Jahnke/Biskup (1999), S. 271; Adam (1997), S. 586.

[5]  Vgl. Mertens (2000), S. 189.

[6]  Vgl. Domschke/Drexl (2002), S. 117.

[7]  Vgl. Domschke/Drexl (2002), S. 118.

Bei *reinen Verbesserungsverfahren* wird der Algorithmus abgebrochen, sobald keine besseren Nachbarschaftslösungen mehr gefunden werden. Bei diesem deterministischen Verfahren[1] werden oftmals nur lokale Optima gefunden, die deutlich schlechter sein können als das globale Optimum.[2]

Bei den *lokalen Suchverfahren* wird der Lösungsraum systematisch abgesucht. Aufgrund der Größe des Lösungsraums insbesondere bei Optimierungsproblemen der Anlagenbelegungsplanung bzw. des Multi-Site-Scheduling geht man allerdings davon aus, dass es sich bei einer gefundenen Lösung nicht um das globale Optimum, sondern lediglich um ein lokales Optimum handelt.[3] Um diesem lokalen Optimum, einem sog. Suboptimum, zu entkommen, wird auch temporär eine schlechtere Lösung akzeptiert.[4] Diese Verfahren brechen ab, sobald ein Abbruchkriterium erreicht wird, beispielsweise wenn längere Zeit keine Verbesserung der Lösung erzielt oder eine vorgegebene Anzahl an Iterationsschritten erreicht wird.[5]

*Lokale Suchverfahren* werden auch als *Metastrategien* oder als *Meta-Heuristiken* bezeichnet, da sie nicht problemspezifische Optimierungsverfahren sind, sondern universell auch auf viele andere Probleme der Produktionsplanung und kombinatorischen Optimierung anwendbar sind.[6] Vorteile gegenüber den reinen Verbesserungsverfahren ergeben sich durch eine leichte Einsetzbarkeit und eine relativ großen Flexibilität bzgl. der Modifikationen der Problemstellung.[7] Es hat sich ge-

---

[1]   Es wird zwischen *deterministischen* und *stochastischen Verfahren* unterschieden. *Deterministische Verfahren* ermitteln bei mehrfacher Anwendung auf ein Problem stets identische Lösungen. *Stochastische Verfahren* beinhalten eine zufällige Komponente, die bei mehrfacher Anwendung des Verfahrens auf ein Problem selbst bei konstanten Start- und Randbedingungen abweichende Lösungen generiert. Vgl. Domschke/Drexl (2002), S. 118; Domschke/ Scholl/Voß (1997), S. 45.

[2]   Vgl. Domschke/Scholl/Voß (1997), S. 47; Daub (1994), S. 137 f.

[3]   Vgl. Zäpfel (2001), S. 224; Fink/Voß (1998), S. 20; Siedentopf (1994), S. 18–29.

[4]   Vgl. Domschke/Scholl/Voß (1997), S. 47.

[5]   Vgl. Sauer (2002), S. 58.

[6]   Die universelle Einsatzmöglichkeit wird durch das Wort „Meta" zum Ausdruck gebracht, vgl. Fink/Voß (1998), S. 20; Greb/Erkens/Kopfer (1998), S. 444 und S. 454; Domschke/Scholl/ Voß (1997), S. 48; Bierwirth/Kopfer/Mattfeld/Utecht (1993), S. 4 f.

[7]   Vgl. Neubauer (1998), S. 1; Daub (1994), S. 153; Morton/Pentico (1993), S. 116.

zeigt, dass diese Verfahren für die NP-schweren Probleme der Anlagenbelegungsplanung besonders geeignet sind.[1]

Zu den Meta-Heuristiken werden in der Literatur hauptsächlich folgende Verfahren gezählt (s. Abb. 5-3):[2] *Simulated Annealing, Tabu-Search-Verfahren und Evolutionäre Algorithmen.*

Da eine Vielzahl von Gründen dafür spricht, aus der Menge der lokalen Suchverfahren bzw. Meta-Heuristiken Evolutionäre Algorithmen als geeignetes Lösungsverfahren für das hier vorliegende Problem auszuwählen, werden diese hier kurz beschrieben, bevor die Gründe weiter unten aufgeführt werden.[3]

Unter dem Begriff *Evolutionäre Algorithmen* wird eine Klasse von heuristischen Optimierungsverfahren verstanden, deren Wirkungsweise auf der Simulation der Prinzipien der natürlichen Evolution basiert. Hierbei werden Prinzipien aus der Natur wie beispielsweise die Mutation, die Selektion und die natürliche Auslese durch die Algorithmen simuliert. Das Konzept der Evolutionären Algorithmen geht von der Überlegung aus, eine Menge von Lösungen zu generieren, sog. Populationen, die entweder identisch übernommen werden (reproduziert), durch zufällige Kombinationen zweier Lösungen gebildet (gekreuzt) oder zufällig verändert (mutiert) werden.[4] In Kap. 6.1 wird ein Evolutionärer Algorithmus detailliert beschrieben.

Die Gründe, die zur Auswahl Evolutionärer Algorithmen als geeignetes Lösungsverfahren für das hier vorliegende Problem führen, werden im Folgenden aufgezeigt:

---

[1] Vgl. Greb/Erkens/Kopfer (1998), S. 444; Daub (1994), S. 152.

[2] Vgl. Domschke/Drexl (2002), S. 119; Silver (2002), S. 19–33; Anagnostopoulos/Rabadi (2002), S. 3–6; Michalewicz/Fogel (2000), S. 117–125; Käschel et al. (1999), S. 3–7; Jain/Meeran (1998), S. 20–32; Domschke/Scholl/Voß (1997), S. 48; Kurbel/Rohmann (1995), S. 587–593; Morton/Pentico (1993), S. 110–115. Neben dem Simulated-Annealing- und dem Tabu-Search-Verfahren werden in der Literatur u. a. folgende lokale Suchverfahren aufgeführt: der Sintflut-Algorithmus (Great Deluge), das Threshold-Accepting-Verfahren und sog. Neuronale Netze. Zu einer Erläuterung dieser Verfahren vgl. beispielsweise Brucker (2001), S. 51–56; Daub (1994), S. 148 ff. In Schneider (1993) und Siedentopf (1994) wird die Anwendung Neuronaler Netze für die Maschinenbelegungsplanung beschrieben.

[3] Simulated Annealing wird ausführlich beschrieben in: Jahnke/Biskup (1999), S. 221 ff.; Greb/Erkens/Kopfer (1998), S. 444 ff.; Daub (1994), S. 150 ff. Das Tabu-Search-Verfahren wird erläutert in: Domschke/Drexl (2002), S. 119 f.; Michalewicz/Fogel (2000), S. 125–134; Daub (1994), S. 148 f. Eine sehr anschauliche Beschreibung des Tabu-Search-Verfahrens ist in Domschke/Klein/Scholl (1996), S. 326–332, wiedergegeben.

[4] Vgl. Zäpfel (2001), S. 224.

- Da bei Problemen der Anlagenbelegungsplanung und insbesondere beim Multi-Site-Scheduling nach kurzer Rechenzeit gute Lösungen gefordert werden,
  ist der Einsatz Evolutionärer Algorithmen besonders geeignet.[1] Im Gegensatz
  zu den beiden anderen lokalen Suchverfahren (Simulated Annealing und Tabu
  Search) wird bei Evolutionären Algorithmen in jeder Iteration eine Vielzahl von
  Lösungen (Population) gleichzeitig in Betracht gezogen und aus einer Kombination von mehreren Lösungen eine neue erzeugt. Die Einführung einer Population macht es wahrscheinlicher, bessere Suboptima zu finden.[2] Durch den
  populationsbasierten Ansatz Evolutionärer Algorithmen können alle an den
  Populationsmitgliedern durchgeführten Operationen parallel durchgeführt werden, womit eine erhebliche Reduzierung der Rechenzeit erreicht wird.[3]

- Da für Probleme der Anlagenbelegungsplanung eine mathematisch exakte
  Modellierung, die alle realen Verhältnisse berücksichtigt, kaum möglich ist,
  eignen sich durch den Black-Box-Charakter Evolutionärer Algorithmen diese
  besonders.[4] Evolutionäre Algorithmen sind dadurch gekennzeichnet, dass sie
  lediglich die Zielfunktionswerte als Entscheidungskriterium heranziehen. Das
  Vorgehen ist unabhängig von der spezifischen Problemstruktur. Darüber hinaus arbeiten Evolutionäre Algorithmen ableitungsfrei, was ihren Einsatz auch
  bei unstetigen und undifferenzierbaren Zielfunktionen ermöglicht. Für das Verfahren wird lediglich die Rückgabe eines Zielfunktionswertes gefordert; die Berechnung des Zielfunktionswertes kann auf beliebige Art und Weise (z. B.
  auch durch Simulation) erfolgen. Die Modellierungsgleichungen müssen hierfür nicht bekannt sein.

- Ein weiterer Vorteil Evolutionärer Algorithmen gegenüber den anderen lokalen
  Suchverfahren besteht (bei entsprechender Verfahrensgestaltung) in der Fähigkeit zum Selbstlernen. Diese Fähigkeit wird Evolutionären Algorithmen da-

---

[1]  Vgl. Kap. 3.4 (Leistungsbezogene Anforderungen). Vgl. auch Jones/Rabelo (1998), S. 12;
     Stobbe/Fritz/Löhl/Engell (1997), S. 294; Bierwirth/Kopfer/Mattfeld/Utecht (1993), S. 3 f.
     Zum Einsatz von Evolutionären Algorithmen in der Anlagenbelegungsplanung vgl. beispielswei-
     se Schmidt (1998), S. 11 f.; Mattfeld/Bierwirth (1998), S. 64–66; Siedentopf (1994), S. 29–39.

[2]  Vgl. Pohlheim (1999),   S. 11;   Kurbel/Rohmann (1995),   S. 596;   Nissen (1994),   S. 13;
     Daub (1994), S. 157.

[3]  Vgl. Zitzler (1999), S. 19; Siedentopf (1994), S. 48; Schöneburg/Heinzmann/Feddersen (1994),
     S. 237 ff.; Bierwirth (1993), S. 63.

[4]  Vgl. Laumanns/Laumanns (2002), S. 2; Weicker (2002), S. 60; Kursawe (1999), S. 47 f.; Pohl-
     heim (1999), S. 11; Groß (1999), S. 17; Nissen (1994), S. 14 und S. 314 ff.; Goldberg (1989),
     S. 8 f.

durch verliehen, dass wichtige Verfahrensparameter in die Optimierung mit einbezogen werden. Hierdurch wird eine Selbstadaptation der Parameter an variierende Rahmenbedingungen ermöglicht, und die Konvergenzgeschwindigkeit wird signifikant gesteigert. Insbesondere durch die Fähigkeit zur Selbstadaptation wird die Parametrisierung Evolutionärer Algorithmen im Vergleich zum Simulated Annealing und Tabu Search wesentlich erleichtert.[1]

• Bei dem hier vorgestellten Multi-Site-Scheduling-Problem sollen gleichzeitig mehrere Zielgrößen berücksichtigt werden.[2] Evolutionäre Algorithmen verfügen ebenfalls über Eigenschaften, die besonders vorteilhaft bei Problemen sind, die nach mehreren Zielgrößen optimiert werden sollen.[3] Konventionelle Optimierungsverfahren, wie z. B. Simulated Annealing, erlauben eine Optimierung nach nur genau einer Zielgröße.[4] Bei jedem Optimierungslauf wird jeweils nur genau eine „optimale" Lösung generiert. Daher sind für diese Verfahren vor der Optimierung die verschiedenen Zielgrößen der multikriteriellen Problemstellung zuerst zu genau einer Zielgröße zusammenzufassen. Durch die Zusammenfassung zu einer Zielgröße wird ein Ersatzproblem definiert. Die ermittelte Lösung gilt entsprechend nur für die spezifischen Restriktionen des Ersatzproblems.[5]

Oftmals besteht bei multikriteriellen Entscheidungen das Problem, dass die Zielgrößen z. B. aufgrund unterschiedlicher Skalierung nicht ohne weiteres miteinander kombiniert werden können.[6] Evolutionäre Algorithmen ermöglichen dagegen die Behandlung multikriterieller Probleme, bei denen die Zielgrößen (zunächst) unabhängig voneinander betrachtet werden. Die Individuen

---

[1] Vgl. Büche/Müller/Koumoutsakos (2003), S. 269 ff.; Deb/Beyer (1999), S. 1 ff.; Höchst (1997), S. 83; Kopfer/Rixen/Bierwirth (1995), S. 572; Sprave (1993), S. 113; Bierwirth (1993), S. 197.

[2] Vgl. Kap. 4.4 (Ziel- und Bewertungsprämissen).

[3] Zitzler, Deb und Thiele schreiben in ihrer Veröffentlichung: „Evolutionary algorithms have become established as the method at hand for exploring the Pareto-optimal front in multiobjective optimization problems that are too complex to be solved by exact methods ..."; Zitzler/Deb/Thiele (2000), S. 173.
Fonseca und Fleming schreiben: „Evolutionary algorithms ... have been recognized to be well-suited to multiobjective optimization since early in their development."; Fonseca/Fleming (1995), S. 13.
Vgl. auch Jones/Mirrazavi/Tamiz (2002), S. 3 f.; Murtadi/Taboun (2001), S. 512; Zitzler (1999), S. 14; Pohlheim (1999), S. 11; Kopfer/Rixen/Bierwirth (1995), S. 571.

[4] Vgl. Zitzler/Thiele (1998), S. 300; Fonseca/Fleming (1995), S. 2.

[5] Vgl. Srinivas/Deb (1994), S. 223.

[6] Vgl. Goldberg (1989), S. 197.

werden gleichzeitig nach mehreren Zielen optimiert. Der Nutzer Evolutionärer Algorithmen braucht sich über die Vergleichbarkeit seiner Zielgrößen keine Gedanken zu machen.[1]

- Im Gegensatz zu Evolutionären Algorithmen bilden die meisten anderen stochastischen Optimierungsverfahren die zu lösende Problemstellung sowohl in der mehrdimensionalen Bewertungsfunktion als auch in dem Algorithmus selber ab. Bei Evolutionären Algorithmen liegt das Wissen für die Problemlösung fast ausschließlich in der Bewertungsfunktion. Dadurch ist die geforderte leichte Anpassung des Algorithmus an die durch den Disponenten ausgesuchten mehrdimensionalen Zielgrößen möglich.[2] Evolutionäre Algorithmen werden eingesetzt, um die Menge der sog. effizienten bzw. Pareto-optimalen Lösungen[3] als Ganzes zu optimieren, ohne (wie bei vielen alternativen Verfahren) vorher eine Gewichtung der verschiedenen Ziele durch den Entscheidungsträger zu verlangen.[4]

  Da multikriterielle Evolutionäre Algorithmen gleichzeitig eine Menge bzgl. der Problemstellung gleichwertiger Lösungen (die Pareto-optimalen Lösungen) anbieten, kann dem Benutzer überlassen werden, die abschließende Auswahl zu treffen.[5] Die Akzeptanz des Verfahrens wird somit erhöht.

- Für die Anwendung von Evolutionären Algorithmen spricht auch, dass das Grundprinzip, die grundsätzliche Funktionsweise, auch für den Laien in einfachen Worten verständlich und plausibel gemacht werden kann.[6] Dieser Aspekt fördert die Akzeptanz dieses Optimierungsverfahrens bei der Anwendung in der Praxis.[7]

Aus den genannten Gründen werden für das Multi-Site-Scheduling bei verteilten Produktionsstandorten Evolutionäre Algorithmen als geeignete Optimierungsver-

---

[1]  Vgl. Fonseca/Fleming (1995), S. 2.

[2]  Vgl. Kap. 4.4 (Ziel- und Bewertungsprämissen) und Kap. 3.5 (Qualitative Anforderungen).

[3]  Zur Begriffs-Definition von „effiziente" bzw. „Pareto-optimale" Lösungen s. Kap. 3.4 (Leistungs- bezogene Anforderungen) und s. Kap. 6.1.5.1 (Dominanz und Pareto-Optimalität).

[4]  Vgl. Deb (2004), S. 4 f.; Laumanns/Laumanns (2002), S. 2; Fonseca/Fleming (1998), S. 26; Neubauer (1998), S. 1; Schöneburg/Heinzmann/Feddersen (1994), S. 301.

[5]  Vgl. Pohlheim (1999), S. 11.

[6]  Vgl. Nissen (1997), S. 249.

[7]  Vgl. Kap. 3.5 (Qualitative Anforderungen).

fahren ausgewählt. Durch die Anforderung, gleichzeitig mehrere Zielgrößen zu optimieren, ist ein multikriterieller Evolutionärer Algorithmus erforderlich.[1]

In der Praxis der Anlagenbelegungsplanung und des Multi-Site-Scheduling sind menschliche Intuition und Erfahrung, z. B. bei der Behebung von Störfällen, erforderlich. Die Erfassung dieses Wissens für die Automatisierung von Entscheidungen scheitert bei der konventionellen Wissensakquisition häufig daran, dass Experten ihr Wissen in scharfer Form nicht artikulieren können oder wollen. Die Erfassung unscharfer Formulierungen und deren Quantifizierung mit Hilfe der Fuzzy-Logik kann dazu beitragen, diese bislang unerschlossenen Wissenspotenziale für die automatisierte Anlagenbelegungsplanung zugänglich zu machen. Die Darstellung entscheidungsrelevanten Wissens in einer der Umgangssprache angelehnten Form vermindert Entwicklungszeiten, erhöht die Wartungsfreundlichkeit und erlaubt eine schnelle, unproblematische Anpassung des Planungssystems. Der auf Erfahrungen zurückgreifende „gesunde Menschenverstand" wird bewusst in die Entscheidungsvorgänge mit einbezogen.[2]

Bei der Zuordnung von Aufträgen zu den international verteilten Produktionsstandorten ist Expertenwissen in Form von unscharfen Planungsinformationen zu berücksichtigen.[3] So müssen die sich aus den verteilten Produktionsstandorten ergebenden ungenauen und unscharfen Informationen (u. a. bedingt durch die Entfernung zur zentralen Planungsstelle) in das Verfahren einfließen.[4] Die Verwendung von Fuzzy-Methoden hat den Vorteil, dass es möglich wird, diese unscharfen Planungsinformationen mathematisch abzubilden und diese adäquat und präzise zu verarbeiten.[5] Daher sollen in Ergänzung des zu entwickelnden multikriteriellen Evolutionären Algorithmus für die Auftragszuordnung Fuzzy-Methoden eingesetzt werden.[6]

---

[1]  Vgl. Zitzler (2002), S. 7.

[2]  Vgl. Sauer/Suelmann/Appelrath (1998), S. 151 ff.; Vering (1997), S. 9 f.; Nietsch (1993), S. 13. Eine detaillierte Beschreibung der Fuzzy-Logik erfolgt im Anhang A3 (Fuzzy-Sets und Fuzzy-Zahlen).

[3]  Vgl. Kap. 3.5 (Qualitative Anforderungen) und Kap. 5.2.1 (Unscharfe Planungsdaten).

[4]  Vgl. Sauer (2002), S. 88.

[5]  Vgl. Eiden (2003), S. 72; Vering (1997), S. 10.

[6]  Vgl. Eiden (2003), S. 73; Domschke/Scholl/Voß (1997), S. 38; Rehfeldt/Turowski (1994), S. 3.

# 6  Verfahrensentwicklung

Eine wesentliche Erkenntnis aus Kapitel 5 (Grundmodelle und Lösungsansätze) besteht darin, dass sich für das hier vorliegende Optimierungsproblem als Lösungsverfahren ein multikriterieller Evolutionärer Algorithmus sehr gut eignet. In Kap. 6.1 wird deshalb die Funktionsweise eines solchen Algorithmus erläutert. Da hier insbesondere ein multikriterielles Optimierungsproblem behandelt wird, werden zunächst die bei diesen Problemstellungen auftretenden Besonderheiten herausgestellt und die hierzu gebräuchlichen Begriffe wie Dominanz und Pareto-Optimalität eingeführt. Anschließend werden hieraus Methoden und Strategien zur optimalen Gestaltung multikriterieller Evolutionärer Algorithmen abgeleitet. Ein in der Literatur häufig beschriebener, verglichener und auf seine Eignung für ähnliche Problemstellungen überprüfter Evolutionärer Algorithmus wird um weitere Komponenten wie Elitismus und parallele Populationen ergänzt. Neben der Beschreibung des hier ausgewählten und erweiterten Evolutionären Algorithmus wird in Kap. 6.1 ebenfalls dieser Algorithmus entsprechend der hier vorliegenden Problemstellung gestaltet und parametrisiert.

Das in Kapitel 4 (Modellkonzeption) aufgestellte Modell und der zuvor vorgestellte multikriterielle Evolutionäre Algorithmus dienen als Grundlage zur Entwicklung des Gesamtkonzepts des Verfahrens zur Unterstützung des Multi-Site-Scheduling. Dieses Gesamtkonzept wird in Kap. 6.2 vorgestellt. In weiteren Abschnitten werden die einzelnen Module des Verfahrens konkretisiert; insbesondere werden die für die Auftragszuordnung geforderten Ergänzungen um Fuzzy-Methoden detailliert beschrieben.

## 6.1  Multikriterielle Evolutionäre Algorithmen

Unter Evolutionären Algorithmen wird eine Gruppe von probabilistischen Optimierungsverfahren verstanden, die auf den Prinzipien der Evolution basieren.[1] Zunächst wird die generelle Funktionsweise eines Evolutionären Algorithmus erläutert, bevor im nächsten Abschnitt die Erweiterung der Evolutionären Algorithmen

---

[1]  Vgl. Kap. 5.3 (Auswahl eines geeigneten Lösungsverfahrens).

auf multikriterielle Optimierungsprobleme betrachtet wird. In anschließenden Abschnitten wird dann der multikriterielle Algorithmus um weitere Komponenten ergänzt, um so gute (Näherungs-)Lösungen mit zuvor definierten Wunscheigenschaften zu generieren.

## 6.1.1 Funktionsweise Evolutionärer Algorithmen

Der Begriff Evolutionärer Algorithmus fasst einige unabhängig voneinander entwickelte Ausprägungen der naturanalogen Optimierung zusammen. In den USA wurden von Fogel et al.[1] in den 60er Jahren das „Evolutionary Programming" und von Holland[2] in den 70er Jahren die „Genetischen Algorithmen" entwickelt. Fast zeitgleich wurden unabhängig von diesen Entwicklungen in Deutschland von Rechenberg[3] und Schwefel[4] in den 70er Jahren die „Evolutionsstrategien" erarbeitet.[5] Da Evolutionäre Algorithmen die Prinzipien der natürlichen Evolution zum Vorbild nehmen, sind viele Begriffe dem biologischen Leitbild entlehnt.[6] In der Terminologie der Evolutionären Algorithmen wird eine mögliche Lösung im Suchraum des Optimierungsproblems als *Individuum* bezeichnet. In der dieser Arbeit zugrunde gelegten Anwendung entspricht dem Individuum eine Planauftragsliste.[7] Jedes Individuum wird durch eine Informationssequenz, den sog. *Genotyp* repräsentiert, welcher die Koordinaten des Suchpunktes im Lösungsraum darstellt.[8] Im Ziel-

---

[1] Vgl. Fogel et al. (1966).

[2] Vgl. Holland (1975).

[3] Vgl. Rechenberg (1973).

[4] Vgl. Schwefel (1975).

[5] Seit 1991 werden die drei genannten Verfahren unter dem Oberbegriff Evolutionäre Algorithmen zusammengefasst. Einen Überblick über die drei Verfahren und deren historische Entwicklung gibt Pohlheim in seinem Buch; Pohlheim (1999), S. 267–276. Vgl. auch Kießwetter (1999), S. 61; Deb (1999), S. 4; Groß (1999), S. 10; Fonseca/Fleming (1998), S. 5; Rixen (1997), S. 76; Pohlheim (1995), S. 128; Nissen (1994), S. 13–20.

[6] Zur Einordnung der folgenden Begriffe sei auf Weicker (2002), S. 19–37 und auf Kursawe (1999), S. 9–16 hingewiesen. In beiden Büchern wird die biologische Evolution anschaulich und komprimiert dargestellt.

[7] Genau genommen wird ein Individuum durch die Sequenzliste der Bearbeitungsreihenfolge repräsentiert; vgl. hierzu Kap. 6.1.2 (Auswahl der Repräsentation und Codierung).

[8] Im Such- bzw. Zielraum wird die Lösung des Problems gesucht (hier kann für jedes Individuum der Zielfunktionswert abgelesen werden). Im Lösungs- bzw. Entscheidungsraum bewegt sich der Evolutionäre Algorithmus, um bessere Lösungen zu finden (hier wird beispielsweise eine Planauftragsliste durch einen Punkt mit a Koordinaten beschrieben – der Punkt mit den a Koordinaten repräsentiert das Individuum, der Evolutionäre Algorithmus „manipuliert" diese a Koordinaten); vgl. Rekiek (2001), S. 243 ff. und vgl. auch Kap. 6.1.2 (Auswahl der Repräsentation und Codierung).

bzw. Suchraum werden die Ausprägungen der Eigenschaften eines Individuums als sog. *Phänotyp* bezeichnet (s. Abb. 6-1, obere Hälfte).[1] Evolutionäre Algorithmen arbeiten mit mehreren Individuen gleichzeitig.[2] Diese Menge von Punkten im Suchraum, die zu einem bestimmten Zeitpunkt gleichzeitig betrachtet werden, wird als *Population* bezeichnet. Die Anzahl Individuen einer Population wird durch $\lambda$ symbolisiert. Die Individuen der Population konkurrieren miteinander hinsichtlich eines oder mehrerer Bewertungskriterien.

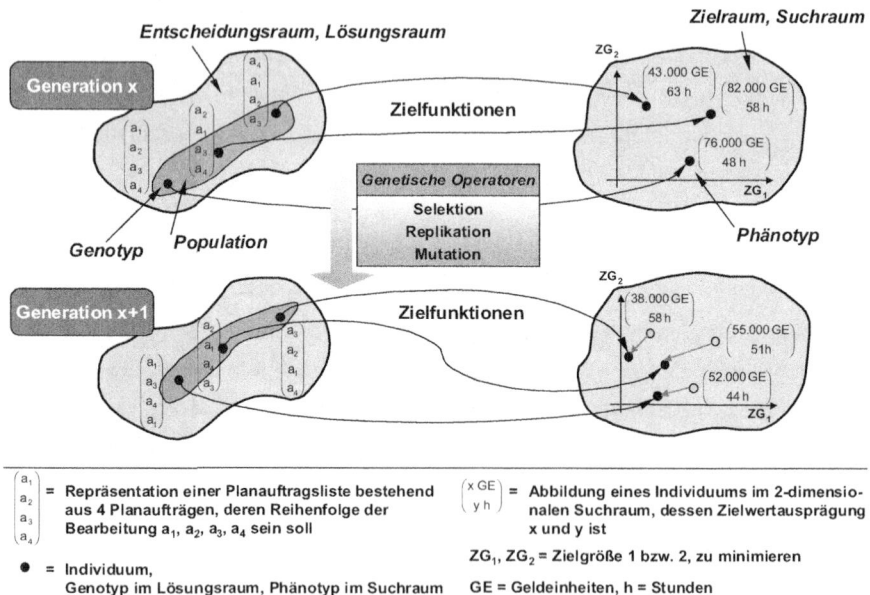

**Abb. 6-1:** *Generationswechsel – Auswirkungen der genetischen Operatoren*

In Analogie zur Evolutionstheorie von Darwin wird auf die Population das Prinzip „der am besten Angepasste überlebt"[3] angewendet, um im Sinne einer Zielfunktion immer bessere Individuen zu erzeugen, die am Ende des Optimierungsprozesses

---

[1]  Vgl. Nissen (1994), S. 7.

[2]  Viele klassische Optimierungsverfahren verwenden jeweils nur einzelne Lösungen.

[3]  In der Evolutionstheorie von Darwin wird das Leben als ein Kampf ums Überleben betrachtet. Dieser Überlebenskampf wird durch seinen berühmten Ausspruch „survival of the fittest" zum Ausdruck gebracht. Die Überlebensrate von Individuen (Lebewesen), die gut an die Umwelt angepasst sind, ist größer als die derjenigen, die weniger angepasst sind. Infolgedessen haben diese eine höhere Anzahl von Nachkommen; vgl. Laumanns/Laumanns (2002), S. 642; Bierwirth (1993), S. 44.

zu einer guten Lösung führen. Die Fortpflanzungswahrscheinlichkeit eines Individuums im Vergleich zu allen anderen Individuen der Population (desselben Lebensraumes) wird als *Fitness* bezeichnet. Sie wird in vielen Fällen aus den Zielfunktionen des Optimierungsproblems gebildet oder abgeleitet.[1]

Die folgenden Mechanismen der biologischen Evolution werden in sog. *genetischen Operatoren* modelliert und von Generation zu Generation auf die Population von Individuen angewendet:[2]

- Die *Replikation* imitiert das Prinzip der ein- und zweigeschlechtlichen Vererbung. Die eingeschlechtliche Fortpflanzung wird *Reduplikation* genannt, die zweigeschlechtliche *Rekombination*. Hierbei werden aus ausgewählten Individuen, den sog. Eltern, durch Kopieren des Genotyps oder von Bruchstücken hiervon neue Lösungen, die sog. Nachkommen erzeugt.

- Die *Mutation* entspricht der zufälligen Änderung der Nachkommen in der Natur. Hierbei treten kleine Änderungen häufiger auf als große. Sie wird durch eine geringfügige stochastische Variation des Genotyps jedes einzelnen Nachkommens modelliert.

- Durch die *Selektion* wird ausgewählt, welche Individuen zur Erzeugung der Nachkommen verwendet werden, so dass ihre Eigenschaften, zumindest zum Teil, im Verlaufe der Optimierung erhalten bleiben. Die Selektion wählt aufgrund der *Fitness* die erfolgversprechenden Nachkommen aus. Die Fitness eines Individuums lenkt den evolutionären Prozess in die gewünschte Richtung.[3]

---

[1]  Vgl. Deb (2001), S. 3. Der Lebensraum eines Individuums wird durch die Zielfunktion beschrieben. Der Zielfunktionswert entspricht nicht der Fitness; allerdings kann der Zielfunktionswert als Fitness (Fortpflanzungswahrscheinlichkeit) verwendet werden; vgl. Pohlheim (1999), S. 305. Die Zielfunktion misst, wie gut ein Individuum das Optimum approximiert. Die Fitness hingegen gibt an, wie sich aus der Zielfunktion des Individuums seine Chance zur Reproduktion für die nächste Generation errechnet; vgl. Schöneburg/Heinzmann/Feddersen (1994), S. 195 f.

[2]  Vgl. Sprave (1999), S. 10 f.; Kießwetter (1999), S. 59; Nissen (1994), S. 13 f.; Bierwirth (1993), S. 43 ff.
Die Art der Repräsentation und die Umsetzung der Operatoren bilden die wesentlichen Unterschiede zwischen den Ausprägungen der Evolutionären Algorithmen. Die Unterschiede werden in dieser Arbeit nicht weiter betrachtet. In Groß (1999), S. 12–16, in Kursawe (1999), S. 31–33, in Kießwetter (1999), S. 71–76, in Pohlheim (1999), S. 267–276, in Rixen (1997), S. 76–80, in Bäck/Hammel/Schwefel (1997), S. 3–17, in Nissen (1994), S. 191–196, und in Hoffmeister/Bäck (1991), S. 496 ff., werden die Unterschiede ausführlich dargestellt.

[3]  Vgl. Fonseca/Fleming (1998), S. 18.

Die Replikation und die Mutation werden oftmals zur *Reproduktion* begrifflich zusammengefasst. Die Mutation trägt neue Informationen in die Population hinein, indem sie vorhandene Genotypen leicht verändert. Durch diese Veränderungen lässt sich ein Gebiet im Suchraum mit ähnlichen Individuen gründlich erforschen – man spricht von der *Ausbeutung* (engl. „Exploitation") des Suchraums. Hingegen werden durch die Rekombination verschiedene Gebiete im Suchraum schnell erreicht – in diesem Fall wird der Begriff *Erkundung* (engl. „Exploration") des Suchraums verwendet. Eine ausschließliche Erkundung übersieht gute Lösungen, während eine Ausbeutung aller Gebiete angesichts des Rechenaufwandes nicht praktikabel ist. Für eine erfolgreiche Suche muss daher durch eine geschickte Parametereinstellung ein guter Kompromiss zwischen den Anteilen von Ausbeutung und Erkundung gefunden werden.[1]

Abb. 6-1 zeigt am Beispiel einer Planauftragsliste, die aus vier Planaufträgen besteht, wie von einer Generation zur nächsten durch Anwendung der genetischen Operatoren bessere Lösungen entstehen. Abb. 6-2 skizziert die Vorgehensweise eines Evolutionären Algorithmus: Ausgehend von einer zufällig erzeugten Anfangspopulation (in der Abbildung links) werden durch iterative Anwendung von Bewertung, Selektion und Reproduktion neue Populationen erzeugt. Als erstes wird im evolutionären Kreislauf jedem Individuum entsprechend seines Zielfunktionswertes und im Vergleich zu allen anderen Individuen der Population eine Fitness zugewiesen (Bewertung oder Fitnesszuweisung). Im zweiten Schritt werden entsprechend der zugewiesenen Fitness die Individuen für die Produktion von Nachkommen ausgewählt (Selektion). Diese selektierten Individuen werden Eltern genannt; deren Anzahl wird durch μ symbolisiert. Nach der Selektion produzieren die Eltern unter Anwendung evolutionärer Operatoren (Replikation und Mutation) die Nachkommen. Durch die Replikation werden die Nachkommen erzeugt. Anschließend werden alle Nachkommen mit einer vorgegebenen Wahrscheinlichkeit mutiert. Die Nachkommen werden in die Population eingefügt, wobei die selektierten Individuen der Population durch die Nachkommen ersetzt werden. Somit ist eine neue Population generiert worden, deren Individuen mit hoher Wahrscheinlichkeit besser sind als ihre Vorfahren.[2] Ein solcher Zyklus wird als ein Iterations-

---

[1] Vgl. Weicker (2002), S. 65; Deb (2001), S. 13 ff.; Sprave (1999), S. 91; Nissen (1998), S. 59 und S. 68; Rixen (1997), S. 107; Nissen (1994), S. 46.

[2] Vgl. Pohlheim (1999), S. 8; Sprave (1999), S. 11.

schritt der Optimierung aufgefasst – man spricht von einer *Generation*. Dieser zyklische Prozess wird solange wiederholt, bis ein Abbruchkriterium erfüllt wird. Als endgültige Lösung wird die beste Lösung oder es werden die besten Lösungen ausgewählt.[1]

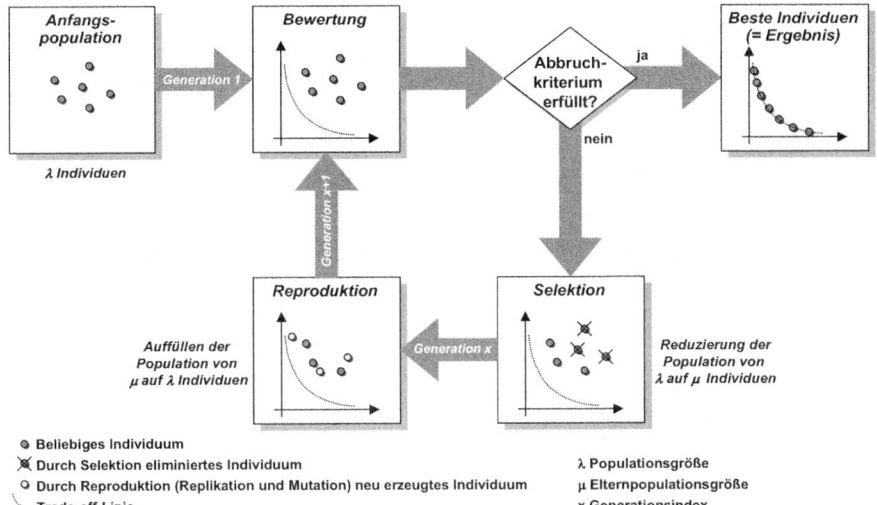

**Abb. 6-2**: *Prinzip Evolutionärer Algorithmen*[2]

### 6.1.2 Auswahl der Repräsentation und Codierung

Die Wahl der geeigneten Repräsentation bei Evolutionären Algorithmen ist von zentraler Bedeutung.[3] Eine gute Repräsentation sollte einen möglichst kleinen Suchraum definieren, der alle Kandidaten für eine optimale Lösung enthält, aber unbrauchbare Lösungen so weit wie möglich ausschließt.[4] Zur Definition eines geeigneten Suchraumes bietet sich die Repräsentation in Form von Sequenzplänen

---

[1]  Vgl. Deb (2001), S. 3 f.; Pohlheim (1995), S. 128 f. Der Ausdruck „best(e) Lösung(en)" bezieht sich auf die Zielerreichung, vgl. auch Kap. 6.1.5.1 (Dominanz und Pareto-Optimalität).

[2]  Der Begriff „Trade-off-Linie" wird im folgenden Abschnitt erläutert.

[3]  Vgl. Wagner/Affenzeller/Schragl (2004), S. 81; Moon/Lee (2003), S. 11 f.; Garus (2000), S. 142; Schultz (1999), S. 49; Neubauer (1998), S. 81; Kurbel/Rohmann (1995), S. 590; Siedentopf (1994), S. 38; Bierwirth (1993), S. 76 f. und S. 88 ff.

[4]  Vgl. Sprave (1999), S. 40.

bzw. Task-Sequenzen[1] an, bei denen die Reihenfolgen der Bearbeitung (an den Produktionsstandorten) angegeben werden. Alle anderen Plandaten, etwa die Standortzuordnung, die Bearbeitungszeiten oder die Kostendaten, werden durch den sog. Schedule-Builder[2] berechnet und werden erst bei der Evaluierung hinzugezogen.[3] Die Bearbeitungsreihenfolge, als Teil der Planauftragsliste, stellt genau den geforderten Sequenzplan bereit.[4]

Im Folgenden wird aus Gründen der Vereinfachung (meist) der Ausdruck Planauftragsliste verwendet, auch wenn nur die Bearbeitungsreihenfolge als Bestandteil der Liste gemeint ist. Die Planauftragslisten, in denen die Planaufträge in der Reihenfolge ihrer Bearbeitung aufgelistet sind, stellen Lösungen des kombinatorischen Optimierungsproblems dar. Jede Listenposition ist mit der Nummer eines Auftrages belegt. Jedes Individuum ist entsprechend durch eine Reihenfolge an Aufträgen gekennzeichnet.

Nachdem festgelegt wurde, *was* im Lösungsraum repräsentiert wird, muss im Folgenden geklärt werden, *wie* das Individuum repräsentiert wird. Im Hinblick auf die Repräsentation der Lösungen kann zwischen einer reellen und einer binären *Codierung* unterschieden werden (s. Abb. 6-3).[5]

---

[1]   Die Begriffe „Sequenzplan" und „Task-Sequenz" werden synonym verwendet; vgl. Kießwetter (1999), S. 115.
      Der Sequenzplan wird auch als Permutation ohne Wiederholung bezeichnet; vgl. Schultz (1999), S. 49.

[2]   Der Schedule-Builder wird in Kap. 6.2 (Konzept des Verfahrens) erläutert. Durch die Einführung eines Schedule-Builders wird vermieden, dass unbrauchbare Lösungen durch den Evolutionären Algorithmus erzeugt werden. So werden nur mögliche und erlaubte Auftragszuordnungen getroffen, und es werden keine Produktionsstandorte überbelegt.

[3]   Vgl. Kopfer/Rixen/Bierwirth (1995), S. 574; Bruns (1993), S. 354. Beim Sequenzplan wird nur die Reihenfolge angegeben, hingegen gibt ein Terminplan die Reihenfolge und Starttermine der Aufträge an. Da sich Starttermine aus einem Sequenzplan ableiten lassen, reicht der Sequenzplan aus, um eine Lösung zu beschreiben; vgl. Rixen (1997), S. 86; Bierwirth/Kopfer/Mattfeld/ Utecht (1993), S. 5 f.

[4]   Vgl. Kap. 2.3.2 (Operative Produktionsplanung und Anlagenbelegungsplanung). In Ponnambalam/Aravindan/Sreenivasa (2001), S. 565 ff., in Fang (1994), S. 114 ff., in Bruns (1993), S. 353 ff., und in Bagchi et al. (1991), S. 11 ff., werden unterschiedliche Repräsentationen bei Scheduling-Problemen gegenübergestellt. Eine mögliche Repräsentation bei der neben der Sequenzliste der Aufträge auch die Produktionsstandortzuordnung in einem Individuum abgebildet wird, wird hier nicht angewendet, weil die Standortzuordnung mit Hilfe des Moduls Auftragszuordnung vorgenommen wird.

[5]   Vgl. Neubauer (1998), S. 82 ff.

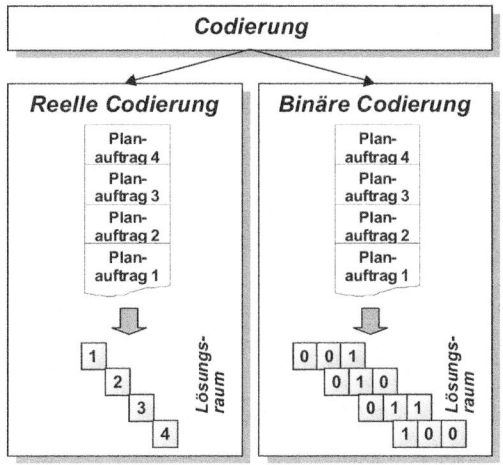

**Abb. 6-3:** *Codierung eines Evolutionären Algorithmus*

Die Lösungsrepräsentation und die Codierung sollten sich möglichst direkt aus der Problemstellung ableiten. Insbesondere sollten strukturelle Eigenheiten (Regelmäßigkeiten) des Lösungsraumes durch die Codierung erhalten bleiben, soweit sie den Suchprozess erleichtern.[1] Außerdem sollte die Repräsentation die Eigenschaft besitzen, dass zwei nah beieinander liegende Lösungen im Lösungsraum auch im Suchraum nah beieinander liegen.[2] Diese aufgeführten Eigenschaften werden bei einer binären Repräsentation nicht generell erfüllt.[3] Auch verursacht eine binäre Codierung gegenüber einer reellen Codierung einen zusätzlichen Rechenaufwand, da bei einer binären Codierung jede Lösungsrepräsentation mit Hilfe einer Decodierfunktion vor der Bewertung decodiert werden muss.[4] Empirische Untersuchungen zeigen, dass die reelle Repräsentation bei kombinatorischen Optimierungsproblemen gegenüber der binären Vorteile zeigt. Die reelle Repräsentation ist schneller und konsistenter von Lauf zu Lauf.[5]

---

[1]   Vgl. Schöneburg/Heinzmann/Feddersen (1994), S. 190 f. und S. 215; Nissen (1994), S. 33 f.

[2]   Vgl. Bierwirth (1993), S. 164.

[3]   Vgl. Weiß (2002), S. 17; Michalewicz (1999), S. 98; Schultz (1999), S. 47; Neubauer (1998), S. 46.

[4]   Vgl. Sprave (1993), S. 113.

[5]   Vgl. Michalewicz (1999), S. 105; Kießwetter (1999), S. 112; Pohlheim (1995), S. 128; Janikow/ Michalewicz (1991), S. 33 ff.

Aus den genannten Gründen wird für die Repräsentation der Planauftragslisten eine reelle Codierung gewählt.[1] Die Sequenzpläne werden mit Hilfe ganzer Zahlen dargestellt, wobei jede ganze Zahl der Nummer eines Planauftrages entspricht.

Aufgrund der einfachen, intuitiven und anschaulichen Repräsentation in Form von Sequenzplänen mit ganzzahliger Codierung wird bei praxisnahen Problemen die Akzeptanz eines Evolutionären Algorithmus bei Entscheidungsträgern gefördert. So kann die Repräsentation von Expertenwissen, z. B bei der Startlösung, leichter genutzt werden.[2] Allerdings müssen bei dieser anschaulichen Repräsentation die Mutations- und Rekombinationsoperatoren modifiziert werden, um den Lösungsraum nicht zu verlassen.[3]

### 6.1.3 Auswahl der Replikationsart

Als Ergebnis der Selektion[4] ist die Population einer Generation von $\lambda$ auf $\mu$ Individuen reduziert worden. Die Replikation im Anschluss an die Selektion hat die Aufgabe, durch Fortpflanzung der $\mu$ Individuen der Elternpopulation eine neue Population mit wiederum $\lambda$ Individuen zu erzeugen und damit den Generationswechsel zu realisieren (s. Abb. 6-2). Die Replikation kann grundsätzlich auf zweierlei Art durchgeführt werden: Zum einen durch Nachbildung der in der Natur beobachteten eingeschlechtlichen *Reduplikation*, welche die ausgewählten Individuen einfach verdoppelt, zum anderen durch die *Rekombination*, die eine Abbildung der zweigeschlechtlichen Fortpflanzung der Natur darstellt.[5]

Bei der Umsetzung der *Reduplikation* in einem Evolutionären Algorithmus wird aus den $\mu$ selektierten Individuen der Elternpopulation jeweils ein Individuum zufällig ausgewählt und verdoppelt.[6] Zur Umsetzung der *Rekombination* in einem Evolutionären Algorithmus existieren unterschiedliche Vorgehensweisen. Grundsätzlich werden aus $\mu$ selektierten Individuen der Elternpopulation jeweils zwei Individuen

---

[1]   Vgl. van Veldhuizen/Lamont (1998), S. 40; Nissen (1994), S. 297 f.

[2]   Vgl. Weicker (2002), S. 170; Neubauer (1998), S. 88 und S. 111.

[3]   Vgl. Garus (2000), S. 237 f.; Nissen (1994), S. 34; vgl. auch Kap. 6.1.3 (Auswahl der Replikationsart) und Kap. 6.1.4 (Auswahl der Mutationsart und Adjustierung der Mutationsparameter).

[4]   Die im Folgenden verwendeten Begriffe Selektion, Replikation, Reduplikation sowie Rekombination wurden in Kap. 6.1.1 (Funktionsweise Evolutionärer Algorithmen) erläutert.

[5]   Vgl. Schultz (1999), S. 57 f.

[6]   Vgl. Nissen (1994), S. 13 f.

ausgewählt, aus denen dann durch eine Verknüpfung, die auch Crossover genannt wird, ein oder zwei Nachkommen entstehen. Wie beim natürlichen Vorbild
werden durch die Rekombination neue Individuen produziert, die Teile der Informationen von beiden Eltern in sich vereinen.[1]

Bei der hier gewählten Repräsentation in Form von Sequenzplänen muss bzgl. der
Rekombination sichergestellt werden, dass die erzeugten Nachkommen den
Suchraum nicht verlassen. Daraus resultiert die Notwendigkeit, dass nach der
Verknüpfung zweier Individuen die Planauftragsliste weiterhin vollständig bleiben
muss; so muss jeder Planauftrag in der Sequenzliste enthalten sein, und es darf
ein Planauftrag nicht doppelt vorkommen.[2] In der Literatur werden viele unterschiedliche Rekombinationsverfahren für Individuen mit einer reellen Repräsentation vorgestellt, die speziell für Reihenfolgeprobleme entwickelt worden sind und
die somit die Vollständigkeit der Planauftragslisten gewährleisten.[3] Zur Anwendung in dieser Arbeit kommt ein weit verbreitetes Rekombinationsverfahren, der
sog. PMX-Operator.[4] Bei dem hier ausgewählten PMX-Operator werden die Positionen des Crossover-Intervalls[5] exakt ausgetauscht. Außerhalb dieses Bereichs
versucht dieser Operator, möglichst sowohl die absolute Position eines Planauftrages als auch seine relative Position zu erhalten. Bedingt durch unterschiedliche
Ecktermine eines Auftrages und durch unterschiedliche Zuordnungen der Produktionsstandorte, kann bei dem hier vorliegenden Reihenfolge- und Zuordnungsproblem die Änderung der absoluten Position eines Planauftrages innerhalb der
Sequenzliste zu großen Veränderungen im Suchraum führen.[6] Ebenso kann die

---

[1]  Vgl. Neubauer (1998), S. 92.

[2]  Vgl. Weiß (2002), S. 17 f.; Neubauer (1998), S. 87; Nissen (1994), S. 64 f.; Bierwirth (1993),
S. 99. Vgl. auch Kap. 6.1.2 (Auswahl der Repräsentation und Codierung).

[3]  Vgl. Michalewicz/Fogel (2000), S. 197 ff.; Michalewicz (1999), S. 216; Pohlheim (1995), S. 131;
Bierwirth (1993), S. 104–120. Neubauer hat in seiner Dissertation 21 unterschiedliche Rekombinationsverfahren zusammengetragen und erläutert; Neubauer (1998), S. 92–108.

[4]  PMX steht für „Partially Matched Crossover".
Der PMX-Operator wird vorgestellt in: Weicker (2002), S. 129 f.; Weiß (2002), S. 17 f.; Gott-
lieb (2000), S. 177 f.; Neubauer (1998), S. 94 f.; Whitley (1997c), S. C3.3:14 f.; Nissen (1994),
S. 66 ff.; Starkweather et al. (1991), S. 71 f.; Cleveland/Smith (1989), S. 162 f.

[5]  Mit Crossover-Intervall wird der Abschnitt der Sequenzliste bezeichnet, der durch das Rekombinationsverfahren zwischen den Eltern ausgetauscht wird.

[6]  Beim Problem des Handelsreisenden spielt die absolute Position eine untergeordnete Rolle, nur
die relative Position ist von Bedeutung; vgl. Wagner/Affenzeller/Schragl (2004), S. 80; Michalewicz (1999), S. 242; Rixen (1997), S. 108; Bierwirth/Kopfer/Mattfeld/Utecht (1993), S. 7; Starkweather et al. (1991), S. 73.

Änderung der relativen Position bedingt durch die reihenfolgeabhängigen Rüstzeiten große Veränderungen im Suchraum veranlassen.[1] Da die Rekombination nach Möglichkeit keine zu großen Änderungen im Suchraum durch sog. ungewollte Mutationen bewirken soll, ist aus den oben genannten Gründen der PMX-Operator bei dem hier vorliegenden Problem die richtige Wahl.[2]

Die Reduplikation und die Rekombination werden solange wiederholt, bis schließlich genügend Nachkommen erzeugt worden sind und die Population wieder auf $\lambda$ Individuen angewachsen ist. Es stellt sich hierbei die Frage, welche Nachkommen durch Reduplikation und welche durch Rekombination erzeugt werden sollen. Im Gegensatz zur Reduplikation sorgt die Rekombination für eine hohe Variabilität in der Population. Empirische Untersuchungen zeigen, dass Evolutionäre Algorithmen auch ohne die Anwendung der Rekombination in der Lage sind, kombinatorische Optimierungsprobleme erfolgreich zu lösen.[3] Die erforderliche Variabilität wird durch die Mutation erzielt. Aufgrund von theoretischen Überlegungen und empirischen Untersuchungen für vergleichbare kombinatorische Optimierungsprobleme kommt Höchst zu dem Schluss, dass die Durchführung einer Rekombination zu einer merklichen Ergebnisverbesserung beiträgt. Seine Empfehlung, der Anteil der Rekombination solle 75 % betragen (und entsprechend der Anteil der Reduplikation 25 %), wird hier übernommen.[4]

### 6.1.4 Auswahl der Mutationsart und Adjustierung der Mutationsparameter

Das Ziel der Mutation eines Evolutionären Algorithmus besteht darin, durch probabilistische Prozesse neue, in einer Population noch nicht enthaltene Individuen zu erzeugen und somit für eine ausreichende Variabilität zu sorgen.[5] Ähnlich wie

---

[1]   Vgl. Whitley (1997a), S. C1.4:1 f.

[2]   Mit ungewollten Mutationen (implizite Mutationen) sind alle Veränderungen bei der Vererbung durch Rekombination gemeint, die durch sog. Reparaturmechanismen die Reihenfolge und die Position eines Planauftrages verändern, um so eine vollständige Sequenzliste zu erhalten; vgl. Wagner/Affenzeller/Schragl (2004), S. 81; Weiß (2002), S. 19 f.; Gottlieb (2001), S. 53; Neubauer (1998), S. 95; Rixen (1997), S. 109; Bierwirth (1993), S. 110 ff.; Cleveland/ Smith (1989), S. 169.

[3]   Vgl. Sander (1994), S. 71 f.

[4]   Vgl. Höchst (1997), S. 130 ff. Diese Empfehlung deckt sich mit der generellen Empfehlung von Nissen, der Rekombinationsanteil sollte zwischen 60 % und 100 % liegen; Nissen (1994), S. 71. Siehe auch Pohlheim (1999), S. 180; Khuri/Bäck/Heitkötter (1994), S. 67 und Bagchi et al. (1991), S. 14 f.

[5]   Vgl. Kap. 6.1.1 (Funktionsweise Evolutionärer Algorithmen).

bei der Rekombination muss bei der Durchführung der Mutation darauf geachtet werden, dass der Suchraum nicht verlassen wird. Auch nach der Mutation muss nach wie vor jedes Element, d. h. jeder Planauftrag, in der Planauftragsliste enthalten sein, und es darf kein Element doppelt vorkommen.[1]

Für die Anwendung bei kombinatorischen Optimierungsproblemen werden folgende Mutationsverfahren vorgeschlagen (s. Abb. 6-4):[2]

- Die *Insertion*[3] nimmt einen beliebigen Auftrag aus der Planauftragsliste heraus und fügt diesen an einer zufälligen Position ein.

- Die *Translation*[4] nimmt eine beliebige Teilfolge an Aufträgen aus der Planauftragsliste heraus und fügt diese Teilfolge an einer zufälligen Position ein.

- Der *reziproke Austausch*[5] sucht sich zufällig zwei beliebige Aufträge aus der Planauftragsliste heraus und vertauscht ihre Positionen.

- Die *Inversion*[6] nimmt eine beliebige Teilfolge an Aufträgen aus der Planauftragsliste heraus und fügt diese Teilfolge in umgekehrter Reihenfolge an derselben Position ein.

Als Mutationsschrittweite MSR wird hierbei jeweils der Abstand der in die Mutation einbezogenen Elemente definiert. Die Mutationsrate MUR legt fest, wie viele Individuen einer Population durch Mutation verändert werden sollen. Mutationsrate und -schrittweite werden als Mutationsparameter bezeichnet.[7]

---

[1]   Vgl. Kap. 6.1.3 (Auswahl der Replikationsart).

[2]   Vgl. Gottlieb (2000), S. 175 f.; Schultz (1999), S. 58 f.; Pohlheim (1999), S. 54–57; Michalewicz (1999), S. 220; Whitley (1997b), S. C3.2:5 ff.; Nissen (1994), S. 65 ff.

[3]   Die Insertion wird auch als „Move-Mutation" bezeichnet.

[4]   Die Translation wird auch als „Swap-Mutation" oder mit dem engl. Begriff „Displacement" bezeichnet.

[5]   Der reziproke Austausch wird auch mit dem engl. Begriff „Reciprocal Exchange" bezeichnet.

[6]   Die Inversion bezeichnet Neubauer als „Reverse-Operator"; Neubauer (1998), S. 109.

[7]   Vgl. Schultz (1999), S. 59.

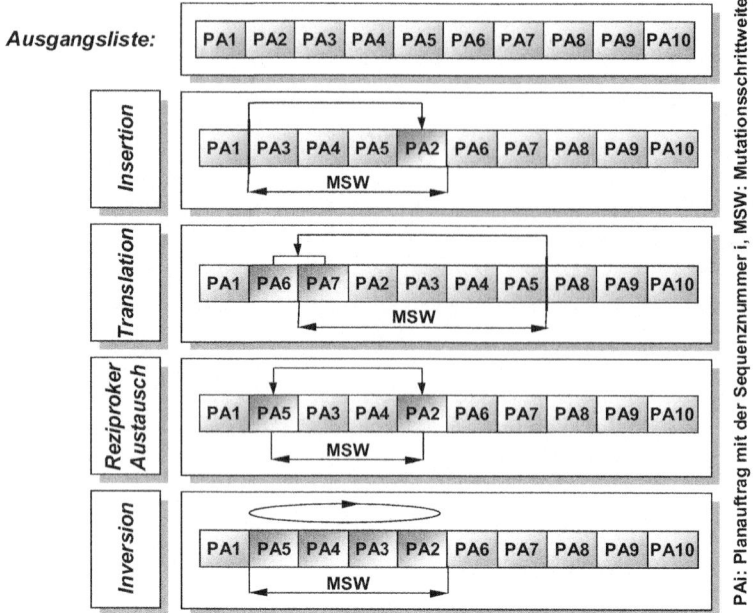

**Abb. 6-4:** *Mutationsarten*

Empirische Untersuchungen zeigen, dass durch eine adaptive Gestaltung der Mutationsart und der Mutationsparameter die besten Ergebnisse im Hinblick auf Konvergenzgeschwindigkeit und -sicherheit des Evolutionären Algorithmus erzielt werden können.[1] Im Laufe des Optimierungsprozesses wird beispielsweise zwischen Inversion und Insertion gewechselt. So ist es für den Optimierungsprozess vorteilhaft, dass zu Beginn die Inversion die Konvergenz beschleunigt, da diese Mutationsart eine hohe Variabilität in die Population einbringt. Zum Ende des Optimierungsprozesses ist dagegen die Insertion erfolgreicher, da diese Mutationsart wegen ihrer eher geringfügigen Veränderungen an der Population die Ausbeutung des Suchraumes unterstützt. Ähnliche Beobachtungen können für die Mutationsparameter gemacht werden: So kann zu Beginn eines Optimierungsprozesses durchaus der Einsatz großer Mutationsraten und -schrittweiten erfolgreich sein,

---

[1]   Vgl. Neubauer (1998), S. 195; Höchst (1997), S. 116 f.; Nissen (1994), S. 54.

um die Erkundung des Suchraumes zu beschleunigen. Dagegen sind gegen Ende des Vorganges eher kleinere Parameterwerte sinnvoll.[1]

Grundsätzlich stellt die Bestimmung der Parameter selbst wieder ein Optimierungsproblem dar. Daraus ergibt sich, dass die adaptive Gestaltung der Mutationsart und der Mutationsparameter durch den Evolutionären Algorithmus selbst übernommen werden kann.[2] Hierbei wird pro Individuum die Sequenzliste bzw. die Planauftragsliste um sog. Strategieparameter erweitert, die dann ebenfalls dem evolutionären Prozess unterzogen werden (s. Abb. 6-5).

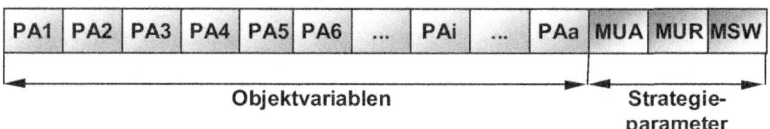

PAi:   Planauftrag mit der Sequenznummer i
a:     Anzahl Planaufträge
MUA:   Mutationsart            Insertion, Translation, Rez. Austausch, Inversion
MUR:   Mutationsrate           $0,5\ \% \leq MUR \leq 1\ \%$
MSW:   Mutationsschrittweite   $1 \leq MSW \leq a$

**Abb. 6-5:** *Strategieparameter*

Diese Ergänzung des Evolutionären Algorithmus um eine sog. Meta-Ebene lässt sich auch biologisch rechtfertigen, da elementare Prinzipien der natürlichen Evolution, wie z. B. das der Rekombination, erst im Laufe der Zeit entstanden sind und somit selbst der Evolution unterlagen.[3]

Durch diese Erweiterung, die als Meta-Evolution bezeichnet wird, setzen sich die Strategieparameter bei der Selektion durch, die bei den vorliegenden Randbedingungen am vorteilhaftesten sind. Dies führt dann automatisch zur Anwendung der Mutationsart, der Mutationsschrittweite und der Mutationsrate, die situationsabhängig am günstigsten sind. Dem Anwender des Verfahrens bleiben somit aufwändige Parametereinstellungen des Evolutionären Algorithmus (bzgl. der Mutation) erspart.

---

[1]   Vgl. Gottlieb (2000), S. 175; 183 ff.; Schultz (1999), S. 58 f.; Schöneburg/Heinzmann/Feddersen (1994), S. 303; Nissen (1994), S. 54 f.; Bäck (1993), S. 6 f.

[2]   Vgl. Nissen (1994), S. 55 f. und Kap. 5.3 (Auswahl eines geeigneten Lösungsverfahrens).

[3]   Vgl. Kursawe (1999), S. 70.

Aufgrund der aufgeführten Vorteile wird der multikriterielle Evolutionäre Algorithmus in dieser Arbeit als Meta-Evolutionärer Algorithmus gestaltet. Somit steuert sich der Evolutionäre Algorithmus durch die adaptive Gestaltung der drei definierten Strategieparameter vollständig selbst und passt sich damit eigenständig an die jeweils vorliegende Anlagen- und Produktionsstandortstruktur an. Der Forderung aus dem Lastenheft nach einer flexiblen Einsetzbarkeit des zu entwickelnden Verfahrens zum Multi-Site-Scheduling bei unterschiedlichen Produktionsstandortstrukturen wird damit nachgekommen.[1]

Da hier ein Meta-Evolutionärer Algorithmus zu Anwendung kommt, müssen für die Startpopulation pro Individuum die Strategieparameter festgelegt werden. Hierbei wird den Empfehlungen von Bäck gefolgt:[2]

- Jedem Individuum der Startpopulation wird zufällig eine der vier vorgestellten Mutationsarten zugeordnet.

- Die Mutationsrate sollte zwischen 1 % und 0,5 % liegen. Für die Individuen der Startpopulationen werden deshalb für MUR zufällig Werte zwischen 0,01 und 0,005 ausgewählt.

- Die Mutationsschrittweite wird für die Individuen der Startpopulation zufällig zwischen eins und der Anzahl Planaufträge a festgelegt.

### 6.1.5 Besonderheiten multikriterieller Evolutionärer Algorithmen

Um die Güte der erstellten Planauftragslisten beurteilen zu können, müssen alle ermittelten Planauftragslisten anhand der Zielfunktionen bewertet werden. Im Gegensatz zu Optimierungsproblemen mit Einfachzielsetzungen, bei denen der optimale Wert der Zielgröße die globale Lösung des Optimierungsproblems ergibt, liegen bei multikriteriellen Problemen mehrere Zielgrößen für eine Planauftragsliste, d. h. Lösung[3] vor.[4] Stehen die unterschiedlichen Zielgrößen konfliktionär zuein-

---

[1]  Vgl. Kap. 3.5 (Qualitative Anforderungen).

[2]  Vgl. Bäck (1993), S. 2.

[3]  Da im hier betrachteten Kontext eine Planauftragsliste eine Lösung bzw. einen Lösungsvorschlag darstellt und im Rahmen eines Evolutionären Algorithmus eine Lösung auch Individuum einer Population genannt wird, werden die Begriffe Planauftragsliste, Lösung und Individuum synonym verwendet.

[4]  Vgl. Schneeweiß (1991a), S. 107 ff.

ander, existiert im Allgemeinen eine Menge von Lösungen, die jeweils effizient sind. Insofern keine Gewichtungen der Zielgrößen vorliegen, müssen die entsprechenden Alternativen als gleichwertig betrachtet werden. Werden beispielsweise durch den Disponenten die beiden Ziele Minimierung der Bearbeitungskosten und Einhaltung des Liefertermins als Zielgrößen ausgewählt, so kann zwar ein vom Kunden weit entfernter Produktionsstandort zu niedrigen Bearbeitungskosten führen, das Zeitziel einer möglichst guten Einhaltung des Liefertermins wird hingegen schlecht erfüllt. Umgekehrt kann ein näherer Produktionsstandort zu höheren Kosten führen, aber das Liefertterminziel wird wahrscheinlich besser erfüllt. Unter Beachtung aller Zielgrößen ist keine effiziente Lösung besser als eine zweite effiziente Lösung. Alle effizienten Lösungen sind als gleichwertig zu betrachten.[1]

Bezüglich multikriterieller Optimierungsprobleme werden die Begriffe Dominanz und Pareto-Optimalität bzw. Effizienz verwendet.[2] Diese werden im Folgenden erläutert.

### 6.1.5.1 Dominanz und Pareto-Optimalität

Eine nicht-dominierte oder Pareto-optimale Lösung ist eine Lösung aus einer gegebenen Lösungsmenge, zu der es keine andere Lösung gibt, die in mindestens einer Zielgröße besser und in keiner Zielgröße schlechter ist.[3] Innerhalb der Lösungsmenge lässt sich keine Zielgröße verbessern, ohne dass mindestens eine andere Zielgröße verschlechtert wird. Nicht-dominierte Lösungen beziehen sich auf eine Teilmenge des Lösungsraums.[4] Lösungen in dieser Teilmenge werden als nicht-dominierte Lösungen bezeichnet, wenn diese von den anderen Lösungen der Teilmenge nicht dominiert werden. In dem in Abb. 6-6 dargestellten Beispiel mit einem zweidimensionalen Lösungsraum werden bezogen auf die Lösungsmenge der Lösungen 1, 2 und 3 die Lösungen 1 und 2 nicht dominiert. Die Menge aller nicht-dominierten Lösungen in Bezug zum gesamten Lösungsraum wird als

---

[1]  Vgl. Zitzler (1999), S. 5; Deb (1999), S. 2 f.

[2]  Die Begriffe Pareto-optimal und effizient sowie Pareto-Optimalität und Effizienz sind synonym; vgl. Kap. 3.4 (Leistungsbezogene Anforderungen).

[3]  Vgl. Meyer (2002), S. 3; Deb (1999), S. 2; van Veldhuizen/Lamont (1998), S. 12 ff.; Zimmermann/Gutsche (1991), S. 35; Schneeweiß (1991a), S. 112.

[4]  Vgl. Deb (1999), S. 3; Zitzler (1999), S. 8.

Pareto-optimale Lösungsmenge bezeichnet.[1] Die imaginäre Verbindungslinie aller Pareto-optimalen Individuen bildet die sog. Pareto-Front.[2] Geht man davon aus, dass die Pareto-Front nicht bzw. noch nicht bekannt ist, so werden im Allgemeinen alle nicht-dominierten Lösungen als Front bzw. Trade-off-Front bezeichnet. Die Menge aller Pareto-optimalen Lösungen ist die vollständige Lösung des multikriteriellen Optimierungsproblems.[3]

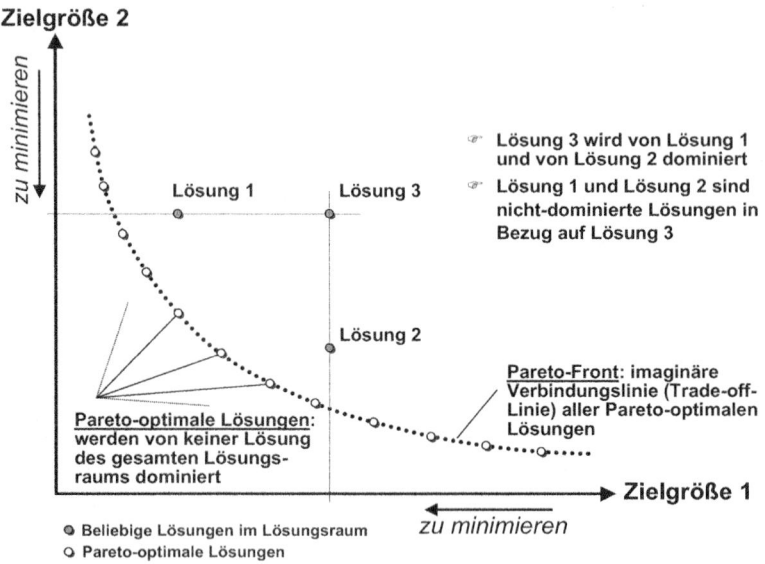

**Abb. 6-6**: *Nicht-dominierte und Pareto-optimale Lösungen*

### 6.1.5.2 Wunschcharakteristiken der Näherungslösungen

Das Ziel des hier vorgestellten Problems besteht im Finden der Pareto-optimalen Lösungsmenge oder einer zumindest guten Näherung an diese. Da es sich hier,

---

[1]   Bayart/Kotlicki/Nowacki (2002), S. 1; Deb (1999), S. 3. Pareto-optimale Lösungen werden auch als effiziente Lösungen bezeichnet; vgl. Meyer (2002), S. 4; van Veldhuizen/Lamont (2000), S. 128; Nissen (1994), S. 73; Daub (1994), S. 89; Schneeweiß (1991a), S. 109 ff.; Goldberg (1989), S. 198 f.

[2]   Vgl. Weicker (2002), S. 181. Schneeweiß bezeichnet die *Pareto-Front* als *Effizienzkurve* und spricht von einem *effizienten Rand*; vgl. Schneeweiß (1991a), S. 112.
      Bei den hier betrachteten ganzzahligen Optimierungsproblemen verläuft die Pareto-Front bzw. der effiziente Rand oft nicht konvex. Aus Vereinfachungs- und Verständnisgründen wird hier ein konvexer Verlauf abgebildet.

[3]   Vgl. Meyer (2002), S. 5.

wie bereits dargestellt, um ein NP-schweres Problem handelt,[1] ist die Wahrscheinlichkeit, mit dem hier vorgestellten Verfahren alle Pareto-optimalen Lösungen zu
finden, eher gering. Eine gute Näherungslösungsmenge wird durch folgende Charakteristiken gekennzeichnet:[2]

1. Der Abstand zwischen der resultierenden, nicht-dominierten Front (Näherungslösungen) und der Pareto-Front sollte möglichst gering sein. Um diese
   Wunscheigenschaft möglichst schnell zu erreichen, muss der Evolutionäre
   Algorithmus einen hohen Selektionsdruck aufbauen. Der Selektionsdruck
   „treibt" die Individuen in Richtung Pareto-Front.

2. Eine gute (in den meisten Fällen gleichmäßige) Verteilung der errechneten
   Näherungslösungen ist wünschenswert, d. h. auf der resultierenden, nicht-
   dominierten Front sollten die gefundenen Individuen etwa denselben Abstand
   voneinander aufweisen.

3. Die Diversität (Ausdehnung bzw. Spannweite) der gefundenen Näherungslösungen sollte möglichst groß sein, d. h. die gefundenen, nicht-dominierten
   Lösungen sollten für jede Zielgröße einen weiten Bereich abdecken.

Um diese wünschenswerten Eigenschaften der Näherungslösungen zu erhalten,
muss insbesondere die Fitnessfunktion[3] des multikriteriellen Evolutionären Algorithmus im Hinblick auf diese Wunschcharakteristiken gestaltet werden. In der Literatur wird eine Reihe unterschiedlicher Evolutionärer Algorithmen vorgestellt, die
alle die oben genannten Charakteristiken in Bezug auf die Lösungsfindung versuchen zu erreichen. Die folgenden Betrachtungen lehnen sich an den von Srinivas
und Deb[4] vorgeschlagenen Evolutionären Algorithmus an, da dieser durch viele
andere Autoren untersucht und als gut geeignet für die hier vorliegende bzw. eine

---

[1]  Vgl. Kap. 5.2.4 (Komplexität des Problems).

[2]  Vgl. Deb (2004), S. 12; Deb/Mohan/Mishra (2003), S. 1 f.; Deb/Goel (2001), S. 70 f.; Zitzler/
     Deb/Thiele (2000), S. 179; Zitzler (1999), S. 19; Deb (1999), S. 2 f.

[3]  Mit Hilfe der Fitnessfunktion wird die Fitness (Fortpflanzungswahrscheinlichkeit) eines Indivi-
     duums berechnet. Vgl. auch Kap. 6.1.6.1 (Fitnessfunktion eines multikriteriellen Evolutionären
     Algorithmus).

[4]  In Srinivas/Deb (1994), S. 221–248, wurde dieser Algorithmus das erste Mal vorgestellt.
     In Deb (1999), S. 6–10, wird die Funktionsweise des Algorithmus sehr übersichtlich zusam-
     mengefasst dargestellt.

ähnliche Problemstellung eingestuft wurde.[1] Dieser Algorithmus wird als Nondomi-
nated-Sorting-Genetic-Algorithm (NSGA)[2] bezeichnet. In ihren empirischen Unter-
suchen zeigen Dias und Vasconcélos, dass der NSGA-Algorithmus bei Testfunkti-
onen im Vergleich zu fünf anderen Algorithmen am schnellsten ist und dass die
mit diesem Algorithmus berechneten Näherungslösungen die oben beschriebenen
Wunscheigenschaften am besten erfüllen.[3]

### 6.1.6 NSGA-Algorithmus

#### 6.1.6.1 Fitnessfunktion eines multikriteriellen Evolutionären Algorithmus

Bei dem hier vorgestellten, heuristischen Optimierungsverfahren, eingebettet in
einen zyklischen Prozess, besteht die Aufgabe der Bewertung in der Messung der
Güte der vorgeschlagenen Planauftragslisten. Hierzu wird jede einzelne der angebotenen Auftragslisten mit allen anderen verglichen. In der Sprache der evolutionären Optimierung heißt das, dass jedes Individuum mit allen anderen Individuen
der Population auf Dominanz geprüft wird. Die Fitness und damit die Reproduktionswahrscheinlichkeit eines Individuums wird durch seine Dominanz bestimmt.

Mehrere Möglichkeiten zur Berechnung der Fitness sind für multikriterielle Optimierungsprobleme entwickelt worden.[4] Weit verbreitet sind:

• die Fitnesszuweisung proportional zu den Zielfunktionswerten sowie

• die Fitnesszuweisung nach der Reihenfolge der Zielfunktionswerte, das sog.
  Rang-Verfahren bzw. Pareto-Ranking[5].

---

[1]  Vgl. Zitzler/Laumanns/Bleuler (2004), S. 5 ff.; Laumanns et al. (2002), S. 268 f.; Chen et
     al. (2002), S. 2 f.; Bayart/Kotlicki/Nowacki (2002), S. 11 f.; Meyer (2002), S. 8 f.; Shim et
     al. (2001), S. 22 ff.; Rekiek (2001), S. 90; Zhou/Gupta/Ray (2000), S. 1441; Zitzler/Thie-
     le (1999), S. 259; Garg/Gupta (1999), S. 46 ff.; van Veldhuizen/Lamont (1998), S. 27 ff. und
     S. 51; Andersson (1997), S. 25 ff.; Coello (1996), S. 113 ff.

[2]  Im Folgenden wird die Bezeichnung NSGA-Algorithmus verwendet (auch, wenn damit das Wort
     Algorithmus zweimal vorkommt).

[3]  Vgl. Dias/Vasconcelos (2002), S. 1133–1136. Zitzler und Thiele zeigen, dass der NSGA-
     Algorithmus im Vergleich zu drei anderen Evolutionären Algorithmen am besten abschneidet;
     Zitzler/Thiele (1999), S. 269. In Reed/Minsker/Goldberg (2001), S. 1, wird ebenfalls der NSGA-
     Algorithmus am besten bewertet.

[4]  Vgl. Zitzler (1999), S. 23; Deb (1999), S. 7; Pohlheim (1995), S. 129.

[5]  Das Rang-Verfahren wird auch als Pareto-Ranking-Verfahren oder englisch als „Rank-Based
     Fitness Assignment" bezeichnet; vgl. Pohlheim (1999), S. 21 und S. 303.

Verschiedene Vergleiche zeigen, dass das Rang-Verfahren, insbesondere bei Mehrzieloptimierungsproblemen, die bessere Wahl ist.[1] Hierbei werden alle nicht-dominierten Lösungen einer Population mit dem willkürlich festgelegten Wert eins, der sog. Rangzahl, bewertet (s. Abb. 6-7). Diese nicht-dominierten Lösungen werden für den nächsten Bewertungsschritt aus der Population eliminiert. Aus der Restmenge an bisher dominierten Lösungen werden wiederum alle nicht-dominierten Lösungen mit einem um eins höheren Wert als im vorherigen Schritt, also mit der Rangzahl zwei, bewertet.

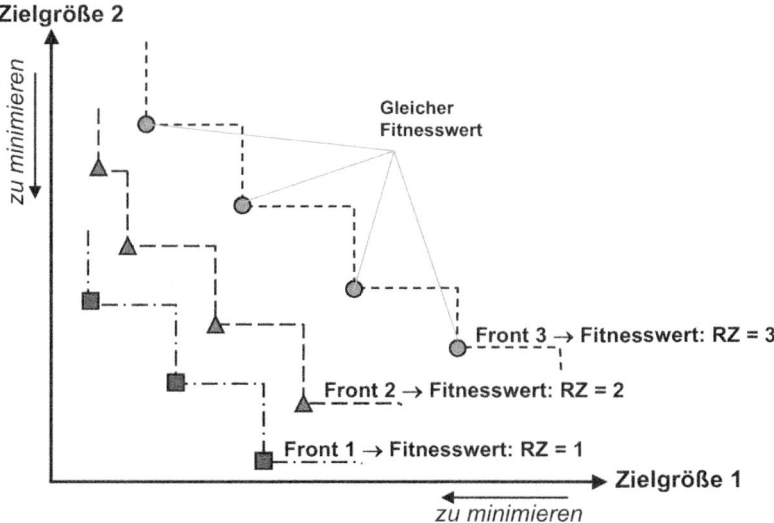

**Abb. 6-7:** *Berechnung der Fitness nach dem Rang-Verfahren*

Das Verfahren wird so lange fortgeführt, bis alle Individuen der Population bewertet worden sind; alle Individuen sind dann mit einem sog. Rang versehen worden. Individuen, welche dieselbe Rangzahl besitzen, werden imaginär zu einer Front zusammengefasst. Alle Individuen einer selben Front haben dieselbe Wahrscheinlichkeit reproduziert zu werden. Die Reproduktionswahrscheinlichkeit einer Lö-

---

[1]   Vgl. Fonseca/Fleming (1995), S. 4 f.

sung, also die Auswahlwahrscheinlichkeit, für die nächste Generation berücksichtigt zu werden, hängt damit vom vergebenen Rang ab.[1]

Im Gegensatz zu anderen Methoden der Fitness-Berechnung, die nicht den gesamten Lösungsraum erschließen und beim Suchen einer Näherungslösung oftmals die „extremen" Lösungen bevorzugen, ermöglicht das hier vorgestellte Rang-Verfahren (auch Pareto-basiertes Verfahren genannt), alle Pareto-optimalen Lösungen zu finden.[2] Außerdem ist das Rang-Verfahren weitgehend unabhängig von der Anzahl der Zielgrößen und von der Oberfläche der Trade-off-Linien.[3]

Neben den genannten Vorteilen des vorgestellten Pareto-basierten Verfahrens besteht ein Nachteil dieses Verfahrens in der sog. genetischen Drift.[4] Hierbei konvergiert der Algorithmus in der Nähe einer Pareto-optimalen Lösung, obwohl mehrere, gleichwertige Lösungen im Lösungsraum vorhanden sind. Der Wunsch einer gleichmäßigen Verteilung entlang der Trade-off-Linie kann so nicht erfüllt werden (s. Wunschcharakteristiken Nr. 2 und Nr. 3 aus Kap. 6.1.5.2). Aus diesem Grunde wird, um eine Vergrößerung der Verschiedenartigkeit der Lösungen zu erreichen, das Rang-Verfahren oftmals um ein sog. Fitness-Sharing ergänzt.[5]

### 6.1.6.2 Fitness-Sharing

Das Fitness-Sharing beruht auf der Idee, dass Individuen in einem abgegrenzten Bereich, einer sog. Nische, die vorhandenen Ressourcen teilen müssen (zur Veranschaulichung s. Abb. 6-8).[6] Je mehr Individuen sich in der Nachbarschaft eines betrachteten Individuums befinden, desto mehr nimmt dessen Fitness ab, d. h. die Überlebenswahrscheinlichkeit sinkt. Umgekehrt wird die Überlebenswahrscheinlichkeit eines Individuums steigen, welches in seiner Nachbarschaft nur wenige

---

[1]  Vgl. Zitzler (1999), S. 23; van Veldhuizen/Lamont (1998), S. 44 f.; Fonseca/Fleming (1998), S. 9 und S. 19 ff.; Coello (1996), S. 112 f.

[2]  Vgl. Weicker (2002), S. 186; Zitzler (1999), S. 23.

[3]  Vgl. Rekiek (2001), S. 90; Deb (1999), S. 8; van Veldhuizen/Lamont (1998), S. 37.

[4]  Vgl. VDI/VDE 3550 (2003), S. 5; Dias/Vasconcelos (2002), S. 1134; Beyer et al. (2001), S. 5; Pohlheim (1999), S. 23; Kießwetter (1999), S. 63; Obayashi/Takahashi/Takeguchi (1998), S. 264; Fonseca/Fleming (1995), S. 6.

[5]  Vgl. Pohlheim (1999), S. 23; Fonseca/Fleming (1995), S. 6 ff.

[6]  Vgl. Zitzler (1999), S. 24; Deb (1999), S. 8; Fonseca/Fleming (1998), S. 20 ff.; Todd/Sen (1997), S. 677 f.; Goldberg (1989), S. 186 ff.
    Wie bereits in Fußnote 2 auf Seite 176 bemerkt, wird hier aus Vereinfachungs- und Verständnisgründen ein konvexer Verlauf der Pareto-Front abgebildet.

andere Individuen aufweist. Die Größe der Nische, d. h. die Festlegung der Nachbarschaft, wird über einen sog. Nischenradius $\sigma_{share}$ definiert.

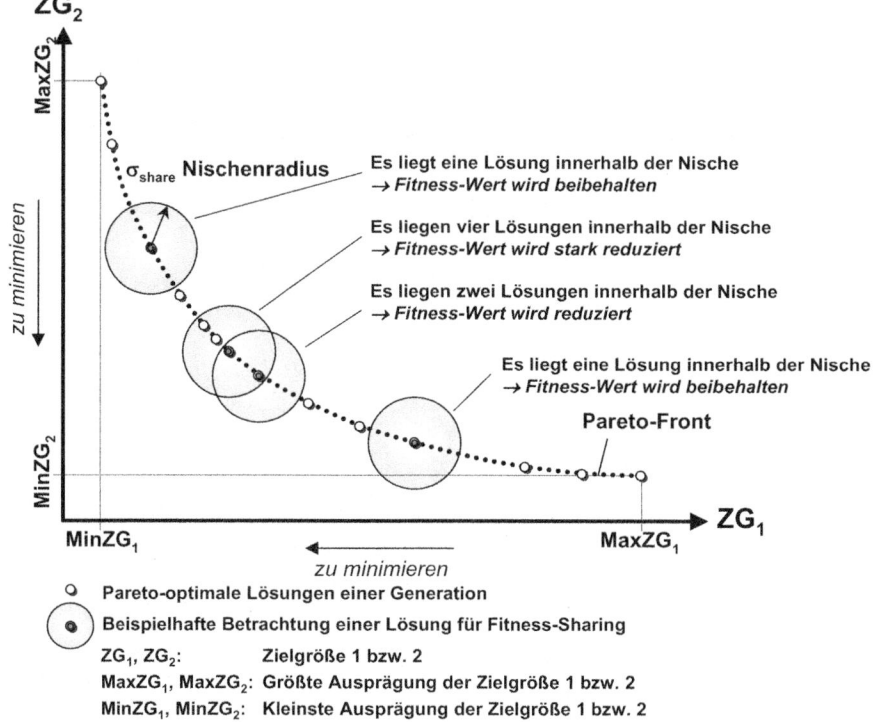

**Abb. 6-8:** *Fitness-Sharing und Nischenradius*

Die im vorherigen Abschnitt eingeführte Berechnung des Fitness-Wertes nach dem Rang-Verfahren wird so erweitert, dass die ursprüngliche Rangzahl eines Individuums, die der Fitness entspricht, durch einen sog. Shared-Fitness-Wert ersetzt wird.[1] Die Selektion beruht also hierbei auf dem Shared-Fitness-Wert. Beim NSGA-Algorithmus bleibt ansonsten der in Abb. 6-2 vorgestellte zyklische Ablauf eines Evolutionären Algorithmus unberührt.[2]

---

[1]  Die Vorgehensweise zur Berechnung des Shared-Fitness-Wertes ist ausführlich in Deb (1999), S. 7 ff. beschrieben.

[2]  Vgl. Srinivas/Deb (1994), S. 229.

Der hier beschriebene NSGA-Algorithmus, dessen Selektionsmechanismus insbesondere auf dem Rang-Verfahren und dem Fitness-Sharing beruht, führt sowohl
zu einer schnellen Konvergenz der Lösungen in Richtung von Pareto-optimalen
Regionen (Selektionsdruck) des Lösungsraumes als auch zu einer gleichmäßigen
Verteilung entlang der Pareto-Front (Diversität).[1] Da die verschiedenen Zielgrößen
des multikriteriellen Problems zu einem einzigen Shared-Fitness-Wert pro Individuum reduziert werden, ist diese Vorgehensweise praktisch unabhängig von der
Anzahl der Zielgrößen. Es können sowohl Maximierungs- als auch Minimierungsprobleme mit dieser Methode bearbeitet werden.[2]

### 6.1.7  Erweiterung des NSGA-Algorithmus

#### 6.1.7.1  Elitepopulation

Für viele kombinatorische Optimierungsprobleme lassen sich bessere Lösungs-
werte erzeugen, indem das beste Individuum einer Generation in die nächste Generation übernommen wird.[3] Es kann vorkommen, dass zwischen zwei Generationen ursprünglich nicht-dominierte, also mit Rang eins bewertete Individuen verloren gehen, obwohl sie in der neuen Generation weiterhin Rang eins behalten würden.[4] Diesem meist durch Mutation hervorgerufenen Phänomen, kann mit einem
sog. Elite-Speicher bzw. einer sog. Elite-Population[5] begegnet werden.[6] Die Elite-
Population speichert sämtliche über alle Generationen jeweils mit Rang eins bewerteten Individuen. Die von der Selektion ausgewählten Individuen werden nicht
nur aus der aktuellen Population gewonnen, sondern auch die Elite-Population
wird mit einbezogen.[7] Werden bei einem Generationswechsel neue Individuen der

---

[1]   Vgl. Büche/Müller/Koumoutsakos (2003), S. 267.

[2]   Vgl. Deb (1999), S. 146; Coello (1998), S. 34.

[3]   Vgl. Zitzler/Laumanns/Bleuler (2004), S. 7 f.; Shim et al. (2001), S. 34; Deb/Goel (2001), S. 67;
      Deb et al. (2000), S. 1; Rixen (1997), S. 113.

[4]   Vgl. van Veldhuizen/Lamont (1998), S. 48.

[5]   Die Elite-Population wird auch als Pareto-Population bezeichnet; Todd/Sen (1999), S. 1739.

[6]   Vgl. Todd/Sen (1997), S. 677; van Veldhuizen/Lamont (1998), S. 48; Bierwirth (1993), S. 145.
      Die Eigenschaft eines Evolutionären Algorithmus, die ein Überleben des besten Individuums
      oder der besten Individuen garantiert, wird Elitismus bezeichnet; vgl. VDI/VDE 3550 (2003),
      S. 4; Beyer et al. (2001), S. 3.

[7]   Es wird hier eine von mehreren möglichen Elite-Populations-Strategien vorgestellt.
      Vgl. Zitzler/Laumanns/Bleuler (2004), S. 8 f.; van Veldhuizen/Lamont (1998), S. 29 f. und S. 38.
      Weitere Möglichkeiten werden in Laumanns et al. (2002), S. 267 f., vorgestellt.

Elite-Population mit der Rangzahl eins hinzugefügt, so werden im Elite-Speicher die dann evtl. dominierten Lösungen eliminiert.[1] Die Elite-Population stellt somit einen zweiten, externen, ständig aktualisierten Speicher für nicht-dominierte Lösungen dar.[2]

Empirische Untersuchungen haben gezeigt, dass durch die Einführung einer Elite-Population der Evolutionäre Algorithmus schneller zur Pareto-Front konvergiert. Der Selektionsdruck im Vergleich zum Rang-Verfahren ohne externen Elite-Speicher wird nochmals erhöht.[3] Insbesondere wird der hier vorgestellte NSGA-Algorithmus durch Einführung einer Elite-Population verbessert.[4]

In vielen Fällen dient die Elite-Population auch dazu, den Grad der Verbesserung zwischen zwei Iterationsläufen festzustellen. Damit lässt sich auch ein Abbruchkriterium definieren.[5]

## 6.1.7.2 Auswahl der Selektionsart

Die Selektion wird anhand der durch die Bewertung ermittelten Fitness bzw. des Shared-Fitness-Wertes durchgeführt.[6] Bei dem hier ausgewählten multikriteriellen NSGA-Algorithmus mit Elite-Population ist eine Auswahl der Eltern sowohl aus der Menge der mit dem höchsten Shared-Fitness-Wert bewerteten Individuen der aktuellen Population als auch aus der Elite-Population zu treffen (s. Abb. 6-9).[7] In der Literatur existieren nur wenige Hinweise, wie bei multikriteriellen Evolutionären Algorithmen bzgl. der Selektion vorzugehen ist.[8]

Im Laufe des zyklischen, evolutionären Prozesses kann es durchaus vorkommen, dass die Elitepopulation größer wird als die verwendete Populationsgröße λ. Zitzler schlägt deshalb vor, eine gewisse Teilmenge der Elternpopulation zufällig aus

---

[1]  Vgl. Deb (1999), S. 6.

[2]  Vgl. Zitzler/Thiele (1999), S. 257; Obayashi/Takahashi/Takeguchi (1998), S. 268.

[3]  Vgl. Shim et al. (2001), S. 34; Laumanns/Zitzler/Thiele (2001), S. 186 ff.; Bierwirth (1993), S. 189 f.

[4]  Vgl. Meyer (2002), S. 9; Zitzler (2002), S. 5; Reed/Minsker/Goldberg (2001), S. 3.

[5]  Vgl. Fonseca/Fleming (1998), S. 34 und vgl. Kap. 6.1.8 (Abbruchkriterien).

[6]  Vgl. Kap. 6.1.6.1 (Fitnessfunktion eines multikriteriellen Evolutionären Algorithmus).

[7]  Die Auswahlstrategie wird als „Elitist-Strategie" bezeichnet; vgl. Schultz (1999), S. 49; Nissen (1994), S. 40.

[8]  Vgl. van Veldhuizen/Lamont (1998), S. 48.

der Elitepopulation auszuwählen, da in dieser Population alle Individuen gleichwertig sind (Rangzahl = 1).[1] Die andere Teilmenge der Elternpopulation wird entsprechend der zugewiesenen Shared-Fitness-Werte aus der aktuellen Population ausgewählt.[2] Empirische Untersuchungen ähnlicher Probleme zeigen, dass ein Mischungsverhältnis von 25:75 (Elitepopulation zur aktuellen Population) die besten Ergebnisse ergibt.[3] Dieser Wert wird hier übernommen.

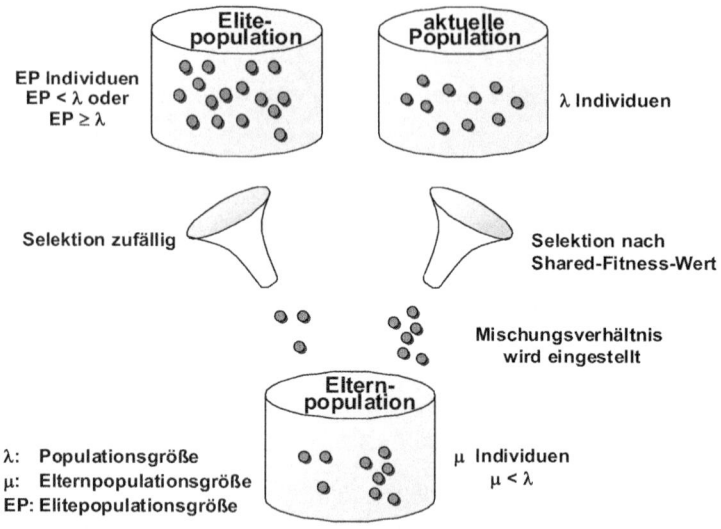

**Abb. 6-9:** *Selektionsmechanismus*

### 6.1.7.3 Parallelisierung Evolutionärer Algorithmen

Bei der Parallelisierung Evolutionärer Algorithmen steht nicht nur eine Anfangspopulation zum Start des Evolutionären Algorithmus zur Optimierung bereit, sondern es werden gleich mehrere (mindestens zwei) Startpopulationen generiert und unabhängig voneinander dem zyklischen Prozess zugeführt. Die Vorgehensweise eines parallelen Evolutionären Algorithmus besteht aus einer parallelen Suche im Lösungsraum mit einem Austausch von Informationen zwischen den verschiede-

---

[1] Vgl. Fieldsend/Everson/Singh (2003), S. 310 ff.; Zitzler (1999), S. 27; Todd/Sen (1997), S. 677. Siehe auch Purshouse/Fleming (2002), S. 17 und Fieldsend/Everson/Singh (2003), S. 311.

[2] Vgl. Deb/Goel (2001), S. 68; Todd/Sen (1999), S. 1739 f.; Martin/Lienig/Cohoon (1997), S. C6.3:11 f.

[3] Vgl. von Wrede (2000), S. 121.

nen Populationen.[1] Hierbei werden zwei Ziele verfolgt. Zum einen kann die Parallelisierung unter dem Aspekt der Rechenzeitersparnis vorgenommen werden, zum anderen kann sie dem Optimierungsprozess eine neue inhaltliche Qualität vermitteln, indem sie die natürliche Gleichzeitigkeit von Ereignissen simuliert.[2] Nach Schwehm werden Populationsmodelle Evolutionärer Algorithmen hinsichtlich der Reichweite der Selektion wie folgt klassifiziert (s. Abb. 6-10):[3]

- Beim *globalen Modell*[4] findet die Auswahl der Eltern in der gesamten Population statt. Dieses Modell entspricht dem klassischen Evolutionären Algorithmus ohne Parallelisierung.

- Das *regionale Modell*[5] beschränkt die Auswahl der Eltern auf voneinander getrennte Teile der Population. Dadurch erfolgt eine Unterteilung der Gesamtpopulation in einzelne Unterpopulationen. Diese Unterpopulationen entwickeln sich unabhängig voneinander. In jeder Unterpopulation „läuft" ein eigener Evolutionärer Algorithmus. Innerhalb der Unterpopulationen finden die Fitnessberechnung und die Selektion regional statt. Von Zeit zu Zeit wird ein Austausch von Informationen zwischen Unterpopulationen durchgeführt. Dieser Austausch wird *Migration* genannt.

- Beim *lokalen Modell*[6] findet die Auswahl der Eltern in lokalen Nachbarschaften statt. Die Reichweite der Selektion ist auf eine vorher festgelegte Nachbarschaft eines Individuums beschränkt.

---

[1] Vgl. Pohlheim (1995), S. 133; Mühlenbein (1991), S. 316; Tanese (1989), S. 434 ff.

[2] Vgl. van Veldhuizen/Lamont (1998), S. 52 ff.; Martin/Lienig/Cohoon (1997), S. C6.3:14 f.; Cantú-Paz (1995), S. 1 f.; Bierwirth (1993), S. 63. Bereits 1975 hat Schwefel in seiner Dissertation auf die viel versprechende Möglichkeit der Parallelisierung der Evolutionsstrategien hingewiesen; vgl. Schwefel (1975), S. 265 f.

[3] Vgl. Schwehm (1996), S. 66. Vgl. auch Digalakis/Margaritis (2001), S. 125; Nissen (1997), S. 253; Schöneburg/Heinzmann/Feddersen (1994), S. 242 ff. und Adamidis (1994), S. 3 ff.

[4] Das globale Modell wird auch panmiktisches Modell genannt; VDI/VDE 3550 (2003), S. 6; Beyer et al. (2001), S. 6 und S. 10.

[5] Das regionale Modell wird auch Migrations- oder Inselmodell genannt; VDI/VDE 3550 (2003), S. 11; Beyer et al. (2001), S. 6. und S. 12.

[6] Das lokale Modell wird auch Diffusions- oder Nachbarschaftsmodell genannt; VDI/VDE 3550 (2003), S. 7; Beyer et al. (2001), S. 8.

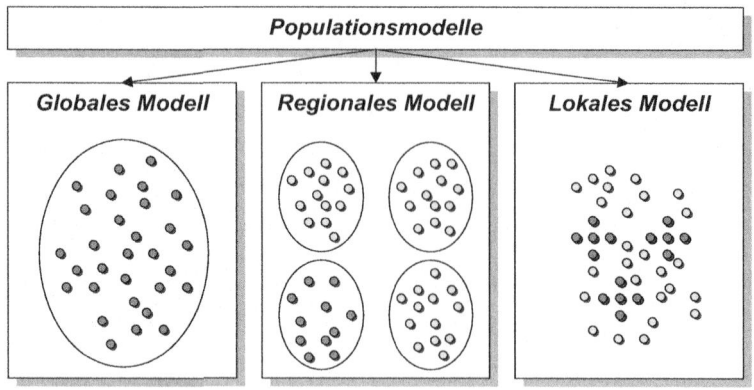

- ● Zur Selektion herangezogenes Individuum
- ○ Beliebiges Individuum

**Abb. 6-10:** *Klassifikation der Populationsmodelle*

In der natürlichen Evolution tendieren Arten dazu, sich in Unterpopulationen der Gesamtpopulation fortzupflanzen, die bis zu einem gewissen Grad voneinander isoliert sind. Fortpflanzung zwischen Individuen verschiedener Unterpopulationen ist möglich, wahrscheinlicher ist aber, dass sich die Individuen innerhalb einer Unterpopulation fortpflanzen. Das regionale Modell unterteilt eine Population in viele kleine Unterpopulationen. Jede Unterpopulation entwickelt sich als geschlossene Einheit mit lokaler Selektion und Reproduktion. Von Zeit zu Zeit bzw. nach einer gewissen Anzahl Generationen jedoch wird ein Individuum oder werden mehrere Individuen (Emigranten) zwischen den Unterpopulationen ausgetauscht, so dass Individuen der einen Unterpopulation in eine andere eingeführt werden. Der parallele Evolutionäre Algorithmus, der auch Evolutionärer Algorithmus mit Mehrfachpopulationen genannt wird, modelliert diese Unterteilung der Gesamtpopulation in Unterpopulationen und bildet damit die Evolution in einer Art und Weise nach, die näher an der Natur ist, als dies beim Evolutionären Algorithmus für nur eine Population der Fall ist.[1]

Mehrere Untersuchungen haben gezeigt, dass das regionale Modell gegenüber den beiden anderen Modellen Vorteile aufweist.[2] Zum einen werden beim regiona-

---

[1] Vgl. Pohlheim (1995), S. 129; Nissen (1994), S. 10.

[2] Vgl. Pohlheim (1999), S. 95; Pohlheim (1995), S. 133; Schwehm (1995), S. 8; Gordon/Whitley (1993), S. 177–183.

len Modell die gesuchten Lösungen im Allgemeinen schneller, d. h. mit weniger Zielfunktionsberechnungen, erreicht. Zum anderen werden mit dieser Methode insgesamt mehr mögliche Lösungen gefunden. Beim regionalen Modell entwickeln sich die Individuen der einzelnen Populationen mehr oder wenig unabhängig voneinander, so dass, ähnlich dem Fitness-Sharing durch Nischenbildung die genetische Drift, vermieden wird.[1] Das lokale Modell kann zwar theoretisch ähnlich gute Ergebnisse liefern wie das regionale Modell, doch ist es ausgesprochen schwierig, die vielen Parameter, welche die Nachbarschaft beschreiben, zuverlässig zu bestimmen.[2] Aus diesem Grunde wird das Migrationsmodell in den meisten in der Literatur beschriebenen Anwendungen ausgewählt.[3] Auch in dieser Arbeit wird für das hier zugrunde liegende Problem der zuvor vorgestellte NSGA-Algorithmus auf mehrere regionale Unterpopulationen angewendet.

## 6.1.8 Abbruchkriterien

Der natürliche Evolutionsprozess kennt keine Abbruchkriterien, da die Evolution ein (möglicherweise unendlich) fortlaufender Prozess ist. Für die Wahl eines Abbruchkriteriums liefert die Natur keine Hinweise.[4] In Bezug auf die Wahl eines Abbruchkriteriums kann die Natur also nicht als Vorbild dienen.

Ein Evolutionärer Algorithmus kann zu jedem beliebigen Zeitpunkt angehalten werden und liefert ein Ergebnis, wobei dessen Güte dann nicht garantiert werden kann.[5] Eine Laufzeitkontrolle ist erforderlich, um den Optimierungsprozess abzubrechen. Hierbei werden vier Abbruchkriterien für einen Evolutionären Algorithmus unterschieden:[6]

1. Wenn von Generation zu Generation keine oder nur geringe Unterschiede bzgl. der Ähnlichkeit der Individuen festgestellt werden, so wird der Algorithmus abgebrochen.

---

[1] Vgl. Mühlenbein (1991), S. 321 ff.

[2] Vgl. Pohlheim (1999), S. 77 ff.; Schwehm (1995), S. 9; Loraschi et al. (1995), S. 384; Gordon/ Whitley (1993), S. 182.

[3] Vgl. Nissen (1997), S. 257.

[4] Vgl. Arnold/Nestler (1996), S. 111.

[5] Vgl. Horn (1997), S. F1.9:12.

[6] Vgl. VDI/VDE 3550 (2003), S. 3; Beyer et al. (2001), S. 2; Schultz (1999), S. 61 f.; Pohlheim (1999), S. 8 und S. 15 f.; Rixen (1997), S. 113 f.; Bierwirth (1993), S. 83 ff.

2.  Falls die Höhe der Lösungsverbesserung von einer Generation zur nächsten keine Verbesserung vorweist, wird entweder abgebrochen (Konvergenzkriterium) oder es wird das Verfahren terminiert (s. nächsten Unterpunkt).

3.  Oftmals wird in der Praxis ein rein zeitliches Abbruchkriterium gewählt (Zeitkriterium). Hierbei wird die Laufzeit des Verfahrens extern, d. h. durch den Entscheidungsträger vorgegeben.

4.  Eine weitere, weit verbreitete Möglichkeit besteht darin, den Algorithmus nach einer vorher extern vorgegebenen Anzahl Generationen abbrechen zu lassen (Generationenkriterium). Dies ist das bei praktischen Anwendungen am häufigsten benutzte Kriterium.[1]

Die beschriebenen Abbruchkriterien lassen sich auch kombinieren. Da in dieser Arbeit der NSGA-Algorithmus um einen Elite-Speicher erweitert wird, kann für die oben aufgelisteten Abbruchkriterien Nr. 1 und Nr. 2 der Elite-Speicher für die Feststellung der Ähnlichkeiten oder der Lösungsverbesserung von Generation zu Generation herangezogen werden.[2]


### 6.1.9 Generierung einer Anfangspopulation

Neben den für die Startpopulation festgelegten Strategieparametern[3] muss die Startpopulation, d. h. eine Startreihenfolge der Planaufträge, vorgegeben werden. Diese Anfangspopulation kann entweder zufällig erstellt, oder sie kann anhand einer bereits bekannten, guten Lösung vorgegeben werden, so dass der Evolutionäre Algorithmus mit besseren Startbedingungen ausgestattet ist.[4]

Bei der zufälligen Initialisierung werden die Variablen der Individuen gleichverteilt, zufällig aus dem gegebenen Definitionsbereich der Variablen ausgewählt. Hierbei ist darauf zu achten, dass bei dem hier vorliegenden Problem nur zulässige Sequenzlisten erstellt werden. Mit der zufälligen Auswahl der Individuen wird eine hohe Diversität der Anfangspopulation gewährleistet.[5]

---

[1]   Vgl. Pohlheim (1995), S. 136.

[2]   Vgl. Fieldsend/Everson/Singh (2003), S. 323.

[3]   Vgl. Kap. 6.1.4 (Auswahl der Mutationsart und Adjustierung der Mutationsparameter).

[4]   Vgl. Nissen (1994), S. 38.

[5]   Vgl. Pohlheim (1999), S. 61 f.

Die zweite Variante zur Bestimmung der Anfangspopulation besteht darin, die Startindividuen durch ein heuristisches Verfahren zu ermitteln. So kann beispielsweise mit Hilfe eines Eröffnungsverfahrens eine bereits gute Lösung als Ausgangspunkt für den Optimierungsprozess ermittelt werden. Dadurch wird der Evolutionäre Algorithmus in solche Gebiete des Lösungsraumes gelenkt, in denen gute Lösungen erwartet werden können.[1] Bei dieser Vorgehensweise wird versucht, die Konvergenzgeschwindigkeit des Algorithmus zu erhöhen.[2] Hierbei besteht allerdings die Gefahr, den Optimierungsprozess von einem lokalen Suboptimum zu starten, was ggf. mit einer frühzeitigen Stagnation des Verfahrens verbunden sein kann.[3]

Sofern der gestaltete Evolutionäre Algorithmus effizient arbeitet, darf die Anfangspopulation keinen signifikanten Einfluss auf die Konvergenzsicherheit des Verfahrens ausüben. Der ausgewählte Algorithmus muss vielmehr in der Lage sein, unabhängig von der Anfangspopulation Ergebnisse hoher Qualität zu erzeugen. Empirische Untersuchungen, bei denen der Einfluss der Anfangspopulationen untersucht wurde, zeigen, dass lediglich die Konvergenzgeschwindigkeit des Evolutionären Algorithmus bei heuristisch ermittelten Startlösungen erhöht wird. Die Konvergenzsicherheit wird hingegen nicht beeinflusst.[4]

Bei dem hier vorliegenden multikriteriellen, kombinatorischen Optimierungsproblem müsste das auszuwählende Eröffnungsverfahren, um gute Anfangspopulationen zu generieren, in Abhängigkeit von den vom Disponenten ausgewählten Zielgrößen gewählt werden. Da die in Kap. 5.3 (Auswahl eines geeigneten Lösungsverfahrens) angesprochenen Prioritätsregeln nur eine Zielgröße beachten und die Auswirkungen dieser Prioritätsregeln auf die Zielgrößen nicht offensichtlich sind, kann vom Anwender des hier vorgestellten Verfahrens nicht verlangt werden, die Wahl einer guten Anfangspopulation mit Hilfe von Prioritätsregeln zu treffen.[5]

[1] Vgl. Silver (2002), S. 31; Pohlheim (1999), S. 244.
[2] Vgl. Schultz (1999), S. 101; Schöneburg/Heinzmann/Feddersen (1994), S. 301.
[3] Vgl. Schöneburg/Heinzmann/Feddersen (1994), S. 229.
[4] Vgl. Höchst (1997), S. 138; Schöneburg/Heinzmann/Feddersen (1994), S. 301.
[5] Bei multikriteriellen Scheduling-Problemen ist nicht bekannt, welche Art von Funktionslandschaft zu erwarten ist; vgl. Man/Tang/Kwong (2001), S. 267; Daub (1994), S. 145; Zäpfel (1982), S. 276.

In dem hier betrachteten Unternehmen der Kunststoffindustrie wendet der Disponent zur „manuellen" Produktionsplanung als Hilfsmittel die Sortierung der Planauftragslisten nach drei unterschiedlichen Sortierkriterien an:

- *Die Sortierung nach aufsteigenden Kundenwunschterminen:* So werden die
  Aufträge mit zeitnahen Kundenwunschterminen eher bearbeitet als Aufträge,
  deren Kundenwunschtermine in weiter Zukunft liegen.[1]

- *Die Sortierung nach rüstkosten- und rüstzeitoptimalen Farbreihenfolgen:* Die
  Aufträge werden, beruhend auf den Erfahrungen der Disponenten, in eine sog.
  farboptimale Reihenfolge gebracht. Im Allgemeinen bedeutet dies,[2] dass zuerst Aufträge mit hellen Farben und anschließend mit mehr und mehr dunkleren Farben zur Bearbeitung freigegeben werden. Die letzten Aufträge der Auftragsreihenfolge gelten dann für Produkte der Farbe schwarz (wenn vorhanden).

- *Die Sortierung nach rüstkosten- und rüstzeitoptimalen Typreihenfolgen:* Die
  Aufträge werden, beruhend auf den Erfahrungen der Disponenten, in eine sog.
  kunststofftypoptimale Reihenfolge gebracht. Insbesondere bei der Festlegung
  der Reihenfolge aufgrund des Kunststofftyps wird Erfahrungswissen benötigt;
  eine allgemeingültige Sortierungsvorschrift kann nicht aufgestellt werden.

Ähnlich wie bei den heuristischen Eröffnungsverfahren kann die Auswirkung der
drei genannten Sortierungsmöglichkeiten nur eingeschränkt abgeschätzt werden.
Soll beispielsweise die Reihenfolge der Planaufträge nach den beiden Zielgrößen
Terminabweichungen und Bearbeitungskosten optimiert werden, so wird durch
eine Sortierung der Aufträge nach Kundenwunschterminen sicherlich in Bezug auf
die Zielgröße Terminabweichung eine gute Startposition gefunden. Hingegen wird
bei dieser Sortierung in Bezug auf die Zielgröße Bearbeitungskosten wahrscheinlich eine ungünstige Startposition generiert, da reihenfolgeabhängige Rüstkosten
nicht berücksichtigt werden.

Aus den angeführten Gründen und um eine hohe Diversität der Anfangspopulation
zu gewährleisten, wird entsprechend den in der Literatur gegebenen Empfehlun-

---

[1]  Diese Vorsortierung wird auch in Schöneburg/Heinzmann/Feddersen (1994), S. 301, vorge-
     schlagen. Diese Sortierung entspricht der Prioritätsregel EDD bzw. FLT. EDD steht für „earliest
     due date" und FLT für „frühester Liefertermin".
[2]  Der Zustand der Produktionsanlage bei Auftragsfreigabe wird nicht beachtet.

gen in dieser Arbeit eine zufällig festgelegte Startpopulation bei dem hier einzu-setzenden Evolutionären Algorithmus generiert.[1] Diese sog. Standardeinstellung der Startpopulation wird in dieser Arbeit im Allgemeinen vorausgesetzt. Um vor-handenes Expertenwissen in die Anfangspopulation einzubringen, und um damit die Akzeptanz des Verfahrens zu erhöhen, wird eine weitere Option für den An-wender angeboten: es werden die drei Sortierungsmöglichkeiten der Planauftrags-listen nach Kundenwunschtermin sowie nach Farbe und Typ des betreffenden Kunststoffes zur Auswahl vorgeschlagen. Die Auswirkungen der Generierung ei-ner heuristischen Startlösung mit Hilfe dieser drei Sortieralgorithmen auf die Kon-vergenzsicherheit und Konvergenzgeschwindigkeit werden in Kapitel 7 analysiert.[2]

## 6.1.10 Zusammenfassende Betrachtung

Der für diese Arbeit ausgesuchte NSGA-Algorithmus wird um Komponenten erwei-tert, die zum einen den Selektionsdruck erhöhen und zum anderen der geneti-schen Drift entgegenwirken (s. Abb. 6-11).

Die in Kap. 6.1.5.2 aufgelisteten Wunschcharakteristiken einer guten (Nähe-rungs-)Lösung werden durch folgende, z. T. ergänzende Mechanismen erreicht:

Der *Selektionsdruck* wird unterstützt und z. T. verstärkt durch:[3]

- das Pareto-Ranking,

- die Einführung einer Elitepopulation und

- die parallele Suche mit Hilfe von Unterpopulationen.

Die *Diversität* wird erreicht durch:

- die Einführung des Fitness-Sharings sowie

- die parallele Suche mit Hilfe von Unterpopulationen.

---

[1] Vgl. Man/Tang/Kwong (2001), S. 267.

[2] Vgl. Kap. 7.3.2 (Leistungsfähigkeitsanalysen) und hier insbesondere Abb. 7-12 (Einfluss der Startlösung).

[3] Pareto-Ranking und Fitness-Sharing sind bereits im NSGA-Algorithmus enthalten, die anderen Komponenten werden ergänzt.

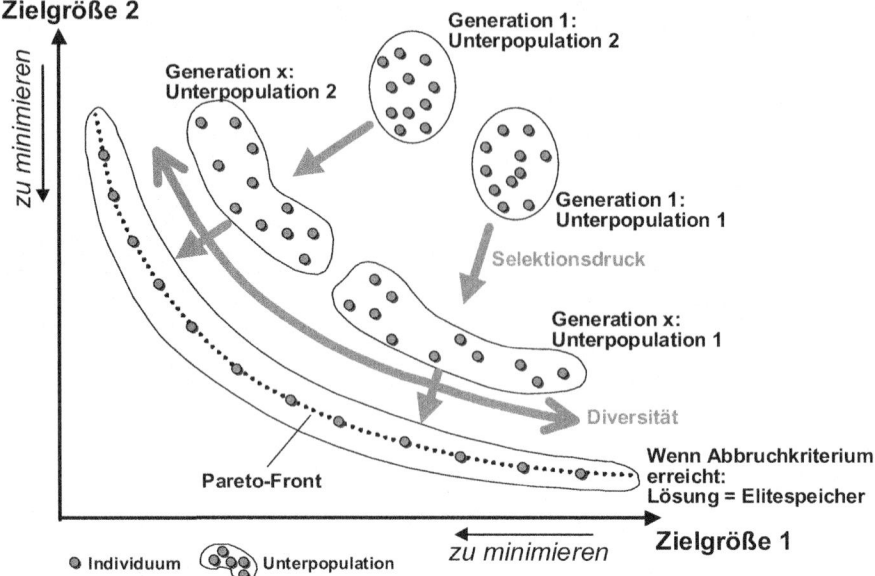

**Abb. 6-11:** *Zusammenfassung*

Das Verfahren zur Unterstützung des Multi-Site-Scheduling bei verteilten Produktionsstandorten basiert daher auf dem NSGA-Algorithmus, der um eine Elitepopulation und der parallelen Suche im Lösungsraum mit Hilfe von Unterpopulationen erweitert wird.

## 6.2 Konzept des Verfahrens

Im Folgenden wird das Gesamtkonzept des Verfahrens für das Multi-Site-Scheduling bei verteilten Produktionsstandorten der Kunststoffindustrie vorgestellt. Das Verfahren ist modular aufgebaut, um der Anforderung nach einer flexiblen Anpassbarkeit an variierende Rahmenbedingungen zu genügen.[1] Durch den modularen Aufbau des Verfahrens können bei Änderungen der Rahmenbedingungen einzelne Module modifiziert werden, ohne in den Ablauf anderer Verfahrensteile eingreifen zu müssen.

---

[1] Vgl. Kap. 3.5 (Qualitative Anforderungen).

Die in Kap. 4.5 aufgezeigte Modellstruktur[1] wird um weitere Komponenten ergänzt (s. Abb. 6-12), so dass zum einen eine Initiierung des Verfahrens berücksichtigt wird und zum anderen der zuvor beschriebene multikriterielle Evolutionäre Algorithmus zur Optimierung der Planauftragslisten in das Konzept einfließt. Da der Evolutionäre Algorithmus in sich bereits einen zyklischen Prozess darstellt, wird dieser als Kreislauf für das gesamte Verfahren genutzt. Das in der Modellkonzeption in Kap. 4.5 dargestellte Modul Multi-Site-Scheduling wird dem zyklischen Prozess beiseite gestellt. Aus diesem Grunde wird dieses Modul, wie in der Literatur üblich, als Schedule-Builder bezeichnet.[2]

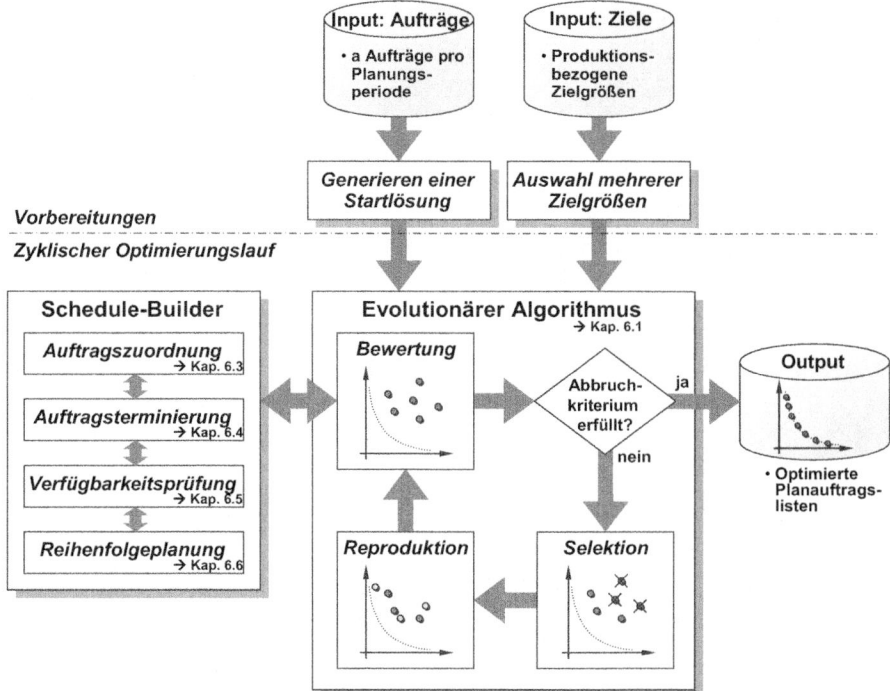

**Abb. 6-12:** *Verfahrenskonzept*

Angestoßen wird das Verfahren durch die Bereitstellung des Auftragsbestandes, der aus a Planaufträgen besteht; diese stellen die Planungsobjekte dar. Hierzu

---

[1]  Vgl. insbesondere Abb. 4-4 (Modellstruktur).

[2]  Vgl. Schultz (1999), S. 51; Bruns (1997), S. F1.5:2; Fang (1994), S. 123.

müssen für jeden Auftrag Produktspezifikation, Menge, Wert, Kundenwunschtermin und die Auftragsanforderungen in Form von Zuordnungskriterien vorliegen.[1] Die *Startlösung* wird dann auf Basis der zur Verfügung gestellten Aufträge gebildet. Hierbei wird entweder eine willkürlich angenommene Auftragsreihenfolge gebildet, oder aber es werden die Planaufträge nach einem der drei in Kap. 6.1.9 (Generierung einer Anfangspopulation) vorgestellten Sortieralgorithmen in eine Ausgangsreihenfolge gebracht.

Ausgehend von dieser Startlösung, beginnt der zyklische Prozess des Evolutionären Algorithmus. Da hier nur die Auftragsreihenfolge in Form einer Sequenzliste dem Evolutionären Algorithmus zur Optimierung zur Verfügung gestellt wird,[2] muss mit Hilfe des Moduls Multi-Site-Scheduling, das hier als Schedule-Builder bezeichnet wird, die Sequenzliste in einen vollständigen Ablaufplan (Schedule) umgerechnet werden.[3] Der Schedule-Builder, der aus vier Teilmodulen besteht, liefert die für die Bewertung innerhalb des Evolutionären Algorithmus benötigten Informationen. Insbesondere werden durch den Schedule-Builder die Ausprägungen der ausgewählten Zielgrößen berechnet und übergeben. Auf dieser Grundlage wird die Fitness jeder Sequenzliste errechnet. Der zyklische Prozess des Evolutionären Algorithmus wird so lange wiederholt, bis ein zu Beginn definiertes Abbruchkriterium erreicht wird.

Das Teilmodul *Auftragszuordnung* im Modul Schedule-Builder ordnet die a Aufträge dem Produktionsstandort mit der höchsten Eignung für die Bearbeitung zu.[4] Die Zuordnung erfolgt anhand der zuvor einmalig für einen Planungslauf festgelegten Zuordnungskriterien. Das Teilmodul *Auftragsterminierung* im Modul Schedule-Builder ermittelt für jeden Auftrag u. a. den Produktionsstarttermin, die Rüstzeit, die Bearbeitungszeit, die Lagerzeit, die Transportzeit, den Liefertermin und die Auftragszeit. Aus diesen Zeitgrößen werden die entsprechenden Kostengrößen abgeleitet. Die Ecktermine werden dem anschließenden Teilmodul Verfügbar-

---

[1] Vgl. Kap. 4.5 (Modellstruktur).

[2] Die Repräsentation erfolgt in Form der Sequenzliste, vgl. Kap. 6.1.2 (Auswahl der Repräsentation und Codierung).

[3] Der Schedule-Builder konstruiert bzw. berechnet aus dem Genotyp den Phänotyp, also den terminierten Ablaufplan inkl. Standortzuordnungen; vgl. Schultz (1999), S. 51.

[4] Vgl. Kap. 4.3 (Problemstrukturprämissen), Prämisse 28.

keitsprüfung übergeben.[1] Das Teilmodul *Verfügbarkeitsprüfung* im Modul Schedule-Builder führt neben der Kapazitätsbedarfsrechnung einen Kapazitätsabgleich durch. Hierbei wird durch zeitliches und örtliches Verlagern der Aufträge der Begrenzung der Kapazitäten an den Produktionsstandorten Rechnung getragen.[2] Das Teilmodul *Reihenfolgeplanung* im Modul Schedule-Builder ermittelt die Reihenfolge, mit der die a Aufträge den Produktionsstandorten zugeordnet werden.[3] Insbesondere wird die Auftragsreihenfolge aus Sicht eines einzelnen Produktionsstandortes berechnet.

Da ein Evolutionärer Algorithmus mehrere Lösungen gleichzeitig in Betracht zieht, wird der hier geschilderte Ablauf nicht nur für eine aus der Startlösung generierte Auftragsreihenfolge durchlaufen, sondern es werden mehrere Auftragsreihenfolgen gleichzeitig betrachtet. Eine Auftragsreihenfolge repräsentiert ein Individuum, die gleichzeitig betrachteten λ Auftragsreihenfolgen bilden die Population des Evolutionären Algorithmus und stellen immer denselben Auftragsbestand (und damit alle a Planaufträge) dar; sie unterscheiden sich nur durch die Auftragsreihenfolge.[4]

Bei dem hier beschriebenen Verfahrenskonzept werden durch die systematische und gezielte Variation der Auftragsreihenfolgen mit Hilfe eines Evolutionären Algorithmus die Pareto-optimalen Lösungen bzw. gute Näherungslösungen gesucht.[5] Somit variiert der Evolutionäre Algorithmus die Position eines Planauftrages innerhalb des Auftragsbestandes. Bei unveränderten Rahmenbedingungen führt eine spezifische Auftragsreihenfolge immer zu einer identischen Auftragszuordnung. Wie bereits in Kap. 3.1.2 (Ziele der Auftragszuordnung) dargelegt, sind die dynamischen Zuordnungskriterien ablaufabhängig. Je nachdem an welcher Stelle ein Auftrag in der Planauftragsliste steht (Auftragsposition), wird ihm ein anderer Produktionsstandort zugewiesen.[6] In Abb. 6-13 wird dieser Sachverhalt an einem Beispiel erläutert: Bei der Generation x werden von den vier Planaufträgen des Auf-

---

[1] Vgl. Kap. 4.3 (Problemstrukturprämissen), Prämisse 29.

[2] Vgl. Kap. 4.3 (Problemstrukturprämissen), Prämisse 30.

[3] Vgl. Kap. 4.3 (Problemstrukturprämissen), Prämisse 31.

[4] Siehe auch Kap. 6.1.2 (Auswahl der Repräsentation und Codierung).

[5] Der Evolutionäre Algorithmus verändert gezielt die Auftragsreihenfolge des Auftragsbestandes.

[6] Vgl. Kap. 4.3 (Problemstrukturprämissen). Es kann also sein, dass ein und derselbe Auftrag bei unterschiedlichen Auftragsreihenfolgen unterschiedlichen Produktionsstandorten zugewiesen wird.

tragsbestandes die Planaufträge eins und drei Produktionsstandort Nr. 1 zugewiesen und die Planaufträge zwei und vier Produktionsstandort Nr. 2. In Generation x+1 sind durch den Evolutionären Algorithmus Planaufträge drei und vier in ihrer Reihenfolge vertauscht worden. In diesem Fall wird Planauftrag vier Produktionsstandort Nr. 1 und Planauftrag drei Produktionsstandort Nr. 2 zugewiesen. Dies kann beispielsweise durch den Rüstzustand bedingt sein oder aber durch die Kapazitätsbelegung eines Standortes.[1]

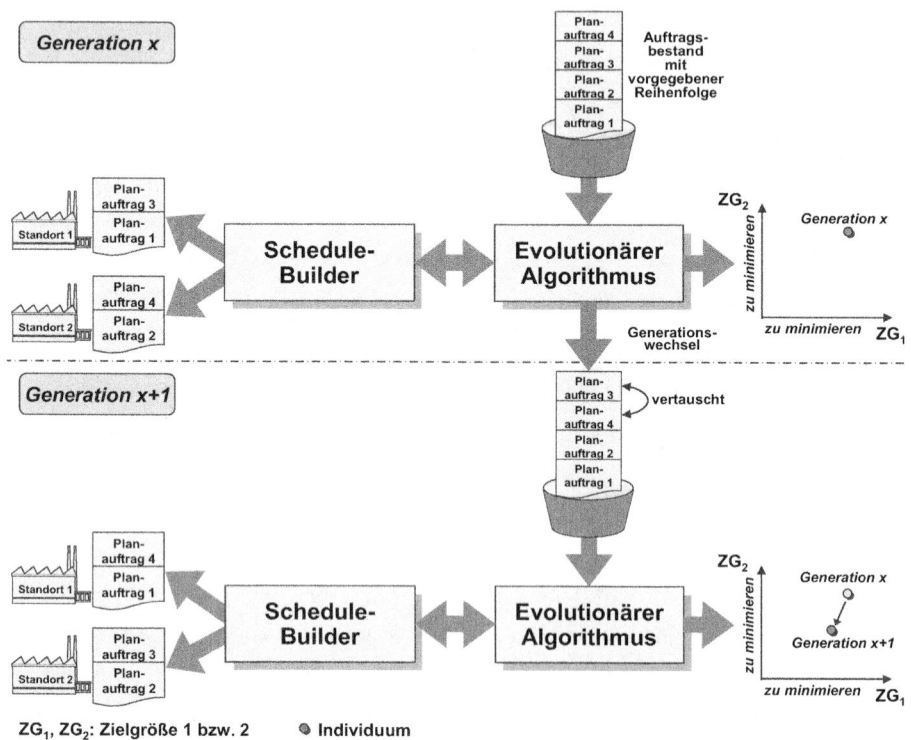

**Abb. 6-13:** *Beispiel für unterschiedliche Standortzuordnungen*

Besonders hervorgehoben sei an dieser Stelle, dass durch die Variation der Auftragsreihenfolgen auch die Zuordnung der Aufträge zu den Produktionsstandorten beeinflusst wird. Der Evolutionäre Algorithmus übt damit über die Variation der Auftragsreihenfolge Einfluss auf die Auftragszuordnung aus. Somit erfolgt im Lau-

---

[1]  Vgl. Kap. 4.2.3 (Standortstrukturprämissen), Prämisse 16.

fe der Optimierung die Veränderung der Auftragsreihenfolge und der Auftragszuordnung in gegenseitiger Abstimmung und damit simultan. Da eine Auftragszuordnung nur mit einer vorgegebenen (oder angenommenen) Auftragsreihenfolge stattfinden kann, die Auftragsreihenfolgeplanung wiederum nur aufgrund einer durchgeführten Auftragsterminierung und Verfügbarkeitsprüfung erfolgen kann, wird mit dem hier vorgestellten Konzept die Anforderung nach einer simultanen Planung[1] der vier Module des Multi-Site-Scheduling erfüllt.

Da bereits in Kap. 6.1 (Multikriterielle Evolutionäre Algorithmen) ausführlich das Optimierungsmodul Evolutionärer Algorithmus beschrieben worden ist, werden in den folgenden Abschnitten (Kap. 6.4 bis Kap. 6.7) nur noch die vier Teilmodule des Schedule-Builders vorgestellt (s. Abb. 6-12).

## 6.3 Gestaltung der Auftragszuordnung

### 6.3.1 Problembeschreibung

Die Auftragszuordnung entspricht einem Zuteilungsproblem[2], bei dem für die Bearbeitung eines Auftrages zwischen mehreren redundanten Produktionsstandorten[3] zu wählen ist. Die Produktionsstandorte stellen die Alternativen des multikriteriellen Entscheidungsproblems dar. Die verschiedenen Ziele ergeben sich aus den Zuordnungskriterien, die aus Sicht eines Auftrages optimal erfüllt werden sollen.[4]

Die Entscheidung für den optimalen Produktionsstandort, d. h. den Standort, der für die Auftragsbearbeitung am besten geeignet ist, wird durch folgende Sachverhalte erschwert:[5]

---

[1] Vgl. Kap. 4.3 (Problemstrukturprämissen), Prämisse 27.

[2] Vgl. Kap. 5.2.5 (Problemtyp). Die Begriffe Zuteilungsproblem und Zuordnungsproblem werden synonym verwendet.

[3] Es gelten weiterhin die in Kap. 2.4.3 (Redundante Produktionsstandorte) und in Kap. 4.1 (Modellbildung) getroffenen Vereinbarungen, dass redundante Produktionsstandorte sowohl parallele Produktionsmöglichkeiten an unterschiedlichen Standorten als auch an einem Standort haben können.

[4] Vgl. Kap. 4.2.1 (Auftragsstrukturprämissen), Prämisse 3.

[5] Vgl. Zimmermann/Gutsche (1991), S. 21; Hwang/Yoon (1981), S. 2 ff.

1. Die Ziele konkurrieren üblicherweise miteinander.

2. Die Ziele werden mit unterschiedlichen Maßen und Einheiten gemessen, wodurch sie nicht vergleichbar sind.

Gelöst wird ein solches multikriterielles Entscheidungsproblem durch die Berechnung oder die Auswahl einer besten Handlungsalternative. Die Zuordnung der Produktionsaufträge zu den Produktionsstandorten sollte gemäß der Zuordnungskriterien zum einem Pareto-optimal bzw. effizient und zum anderen zulässig sein, d. h. Restriktionen müssen eingehalten werden. Restriktionen können z. B. darin bestehen, dass gewisse Aufträge und damit Produkte nicht an bestimmten Produktionsstandorten gefertigt werden dürfen.

Bei der Zuordnung von Aufträgen zu Produktionsstandorten sollen Zielfunktionswerte minimiert und maximiert werden, daher wird im Folgenden ein geeignetes Verfahren gesucht, welches auf Extremierungsziele zugeschnitten ist. Restriktionen sollen durch sog. Satisfizierungsziele bei der Zuordnung berücksichtigt werden. Hierbei legen Satisfizierungsziele Anspruchsniveaus für Zielgrößen fest, die mindestens erreicht werden müssen.[1] In dieser Arbeit werden die Anspruchsniveaus durch Schwellwerte abgebildet.

Das zu entwickelnde Verfahren der Auftragszuordnung wird deshalb zweistufig gestaltet:

1. Zunächst werden die alternativen Produktionsstandorte bzgl. ihrer Auftragseignung auf die Erfüllung von definierten Schwellwerten geprüft. Erfüllt ein Produktionsstandort einen Schwellwert nicht, so fällt dieser für die Bearbeitung des Auftrages aus.[2]

2. Im nächsten Schritt wird die Erfüllung der Zielkriterien bei einer Zuordnung zu den verbleibenden Produktionsstandorten berechnet. Für den zuzuordnenden Produktionsauftrag wird für jeden noch möglichen Produktionsstandort die Eignung ermittelt. Dem Produktionsstandort mit der höchsten Eignung wird schließlich der Produktionsauftrag zugeordnet.

---

[1]  Vgl. Kap. 3.1.2 (Ziele der Auftragszuordnung).

[2]  Damit wird der Produktionsstandort, der den Schwellwert nicht erfüllt, aus der Alternativmenge gestrichen.

Im Folgenden wird ein geeignetes Verfahren zur Zuordnung von Aufträgen zu Produktionsstandorten gesucht.

## 6.3.2 Auswahl eines geeigneten Verfahrens zur Zuordnung von Aufträgen zu Produktionsstandorten

Prinzipiell gibt es viele unterschiedliche Verfahren, Zuordnungsprobleme zu lösen.[1] Das hier vorkommende Auftragszuordnungsproblem im Rahmen des Multi-Site-Scheduling wird durch die im Folgenden aufgeführten charakteristischen Merkmale beschrieben.[2] Die Charakterisierung des Problems hilft, den passenden Lösungsansatz zu finden.

1.  Wie vorher bereits aufgeführt, liegen mehrere (teilweise konkurrierende) Ziele in Form von Kriterien vor. Da es sich um ein (Produktionsstandort-)Zuordnungsproblem handelt, werden die Kriterien auch Zuordnungskriterien genannt.[3]

2.  Die Anzahl der zu berücksichtigenden Zuordnungskriterien kann einen größeren Umfang annehmen. Eine direkte Bewertung und Gegenüberstellung der Kriterien ist daher nur schwierig möglich.

3.  Den Zuordnungskriterien sollte aus Sicht des Entscheiders und Disponenten eine unterschiedliche Bedeutung hinsichtlich des Gesamtproblems zugemessen werden können. Deshalb sollte das Verfahren eine unterschiedliche Gewichtung der Kriterien ermöglichen.

4.  Die Angabe der Gewichtung der Zuordnungskriterien muss nicht unbedingt quantitativ erfolgen. Vielmehr wird die Bedeutung eines Zuordnungskriteriums meistens in Relation zu einem zweiten angegeben. So kann z. B. ein Zuordnungskriterium sehr viel bedeutender sein als ein zweites.

---

[1]  Vgl. Chen/Hwang (1992), S. 16–41, hier werden über 20 verschiedene, klassische Verfahren vorgestellt. Roth (1998), Zimmermann/Gutsche (1991) und Hwang/Yoon (1981) stellen weitere Verfahren vor.

[2]  Vgl. Zimmermann/Gutsche (1991), S. 21 f. Vgl. auch Kap. 3.1.2 (Ziele der Auftragszuordnung) und Kap. 4.4.2 (Ziel- und Bewertungsprämissen der Auftragszuordnung), Prämisse 34.

[3]  Es gilt weiterhin die in Kap. 3 getroffene Vereinbarung zur Unterscheidung von Zielen und Zuordnungskriterien: Ziele betreffen das Multi-Site-Scheduling als Ganzes und Zuordnungskriterien die Auftragszuordnung.

5. Die Bedeutung eines Zuordnungskriteriums gegenüber einem anderen Kriterium kann durch linguistische Ausdrücke[1] wie z. B. „ein Zuordnungskriterium
   ist etwas wichtiger als ein zweites Kriterium" angegeben werden.

6. Die Beschreibungen der Auftragsanforderungen erfolgen entweder quantitativ, linguistisch oder unscharf.[2]

7. Die Beschreibungen der Produktionsstandorte erfolgen entweder quantitativ,
   linguistisch oder unscharf.[3]

8. Für jeden Produktionsauftrag steht nur eine begrenzte Anzahl an möglichen
   Produktionsstandorten zur Verfügung. Die Entscheidungsalternativen sind
   damit begrenzt.[4]

9. Produktionsstandorte, die für einen Auftrag nicht geeignet sind, werden für
   diesen Auftrag ausgeschlossen. So genannte Schwellwerte geben die mindestens zu erfüllenden Kriterienausprägungen für einen Auftrag an.

10. Die Beschreibungen der Schwellwerte erfolgen entweder quantitativ, linguis-
    tisch oder unscharf.

11. Wird für einen Auftrag kein geeigneter Produktionsstandort gefunden, erfolgt
    in diesem Fall eine Zuordnung zu einem Produktionsstandort so, dass mög-
    lichst wenig Schwellwerte verletzt werden.

Neben den aufgeführten charakteristischen Merkmalen sind weitere, wünschens-
werte Anforderungen an das Lösungsverfahren zu formulieren:

12. Da die Produktionsstandortzuordnung nur einen Teil des Gesamtproblems
    innerhalb des Multi-Site-Scheduling (Schedule-Builder) darstellt, sollte die
    Zuordnung im Hinblick auf die Komplexität des Gesamtproblems möglichst
    schnell erfolgen. Die Zuordnung eines Produktionsauftrages zu den Produk-
    tionsstandorten sollte also nur wenig Zeit in Anspruch nehmen.

---

[1]  Der Begriff „linguistischer Ausdruck" wird in Kap. 6.3.5.1 (Fuzzyfizierung) erläutert.

[2]  Weitere Erläuterungen hierzu ebenfalls in Kap. 6.3.5.1 (Fuzzyfizierung).

[3]  Vgl. Kap. 4.2.3 (Standortstrukturprämissen), Prämisse 15.

[4]  Vgl. Kap. 4.2.3 (Standortstrukturprämissen), Prämisse 13.

13. Die Produktionsstandortzuordnung sollte für den Entscheider nachvollziehbar und transparent sein.[1]

Die oben beschriebenen charakteristischen Merkmale 1 und 8 weisen daraufhin, dass es sich um ein MADM-Problem handelt.[2] Merkmale 3 bis 7 weisen auf ein Fuzzy-MADM-Problem hin. Die hier zu berücksichtigende hohe Anzahl an Zuordnungskriterien (Merkmal 2) und die aufgestellten Anforderungen 12 und 13 lassen reine Fuzzy-Modelle scheitern. Die meisten Fuzzy-Methoden erfordern die Darstellung aller, also auch der scharfen Werte, als sog. Fuzzy-Zahlen[3], um sie auch in der anschließenden Berechnung als solche behandeln zu können. Für Entscheidungsprobleme mit scharfen und unscharfen Kriterienausprägungen ist dieses Vorgehen nicht effizient, da es zu einem unnötig hohen Rechenaufwand führt.[4]

Chen und Hwang[5] stellen, nachdem sie viele Problemlösungsverfahren untersucht und gegenübergestellt haben, ein selbst entwickeltes Verfahren vor, welches durch die oben beschriebenen charakteristischen Merkmale gekennzeichnet wird; insbesondere das Vorkommen scharfer und unscharfer Kriterienausprägungen (in Form von unscharfen und linguistischen Ausdrücken) wird durch ihr Verfahren unterstützt. Die Idee besteht darin, zunächst nur alle unscharfen Zuordnungskriterien und Gewichtungen als Fuzzy-Zahlen auf Basis der Menge [0, 1] darzustellen, um somit einen einheitlichen Maßstab zugrunde zu legen. Anschließend werden die Fuzzy-Zahlen defuzzyfiziert, d. h. in je einen scharfen Wert umgewandelt, mit denen dann ein klassisches Zielgewichtungsverfahren durchgeführt werden kann. Chen und Hwang überführen ein gemischtes MADM-Problem, d. h. mit scharfen und unscharfen Kriterienausprägungen, in ein klassisches MADM-Problem mit nur noch scharfen Zahlen. Dieses kann dann mit einem klassischen Lösungsverfahren berechnet und gelöst werden.

---

[1] Vgl. Chang/Yeh (2001), S. 406 und Kap. 3.5 (Qualitative Anforderungen).

[2] MADM-Probleme (Multi Attribute Decision Making) werden durch eine begrenzte Anzahl möglicher Alternativen (diskrete Lösungsräume) charakterisiert. Im Gegensatz hierzu ist bei MODM-Problemen (Multiple Objective Decision Making) die Menge aller Alternativen nicht explizit vorbestimmt (stetige Lösungsräume); vgl. Zimmermann/Gutsche (1991), S. 25 ff.

[3] Zur Definition von Fuzzy-Zahlen siehe Anhang A3.

[4] Vgl. Roth (1998), S. 262.

[5] Vgl. Chen/Hwang (1992), S. 465 ff.

Die Möglichkeit der Streichung unzulässiger Produktionsstandorte (Merkmale 9 bis 11), die für einen Auftrag nicht geeignet sind, muss zusätzlich in das Verfahren von Chen und Hwang integriert werden.

Die hier vorgestellte Vorgehensweise untergliedert sich im Wesentlichen in vier Schritte (vgl. Abb. 6-14). In den folgenden Abschnitten werden diese vier Schritte beschrieben. Im ersten Schritt werden die Zuordnungskriterien bestimmt, die für eine Standortzuordnung von Bedeutung sind. Im folgenden zweiten Schritt werden die zuvor ausgewählten Kriterien in Zahlen gefasst. Scharfe Kriterienausprägungen werden durch reelle Zahlen dargestellt, unscharfe und linguistische Ausdrücke werden durch Fuzzy-Zahlen abgebildet. Im dritten Schritt werden dann die Zuordnungskriterien gewichtet, bevor im letzten und vierten Schritt der Vorgehensweise die Eignung eines Auftrages für einen Produktionsstandort bestimmt wird. Hieraus wird dann schließlich eine Rangfolge der Eignungen eines Auftrages für verschiedene Produktionsstandorte ermittelt, und somit ist der bestgeeignete Produktionsstandort für den Auftrag bekannt.

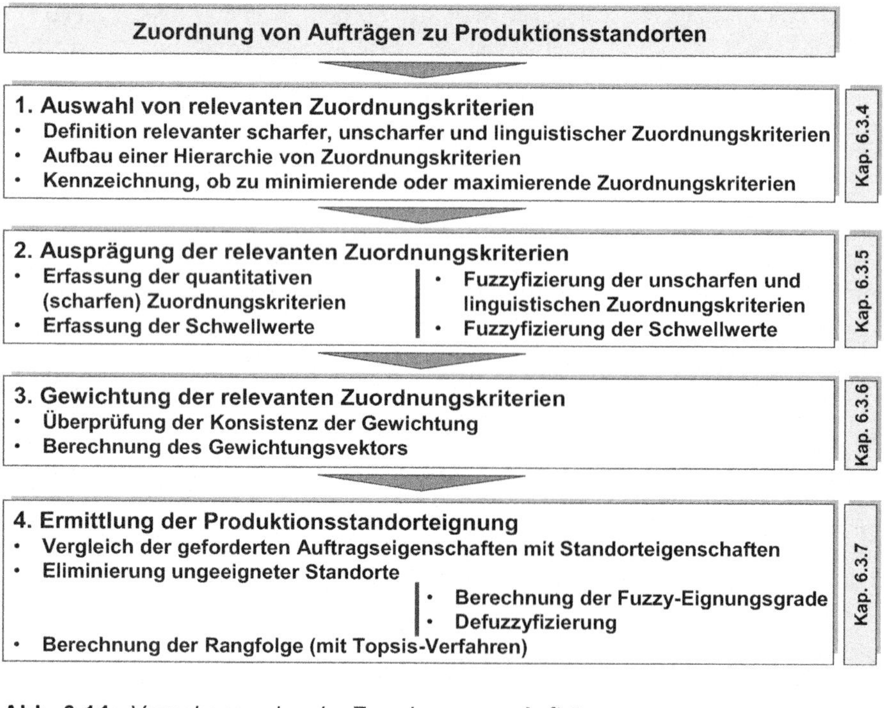

---

**Zuordnung von Aufträgen zu Produktionsstandorten**

**1. Auswahl von relevanten Zuordnungskriterien**
- Definition relevanter scharfer, unscharfer und linguistischer Zuordnungskriterien
- Aufbau einer Hierarchie von Zuordnungskriterien
- Kennzeichnung, ob zu minimierende oder maximierende Zuordnungskriterien

*Kap. 6.3.4*

**2. Ausprägung der relevanten Zuordnungskriterien**
- Erfassung der quantitativen (scharfen) Zuordnungskriterien
- Erfassung der Schwellwerte
- Fuzzyfizierung der unscharfen und linguistischen Zuordnungskriterien
- Fuzzyfizierung der Schwellwerte

*Kap. 6.3.5*

**3. Gewichtung der relevanten Zuordnungskriterien**
- Überprüfung der Konsistenz der Gewichtung
- Berechnung des Gewichtungsvektors

*Kap. 6.3.6*

**4. Ermittlung der Produktionsstandorteignung**
- Vergleich der geforderten Auftragseigenschaften mit Standorteigenschaften
- Eliminierung ungeeigneter Standorte
  - Berechnung der Fuzzy-Eignungsgrade
  - Defuzzyfizierung
- Berechnung der Rangfolge (mit Topsis-Verfahren)

*Kap. 6.3.7*

**Abb. 6-14:** *Vorgehensweise der Zuordnung von Aufträgen zu Produktionsstandorten*

Vorweg wird im nächsten Abschnitt das Topsis-Verfahren, ein MADM-Verfahren (mit scharfen Zahlen), vorgestellt, da es einen wichtigen Bestandteil des Verfahrens von Chen und Hwang darstellt und damit auch eine Grundlage für die hier vorgestellte Vorgehensweise bildet.

### 6.3.3 Zielerreichungsmatrix und MADM-Verfahren nach Topsis

Ein MADM-Problem kann grundsätzlich in folgender Matrix-Form angegeben werden:[1]

$$
\begin{array}{c}
\textbf{Kriterien} \\
\begin{pmatrix} k_1 & k_2 & \cdots & k_j & \cdots & k_n \end{pmatrix}
\end{array}
$$

$$
\textbf{Alternativen}\;
\begin{pmatrix} a_1 \\ a_2 \\ \vdots \\ a_s \\ \vdots \\ a_m \end{pmatrix}
\begin{pmatrix}
x_{11} & x_{12} & \cdots & x_{1j} & \cdots & x_{1n} \\
x_{21} & x_{22} & \cdots & x_{2j} & \cdots & x_{2n} \\
\vdots & \vdots & \ddots & \vdots & & \vdots \\
x_{s1} & x_{s2} & \cdots & x_{sj} & \cdots & x_{sn} \\
\vdots & \vdots & & \vdots & \ddots & \vdots \\
x_{m1} & x_{m2} & \cdots & x_{mj} & \cdots & x_{mn}
\end{pmatrix}
$$

$$
\textbf{Gewichtung}\;
\begin{pmatrix} w_1 & w_2 & \cdots & w_j & \cdots & w_n \end{pmatrix}
$$

**Abb. 6-15:** *Zielerreichungsmatrix*

Die Elemente $x_{sj}$ der (m x n)-Matrix X geben die erreichte Ausprägung der Alternative $a_s$ im Hinblick auf das Kriterium $k_j$ an. Alternative $a_s$ wird durch den Zeilenvektor $(x_{s1}, x_{s2}, ..., x_{sn})$ beschrieben, und das Kriterium $k_j$ wird durch den Spaltenvektor $(x_{1j}, x_{2j}, ..., x_{mj})^T$ beschrieben.

Die n Gewichtungsfaktoren $w_j$ jedes Kriteriums können einerseits direkt geschätzt oder angegeben werden oder andererseits durch einen paarweisen Vergleich ermittelt werden.[2]

Für ein MADM-Problem wird die Alternative gesucht, die für den Entscheider den größten Nutzen bringt. Prinzipiell gibt es viele Verfahren, die ein solches Problem

---

[1] Vgl. Eisenführ/Weber (1999), S. 36; Chen/Hwang (1992), S. 18; Zimmermann/Gutsche (1991), S. 36; Hwang/Yoon (1981), S. 17.

[2] Vgl. Kap. 6.3.6 (Gewichtung der relevanten Zuordnungskriterien) und Chen (2000), S. 5.

lösen. Hier wird das Topsis-Verfahren vorgeschlagen, da es leicht verständlich und einfach in der Anwendung ist. Zudem lässt es sich gut programmieren und führt auch schnell zu einer Lösung.[1]

Die Abkürzung Topsis steht für den englischen Begriff „Technique for Order Preference by Similarity to Ideal Solution". Die Grundidee bei diesem Lösungsansatz eines MADM-Problems besteht darin, dass die beste Alternative die kürzeste Distanz zur positiv-idealen Lösung haben soll und die weiteste Distanz zur negativ-idealen Lösung.

Im Anhang A1 wird die Vorgehensweise dieses Verfahrens detailliert beschrieben. Zur weiteren Erläuterung wird in Anhang A2 ein Beispiel zum Topsis-Verfahren angegeben.

Im Hinblick auf die Integration des Verfahrens in einen übergeordneten Zuordnungsalgorithmus ist die Schnelligkeit der Topsis-Methode zu erwähnen. Somit wird Anforderung Nr. 12 aus Kap. 6.3.2 erfüllt.[2] Für die Anwendung ist von Bedeutung, dass das Topsis-Verfahren leicht anzuwenden und zu programmieren ist. Es wird allerdings vorausgesetzt, dass die Kriterien numerisch (scharf) angegeben werden. In den folgenden vier Abschnitten wird gezeigt, wie die Topsis-Methode auch auf (ursprünglich) unscharfe Kriterien angewandt werden kann.

### 6.3.4 Auswahl von relevanten Zuordnungskriterien

Die Zuordnung der Aufträge zu den Produktionsstandorten sollte nach Möglichkeit so erfolgen, dass die Anforderungen an die Aufträge und somit auch die Anforderung der Kunden an die Aufträge möglichst gut erfüllt werden. Neben den durch den Kunden beeinflussten Anforderungen sollten bei der Zuweisung auch die Ziele des Unternehmens als übergeordnete Ziele und insbesondere die Ziele der Produktionsplanung als davon abgeleitete Ziele berücksichtigt werden.[3]

---

[1]  Vgl. Chen/Hwang (1992), S. 38 f.; zusätzlich kann die gute Nachvollziehbarkeit der Lösung angegeben werden.

[2]  Vgl. Kap. 6.3.2 (Auswahl eines geeigneten Verfahrens zur Zuordnung von Aufträgen zu Produktionsstandorten).

[3]  Vgl. Gudehus (1999),     S. 69 ff.;    Luczak/Eversheim (1999),     S. 275 ff.;    Domschke/Scholl/ Voß (1997), S. 26 ff.; Zäpfel/Piekarz (1996), S. 58 ff. und S. 183 ff.

Den Zuordnungskriterien kommen verschiedene Aufgaben zu. Zum einen unterstützen sie die Produktionsplanung, die produktionsbezogenen Zielgrößen zu erreichen. Zum anderen beinhalten sie zu überprüfende Restriktionen, die angeben, ob ein bestimmter Produktionsstandort für die Bearbeitung eines Auftrages geeignet ist. Diese Art der Zuordnungskriterien wird als sog. Schwellwerte gekennzeichnet.[1] Das Ziel der Auftragszuordnung zu Produktionsstandorten bei entsprechend erfüllten Restriktionen besteht nicht in der Zuweisung eines beliebigen Produktionsstandortes, sondern in der Auswahl des am besten geeigneten.

Mit Hilfe der Auftragszuordnungszielkriterien soll das übergeordnete Gesamtziel in berechenbare, einzeln zu bestimmende Ziele überführt werden und damit alle wesentlichen Elemente des Problems, seine Grenzen und seine Umgebung klar und deutlich beschrieben werden. Durch eine Hierarchisierung der Auftragszuordnungszielkriterien (Zielhierarchie) lässt sich das Problem in mehrere hierarchische Ebenen, die dem Verständnis des Entscheidungsträgers entsprechen, strukturieren. Hierbei untergliedert sich ein Oberziel in verschiedene Unterziele bzw. Kriterien, die wiederum untergliedert werden können (s. Abb. 6-16). Untergeordnete Ziele stellen Teilziele eines Oberziels dar. Aus dem Oberziel auf der höchsten Hierarchieebene leiten sich alle anderen Ziele und Kriterien ab.[2]

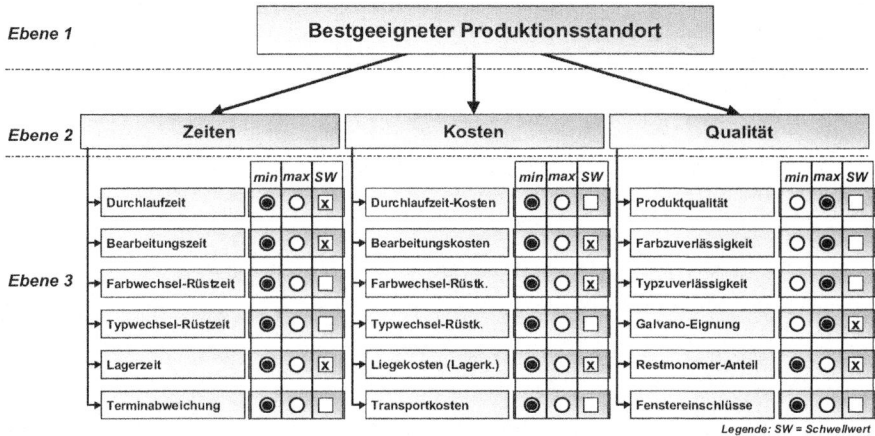

**Abb. 6-16:** *Beispiel für eine Hierarchie der Auftragszuordnungskriterien*

---

[1] Vgl. Kap. 6.3.2 (Auswahl eines geeigneten Verfahrens zur Zuordnung von Aufträgen zu Produktionsstandorten), Merkmal 9 und 10.

[2] Vgl. Eisenführ/Weber (1999), S. 62 ff.; Schneeweiß (1991b), S. 185 ff.

Bei der Auftragszuordnung müssen häufig mehr als zehn Zuordnungskriterien berücksichtigt werden.[1] Aus der Psychologie ist bekannt, dass der Mensch nur fünf
bis neun Dinge gleichzeitig miteinander vergleichen kann.[2] Aus diesem Grunde ist
die Aufteilung in mehrere, überschaubare Unterziele notwendig. Hierbei sollten auf
einer Ebene maximal sieben Kriterien miteinander verglichen werden.[3] Dabei sind
redundante oder abhängige Zielkriterien zu eliminieren, da sonst ein Kriterium
mehrfach gewichtet und somit übergewichtet würde.

Neben der Hierarchisierung der Zuordnungskriterien sind die Kriterien dahin gehend zu kennzeichnen, ob diese maximiert oder minimiert werden sollen.
Schwellwertkriterien müssen zusätzlich gekennzeichnet werden. Um einen Vergleich zwischen Zuordnungskriterien und Auftragskriterien zu ermöglichen, müssen für jeden Auftrag die einzuhaltenden bzw. zu erreichenden Schwellwerte angegeben werden. Die Ergänzung der Auftragskriterien um sog. Anspruchsniveaus
trägt einerseits dazu bei, den Auswahlprozess effizient zu gestalten, andererseits
birgt sie aber auch die Gefahr in sich, dass alternative Produktionsstandorte aufgrund einer auch nur geringen Unterschreitung des Mindestanspruchsniveaus eines Ziels ausgesondert werden.[4] Aus diesem Grunde nennen verschiedene Autoren die Anspruchsniveaus auch K.O.- oder Killer-Kriterien.[5] Diese Art der Kriterien
sollte also nur mit Bedacht eingesetzt werden. Ist die Einhaltung der Auftragsanforderungen des Kunden zwingend für einen zufriedenen Kunden erforderlich, sollten diese Anforderungen in Form von Schwellwerten formuliert werden.

Um die unterschiedliche Bedeutung einzelner Zuordnungskriterien zu berücksichtigen, werden die Kriterien gewichtet. In Kap. 6.3.6 wird die Vorgehensweise der
Gewichtung von Kriterien erläutert.

---

[1]  Vgl. Heinrich (1999), S. 10 ff.; Schultz (1999), S. 16 ff.; Slany (1996), S. 197–222; Saaty/For-
man (1980), S. 115 f.

[2]  Vgl. Miller (1956), S. 81–97.

[3]  In Abb. 6-16 werden auf Ebene 2 drei Kriterien und auf Ebene 3 sechs Kriterien miteinander
verglichen.

[4]  Vgl. Eisenführ/Weber (1999), S. 86 f.

[5]  Vgl. Rommelfanger/Eickemeier (2002), S. 139 ff.; Wiese (1998), S. 7.

## 6.3.5 Ausprägung der relevanten Zuordnungskriterien

Oftmals kann und/oder will der menschliche Entscheidungsträger seine Ziele oder seine Handlungsalternativen nicht in einer Weise beschreiben, dass sie sich mit einer Mathematik modellieren lassen, welche auf der klassischen, zweiwertigen Logik beruht. Der Entscheidungsträger beschreibt stattdessen die Entscheidungssituation subjektiv und entsprechend vage, indem er beispielsweise die Ziele „hohe Qualität", „geringe Umweltbelastung" oder „hohe Termintreue" angibt. Die Beschränkungen des Lösungsraumes formuliert er z. B. mit Ausdrücken wie: „Die Bearbeitungskosten sollten nicht mehr als ca. 1.500 € betragen."

Diese Art der nicht exakten Äußerungen ist zunächst nicht scharf messbar. Um trotzdem solch schlecht strukturierte Probleme mit all ihren Unschärfen mit leistungsfähigen Verfahren angemessen abbilden und lösen zu können, wurde das Konzept der unscharfen Mengen (engl. "Fuzzy Sets") entwickelt.[1] Die Fuzzy-Theorie bildet eine methodische Brücke, um evidenzmäßige Unschärfe und sprachliche Vagheit, die in der Bewertung und Abgrenzung von Klassen, Kategorien, Eigenschaften, Bewertungen, Zielvorgaben usw. zu Tage treten, zu modellieren und algorithmisch umzusetzen.[2]

Im folgenden Abschnitt wird erläutert, wie sprachliche Unschärfe mit Hilfe von Fuzzy-Zahlen mathematisch erfasst werden kann. Im Anhang A3 wird eine kurze Einführung in die Fuzzy-Set-Theorie gegeben. Anhang A4 gibt eine Übersicht über die Fuzzy-Algebra; es wird gezeigt, wie sich mathematische Berechnungen trapezförmiger Fuzzy-Zahlen durchführen lassen.

### 6.3.5.1 Fuzzyfizierung

Abhängig von der Sicherheit und der Vollständigkeit der Informationen können die Ausprägungen der geforderten Auftragseigenschaften sowie der Produktionsstandorteigenschaften (Zuordnungskriterien) als scharfe Zahlen, als unscharfe oder linguistische Ausdrücke angegeben werden (s. Abb. 6-17).[3]

---

[1]  Vgl. Zimmermann/Gutsche (1991), S. 240 ff.

[2]  Vgl. Wolf/Peyke (1999), S. 160; Zadeh (1996), S. 103–111.

[3]  Vgl. Roth (1998), S. 229 ff. Siehe auch Kap. 5.2.1 (Unscharfe Planungsdaten).

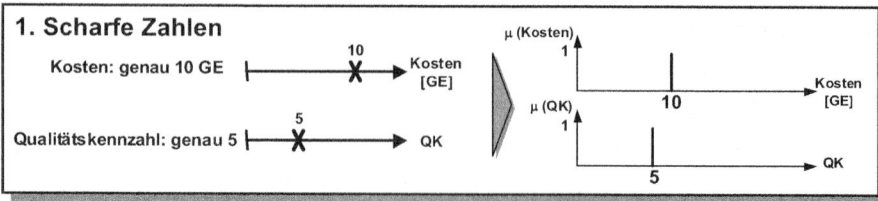

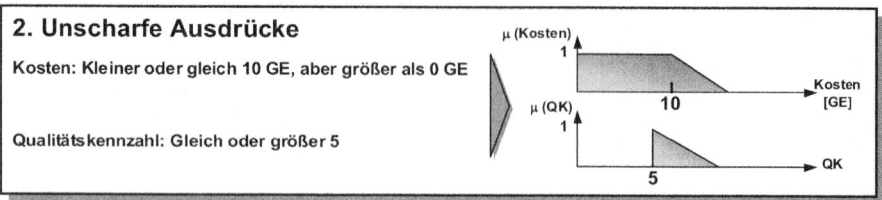

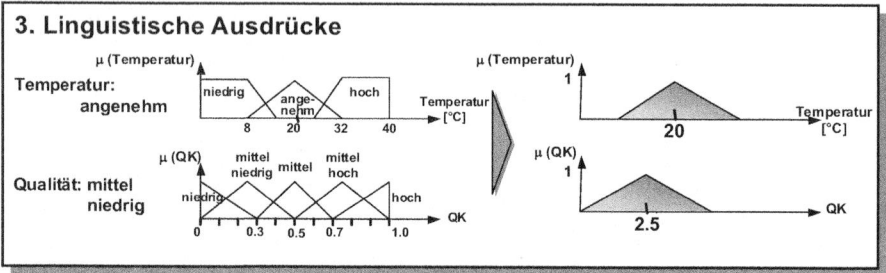

*Legende: GE: Geldeinheit / QK: Qualitätskennzahl / μ(x): Zugehörigkeitsfunktion*

**Abb. 6-17:** *Fuzzyfizierung der Auftragseigenschaften*

Zunächst wird im Folgenden auf scharfe Zahlen und auf unscharfe Ausdrücke eingegangen (s. Abb. 6-17, Punkt 1 und 2):

Die Ausprägung eines quantifizierbaren Zuordnungskriteriums kann z. B. genau einem Wert entsprechen, ungefähr einem Wert entsprechen oder ungefähr zwischen zwei Werten liegen. Diese drei unterschiedlichen Möglichkeiten können mit Hilfe von trapezförmigen Fuzzy-Zahlen abgebildet werden. Die Umwandlung einer Ausprägung (ob quantitativ oder qualitativ vorliegend) in eine Fuzzy-Zahl wird Fuzzyfizierung genannt.

Die Ausprägung der Kosten von genau zehn Geldeinheiten wird in eine Fuzzy-Zahl (10, 10, 10, 10) umgewandelt (vgl. Abb. 6-17, Punkt 1)[1]. Unscharfe Ausdrü-

---

[1]   Die Umwandlung von scharfen Zahlen in Fuzzy-Zahlen wird an dieser Stelle der Vollständigkeit halber erwähnt. Bei dem später vorgestellten Verfahren werden scharfe Zahlen nicht in Fuzzy-Zahlen umgewandelt, da damit der PC-Speicherplatzbedarf nur unnötig beansprucht würde.

cke wie die Aussage, dass die Kosten „kleiner oder gleich 10 Geldeinheiten, aber
größer als 0 Geldeinheiten" sind, wird als unscharfe Zahl (0, 0, 10, 12) dargestellt
(vgl. Abb. 6-17, Punkt 2). Wie unscharfe Ausdrücke in Fuzzy-Zahlen umgewandelt
werden können, ist in Abb. 6-18 an mehreren Beispielen dargelegt.

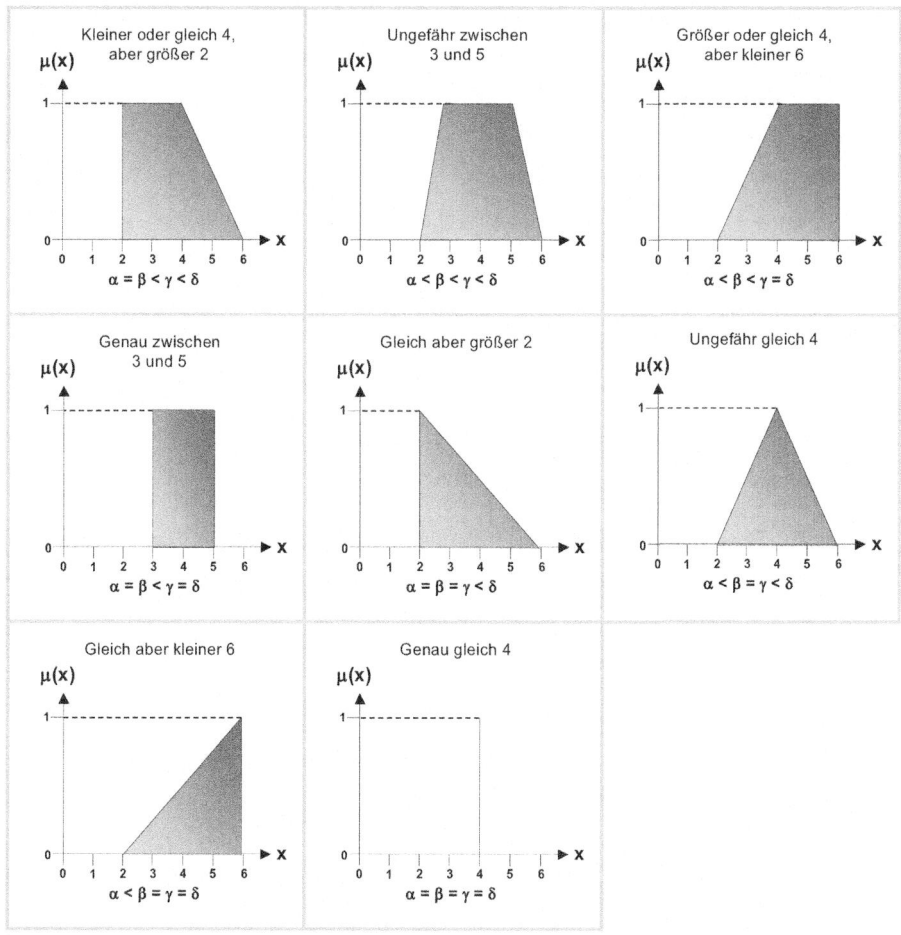

**Abb. 6-18:** *Fuzzyfizierung von unscharfen Ausdrücken (vgl. Liao (1996), S. 3)*

In der Abbildung werden häufig vorkommende unscharfe Ausdrücke durch Fuzzy-
Zahlen dargestellt. Ob der unscharfe Ausdruck „kleiner oder gleich 4, aber größer
als 2" in die Fuzzy-Zahl (2, 2, 4, 6) oder in (2, 2, 4, 7) bzw. (2, 2, 4, 5) umgewandelt wird, ist dem Anwender überlassen. Sind die unscharfen Angaben eher exakt,

so sollten kleine Spannweiten[1] gewählt werden, sind dagegen die Angaben sehr grob, so sollten größere Spannweiten herangezogen werden.[2]

Nachdem zunächst die Fuzzyfizierung scharfer Zahlen und unscharfer Ausdrücke beschrieben worden ist, erfolgt nun die Beschreibung zur Fuzzyfizierung linguistischer Ausdrücke (s. Abb. 6-17, Punkt 3):[3] Qualitative Eigenschaften werden meist durch linguistische Variablen, welche Ausdrücke (Worte oder Sätze) von Umgangs- und Fachsprachen sind, beschrieben.[4] Solche linguistischen Variablen kennzeichnen Ausprägungen einer konkreten Erscheinung innerhalb einer abbildbaren Größe (z. B.: Die Temperatur ist „niedrig", „angenehm" oder „hoch", vgl. Abb. 6-17, Punkt 3). Die abbildbare Größe ist die Temperatur. Die linguistische Variable Temperatur besteht im obigen Beispiel aus den linguistischen Termen „niedrig", „angenehm" und „hoch". Der Zusammenhang zwischen der abbildbaren Größe und der linguistischen Variable erfolgt durch das Aufstellen von Zugehörigkeitsfunktionen.[5]

Eine allgemeine Vorgehensweise zur Umwandlung linguistischer Ausdrücke in Fuzzy-Zahlen sieht wie folgt aus (s. Abb. 6-19):[6]

1.  Zuerst werden alle vorkommenden linguistischen Ausdrücke gesammelt. Für jeden dieser Ausdrücke soll später eine Fuzzy-Zahl gefunden werden.

2.  Die Extrema der gesammelten linguistischen Ausdrücke müssen als nächstes identifiziert werden. Alle anderen linguistischen Ausdrücke müssen zwischen den Extrema liegen.

3.  Anhand der Anzahl der festgestellten Ausdrücke wird mit Hilfe von Tab. 6-1 die Umwandlungsskala bestimmt.

---

[1]  Bei einer trapezförmigen Fuzzy-Zahl wird unter linker Spannweite der Abstand zwischen $\alpha$ und $\beta$ verstanden, unter rechter Spannweite der Abstand zwischen $\gamma$ und $\delta$.

[2]  Vgl. Roth (1998), S. 226.

[3]  Vgl. Liao (1996), S. 4 f.

[4]  Vgl. Jaanineh/Maijohann (1996), S. 169 f.; Rommelfanger (1994), S. 64 f.; von Altrock (1993), S. 24 ff. und S. 152 ff.

[5]  Vgl. Carlsson/Fullér (2002), S. 60–63; Rommelfanger (1999a), S. 6–9. Anwendungen werden beschrieben in: Vanegas/Labib (2001), S. 1155 f.; Chen (2001), S. 68; Moon/Kang (1999), S. 461–467; Rommelfanger (1999b), S. 3–8.

[6]  Vgl. Rasmy et al. (2002), S. 213 f.; Chakraborty (2001), S. 171–186; Herrera/Herrera-Viedma (2000), S. 67–82; Deng (1997), S. 1565 f.; Chen/Hwang (1992), S. 466–473; Tong/Bonissone (1983), S. 323–334.

4. Entsprechend der in Punkt 3 festgelegten Umwandlungsskala wird aus Abb. 6-20 der linguistische Ausdruck in eine Fuzzy-Zahl übertragen.

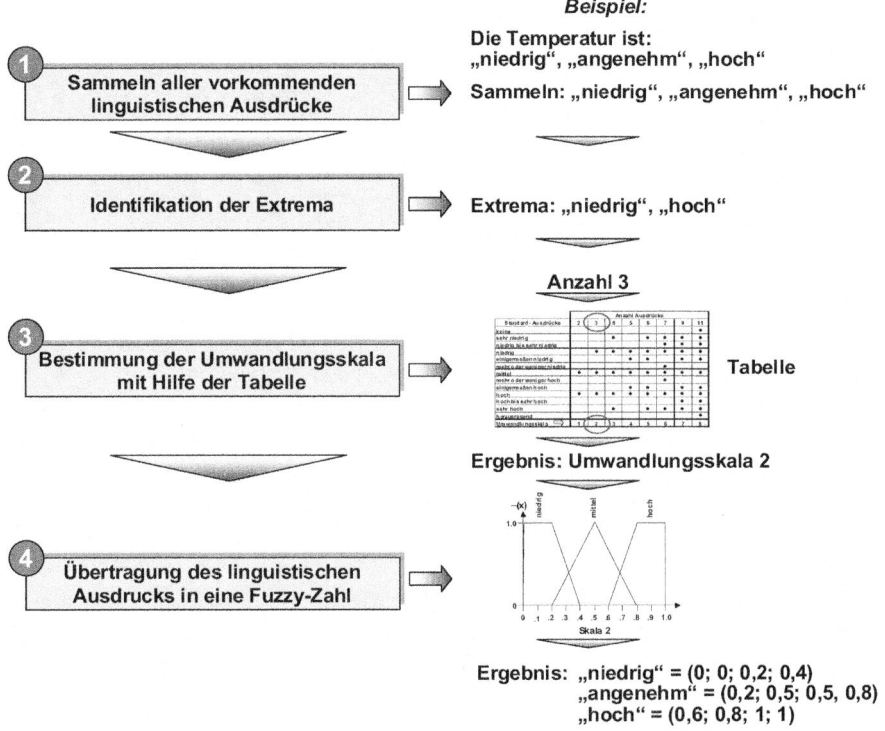

**Abb. 6-19:** *Vorgehensweise zur Fuzzyfizierung eines linguistischen Ausdrucks*

Wenn die linguistischen Ausdrücke nicht mit den Begriffen in Abb. 6-20 überein-stimmen, so müssen diese in entsprechende Standardausdrücke übertragen wer-den. Wenn z. B. die Temperatur nur in den Ausprägungen „niedrig", „angenehm" und „hoch" angegeben werden kann, so werden diese Ausprägungen in die lingu-istischen Standardausdrücke „niedrig", „mittel" und „hoch" umgewandelt.

Im obigen Beispiel (s. Abb. 6-17, Punkt 3) wird das Temperaturempfinden durch drei linguistische Terme angegeben; entsprechend wird aus Tab. 6-1 die Um-wandlungsskala 2 bestimmt. Ist die Temperatur „angenehm", so wird dieser Aus-druck in die Fuzzy-Zahl (0.2, 0.5, 0.5, 0.8) übertragen. Korrespondieren mehrere Umwandlungsskalen mit den linguistischen Standardausdrücken, so ist die Skala mit der geringsten Anzahl an Ausdrücken zu wählen, um damit die Komplexität gering zu halten.

| Standard-Ausdrücke | Anzahl Ausdrücke | | | | | | | |
|---|---|---|---|---|---|---|---|---|
| | 2 | 3 | 5 | 5 | 6 | 7 | 9 | 11 |
| keine | | | | | | | | ● |
| sehr niedrig | | | ● | | ● | ● | ● | ● |
| niedrig bis sehr niedrig | | | | | | | | ● |
| niedrig | ● | ● | ● | ● | ● | ● | ● | ● |
| einigermaßen niedrig | | | | ● | ● | ● | ● | ● |
| mehr oder weniger niedrig | | | | | | | ● | |
| mittel | | ● | ● | ● | | ● | ● | ● |
| mehr oder weniger hoch | | | | | | | ● | |
| einigermaßen hoch | | | | ● | ● | ● | ● | ● |
| hoch | ● | ● | ● | ● | ● | ● | ● | ● |
| hoch bis sehr hoch | | | | | | | | ● |
| sehr hoch | | | ● | | ● | ● | ● | ● |
| herausragend | | | | | | | | ● |
| Umwandlungsskala ⇨ | 1 | 2 | 3 | 4 | 5 | 6 | 7 | 8 |

**Tab. 6-1:** *Umwandlung linguistischer Ausprägungen in Standardausdrücke (vgl. Chen/Hwang (1992), S. 470)*

Chen und Hwang werfen die Frage auf, ob maximal 11 unterschiedliche Kriterienausprägungen in Skala Nr. 8 ausreichen würden, um die Praxis exakt genug abzubilden.[1] Es ist untersucht worden, dass ein Entscheider maximal sieben plus oder minus zwei Kriterien zur Unterscheidung der verschiedenen Ausprägungen sinnvoll anwenden kann.[2] Die meisten Anwendungen verwenden zwischen drei und sieben Terme pro linguistischer Variable. Es werden selten weniger als drei Terme verwendet, da die meisten sprachlichen Konzepte zumindest zwei Extreme sowie die Mitte dazwischen benötigen. Auf der anderen Seite werden selten mehr als sieben Terme verwendet, da beim Menschen die sprachliche Interpretation technischer Größen im Kurzzeitgedächtnis stattfindet und dieses eine Kapazität von ca. sieben Symbolen aufweist.[3] Also reichen maximal 11 Ausprägungen in Tab. 6-1 auf jeden Fall aus. Wenn der Entscheider sehr vertraut mit dem Zuordnungsproblem ist, so können ihm 11 Ausprägungen helfen, sein Expertenwissen zu übertragen. Chen und Hwang schließen damit, dass ihr vorgestelltes Standard-

---

[1] Vgl. Chen/Hwang (1992), S. 471 f.

[2] Vgl. Miller (1956), S. 96.

[3] Vgl. von Altrock (1993), S. 152 ff.

Umwandlungsskalensystem einerseits einfach genug ist, damit ein Entscheider (in unserem Fall der Disponent) das System anwenden kann, und andererseits fein genug ist, um die Praxis realitätsnah abzubilden.

Die Umwandlungsskalen in Abb. 6-20 sind auf die minimalen und maximalen Ausprägungen 0 und 1 normiert. Sind neben den linguistischen Variablen auch exakte Werte für die Extrema bekannt, so lässt sich die aufgezeigte Vorgehensweise für Standard-Ausdrücke mit normierten Umwandlungsskalen anpassen. Liegt z. B. die Temperatur zwischen den extremen Ausprägungen 0 °C und 100 °C, so lässt sich die Ausprägung „angenehm" als Fuzzy-Zahl (20, 50, 50, 80) °C ausdrücken.

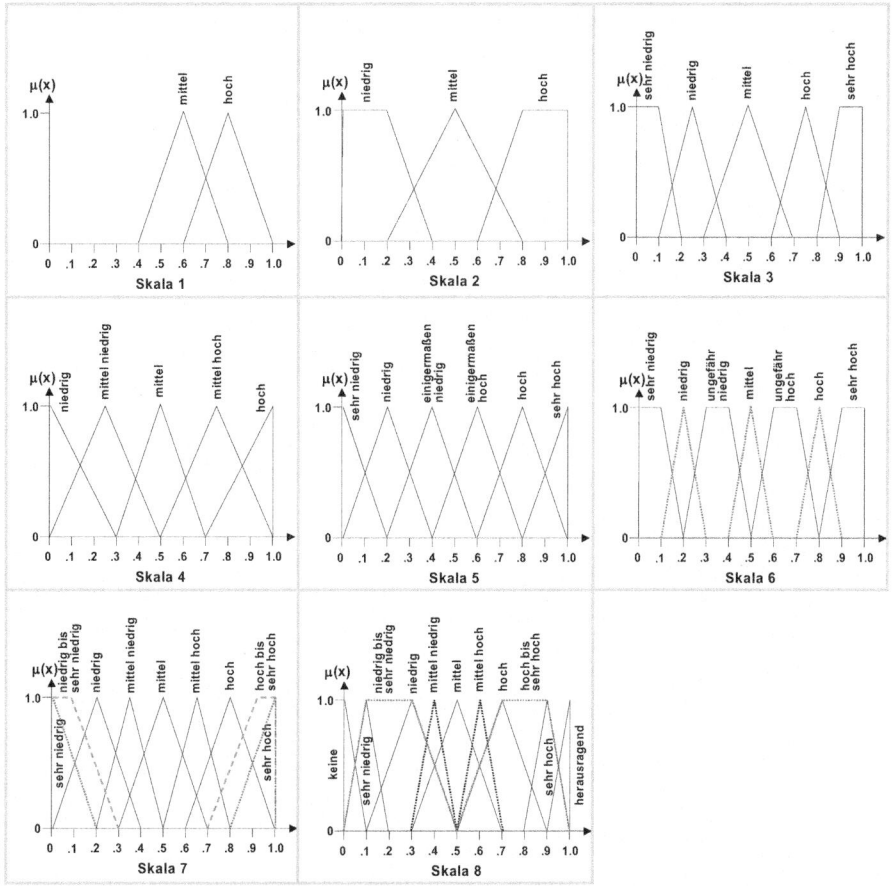

**Abb. 6-20:** *Umwandlungsskalen für linguistische Ausdrücke*
*(vgl. Chen/Hwang (1992), S. 467–469)*

Durch die angegebene Vorgehensweise können vage, unpräzise Informationen, die in Form von linguistischen Variablen vorliegen, systematisch in eine mathematisch operable Form gebracht werden.

### 6.3.5.2 MADM-Problem mit scharfen Zahlen und Fuzzy-Zahlen

Nachdem im vorherigen Abschnitt beschrieben worden ist, wie scharfe Zahlen, unscharfe und linguistische Ausdrücke mathematisch erfasst werden, können nun die relevanten Zuordnungskriterien ausgeprägt werden. Scharfe Zuordnungskriterien werden mit reellen Zahlen ausgeprägt, unscharfe Kriterienausprägungen in Form von Fuzzy-Zahlen. Die Elemente der Zielerreichungsmatrix (s. Kap. 6.3.3) bestehen folglich aus scharfen Zahlen und aus Fuzzy-Zahlen. In Abb. 6-15 sind die Ausprägungen $x_{sj}$ der Alternativen $a_1$ bis $a_m$ im Hinblick auf die Kriterien $k_1$ bis $k_n$ mit scharfen Zahlen angegeben. Im Beispiel aus Abb. 6-21 sind die Kriterien $k_2$ und $k_j$ nur mit Hilfe unscharfer bzw. linguistischer Ausdrücke angegeben worden, so dass die Ausprägungen in Form von Fuzzy-Zahlen $\tilde{x}_{sj}$ angegeben werden.[1]

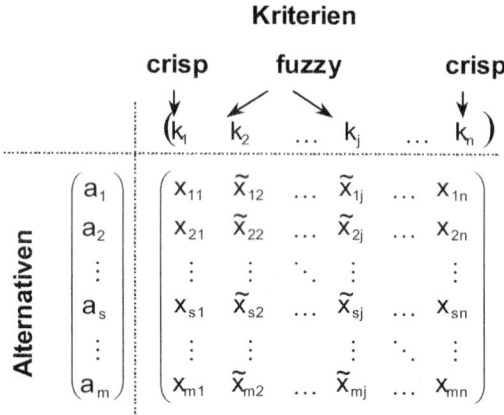

**Abb. 6-21:** *Beispiel für Zielerreichungsmatrix mit scharfen und unscharfen Zahlen*

---

[1]  In dieser Arbeit werden Fuzzy-Zahlen zur Unterscheidung von scharfen Zahlen in der Darstellung mit einer wellenförmigen Überstreichung (~) gekennzeichnet.

## 6.3.6  Gewichtung der relevanten Zuordnungskriterien

Die einzelnen zu berücksichtigenden Zuordnungskriterien können eine unterschiedliche Bedeutung aufweisen. Eine hohe Bedeutung kommt denjenigen Kriterien zu, die eine besondere Relevanz für die Unternehmenszielsetzung aufweisen oder die eher den Charakter einer möglichst nicht zu verletzenden Nebenbedingung (Schwellwert) haben. Die Bestimmung der Kriteriengewichte kann auf verschiedene Weisen erfolgen und stellt in der Literatur ein viel diskutiertes Problem dar.[1] Für diese Arbeit wurde das Verfahren von Saaty[2] ausgewählt, um die Ziele bzw. Zuordnungskriterien zu gewichten. Zum einen kann dieses Verfahren sowohl qualitative als auch quantitative Zielkriterien berücksichtigen. Zum anderen ist es ein weit verbreitetes und in zahlreichen Problemfeldern angewandtes Gewichtungsverfahren.[3]

Das Ziel bei der Gewichtung der scharfen und unscharfen Zuordnungskriterien[4] besteht darin, dass der Entscheidungsträger die relative Wichtigkeit unter den Zielen auf einer kardinalen Skala[5] ausdrückt.[6] Hierbei wird jedem Zielkriterium ein subjektiv festgelegtes Gewicht zugeordnet, das als eine konstante nichtnegative reelle Zahl festgelegt wird, die nur vom Zielkriterium aber nicht von dem realisierten Zielwert abhängt.[7] Die n Gewichte $w_j$ werden durch die Forderung

$$\sum_{j=1}^{n} w_j = 1 \qquad\qquad (1)$$

auf das Intervall [0,1] normiert und zu einem Gewichtungsvektor W zusammengefasst. Das hier vorgeschlagene Verfahren setzt voraus, dass die relative Wichtigkeit von je zwei Kriterien durch den Entscheider beurteilt werden kann. Also müs-

---

[1]  Vgl. Roth (1998), S. 63–154; Zimmermann/Gutsche (1991), S. 54–95.

[2]  Vgl. Saaty (1996) und Saaty (1980); oftmals wird das Verfahren auch Saaty's Eigenvektormethode genannt.

[3]  Vgl. Scharte (2002), S. 20; Eickemeier (2002), S. 390 ff.; Slany (1996), S. 197–222. In Saaty/Forman (1980) werden mehr als 400 Anwendungsfelder vorgestellt.

[4]  Scharfe und unscharfe Zielkriterien werden bei dem Saatyschen Verfahren nach derselben Methode gewichtet. In dieser Arbeit werden die Gewichtungen durch Gruppen nicht berücksichtigt. Nur bei Gruppengewichtungen bietet es sich an, die Gewichtungen der Zielkriterien mit Hilfe von Fuzzy-Zahlen vorzunehmen, um so die Streuung der unterschiedlichen Paarvergleiche einzelner Gruppenmitglieder zu berücksichtigen.

[5]  Kardinale Skalen werden oftmals auch metrische Skalen genannt.

[6]  Vgl. Hoffmeister (2000), S. 294; Zimmermann/Gutsche (1991), S. 54.

[7]  Vgl. Rommelfanger/Eickemeier (2002), S. 146.

sen die n Kriterien $k_j$ durch $1/2 * n * (n-1)$ viele Paarvergleiche untereinander in ein Verhältnis gebracht werden. Es wird bei jedem Paarvergleich ausgedrückt, um wie viel wichtiger ein Kriterium $k_j$ im Vergleich zu einem Kriterium $k_l$ ist ($1 \le j, l \le n$).

Das in Abb. 6-22 dargestellte Formular ist ein Hilfsmittel für die Praxis, um so systematisch jedes Kriterium mit allen anderen einmal zu vergleichen. Der Entscheider muss für jeden Vergleich beurteilen, wie wichtig bzw. unwichtig ein Kriterium gegenüber dem verglichenen ist. Hierzu trägt er entsprechend der in Abb. 6-22 dargestellten Tabelle die Skalenwerte in das Formular ein. Im Paarvergleichs-Formular brauchen nur $1/2 * n * (n-1)$ Werte ausgefüllt zu werden, was das manuelle Ausfüllen im Gegensatz zum direkten Ausfüllen der Paarvergleichsmatrix erheblich zeitlich verkürzt.

*Tabelle:*
*Punkteskala von Saaty*

| Definition | Skalen-wert | Definition | Skalen-wert |
|---|---|---|---|
| Gleiche Bedeutung | 1 | Gleiche Bedeutung | 1 |
| Etwas größere Bedeutung | 3 | Etwas geringere Bedeutung | 1/3 |
| Erheblich größere Bedeutung | 5 | Erheblich geringere Bedeutung | 1/5 |
| Sehr viel größere Bedeutung | 7 | Sehr viel geringere Bedeutung | 1/7 |
| Absolut dominierende Bedeutung | 9 | Absolut niedrigere Bedeutung | 1/9 |
| Zwischenwerte | 2, 4, 6, 8 | Zwischenwerte | 1/2, 1/4, 1/6, 1/8 |

(erste Spalte übergreifend: *Das Ziel oberhalb hat eine*)

*Paarvergleichs-Formular*
(mit Beispielwerten ausgefüllt)

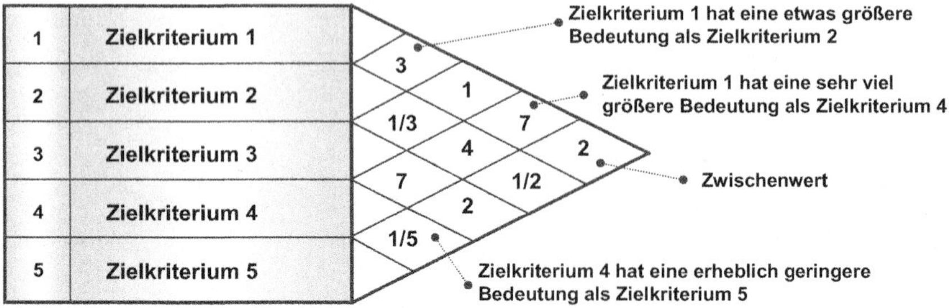

| 1 | Zielkriterium 1 |
| 2 | Zielkriterium 2 |
| 3 | Zielkriterium 3 |
| 4 | Zielkriterium 4 |
| 5 | Zielkriterium 5 |

Zielkriterium 1 hat eine etwas größere Bedeutung als Zielkriterium 2

Zielkriterium 1 hat eine sehr viel größere Bedeutung als Zielkriterium 4

Zwischenwert

Zielkriterium 4 hat eine erheblich geringere Bedeutung als Zielkriterium 5

(Werte im Dreiecksschema: 3; 1; 1/3; 7; 4; 2; 7; 1/2; 2; 1/5)

**Abb. 6-22:** *Paarweiser Vergleich von Zielkriterien[1]*

In einem nächsten Schritt werden die ermittelten Werte in eine Paarvergleichsmatrix P überführt:

---

[1]   Die Tabelle in Anlehnung an Saaty (1996), S. 54 und Saaty/Forman (1980), S. A-9.

$$P = \begin{pmatrix} p_{11} & p_{12} & \cdots & p_{1j} & \cdots & p_{1n} \\ p_{21} & p_{22} & \cdots & p_{2j} & \cdots & p_{2n} \\ \vdots & \vdots & \ddots & \vdots & & \vdots \\ p_{I1} & p_{I2} & \cdots & p_{Ij} & \cdots & p_{In} \\ \vdots & \vdots & & \vdots & \ddots & \vdots \\ p_{n1} & p_{n2} & \cdots & p_{nj} & \cdots & p_{nn} \end{pmatrix} = \begin{pmatrix} 1 & 3 & 1 & 7 & 2 \\ \tfrac{1}{3} & 1 & \tfrac{1}{3} & 4 & \tfrac{1}{2} \\ 1 & 3 & 1 & 7 & 2 \\ \tfrac{1}{7} & \tfrac{1}{4} & \tfrac{1}{7} & 1 & \tfrac{1}{5} \\ \tfrac{1}{2} & 2 & \tfrac{1}{2} & 5 & 1 \end{pmatrix}.$$

Da P eine reziproke Matrix ist, kann die Überführung leicht automatisiert werden. Es gilt

$$p_{ij} = \frac{1}{p_{ji}} \text{ für alle } 1 \leq I, j \leq n \text{ und} \tag{2}$$

$$p_{ij} = 1 \text{ für } I = j, \tag{3}$$

da laut Tabelle aus Abb. 6-22 zwei identische Ziele die gleiche Bedeutung haben.

Für jede Paarvergleichsmatrix P wird ein Gewichtungsvektor W=($w_1$, $w_2$,...,$w_n$) gesucht. Bei einer konsistenten Paarvergleichsmatrix sollten die Elemente des Gewichtungsvektors W, untereinander ins Verhältnis gesetzt, den Paarvergleichswerten entsprechen. Es muss also gelten:

$$p_{ij} = \frac{w_I}{w_j} \text{ für alle } 1 \leq I, j \leq n. \tag{4}$$

Aus den Formeln (1), (2) und (4) leitet Zimmermann her:[1]

$$w_I = \frac{p_{ij}}{\sum_{I=1}^{n} p_{ij}}. \tag{5}$$

Falls die Paarvergleichsmatrix konsistent ist, kann der Gewichtungsvektor W erzeugt werden, indem die Elemente einer beliebigen Spalte der Matrix durch die Spaltensummen dividiert werden.[2] Damit lässt sich die gesamte Information über die relative Wichtigkeit der Zielkriterien untereinander, die in der Paarvergleichsmatrix enthalten ist, im Falle völliger Konsistenz der Vergleichswerte durch einen einzigen n-dimensionalen Vektor W, den Gewichtungsvektor, ausdrücken.

---

[1] Vgl. Zimmermann/Gutsche (1991), S. 54–56; vgl. hierzu auch Hwang/Yoon (1981), S. 41–47.

[2] Vgl. Roth (1998), S. 115–117; der Gewichtungsvektor entspricht somit dem normierten Spaltenvektor. Inkonsistente Paarvergleiche lassen sich daran erkennen, dass sich die normierten Spaltenvektoren unterscheiden. Konsistente Matrizen führen dagegen zu gleichen Spaltenvektoren.

In der Praxis können dem menschlichen Entscheidungsträger bei seinen Paarvergleichen Fehler unterlaufen. Daher gelten die Konsistenzbedingung (4) und die daraus resultierende Berechnung der Gewichtungsvektoren (5) nur näherungsweise.[1] Im Folgenden wird aus Gründen der Übersichtlichkeit unterstellt, dass die Paarvergleichsmatrix konsistent ist. Im Anhang A6 wird ein Verfahren angegeben, mit dem die Konsistenz der Paarvergleichsmatrix überprüft werden kann.

Wie in Kap. 6.3.4 dargelegt, werden die Zielkriterien bzw. Zuordnungskriterien in einer Zielhierarchie strukturiert abgebildet. Die hier beschriebene Vorgehensweise zur Gewichtung von Zielkriterien muss auf jeder Ebene der Zielhierarchie (außer der obersten) erfolgen. Eine mögliche Gewichtung ist in Abb. 6-23 dargestellt. In dem Beispiel wurden vier Paarvergleiche durchgeführt, einmal auf der zweiten Ebene und dreimal auf der dritten Ebene. Auf der untersten Ebene wurden alle Zielkriterien, die zu einem gemeinsamen Oberkriterium der zweiten Ebene gehören, miteinander verglichen.

Ein Rechenbeispiel für die Ermittlung der Gewichtungsfaktoren ist im Anhang A7 aufgezeigt.

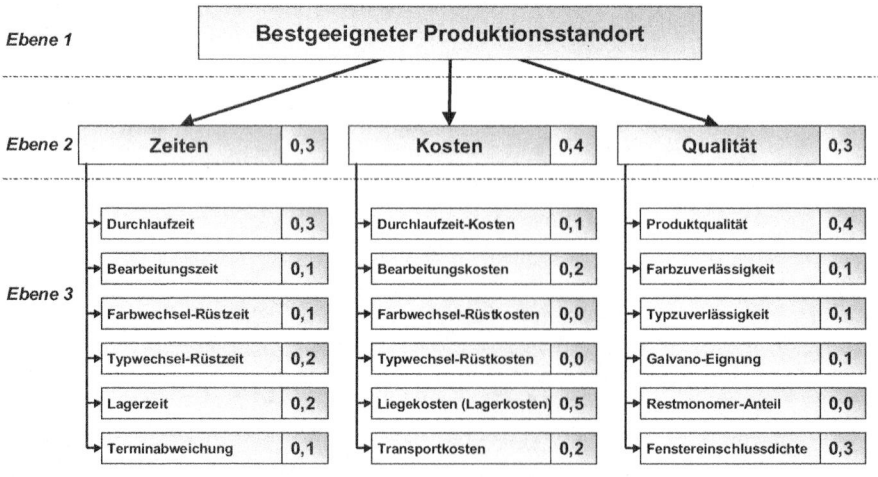

**Abb. 6-23:** *Gewichtung der hierarchisierten Zielkriterien (Beispiel)*

---

[1]    Vgl. Rommelfanger/Eickemeier (2002), S. 153. Inkonsistent ist z. B. folgende Bewertung: B ist
       gleich gut wie A, C ist sehr viel besser als A, B ist besser als C.

### 6.3.7 Ermittlung der Produktionsstandorteignung

Zur Beurteilung der Standortalternativen müssen die geforderten Auftragseigenschaften mit den Produktionsstandorteigenschaften verglichen werden. Die Vorgehensweise zur Ermittlung der Produktionsstandorteignung unterscheidet zwei sich ergänzende Schritte. Für quantitative Zuordnungskriterien lässt sich relativ einfach feststellen, ob ein Produktionsstandort für einen Auftrag geeignet ist oder nicht (s. Kap. 6.3.7.1). Hingegen muss bei qualitativen Zuordnungskriterien ein etwas höherer Aufwand betrieben werden, da hier Fuzzy-Zahlen miteinander verglichen werden (s. Kap. 6.3.7.2).

### 6.3.7.1 Eliminierung ungeeigneter Produktionsstandorte bei quantitativen Zuordnungskriterien

Sind Schwellwerte für quantitative Zuordnungskriterien gesetzt worden, so lässt sich durch einen einfachen Zahlenvergleich feststellen, ob die geforderte Auftragseigenschaft mit der realisierten Standorteigenschaft korrespondiert. Wird z. B. für einen Auftrag verlangt, dass die Bearbeitungskosten 1.200 € nicht überschreiten, und für die drei zur Auswahl stehenden Produktionsstandorte jeweils Bearbeitungskosten von 900 €, 1.450 € und 1.150 € ermittelt werden, so liegt es auf der Hand, dass der zweite Produktionsstandort dem Satisfizierungsziel nicht genügt und damit für die weitere Betrachtung aus der Liste der möglichen Standorte gestrichen wird. Der Schwellwert für das Kriterium Bearbeitungskosten beträgt hierbei 1.200 €.[1]

Bevor aus den übrig gebliebenen Standorten der Produktionsstandort ausgewählt wird, der am besten für den Auftrag geeignet ist, müssen nach einem ähnlichen Verfahren (mit Hilfe der Fuzzy-Mathematik) die qualitativen Zuordnungskriterien berücksichtigt werden.

### 6.3.7.2 Eliminierung ungeeigneter Produktionsstandorte und Ermittlung der Standorteignung bei qualitativen Zuordnungskriterien

Ein Produktionsstandort wird für die Bearbeitung eines Auftrages als nicht geeignet angesehen, falls die geforderten, qualitativen Eigenschaften bzw. Kriterien des

---

[1] Vgl. Rommelfanger/Eickemeier (2002), S. 139 ff.; die Autoren nennen die Schwellwerte auch Killer- und K.O.-Kriterien. Vgl. auch Kap. 6.3.4 (Auswahl von relevanten Zuordnungskriterien).

Auftrages am Produktionsstandort nicht erfüllt werden. Die Entscheidung, ob ein Standort geeignet ist (oder auch nicht) wird aufgrund eines Vergleiches zwischen Standorteigenschaften und geforderten Auftragseigenschaften ähnlich wie in Kap. 6.3.7.1 gefällt. Ungeeignete Produktionsstandorte werden aus der Liste der möglichen Produktionsstandorte gestrichen. Werden mehrere Produktionsstandorte als geeignet für einen Auftrag angesehen, so soll der Standort mit der höchsten Standorteignung ausgewählt werden. Die hierzu benötigten Berechnungen werden in der folgenden fünf-schrittigen Vorgehensweise ausgeführt:[1]

1. **Vergleich der geforderten Auftragszuordnungskriterien mit Produktionsstandorteigenschaften**

   Seien $\tilde{G}AE_{ij} = (GAE\alpha_{ij}, GAE\beta_{ij}, GAE\gamma_{ij}, GAE\delta_{ij})$ die gewünschten bzw. geforderten (qualitativen) Auftragseigenschaften (Auftragskriterien, Auftragsanforderungen) der i=1...a Aufträge. Es werden j=1...n unterschiedliche Auftragseigenschaften pro Auftrag unterschieden.[2]

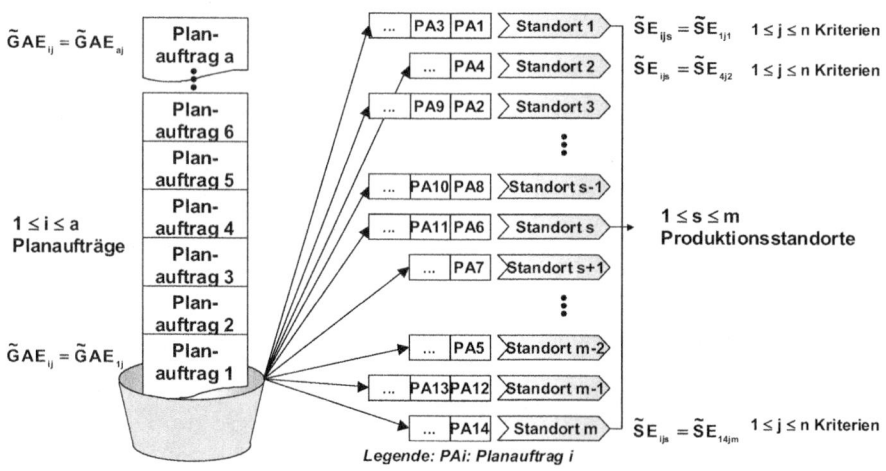

**Abb. 6-24**: *Gewünschte Auftrags- und Produktionsstandorteigenschaften*

---

[1] Hier und im Folgenden werden trapezförmige Fuzzy-Zahlen als Quadrupel in der Form $(\alpha, \beta, \gamma, \delta)$ dargestellt, vgl. Anhang A3.

[2] Die Auftragseigenschaften, die durch scharfe Zahlen ausgedrückt werden, müssen hier nicht betrachtet, d. h. sie können übersprungen werden. Es müsste also heißen j=1...n und j nur für unscharfe Kriterien (d. h. durch Fuzzy-Zahlen ausgedrückt). Da in diesem Kap. 6.3.7.2 nur qualitative Zuordnungskriterien berücksichtigt werden, wird die vollständige Angabe in diesem Abschnitt weggelassen.

Seien $\widetilde{SE}_{ijs} = (SE\alpha_{ijs}, SE\beta_{ijs}, SE\gamma_{ijs}, SE\delta_{ijs})$ die j=1...n Standorteigenschaften des Auftrages i=1...a für die Produktionsstandorte s=1...m.

## 2. Eliminierung ungeeigneter Produktionsstandorte

Für den Fall, dass die Auftragseigenschaft zu maximieren ist, wird ein Produktionsstandort s (für den Auftrag i) als ungeeignet bezeichnet, wenn

$$SE\delta_{ijs} < GAE\alpha_{ij} \qquad (6)$$

gilt. Das größte Element des Quadrupels der Standorteigenschaften muss kleiner sein als das kleinste Element des Quadrupels der gewünschten Auftragseigenschaft (s. Abb. 6-25). Gilt obige Ungleichung (6) nicht, so wird ein Produktionsstandort grundsätzlich als geeignet angesehen (Abb. 6-26).

Für den Fall, dass die Auftragseigenschaft zu minimieren ist, wird ein Produktionsstandort s (für den Auftrag i) als ungeeignet bezeichnet, wenn

$$SE\alpha_{ijs} > GAE\delta_{ij} \qquad (7)$$

gilt.

Wird ein Produktionsstandort als ungeeignet identifiziert, so führt dies zum Ausschluss im Standorteignungsprozess. $\widetilde{GAE}_{ij}$ wird oftmals als Schwellwert bezeichnet, da die Standorteigenschaften einen Schwellwert mindestens erreichen müssen.[1]

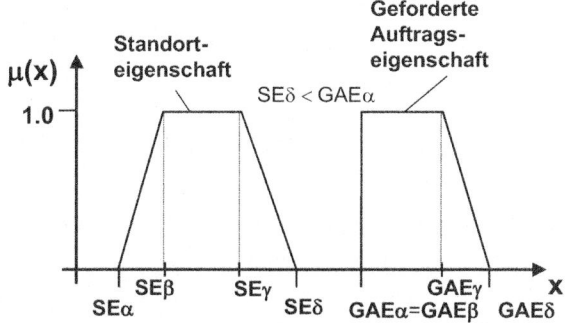

**Abb. 6-25:** *Ungeeigneter Produktionsstandort bei zu maximierender Auftragseigenschaft*

---

[1]  Siehe hierzu Kap. 6.3.2 (Auswahl eines geeigneten Verfahrens zur Zuordnung von Aufträgen zu Produktionsstandorten), Unterpunkt 9.

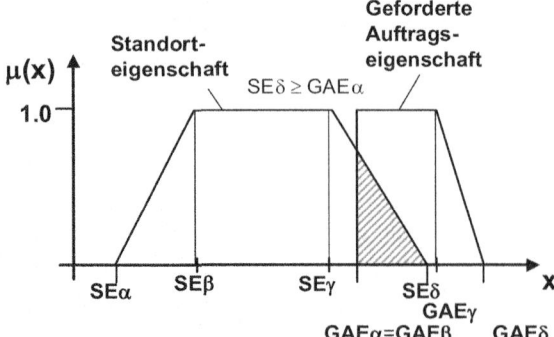

**Abb. 6-26:** *Geeigneter Produktionsstandort bei zu maximierender Auftragseigenschaft*

## 3. Berechnung der Eignungsgrade pro Zuordnungskriterium

Nach Liao[1] gibt der Fuzzy-Eignungsgrad (engl. „Fuzzy Suitability Index") die Eignung eines Produktionsstandortes s mit der j-ten Eigenschaft für einen Auftrag i an (Fuzzy-Eignungsgrad soll maximiert werden):

$$\tilde{F}EG_{ijs} = \frac{\tilde{A}SE_{ijs} - \tilde{G}AE_{ij}}{\tilde{G}AE_{ij}} \tag{8}$$

mit der angepassten Standorteigenschaft

$$\tilde{A}SE_{ijs} = ND_{ij} \oplus (SE\alpha_{ijs}, SE\beta_{ijs}, SE\gamma_{ijs}, SE\delta_{ijs}) \tag{9}$$

und dem Normierungsmaß

$$ND_{ij} = \left| \min_{s}(SE\alpha_{ijs}) - GAE\delta_{ij} \right|. \tag{10}$$

Das Normierungsmaß $ND_{ij}$ berechnet den größten Abstand aller Standorteigenschaften $\tilde{S}E_{ijs}$ vom größten Wert von $\tilde{G}AE_{ij}$. Das Normierungsmaß verschiebt, bildlich ausgedrückt, die Standorteigenschaften $\tilde{S}E_{ijs}$ so weit nach rechts, dass keine Überschneidungen zwischen den Standorteigenschaften und den geforderten Auftragseigenschaften bestehen. Der Fuzzy-Eignungsgrad berechnet den relativen Abstand zwischen den angepassten Standorteigenschaften und den geforderten Auftragseigenschaften (s. Abb. 6-27 und Abb. 6-28).

---

[1]  Vgl. Liao (1996), S. 6 f.

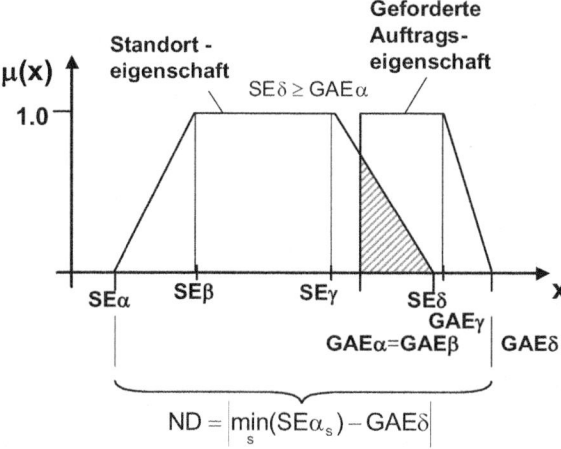

**Abb. 6-27:** *Normierungsmaß*

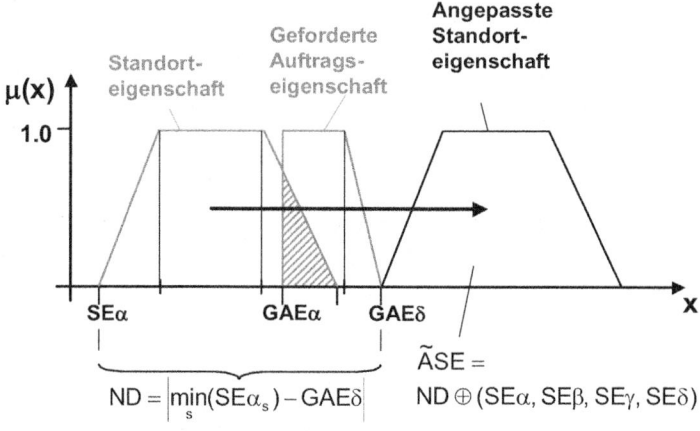

**Abb. 6-28:** *Angepasste Standorteigenschaft*

Falls die geforderten Auftragseigenschaften zu minimieren sind, ergibt sich ähnlich wie in (8), (9) und (10) für den Fuzzy-Eignungsgrad:

$$\tilde{F}EG_{ijs} = \frac{\tilde{G}AE_{ij} - \tilde{A}SE_{ijs}}{\tilde{G}AE_{ij}} \tag{11}$$

mit der angepassten Standorteigenschaft

$$\tilde{A}SE_{ijs} = (SE\alpha_{ijs}, SE\beta_{ijs}, SE\gamma_{ijs}, SE\delta_{ijs}) \ominus ND_{ij} \tag{12}$$

und dem Normierungsmaß

$$ND_{ij} = \left| GAE\alpha_{ij} - \max_s(SE\delta_{ijs}) \right|. \tag{13}$$

**4. Berechnung des Gesamt-Eignungsgrades aller Zuordnungskriterien**

Der Fuzzy-Eignungsgrad eines Produktionsstandortes s muss alle n geforderten Auftragseigenschaften berücksichtigen, deshalb berechnet sich der Gesamt-Fuzzy-Eignungsgrad eines Auftrages i als gewichtetes Mittel aller n Fuzzy-Eignungsgrade:[1]

$$\widetilde{FEG}_{is} = \frac{1}{n} \otimes \left[ (\widetilde{FEG}_{i1s} \otimes \widetilde{w}_1) \oplus (\widetilde{FEG}_{i2s} \otimes \widetilde{w}_2) \oplus \dots \oplus (\widetilde{FEG}_{ins} \otimes \widetilde{w}_n) \right], \tag{14}$$

wobei n die Anzahl der zu beachtenden Auftragseigenschaften und $\widetilde{w}_j$ der Gewichtungsfaktor der j-ten Auftragseigenschaft darstellen.[2]

**5. Defuzzyfizierung der Gesamt-Eignungsgrade aller Zuordnungskriterien**

In einem nächsten Schritt müssen die Gesamt-Fuzzy-Eignungsgrade aller Zuordnungskriterien defuzzyfiziert werden, um dann in eine Reihenfolge gebracht zu werden. Für den Eignungsgrad gilt:[3]

$$EG_{is} = \frac{1}{4} FEG_{is} [\alpha + \beta + \gamma + \delta]. \tag{15}$$

Zur Defuzzyfizierung wurde an dieser Stelle das Verfahren von Liou und Wang für trapezförmige Fuzzy-Zahlen angewandt (s. Formel (16) aus Anhang A5). Somit ist für jeden Auftrag i und für jeden möglichen Produktionsstandort s ein Eignungsgrad $EG_{is}$ ermittelt worden, der alle qualitativen Zuordnungskriterien berücksichtigt.

Mit der hier vorgestellten Vorgehensweise sind alle ursprünglich mit Hilfe von Fuzzy-Zahlen angegebenen Standorteigenschaften $\widetilde{SE}_{ijs}$ in reelle Zahlen, die Eignungsgrade $EG_{is}$, überführt worden. Wenn zwei Produktionsstandorte bzgl. der

---

[1] Vgl. Vanegas/Labib (2001), S. 1153; die gewichteten Mittel werden hier „Fuzzy-Weighted Average (FWA)" genannt; siehe auch Moon/Kang (1999), S. 663.

[2] Im Verfahren von Liao wird (abweichend von den hier verwendeten Gewichtungsfaktoren) mit Fuzzy-Gewichtungsfaktoren gerechnet. Die hier verwendeten scharfen Gewichtungsfaktoren können leicht fuzzyfiziert werden (s. Kap. 6.3.5.1), so dass obige Formel hier angewandt werden kann.

[3] In dieser Arbeit wird das Verfahren von Liou und Wang zur Defuzzyfizierung und Reihenfolgebildung von unscharfen Zahlen angewendet; vgl. Liou/Wang (1992). Im Anhang A5 wird diese Methode ausführlich dargestellt.

qualitativen Kriterien miteinander verglichen werden, so ist der Produktionsstandort mit den höchsten Eignungsgraden zu bevorzugen.

### 6.3.7.3 Berechnung der Rangfolge nach dem Topsis-Verfahren

Nachdem ungeeignete Produktionsstandorte aus der Liste der zur Verfügung stehenden Standorte gestrichen worden sind und die mit Hilfe von Fuzzy-Zahlen angegebenen qualitativen Kriterien in reelle Zahlen umgewandelt worden sind, reduziert sich das ursprünglich gemischte MADM-Problem auf ein klassisches MADM-Problem mit nur noch reellen Zahlen als Elementen der Zielerreichungsmatrix. Mit anderen Worten, mehrere Fuzzy-Eigenschaftsvektoren $\widetilde{SE}_{ijs}$ (i=1...a, j=1...n, j nur für qualitative Kriterien, s=1...m) sind in einen Vektor $EG_{is}$ (i=1...a, s=1...m) überführt worden (s. Abb. 6-29). Hierbei sind die Eignungsgrade zu maximieren.

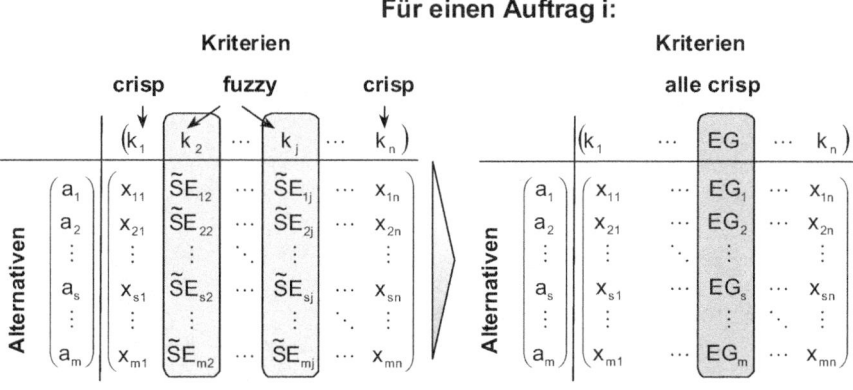

**Abb. 6-29:** *Reduzierung eines gemischten MADM-Problems auf ein klassisches MADM-Problem*

Das auf ein klassisches MADM-Problem reduzierte Problem lässt sich mit vielen bekannten Verfahren lösen. Wegen seiner Einfachheit in der Berechnung, seiner leichten Verständlichkeit und seiner Schnelligkeit wird für die Lösung das Topsis-Verfahren vorgeschlagen.[1]

---

[1] Vgl. Kap. 6.3.3 (Zielerreichungsmatrix und MADM-Verfahren nach Topsis) und Anhang A1.

Die in diesem Kap. 6.3 vorgestellte Vorgehensweise der Zuordnung von Aufträgen zu Produktionsstandorten soll an einem einfachen Beispiel verdeutlicht werden. Ein Auftrag soll anhand von vier Zuordnungskriterien einem von drei redundanten Produktionsstandorten zugeordnet werden (s. Abb. 6-30). Das erste Zuordnungskriterium (Verspätungen) soll minimiert werden, und es liegt kein Schwellwert hierfür vor. Die Schwellwerte der drei anderen Kriterien (Kosten, Durchlaufzeit und Qualität) liegen zunächst nur als unscharfe bzw. linguistische Ausdrücke vor. Über die entsprechenden Umwandlungsskalen und die verschiedenen Formen trapezförmiger Fuzzy-Zahlen werden die Kriterien in unscharfe Zahlen umgewandelt (Schritt 2). Die Kriterien Kosten und Durchlaufzeit sollen minimiert und das Kriterium Qualität soll maximiert werden. Alle vier Kriterien liegen auf derselben hierarchischen Ebene. Die Ausprägungen der Standorteigenschaften sind pro Kriterium und pro Produktionsstandort vorgegeben.

**Abb. 6-30:** *Beispiel für Produktionsstandortzuordnung (Schritte 1 und 2)*

Nach dem Ausfüllen der Paarvergleichsmatrix (Abb. 6-31) ergibt die Berechnung der Eigenwerte, dass der größte Eigenwert der Ordnung der quadratischen Matrix

entspricht (Schritt 3a); damit ist die Gewichtung konsistent und der Gewichtungsvektor kann aus der Paarvergleichsmatrix berechnet werden (Schritt 3b).

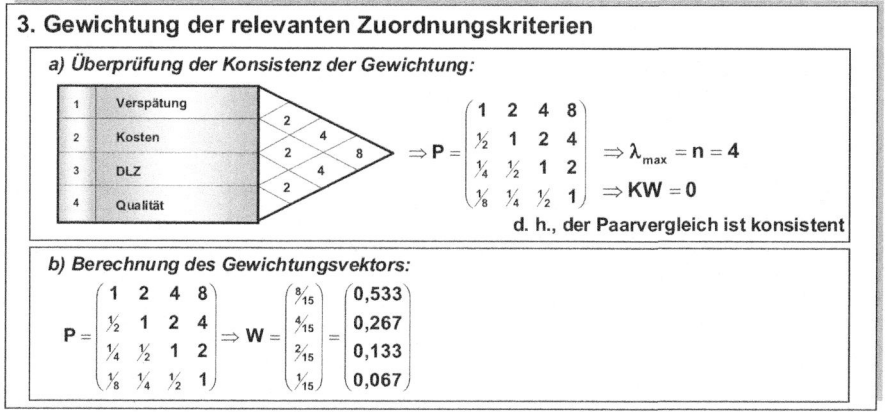

## 3. Gewichtung der relevanten Zuordnungskriterien

*a) Überprüfung der Konsistenz der Gewichtung:*

$$\Rightarrow P = \begin{pmatrix} 1 & 2 & 4 & 8 \\ \frac{1}{2} & 1 & 2 & 4 \\ \frac{1}{4} & \frac{1}{2} & 1 & 2 \\ \frac{1}{8} & \frac{1}{4} & \frac{1}{2} & 1 \end{pmatrix} \Rightarrow \lambda_{max} = n = 4$$

$$\Rightarrow KW = 0$$

d. h., der Paarvergleich ist konsistent

*b) Berechnung des Gewichtungsvektors:*

$$P = \begin{pmatrix} 1 & 2 & 4 & 8 \\ \frac{1}{2} & 1 & 2 & 4 \\ \frac{1}{4} & \frac{1}{2} & 1 & 2 \\ \frac{1}{8} & \frac{1}{4} & \frac{1}{2} & 1 \end{pmatrix} \Rightarrow W = \begin{pmatrix} \frac{8}{15} \\ \frac{4}{15} \\ \frac{2}{15} \\ \frac{1}{15} \end{pmatrix} = \begin{pmatrix} 0,533 \\ 0,267 \\ 0,133 \\ 0,067 \end{pmatrix}$$

*Legende: DLZ=Durchlaufzeit*

**Abb. 6-31:** *Beispiel für Produktionsstandortzuordnung (Schritt 3)*

Im nächsten Schritt werden den drei Schwellwerten die korrespondierenden
Standorteigenschaften der drei redundanten Produktionsstandorte gegenübergestellt. Die geforderte Durchlaufzeit und die Qualität werden am Standort 3 nicht
erreicht. Damit scheidet Standort 3 für die weitere Betrachtung aus (Abb. 6-32,
Schritt 4a).

Für die verbleibenden Standorte werden die kriterienbezogenen Fuzzy-Eignungen
berechnet, die mit dem Gewichtungsvektor zu einem Gesamt-Fuzzy-Eignungsgrad
zusammengefasst werden (Schritt 4b). Die durch eine Fuzzy-Zahl repräsentierte
Gesamt-Eignung wird dann defuzzyfiziert. Anschließend wird die nun nur noch aus
reellen Elementen bestehende neue Entscheidungsmatrix aufgestellt (Schritt 4c).
Im letzten Schritt wird mit Hilfe des Topsis-Verfahrens der Produktionsstandort
ausgewählt, der alle Schwellwerte berücksichtigt und die aufgestellten Minimie-
rungs- und Maximierungsziele am besten erfüllt.

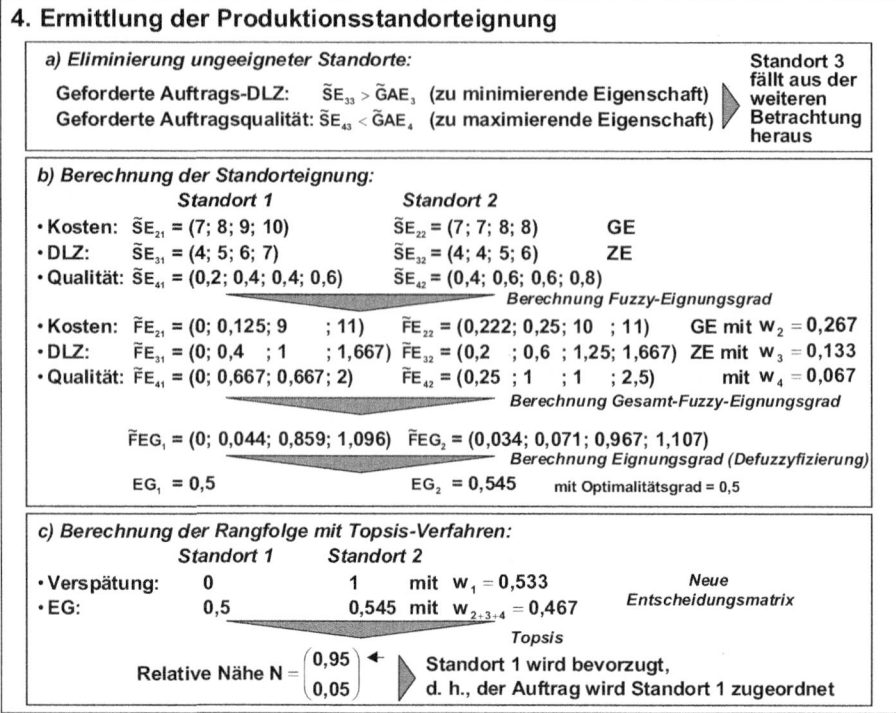

**4. Ermittlung der Produktionsstandorteignung**

*a) Eliminierung ungeeigneter Standorte:*

Geforderte Auftrags-DLZ: $\tilde{S}E_{33} > \tilde{G}AE_3$ (zu minimierende Eigenschaft)

Geforderte Auftragsqualität: $\tilde{S}E_{43} < \tilde{G}AE_4$ (zu maximierende Eigenschaft)

Standort 3 fällt aus der weiteren Betrachtung heraus

*b) Berechnung der Standorteignung:*

|  | Standort 1 | Standort 2 | |
|---|---|---|---|
| • Kosten: | $\tilde{S}E_{21} = (7; 8; 9; 10)$ | $\tilde{S}E_{22} = (7; 7; 8; 8)$ | GE |
| • DLZ: | $\tilde{S}E_{31} = (4; 5; 6; 7)$ | $\tilde{S}E_{32} = (4; 4; 5; 6)$ | ZE |
| • Qualität: | $\tilde{S}E_{41} = (0,2; 0,4; 0,4; 0,6)$ | $\tilde{S}E_{42} = (0,4; 0,6; 0,6; 0,8)$ | |

*Berechnung Fuzzy-Eignungsgrad*

|  | Standort 1 | | Standort 2 | | | |
|---|---|---|---|---|---|---|
| • Kosten: | $\tilde{F}E_{21} = (0; 0,125; 9$ | $; 11)$ | $\tilde{F}E_{22} = (0,222; 0,25; 10$ | $; 11)$ | GE mit $w_2 = 0,267$ |
| • DLZ: | $\tilde{F}E_{31} = (0; 0,4$ | $; 1$ | $; 1,667)$ $\tilde{F}E_{32} = (0,2$ | $; 0,6$ | $; 1,25; 1,667)$ ZE mit $w_3 = 0,133$ |
| • Qualität: | $\tilde{F}E_{41} = (0; 0,667; 0,667; 2)$ | | $\tilde{F}E_{42} = (0,25$ | $; 1$ | $; 1$ | $; 2,5)$ mit $w_4 = 0,067$ |

*Berechnung Gesamt-Fuzzy-Eignungsgrad*

$\tilde{F}EG_1 = (0; 0,044; 0,859; 1,096)$ $\quad$ $\tilde{F}EG_2 = (0,034; 0,071; 0,967; 1,107)$

*Berechnung Eignungsgrad (Defuzzyfizierung)*

$EG_1 = 0,5$ $\qquad$ $EG_2 = 0,545$ mit Optimalitätsgrad = 0,5

*c) Berechnung der Rangfolge mit Topsis-Verfahren:*

|  | Standort 1 | Standort 2 | | |
|---|---|---|---|---|
| • Verspätung: | 0 | 1 | mit $w_1 = 0,533$ | Neue Entscheidungsmatrix |
| • EG: | 0,5 | 0,545 | mit $w_{2+3+4} = 0,467$ | |

*Topsis*

Relative Nähe $N = \begin{pmatrix} 0,95 \\ 0,05 \end{pmatrix}$ ◄ Standort 1 wird bevorzugt, d. h., der Auftrag wird Standort 1 zugeordnet

*Legende: DLZ=Durchlaufzeit, GE=Geldeinheiten, ZE=Zeiteinheiten*

**Abb. 6-32:** *Beispiel für Produktionsstandortzuordnung (Schritt 4)*

## 6.4 Gestaltung der Auftragsterminierung

Aus Gründen der Übersichtlichkeit sei zunächst auf die Rolle der Auftragsterminierung im Gesamtzusammenhang hingewiesen. Wie bereits in Kap. 6.2 (Konzept des Verfahrens) dargelegt, schlägt der Evolutionäre Algorithmus jeweils für einen Zykluslauf mehrere Auftragsreihenfolgen[1] vor.[2] Diese werden dann mit Hilfe des Schedule-Builders bewertet. Auf Grund dieser Bewertungen schlägt dann der Evolutionäre Algorithmus mit Hilfe der genetischen Operatoren für den nächsten Zyk-

---

[1] Mehrere Auftragsreihenfolgen bilden die sog. Population.

[2] Vgl. insbesondere Abb. 6-12 (Verfahrenskonzept).

lus bessere Auftragsreihenfolgen vor. Die Auftragszuordnung[1] hat hierbei die Aufgabe, von jeder vorgeschlagenen Auftragsreihenfolge für jeden Auftrag einen Produktionsstandort zu bestimmen, der vor dem Hintergrund der gesetzten Ziele und möglicher Restriktionen am besten geeignet ist.[2] Diese Zuordnung von Aufträgen zu Produktionsstandorten kann nur erfolgen, wenn für jeden einzelnen Auftrag (des Auftragsbestandes) und für den Auftragsbestand als Ganzes Termine, Kosten und die dazugehörige Kapazitätsbelegungen bekannt sind.

Mit Hilfe des Moduls Auftragsterminierung werden diese Größen jeweils für einen einzelnen Auftrag und für den Auftragsbestand berechnet. Die Bewertung[3] einer Auftragsreihenfolge nach dem Rang-Verfahren[4] erfolgt ebenfalls auf Basis dieser Größen. Da eine Verfügbarkeitsprüfung nur aufgrund der Kapazitätsbelegung erfolgen kann, werden für die Verfügbarkeitsprüfung ebenso Daten der Auftragsterminierung benötigt.

Somit dient das Modul Auftragsterminierung als Datenlieferant für die Module Auftragszuordnung, Verfügbarkeitsprüfung und Bewertung. Diese Module benötigen die Ergebnisse der Auftragsterminierung. Im folgenden Abschnitt wird zunächst auf die von diesem Modul berechneten Zeit- und Kostengrößen eingegangen. Insbesondere wird hierbei die Rolle als Datenlieferant für die Module Bewertung und Verfügbarkeitsprüfung aufgezeigt. Da die Wechselwirkung des Moduls Auftragsterminierung mit dem Modul Auftragszuordnung besonders ausgeprägt ist, wird diese in einem anschließenden Abschnitt gesondert dargestellt.

### 6.4.1 Auftragsterminierung als Datenlieferant

Das Modul Auftragsterminierung berechnet die zeit- und kostenbezogenen Größen sowohl für einen einzelnen Auftrag i als auch für einen Auftragsbestand mit vorgegebener Auftragsreihenfolge bestehend aus a Aufträgen (s. Abb. 6-33). Hier-

---

[1] Vgl. Kap. 6.3 (Gestaltung der Auftragszuordnung).

[2] Es sei nochmals darauf hingewiesen, dass bei unveränderten Rahmenbedingungen eine spezifische Auftragsreihenfolge immer zu einer identischen Auftragszuordnung führt. Über die Variation der Auftragsreihenfolgen beeinflusst der Evolutionäre Algorithmus die Auftragszuordnung.

[3] Wenn im Folgenden vom Modul Bewertung gesprochen wird, so ist die Bewertung innerhalb des Evolutionären Algorithmus gemeint.

[4] Vgl. Kap. 6.1.6 (NSGA-Algorithmus).

bei wird davon ausgegangen, dass durch das Modul Auftragszuordnung zuvor jeder Auftrag i einem Standort s zugeordnet worden ist.

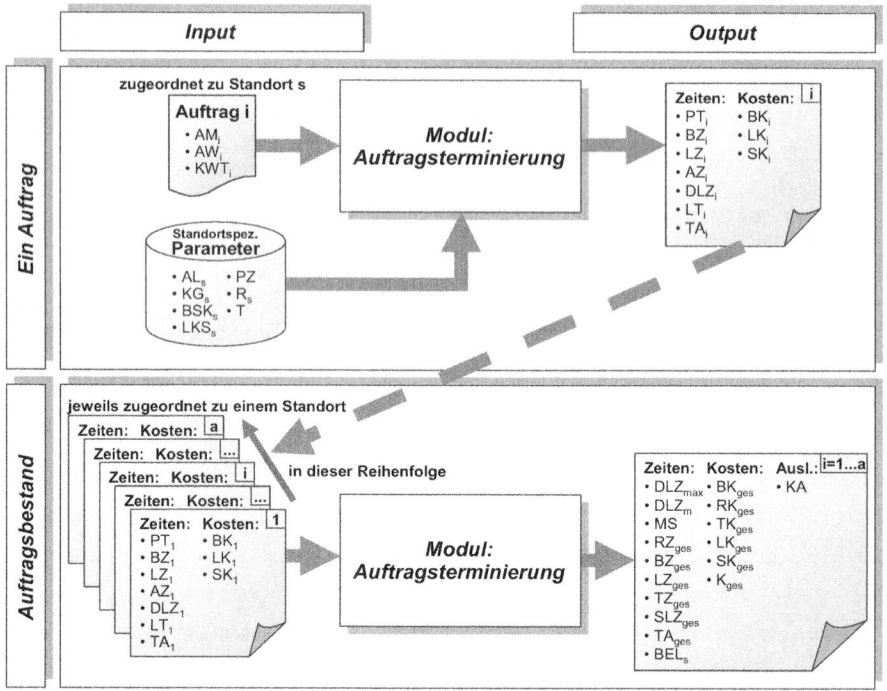

**Abb. 6-33:** *Ergebnisse der Auftragsterminierung*

Zunächst werden für alle a Aufträge nacheinander, jeweils einzeln für einen Auftrag i (i=1...a), die im oberen Teil der Abb. 6-33 dargestellten Zeit- und Kostengrößen berechnet. Die für die Berechnung der Zeit- und Kostengrößen benötigten Formeln sind in Abb. 6-34 aufgelistet. Im Folgenden wird kurz auf die Berechnungen eingegangen, sofern diese nicht bereits in vorherigen Kapiteln ausführlich erläutert worden sind.

Ist ein Auftrag durch das Modul Auftragszuordnung einem Produktionsstandort zugeordnet worden (bei vorgegebener Auftragsreihenfolge), kann der Produktionsstarttermin $PT_i$ eines Auftrages i bestimmt werden. Da angenommen wird, dass alle Produktionsstandorte zum gleichen Zeitpunkt null mit der Produktion beginnen können, werden die Produktionsstarttermine der Aufträge, die als erste an einem Standort bearbeitet werden, auf null gesetzt. Die nachfolgenden Produktionsstartermine werden durch das Bearbeitungsende des Vorgängerauftrages am selben Produktionsstandort festgelegt.

Nachdem der Produktionsstarttermin $PT_i$ eines Auftrages i bestimmt worden ist, kann die Bearbeitungszeit $BZ_{i,s}$ berechnet werden. Die Rüstzeit $RZ_{i,s}$, und die Transportzeit $TZ_{i,s}$ werden aus der Rüst- und Transportmatrix entsprechend der Standortzuordnung herausgelesen. Da im hier vorgestellten Modell die Lagerzeit $LZ_{i,s}$ als Pufferzeit zwischen Bearbeitungsende und Transportbeginn definiert ist, kann mit der unter Prämisse 9[1] angegebenen Formel die Lagerzeit des Auftrages i berechnet werden.[2] Aufgrund der berechneten Zeitgrößen können anschließend die Auftragszeit $AZ_i$, die Durchlaufzeit $DLZ_i$ und der Liefertermin $LT_i$ errechnet werden. Hierbei sind die Auftrags- und Durchlaufzeit im hiesigen Modell identisch.[3] Diese berechnen sich nach der in Kap. 4.1 angegebenen Formel; für den Liefertermin bei der hier angenommenen Vorwärtsterminierung gilt:

$$LT_i = PT_i + RZ_{i,s} + BZ_{i,s} + LZ_{i,s} + TZ_{i,s} = PT_i + AZ_i. \qquad (16)$$

Bei pünktlicher Lieferung gilt $LT_i = KWT_i$, und bei unpünktlicher Lieferung gilt $LT_i > KWT_i$. Eine zu frühe Auslieferung an den Kunden ist im hier vorgestellten Modell ausgeschlossen.[4] Aus der Differenz von Liefertermin und Kundenwunschtermin wird die Terminabweichung $TA_i$ berechnet.[5]

Die Kostengrößen Bearbeitungskosten $BK_{i,s}$, Lagerkosten $LK_{i,s}$, und Terminabweichungskosten $SK_{i,s}$ werden durch Multiplikation der ihnen entsprechenden Zeitgrößen mit den zugehörigen Kostensätzen gebildet (s. Abb. 6-34).

---

[1] Vgl. Kap. 4.2.2 (Planungsdatenprämissen).

[2] Da ein Auftrag eindeutig einem Standort zugeordnet wird, ist der Index s für den Standort in den Zeitgrößen überflüssig, somit gilt: $BZ_{i,s} = BZ_i$, $RZ_{i,s} = RZ_i$, $LZ_{i,s} = LZ_i$ und $TZ_{i,s} = TZ_i$. Für die Kostengrößen gilt die Gleichsetzung entsprechend.

[3] Vgl. Kap. 4.4.1 (Ziel- und Bewertungsprämissen des Multi-Site-Scheduling), insbesondere Abb. 4-3.

[4] Vgl. 4.1 (Modellbildung), insbesondere Abb. 4-2.

[5] Vgl. Prämisse 10 aus Kap. 4.2.2 (Planungsdatenprämissen).

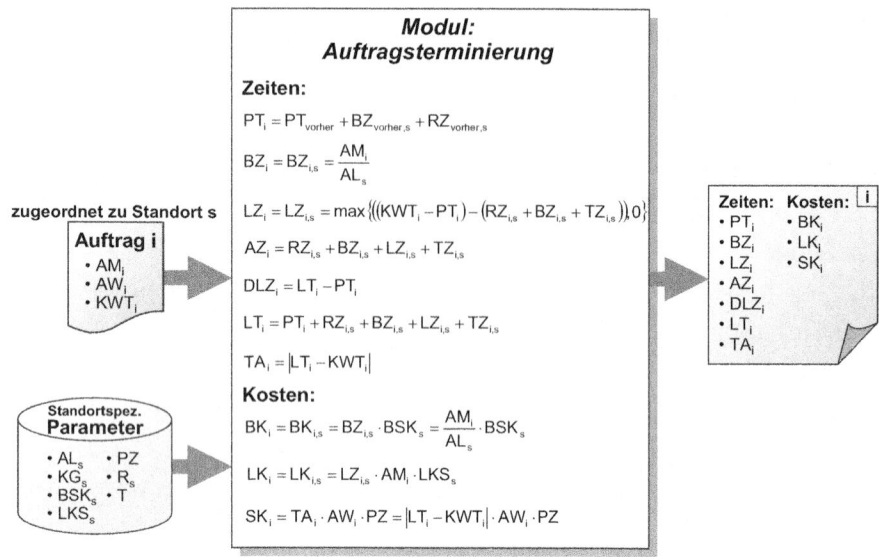

**Abb. 6-34:** *Auftragsterminierung – Formeln/Ergebnisse für einen Auftrag i*

Nach der jeweils für alle a Aufträge (i=1...a) einzeln erfolgten Berechnung der Zeit- und Kostengrößen kann die Berechnung der Größen, die den gesamten Auftrags- bestand betreffen, gestartet werden (s. Abb. 6-33, unterer Teil). Die Ergebnisse aus den Einzelauftragsberechnungen fließen in die Berechnungen der Gesamtauf- tragsbestandsgrößen ein. Diese Gesamtauftragsbestandsgrößen entsprechen den in Kap. 4.4.1 abgeleiteten Ziel- und Bewertungsgrößen für das Multi-Site- Scheduling (s. Abb. 6-35).[1]

Da der Disponent aus einer Liste von Zielgrößen auswählen kann,[2] sind auch nur die Zielgrößen zu berechnen, die er ausgesucht hat. Diese werden dann im Modul Bewertung benötigt. Die für die Berechnung dieser Ziel- und Bewertungsgrößen erforderlichen Formeln sind in Abb. 6-35 wiedergegeben. Im Folgenden werden diese Formeln nicht weiter erläutert, da sie bereits in Kap. 4.4.1 ausführlich erklärt und formal definiert worden sind.

---

[1]  Vgl. Prämisse 33 aus Kap. 4.4.1 (Ziel- und Bewertungsprämissen des Multi-Site-Scheduling).

[2]  Vgl. Prämisse 32 aus Kap. 4.4 (Ziel- und Bewertungsprämissen).

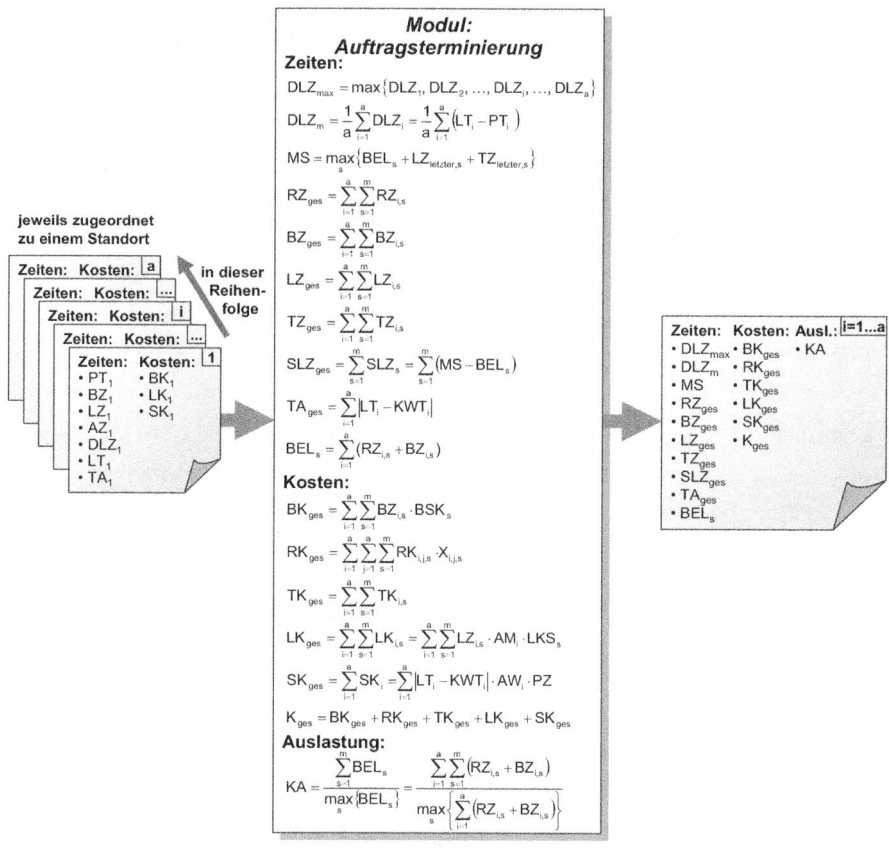

**Abb. 6-35:** *Auftragsterminierung – Formeln/Ergebnisse für Auftragsbestand*

Neben der soeben aufgezeigten Funktion der Auftragsterminierung als Datenlieferant für das Modul Bewertung wird auch das Modul Verfügbarkeitsprüfung durch die Auftragsterminierung mit Daten versorgt. Hierfür wird die aktuelle Standortbelegung $BEL_s$ übergeben.[1]

Da die Module Auftragsterminierung und Auftragszuordnung in besonderem Maße miteinander kommunizieren, wird im folgenden Abschnitt gesondert darauf eingegangen.

---

[1] Vgl. Kap. 6.5 (Gestaltung der Verfügbarkeitsprüfung).

## 6.4.2  Auftragsterminierung zur Unterstützung der Auftragszuordnung

Um das Wechselspiel zwischen Auftragszuordnung und Auftragsterminierung leicht verständlich zu erläutern, wird zunächst auf die Bedeutung dynamischer Zuordnungskriterien eingegangen. Nach jeder Zuordnung eines Auftrages zu einem Produktionsstandort sind die dynamischen Zuordnungskriterien anzupassen. Im Gegensatz zu statischen Kriterien, die unabhängig von konkreten Planauftragslisten und vom Auftragszustand eines Produktionsstandortes sind, variieren dynamische oder ablaufabhängige Zuordnungskriterien bei der Zuordnung eines jeden Planauftrages.[1] Dynamische Kriterien können beispielsweise Bearbeitungszeiten und -kosten und auch die aktuelle Kapazitätsauslastung eines Produktionsstandortes sein.[2] Somit spielt die Position eines Auftrages innerhalb des Auftragsbestandes bzw. die Auftragsreihenfolge, mit der die Aufträge nacheinander den Standorten zugeordnet werden, eine wesentliche Rolle.

Zur Ermittlung der Eignung eines Standortes (mit Hilfe des Moduls Auftragszuordnung) wird ein Auftrag fiktiv jedem der grundsätzlich geeigneten Produktionsstandorte zugeordnet (s. Abb. 6-36).

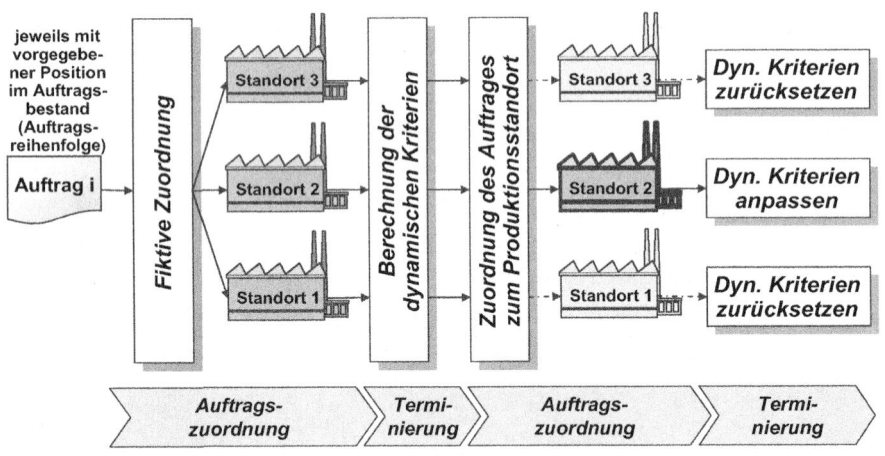

**Abb. 6-36:** *Aufgaben der Terminierung bei der Auftragszuordnung*

---

[1]   Vgl. Kurbel (1993), S. 51.

[2]   Vgl. Kap. 3.1.2 (Ziele der Auftragszuordnung) und insbesondere Abb. 3-1 (Übersicht über mögliche Zuordnungskriterien).

Hierbei müssen jeweils die dynamischen Zuordnungskriterien durch das Modul Auftragsterminierung berechnet bzw. angepasst werden.[1] Diese aktualisierten Zuordnungskriterien werden vom Modul Auftragsterminierung dem Modul Auftragszuordnung für alle grundsätzlich geeigneten Produktionsstandorte übergeben. Mit Hilfe dieser und weiterer statischer Zuordnungskriterien ermittelt das Modul Auftragszuordnung den Produktionsstandort mit der höchsten Eignung für diesen Produktionsauftrag.[2] Der Auftrag wird somit einem Produktionsstandort zugeordnet; in Abb. 6-36 wird Produktionsstandort Nr. 2 ausgewählt.

Nach dieser Auftragszuordnung werden die dynamischen Kriterien dieses Standortes endgültig angepasst, und die dynamischen Kriterien der anderen, nicht ausgewählten Produktionsstandorte werden wieder auf die Werte zurückgesetzt, die vor der fiktiven Auftragszuordnung gültig waren. Somit entsteht die Ausgangsdatenbasis und damit die neue Entscheidungssituation für die nächste Auftragszuordnung.

## 6.5 Gestaltung der Verfügbarkeitsprüfung

Das Modul Verfügbarkeitsprüfung berücksichtigt die Planung gegen begrenzte Ressourcen.[3] Kann ein Auftrag aus Kapazitätsgründen nicht mehr eingeplant werden, so zeigt das Modul Verfügbarkeitsprüfung (mit Unterstützung des Moduls Auftragszuordnung) noch verfügbare, redundante Produktionsstandorte für den Auftrag auf. Auf diesen redundanten Standorten kann der Auftrag dann eingeplant werden. Die folgenden Erläuterungen zeigen, wie durch das Verfahren sichergestellt wird, dass kein Produktionsstandort über seine Kapazitätsgrenzen hinaus ausgelastet wird (s. Abb. 6-37).

Nachdem ein Auftrag i mit Hilfe der Module Auftragszuordnung und Auftragsterminierung einem Produktionsstandort (in Abb. 6-37 Standort 2) zugeordnet worden

---

[1]  Die statischen Zuordnungskriterien werden vom Modul Auftragsterminierung nicht berechnet; vgl. auch Prämisse 17 aus Kap. 4.2.3 (Standortstrukturprämissen).

[2]  Vgl. Kap. 6.3 (Gestaltung der Auftragszuordnung).

[3]  Vgl. Prämisse 12 aus Kap. 4.2.2 (Planungsdatenprämissen).

ist,[1] wird im nächsten Schritt durch das Modul Verfügbarkeitsprüfung diese Zuordnung auf eine mögliche Kapazitätsgrenzenüberschreitung überprüft. Hierbei wird
die Kapazitätsgrenze $KG_s$ des ausgewählten Produktionsstandortes s mit der aktuellen Standortbelegzeit $BEL_s$ verglichen. Falls $BEL_s \leq KG_s$ ist, sind ausreichend
Produktionskapazitäten für den Auftrag i vorhanden, und die Auftragszuordnung
wird bestätigt. Andernfalls ($BEL_s > KG_s$) kann der Auftrag dem vorgesehenen Produktionsstandort nicht zugeordnet werden. Dann wird mit Hilfe des Moduls Auftragszuordnung die nächstbeste Zuordnung des Auftrages i vorgenommen;[2] in
Abb. 6-37 wird beispielsweise Standort 3 ausgewählt.

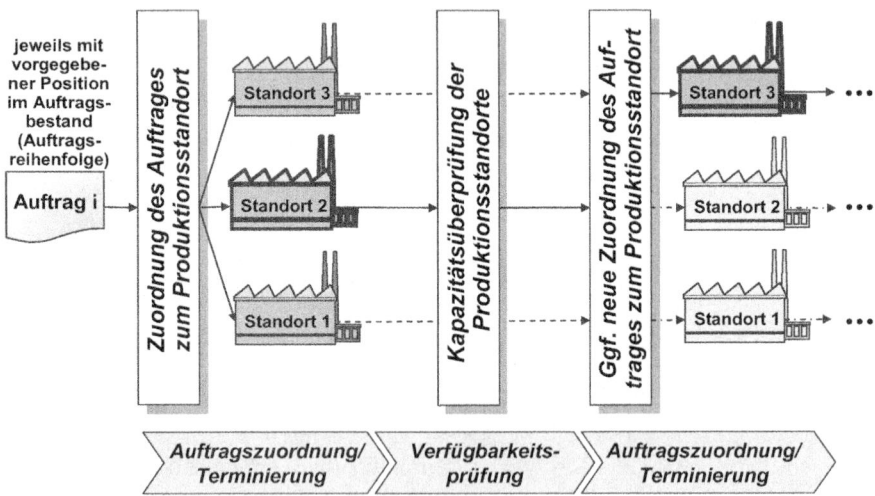

**Abb. 6-37:** *Zur Rolle der Verfügbarkeitsprüfung*

## 6.6 Gestaltung der Reihenfolgeplanung

Wie bereits in Kap. 6.2 (Konzept des Verfahrens) dargelegt, wird im hier vorgestellten Verfahren die Optimierung der Planauftragslisten mit Hilfe eines Evolutio-

---

[1]   Auch hier beeinflusst die Position eines Auftrages innerhalb des Auftragsbestandes (Auftrags-
      reihenfolge) die Auftragszuordnung.

[2]   Die nächstbeste Auftragszuordnung wird mit Hilfe der Produktionsstandorteignung bestimmt.
      Die Vorgehensweise zur Berechnung der Produktionsstandorteignung wird ausführlich in
      Kap. 6.3.7 (Ermittlung der Produktionsstandorteignung) beschrieben.

nären Algorithmus vorgenommen.[1] Dieser variiert die Auftragsreihenfolge des (gesamten) Auftragsbestandes, um so in einem zyklischen Prozess mehrere, im Sinne der Zielwertauswahl optimierte Planauftragslisten zu generieren. Somit erfolgt die eigentliche Auftragsreihenfolgeoptimierung durch den Evolutionären Algorithmus selbst und braucht im Modul Reihenfolgeplanung nicht vorgenommen zu werden. Das Modul Reihenfolgeplanung dient als Teil des Schedule-Builders (bei vorgegebener Auftragsreihenfolge, nachdem Auftragszuordnung und Auftragsterminierung erfolgt sind) daher lediglich der Festlegung der Auftragsreihenfolgen an den Produktionsstandorten (s. Abb. 6-38).[2]

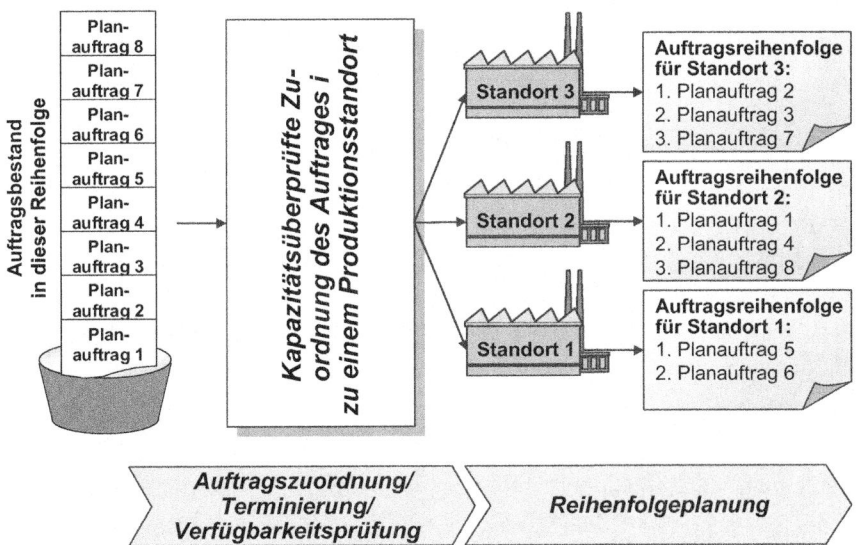

**Abb. 6-38:** *Auftragsreihenfolgeplanung*

Als Ergebnis liefert das Modul Reihenfolgeplanung für jeden Produktionsstandort eine Liste, in der aus Sicht des Standortes die zu bearbeitenden Aufträge mit ihren Bearbeitungsreihenfolgen angegeben sind. In Abb. 6-38 werden acht Aufträge drei

---

[1]  Vgl. Kap. 6.2 (Konzept des Verfahrens) und insbesondere Abb. 6-12 (Verfahrenskonzept).

[2]  Für das in diesem Abschnitt betrachtet Modul würde der Begriff Reihenfolgebildung statt Reihenfolgeplanung vollkommen ausreichen, da in diesem Modul lediglich aus der Gesamtauftragsreihenfolge sowie der Standortzuordnung (die in vorherigen Modulen berechnet worden sind) eine standortspezifische Planauftragsliste für jeden Standort gebildet wird. Da bei anderen in der Literatur diskutierten Modellansätzen in diesem Modul die eigentliche Planung der Reihenfolgen vorgenommen wird, wurde der Terminus Reihenfolgeplanung hier übernommen.

Produktionsstandorten zugeordnet. Am Standort Nr. 1 sind beispielsweise zwei Aufträge eingeplant; zuerst ist Auftrag 5 und dann Auftrag 6 zu bearbeiten.

## 6.7 Auswahl eines bevorzugten Anlagenbelegungsplans aus vielen Planauftragslisten

Durch das entwickelte Verfahren werden dem Disponenten mehrere Pareto-optimale Planauftragslisten vorgeschlagen. Die vorgeschlagenen Planauftragslisten sind alle hinsichtlich der von ihm ausgewählten Zielgrößen effizient bzw. Pareto-optimal.[1] Nach Abschluss des Optimierungslaufes soll der Anwender interaktiv eine Lösung aus der vorgeschlagenen Lösungsmenge auswählen können.[2]

Aufgrund der explizit vorgegebenen Pareto-optimalen Lösungen und der begrenzten Anzahl an Lösungen kann die Auswahl einer Planauftragsliste durch ein MADM-Entscheidungsverfahren[3] unterstützt werden. Hierzu bietet sich die Nutzwertanalyse als einfache Form multi-attributiver Entscheidungsunterstützung an.[4]

Im Beispiel aus Abb. 6-39 werden sechs (unterschiedliche) Pareto-optimale Planauftragslisten dem Disponenten vorgeschlagen. Diese weisen unterschiedliche Zielgrößenausprägungen auf. Für Zielgröße 1 (Kosten) wählt der Disponent eine Gewichtung von 0,7 und für Zielgröße 2 (Makespan) eine Gewichtung von 0,3. Werden die Nutzwerte aller sechs Lösungsvorschläge mit Hilfe der Nutzwertanalyse berechnet, so wird für die Lösung Nr. 2 der höchste Nutzwert festgestellt (0,73). Der Disponent wird sich für diese Planauftragsliste Nr. 2 entscheiden.

Der beschriebene Ansatz, bei dem dem Anwender durch das Verfahren zuerst mehrere Pareto-optimale Lösungen vorgeschlagen werden und dieser erst danach

---

[1]   Die Begriffe „effizient" und „Pareto-optimal" werden hier im Sinne der getroffenen Vereinbarung im Lastenheft verwendet; vgl. Kap. 3.4 (Leistungsbezogene Anforderungen).

[2]   Vgl. Meyer (2002), S. 15.

[3]   Vgl. Zimmermann/Gutsche (1991), S. 25. Siehe auch Kap. 6.3 (Gestaltung der Auftragszuordnung).

[4]   Die Nutzwertanalyse wird beispielsweise in Rommelfanger/Eickemeier (2002), S. 149 ff. und in Eisenführ/Weber (1999), S. 117 ff., beschrieben. Im angelsächsischen Sprachraum wird sie auch als Scoring-Methode bezeichnet.

seine Zielpräferenzen bei der Nutzwertanalyse darlegt, weist folgende Vorteile auf:[1] Der Disponent

- wird nicht gezwungen, vor dem Optimierungslauf eine tatsächlich in der Praxis schwierig zu realisierende, numerische Zielgewichtung vorzunehmen, sondern

- kann seine Zielpräferenzen auch nach der Optimierung variieren, d. h. mehrere Szenarien simulieren. Hierbei wird die interaktive Rolle des Anwenders besonders hervorgehoben.

Der Disponent kann die Nutzwertanalyse zur Auswahl einer Planauftragsliste nutzen, er muss sie jedoch nicht nutzen. So kann er aufgrund veränderter Marktsituationen oder aber neuer Vorgaben, z. B. der Unternehmensleitung, seine Auswahl einer Planauftragsliste entsprechend den Vorgaben anpassen. Wenn beispielsweise die Vorgabe (von der Unternehmensleitung) lautet, die Gesamtkosten für ein Auftragspaket sollen nicht mehr als 31 Geldeinheiten bei minimalem Makespan betragen, so wird der Disponent im dargestellten Beispiel aus Abb. 6-39 die Planauftragsliste 5 auswählen.

Nach der Auswahl einer Planauftragsliste wird sich der Disponent mit Hilfe des Moduls Auftragsreihenfolgeplanung des Schedule-Builders die entsprechenden Ablaufpläne und -listen der ausgewählten Planauftragslisten ermitteln lassen. Diese werden dann als Vorgaben den Produktionsstandorten zur Verfügung gestellt. Das hier entwickelte Verfahren unterstützt somit das Multi-Site-Scheduling, indem es alternative, optimierte Planauftragslisten zur Verfügung stellt, aus denen der Disponent die den Vorgaben entsprechend günstigste auswählen kann.

---

[1]  Vgl. Meyer (2002), S. 38.

**Vorschlag von sechs Planauftragslisten durch das Verfahren**

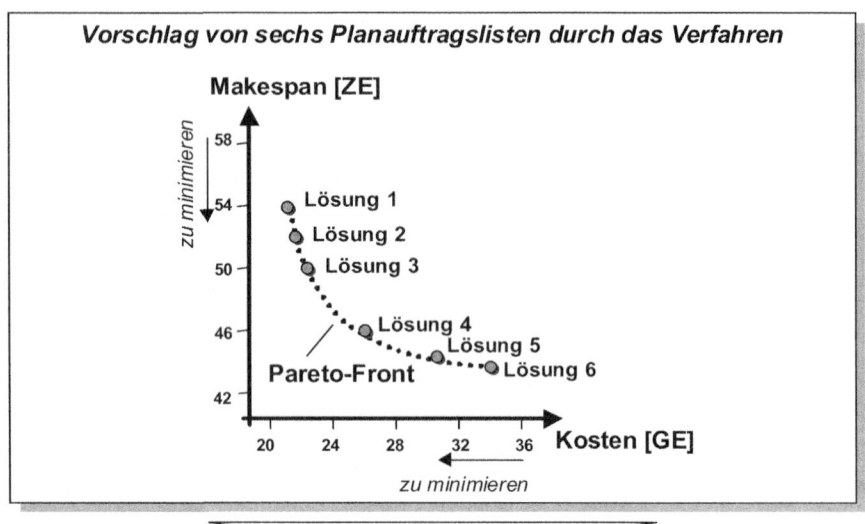

**Auswahl einer Planauftragsliste mit Hilfe der Nutzwertanalyse**

|       | Lösung 1 | | | Lösung 2 | | | Lösung 3 | | | Lösung ... | | | Lösung 6 | | |
|-------|------|-----|-----|------|-----|------|------|-----|------|------|------|------|------|-----|-----|
|       | EG | GW | NW | EG | GW | NW | EG | GW | NW | EG | GW | NW | EG | GW | NW |
| ZG 1  | 100% | 0,7 | 0,7 | 96% | 0,7 | 0,67 | 85% | 0,7 | 0,59 | | | | 0% | 0,7 | 0 |
| ZG 2  | 0% | 0,3 | 0 | 20% | 0,3 | 0,06 | 40% | 0,3 | 0,12 | | | | 100% | 0,3 | 0,3 |
| Σ     | | 1,0 | 0,7 | | 1,0 | 0,73 | | 1,0 | 0,71 | | | | | 1,0 | 0,3 |

Lösung 2 (Planauftragsliste 2) hat den höchsten Nutzwert

*Legende:* ZG 1=Zielgröße 1 (Kosten); ZG 2=Zielgröße 2 (Makespan);
GE=Geldeinheiten; ZE=Zeiteinheiten;
EG=Eignungsgrad; GW=Gewichtung; NW=Nutzwert

**Abb. 6-39:** *Auswahl einer Planauftragsliste durch den Disponenten*

# 7 Validierung

Das Ziel dieses Kapitels besteht darin, Aussagen über die Leistungsfähigkeit des entwickelten Verfahrens zum Multi-Site-Scheduling in der chemischen Industrie abzuleiten sowie den Aufwand und wirtschaftlichen Nutzen seines Einsatzes in der betrieblichen Praxis abzuschätzen.

Grundsätzlich ist es bei heuristischen Optimierungsverfahren schwierig, die bei der Anwendung des Verfahrens erreichte Qualität der Lösungen zu bewerten.[1] Die Problematik erwächst im Wesentlichen daraus, dass die exakten, optimalen Lösungen in der Regel bei realistischen Problemgrößen nicht bekannt sind und auch nicht mit vertretbarem Aufwand ermittelt werden können.[2] Somit kann die Validierung des in dieser Arbeit entwickelten heuristischen Optimierungsverfahrens nicht anhand eines Vergleichs zwischen den erzielten Lösungen und den theoretisch optimalen Lösungen erfolgen.

Können keine exakten Lösungen herangezogen werden, so wird empfohlen, die Lösungsqualität anhand von Leistungsvergleichen mit den Ergebnissen alternativer Verfahren zu beurteilen.[3] Diese Vorgehensweise muss im vorliegenden Fall ebenfalls verworfen werden, da das Entscheidungsmodell für das Multi-Site-Scheduling in der chemischen Industrie erst in dieser Arbeit entwickelt wurde. Somit liegen auch keine Ergebnisse zu der hier vorliegenden Problemstellung durch alternative Verfahren vor.

Eine weitere Möglichkeit zur Validierung heuristischer Optimierungsverfahren besteht in der Bestimmung geeigneter Lower bzw. Upper Bounds[4] für die Zielfunktionswerte eines Anwendungsfalls.[5] Bei dieser im Bereich des Operations Research verbreiteten Vorgehensweise werden die heuristisch ermittelten Lösungen mit den Lower bzw. Upper Bounds verglichen. Berens stellt fest, dass die Validierung heu-

---

[1] Vgl. Reeves/Beaseley (1993), S. 14.

[2] Vgl. Fuchs (1997), S. 98; Berens (1992), S. 167. Vgl. auch Kap. 5.2.4 (Komplexität des Problems).

[3] Vgl. Zitzler/Thiele (1999), S. 259 ff.; Reeves (1993), S. 308 f.; Berens (1992), S. 1.

[4] Diese unteren bzw. oberen Schranken können von den minimalen Zielfunktionswerten mit Sicherheit nicht unterschritten bzw. von den maximalen Zielfunktionswerten mit Sicherheit nicht überschritten werden.

[5] Vgl. Reeves (1993), S. 307; Berens (1992), S. 168 f.

ristischer Verfahren anhand von Bounds grundsätzlich problematisch ist, da die
Lower Bounds unter Umständen sehr weit von den optimalen Zielfunktionswerten
entfernt seien und keine abgesicherten Aussagen über den Abstand der Lower
Bounds zu den exakten Minimumwerten möglich seien.[1] Die zur Berechnung der
unteren Schranken notwendige Relaxation des Verfahrens, z. B. durch Aufhebung
der Kapazitätsrestriktionen oder Vernachlässigung reihenfolgeabhängiger Rüstzeiten, führt zu Bounds, die weit entfernt von den exakten Lösungen liegen. Aus den
genannten Gründen wird die Validierung des entwickelten Verfahrens mit Hilfe von
Lower und Upper Bounds nicht weiter in Betracht gezogen.

Die Validierung des entwickelten Verfahrens ist dennoch möglich. So lassen sich
die mit dem hier entwickelten Verfahren berechneten Lösungen mit denen in der
betrieblichen Praxis „manuell" erzielten Lösungen vergleichen.[2] Ein Ziel dieser Arbeit besteht darin, die heutige manuelle Planung durch das hier erarbeitete Verfahren zu ersetzen.[3] Somit ist entscheidend, wie gut die Planauftragslisten, die mit
dem hier entwickelten Verfahren erzeugt werden, im Vergleich zu manuell erzeugten Planauftragslisten sind und nicht wie gut diese im Vergleich zu jeweils optimalen Planauftragslisten sind.[4]

In einem ersten Abschnitt (Kap. 7.1) wird zunächst der hier zugrunde gelegte betriebliche Anwendungsfall, das sog. Fallbeispiel, beschrieben und seine Komplexitätstreiber werden determiniert. Danach wird die heutige manuelle Vorgehensweise der Anlagenbelegungsplanung beschrieben (Kap. 7.2), und die hieraus resultierenden Ergebnisse werden im anschließenden Abschnitt (Kap. 7.3) mit den erzielten Lösungen des hier entwickelten, prototypisch realisierten Multi-Site-Scheduling
verglichen.

---

[1]  Vgl. Berens (1992), S. 169.

[2]  Unter „manueller" Planung wird hier die konventionelle Anlagenbelegungsplanung verstanden,
     die ohne das hier entwickelte Verfahren erfolgt. Das Wort „manuell" bezieht sich auf eine Pla-
     nung, die nicht unter Zuhilfenahme des Computers, sondern noch zum größten Teil per Hand
     erfolgt. Die durch die „manuelle" Planung erzielten Lösungen werden „manuelle" Lösungen ge-
     nannt. Im Folgenden werden die Anführungszeichen weggelassen.

[3]  Vgl. Kap. 1.2 (Zielsetzung und Aufbau der Arbeit) und Kap. 3.2 (Verfahrenseinsatz).

[4]  Vgl. Fuchs (1997), S. 98.

## 7.1 Komplexitätstreiber des Fallbeispiels

Das Fallbeispiel wird durch die konkrete Ausprägung der Planungsobjekte und der Planungsumgebung sowie durch die Festlegung der Zielsetzungen des Multi-Site-Scheduling charakterisiert. Die Darstellung und die formalisierte Beschreibung dieser sog. Komplexitätstreiber ist in der Modellkonzeption bereits erfolgt. Die Planungsobjekte stellen den in Kap. 4.2 beschriebenen Auftragsbestand dar.[1] Die Planungsumgebung ist zum einen durch die in Kapitel 2 erfolgte Abgrenzung des zugrunde gelegten Unternehmens festgehalten worden;[2] zum anderen ist diese durch die in Kap. 4.2 definierten Parameter der Standortbeschreibung definiert worden.[3] Die möglichen Zielsetzungen sind in Kap. 4.4 aufgelistet worden.[4] Zur Beschreibung des Fallbeispiels sind die auf reale Daten des Unternehmens beruhenden Komplexitätstreiber in Abb. 7-1 determiniert.[5]

Generell lassen sich mit dem hier vorgestellten Optimierungsverfahren mehrere verschiedene Zielgrößen auswählen und auch beliebig kombinieren. Um die grundsätzliche Validität des Verfahrens zu überprüfen, reichen zwei unabhängige, konträr zueinander stehende Zielgrößen aus. Es werden daher eine zeitbezogene und eine kostenbezogene Zielgröße für das Fallbeispiel ausgesucht.[6] In dem hier betrachteten Unternehmen werden die Minimierung der Zykluszeit MS und die Minimierung der ablaufabhängigen Gesamtkosten $K_{ges}$ angestrebt. Mit der Auswahl der Zykluszeit als Zielgröße wird engpassorientiert eine gleichmäßige Auslastung der Produktionsstandorte angestrebt.[7]

Um eine Vergleichbarkeit zwischen der heutigen Planung und dem hier entwickelten Multi-Site-Scheduling zu gewährleisten, werden diese beiden Ziele für die Untersuchungen im Fallbeispiel übernommen.

---

[1]  Vgl. Kap. 4.2.1 (Auftragsstrukturprämissen).

[2]  Vgl. Kap. 2.6 (Funktionale Abgrenzung des Untersuchungsbereichs und Rahmenbedingungen).

[3]  Vgl. Kap. 4.2.3 (Standortstrukturprämissen).

[4]  Vgl. Kap. 4.4 (Ziel- und Bewertungsprämissen).

[5]  Die Transportkosten berechnen sich durch Multiplikation der Transportmenge und der Entfernung mit dem Transportkostensatz TKS.

[6]  Statt einer zeitbezogenen Zielgröße hätte auch eine terminbezogene Zielgröße ausgewählt werden können. Aus Gründen der Vergleichbarkeit wird, wie weiter unten dargelegt, eine zeitbezogene Zielgröße ausgewählt.

[7]  Vgl. Domschke/Scholl/Voß (1997), S. 296.

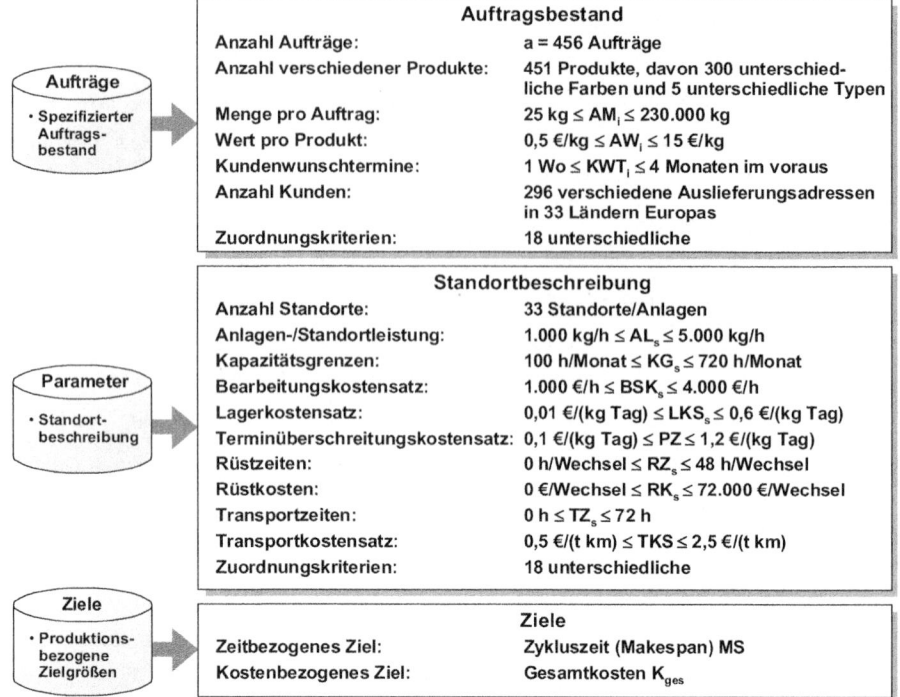

**Auftragsbestand**

| Anzahl Aufträge: | a = 456 Aufträge |
|---|---|
| Anzahl verschiedener Produkte: | 451 Produkte, davon 300 unterschiedliche Farben und 5 unterschiedliche Typen |
| Menge pro Auftrag: | 25 kg $\leq AM_i \leq$ 230.000 kg |
| Wert pro Produkt: | 0,5 €/kg $\leq AW_i \leq$ 15 €/kg |
| Kundenwunschtermine: | 1 Wo $\leq KWT_i \leq$ 4 Monaten im voraus |
| Anzahl Kunden: | 296 verschiedene Auslieferungsadressen in 33 Ländern Europas |
| Zuordnungskriterien: | 18 unterschiedliche |

**Standortbeschreibung**

| Anzahl Standorte: | 33 Standorte/Anlagen |
|---|---|
| Anlagen-/Standortleistung: | 1.000 kg/h $\leq AL_s \leq$ 5.000 kg/h |
| Kapazitätsgrenzen: | 100 h/Monat $\leq KG_s \leq$ 720 h/Monat |
| Bearbeitungskostensatz: | 1.000 €/h $\leq BSK_s \leq$ 4.000 €/h |
| Lagerkostensatz: | 0,01 €/(kg Tag) $\leq LKS_s \leq$ 0,6 €/(kg Tag) |
| Terminüberschreitungskostensatz: | 0,1 €/(kg Tag) $\leq PZ \leq$ 1,2 €/(kg Tag) |
| Rüstzeiten: | 0 h/Wechsel $\leq RZ_s \leq$ 48 h/Wechsel |
| Rüstkosten: | 0 €/Wechsel $\leq RK_s \leq$ 72.000 €/Wechsel |
| Transportzeiten: | 0 h $\leq TZ_s \leq$ 72 h |
| Transportkostensatz: | 0,5 €/(t km) $\leq TKS \leq$ 2,5 €/(t km) |
| Zuordnungskriterien: | 18 unterschiedliche |

**Ziele**

| Zeitbezogenes Ziel: | Zykluszeit (Makespan) MS |
|---|---|
| Kostenbezogenes Ziel: | Gesamtkosten $K_{ges}$ |

*Aufträge*
- Spezifizierter Auftragsbestand

*Parameter*
- Standortbeschreibung

*Ziele*
- Produktionsbezogene Zielgrößen

**Abb. 7-1:** *Komplexitätstreiber des Fallbeispiels*

## 7.2 Derzeitige manuelle Planung

In dem hier betrachteten Unternehmen wird bisher die Anlagenbelegungsplanung vollständig manuell durchgeführt. Hierbei wird für einen Auftragsbestand die Auftragszuordnung zentral, global und die Planung der Bearbeitungsreihenfolgen dezentral, lokal an den jeweiligen Produktionsstandorten durchgeführt.[1]

Die Auftragszuordnung erfolgt nach drei Kriterien: Die sog. Zuordnungsregeln sehen vor, dass in Abhängigkeit von

1. der geforderten Auftragsmenge,

---

[1] Die Begriffe zentral, global sowie dezentral, lokal sind in Kap. 2.5 (Aufteilung der Planungsaufgaben bei verteilten Produktionsstandorten) definiert worden.

2. dem gewünschten Produkttyp (Kunststofftyp) und

3. der gewünschten Produktfarbe (Kunststofffarbe)

ein Produktionsstandort bzw. eine Anlage für einen Auftrag fest vorgegeben wird. Diese Zuordnungsregeln sind in einer Zuordnungs-Matrix hinterlegt (s. Abb. 7-2).

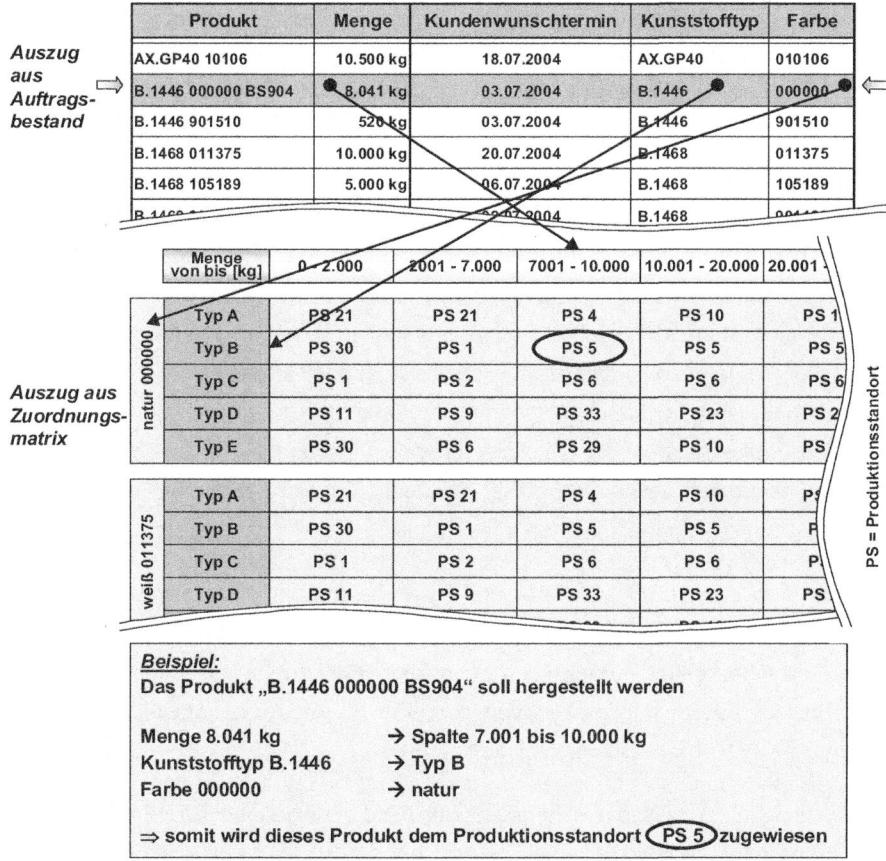

**Abb. 7-2:** *Beispiel für Auftragszuordnung mit Hilfe einer Zuordnungsmatrix*

Auch wenn redundante Produktionsstandorte und Produktionsanlagen vorliegen, wird mit diesen starren Zuordnungsregeln pro Auftrag der Produktionsstandort jeweils fest vorgeschrieben; der Disponent hat keine eigene Entscheidungs- und Einflussmöglichkeit, einen anderen redundanten Produktionsstandort auszuwählen. Die Anlageneignung für einen Auftrag wird bei Anwendung dieser unflexiblen

Zuordnungsregeln nicht weiter überprüft. Auch können die dynamischen Zuordnungskriterien[1], wie z. B. die aktuellen Kapazitätsauslastungen der Produktionsstandorte, bei dieser Zuordnung über eine Zuordnungs-Matrix nicht berücksichtigt werden. Ebenfalls wird die Auslieferungsadresse nicht beachtet, d. h. die Transportkosten zum Kunden werden bei der Produktionsstandortzuordnung ignoriert.

Nachdem jedem Produktionsstandort ein eigener Auftragsbestand per Fax oder E-Mail zugewiesen worden ist, wird für diese zugewiesenen Planauftragslisten derzeit lokal die Reihenfolge der Bearbeitung festgelegt. Zur Reihenfolgeoptimierung bedient man sich gegenwärtig großer Plantafeln. Ähnlich einem Gantt-Diagramm werden hier pro Planauftrag jeweils farblich unterschiedlich gekennzeichnete Karten auf einer großen Plantafel angeordnet. Die Farben der Karten entsprechen den Farben der im Auftrag festgelegten Produktfarben. Die Kunststofftypzugehörigkeit wird ebenfalls auf den Karten vermerkt. Der Disponent an den Produktionsstandorten sortiert aufgrund seiner jahrelangen Erfahrung die Karten auf der Plantafel so hintereinander, dass zuerst die Karten mit den helleren Farbtönen und dann die mit den dunkleren Farbtönen angeordnet werden. Hierbei wird bei der Reihenfolgebildung gleichzeitig der Kunststofftyp beachtet. So wird mit Hilfe der Plantafeln versucht, die Planaufträge in einer rüstzeit- und rüstkostenoptimalen Bearbeitungsreihenfolge anzuordnen.[2]

Nach dieser aufgrund der Farb- und Typzugehörigkeit erfolgten Reihenfolgebildung werden die Aufträge, die an einem Produktionsstandort hintereinander ohne zu rüsten bearbeitet werden können, in sog. Rüstfamilien zusammengefasst. Innerhalb dieser Rüstfamilien werden dann die Aufträge nach aufsteigenden Kundenwunschterminen nochmals sortiert.

Wie zu Anfang des Kapitels dargelegt, soll die derzeitige manuelle Planung mit der Planung mit Hilfe des hier entwickelten Verfahrens verglichen werden. Da für die Startlösung des hier entwickelten Verfahrens zum Multi-Site-Scheduling ein heu-

---

[1]  Vgl. Kap. 3.1.2 (Ziele der Auftragszuordnung) und Kap. 6.4.2 (Auftragsterminierung zur Unterstützung der Auftragszuordnung).

[2]  Das geschulte Auge des Disponenten ermöglicht es ihm, auch kleinste Farbunterschiede zu erkennen und die Karten entsprechend seiner Erfahrung rüstkostenoptimal anzuordnen. Die genaue, optimale Farbreihenfolge differiert von Produktionsstandort zu Produktionsstandort. So kann es sein, dass es an einem Standort günstiger ist, zuerst blaue Kunststoffe zu produzieren und dann grüne, und an einem anderen Produktionsstandort ist es umgekehrt.

ristisches Eröffnungsverfahren eingesetzt werden kann,[1] bietet es sich an, für diese Startlösung das oben beschriebene manuelle Verfahren einzusetzen.[2] Diese
heuristisch ermittelte (manuelle) Startlösung determiniert die Anfangspopulation
des multikriteriellen Evolutionären Algorithmus des entwickelten Verfahrens.[3] Jede
Verbesserung der Startlösung durch das entwickelte Verfahren kann daher als
eine Verbesserung des Multi-Site-Scheduling gegenüber dem Ist-Zustand der betrieblichen Praxis angesehen werden.

## 7.3 Anwendung des entwickelten Verfahrens am Fallbeispiel

### 7.3.1 Erfassung der relevanten Daten für das Fallbeispiel

Basis der Untersuchungen bildet der mit Hilfe der EDV zur Verfügung gestellte,
auf realen Daten des hier betrachteten Unternehmens beruhende, spezifizierte
Auftragsbestand (s. Abb. 7-1). Zur Vorbereitung der Validierung mussten weitere
Daten erfasst und dem Multi-Site-Scheduling in Form von Listen und Tabellen zur
Verfügung gestellt werden. Insbesondere musste der Auftragsbestand um die gewichteten, qualitativen Zuordnungskriterien ergänzt und die Parameter der Standortbeschreibung ermittelt und festgehalten werden.

### 7.3.1.1 Ermittlung, Gewichtung und Ausprägung der Zuordnungskriterien

Die relevanten Zuordnungskriterien wurden durch eine Befragung der zuständigen
Disponenten des betrachteten Unternehmens ausgewählt und erfasst.[4] Insgesamt
wurden 18 unterschiedliche Zuordnungskriterien gewählt: sechs zeitbezogene Kriterien, sechs kostenbezogene Kriterien und sechs qualitative Kriterien. In
Abb. 6-16 aus Kap. 6.3.4 sind diese dargestellt.[5]

---

[1]  Vgl. Kap. 6.1.9 (Generierung einer Anfangspopulation).

[2]  Vgl. Nissen (1994), S. 343.

[3]  Diese durch die manuelle Planung erzeugte, heuristisch optimierte Anfangspopulation wird im
     Folgenden auch deterministische Startlösung genannt.

[4]  Vgl. Kap. 6.3.4 (Auswahl der relevanten Zuordnungskriterien) und Kap. 6.3.5 (Ausprägung der
     relevanten Zuordnungskriterien).

[5]  Vgl. Kap. 6.3.4 (Auswahl von relevanten Zuordnungskriterien).

Die qualitativen Zuordnungskriterien wurden entsprechend der entwickelten Vorgehensweise als linguistische Ausdrücke festgehalten, um hinterher in Fuzzy-Zahlen ausgeprägt zu werden. Da diese sechs statischen Zuordnungskriterien, die sog. geforderten Auftragseigenschaften, jeweils für jeden Auftrag einzeln angegeben werden müssen, wurden für jeden Auftrag des Auftragsbestandes die sechs Ausprägungen dieser Zuordnungskriterien festgelegt. Um hierbei die kundenbezogenen Wunscheigenschaften zu berücksichtigen, wurde ebenfalls der Kundeninnendienst des betrachteten Unternehmens befragt. Ein Auszug des Auftragsbestandes, der um die zusätzlich ermittelten, qualitativen Zuordnungskriterien (Wunscheigenschaften) eines Auftrages ergänzt wurde, ist in Abb. 7-3 dargestellt.

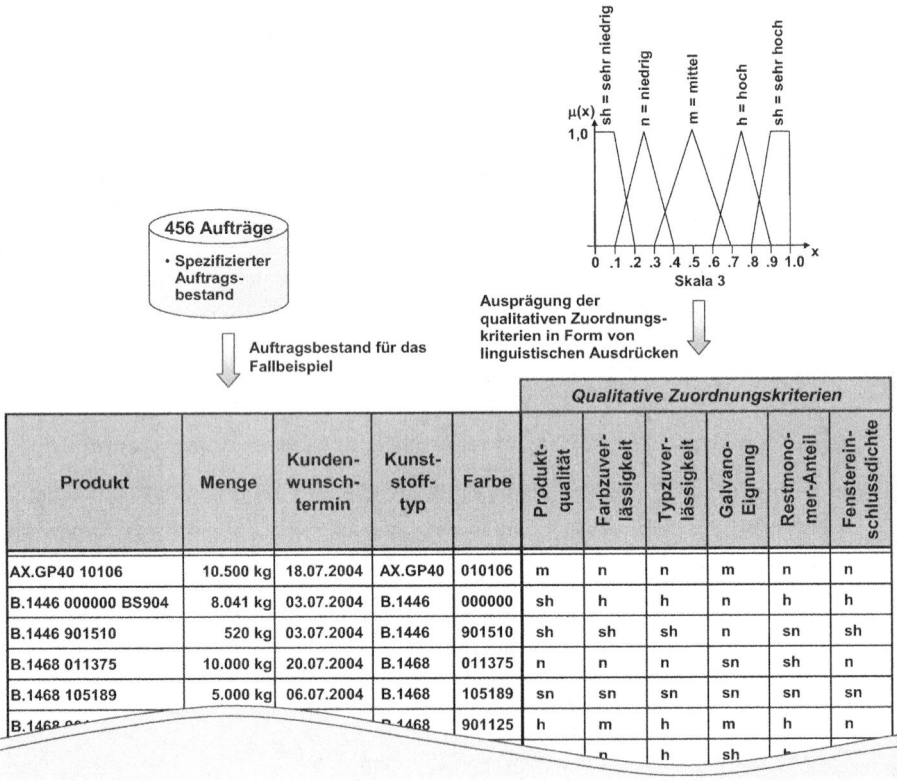

| Produkt | Menge | Kunden-wunsch-termin | Kunst-stoff-typ | Farbe | Qualitative Zuordnungskriterien | | | | | |
|---|---|---|---|---|---|---|---|---|---|---|
| | | | | | Produkt-qualität | Farbzuver-lässigkeit | Typzuver-lässigkeit | Galvano-Eignung | Restmono-mer-Anteil | Fensterein-schlussdichte |
| AX.GP40 10106 | 10.500 kg | 18.07.2004 | AX.GP40 | 010106 | m | n | n | m | n | n |
| B.1446 000000 BS904 | 8.041 kg | 03.07.2004 | B.1446 | 000000 | sh | h | h | n | h | h |
| B.1446 901510 | 520 kg | 03.07.2004 | B.1446 | 901510 | sh | sh | sh | n | sn | sh |
| B.1468 011375 | 10.000 kg | 20.07.2004 | B.1468 | 011375 | n | n | n | sn | sh | n |
| B.1468 105189 | 5.000 kg | 06.07.2004 | B.1468 | 105189 | sn | sn | sn | sn | sn | sn |
| B.1468 | | | B.1468 | 901125 | h | m | h | m | h | n |
| | | | | | | n | h | sh | | |

**Abb. 7-3:** *Ergänzung des Auftragsbestandes um qualitative Zuordnungskriterien*

Anschließend wurde entsprechend der in Kap. 6.3.6 vorgeschlagenen Vorgehensweise mit Hilfe des Verfahrens von Saaty und des paarweisen Vergleichs die

Gewichtung der einzelnen Zuordnungskriterien vorgenommen und festgehalten.[1] Diese auf Konsistenz überprüften Gewichtungen der Zuordnungskriterien wurden bereits in Abb. 6-23 dargestellt.

### 7.3.1.2 Ermittlung der Parameter der Standortbeschreibung

Die Ausprägung der Standortbeschreibung erfolgte anhand einer Produktions-standort-Tabelle, von vier Rüstmatrizen, einer Ergänzung des Auftragsbestands um Transportdaten sowie der Angabe der redundanten Produktionsstandorte.

Mit Hilfe einer Produktionsstandort-Tabelle wurden die technischen und wirtschaft-lichen Eigenschaften der 33 Produktionsanlagen bzw. Produktionsstandorte fest-gehalten. Ein Auszug aus dieser Produktionsanlagen-Tabelle ist in Abb. 7-4 wie-dergegeben.

Um diese Daten zu erfassen, wurden die Mitarbeiter der dezentralen Disposition und die Produktionsanlagenleiter der Produktionsstandorte befragt. Ähnlich wie die Auftragseigenschaften (Wunscheigenschaften) mussten auch hier die qualita-tiven Zuordnungskriterien (Standorteigenschaften) in Form von linguistischen Ausdrücken zusammengestellt werden. Da derzeit im betrachteten Unternehmen keine Lager- und Terminüberschreitungskostensätze ermittelt werden und ent-sprechend für die manuelle Anlagenbelegungsplanung auch nicht berücksichtigt werden, mussten diese auf Basis der Kostenaufstellung des Unternehmens für das Fallbeispiel geschätzt werden. Der Einfachheit halber wurden diese Kosten-sätze für jeden Produktionsstandort gleichgesetzt.

---

[1] Vgl. Kap. 6.3.6 (Gewichtung der relevanten Zuordnungskriterien).

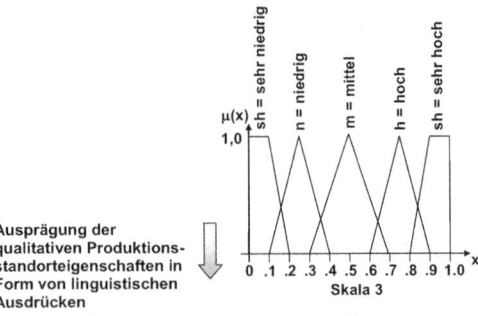

Ausprägung der qualitativen Produktionsstandorteigenschaften in Form von linguistischen Ausdrücken

| Produktions-standort | Anlagen-leistung | Bearbeitungs-kostensatz | Kapazitäts-begrenzung | Lager-kostensatz | Terminüber-schreitgs.ks | Name der Anlage | Qualitative Zuordnungskriterien | | | | | |
|---|---|---|---|---|---|---|---|---|---|---|---|---|
| | | | | | | | Produkt-qualität | Farbzuver-lässigkeit | Typzuver-lässigkeit | Galvano-Eignung | Restmono-mer-Anteil | Fensterein-schlussdichte |
| Einheit | kg/h | €/h | h/Monat | €/(kg Tag) | €/(kg Tag) | | | | | | | |
| 1 | 5.000 | 4.000 | 720 | 0,04 | 0,1 | D01 | sh | sh | sh | sh | sh | sh |
| 2 | 5.000 | 4.000 | 720 | 0,04 | 0,1 | D02 | sh | sh | sh | sh | sh | sh |
| 3 | 3.000 | 3.000 | 720 | 0,04 | 0,1 | D03 | h | sh | h | sh | m | sh |
| 4 | 3.000 | 3.000 | 720 | 0,04 | 0,1 | D04 | h | h | h | h | n | sh |
| 5 | | 1.000 | 720 | | 0,1 | D05 | m | h | m | h | sn | sh |
| 31 | 2.000 | 2.500 | 720 | 0,04 | 0,1 | uer | sh | sh | sh | sh | sh | |
| 32 | 1.500 | 2.500 | 360 | 0,04 | 0,1 | alb | sh | sh | sh | sh | n | h |
| 33 | 1.500 | 3.500 | 720 | 0,04 | 0,1 | Muster | h | sh | sh | sh | sh | sh |

**Abb. 7-4:** *Auszug aus der Produktionsstandort-Tabelle*

Für das Fallbeispiel wurden in vier Rüstmatrizen pro Produktionsstandort jeweils die Übergangszeiten und -kosten für jeden Farb- und Typwechsel festgehalten (s. Abb. 7-5, hier sind nur beispielhaft die Übergangszeiten für Produktionsstandort Nr. 1 abgebildet). Diese Übergangszeiten beruhen auf dem Erfahrungswissen der Disponenten, welche die rüstzeitoptimalen Produktionsreihenfolgen mit Hilfe der Plantafeln ermitteln.

Um den Aufwand zur Ermittlung der Transportkosten und -zeiten zu begrenzen, wurden nur die für das Fallbeispiel benötigten Daten festgelegt. Hierzu wurden auf Basis der Konditionen, die mit den beauftragten Speditionen ausgehandelt worden sind, die erforderlichen Transportdaten ermittelt. Für das Fallbeispiel mussten somit pro Auftrag des Auftragsbestandes die Transportkosten und -zeiten für jeden in Frage kommenden Produktionsstandort ermittelt werden. Auf diese Art und Weise wurde der Auftragsbestand um diese Kosten- und Zeitgrößen ergänzt (s. Abb. 7-6).[1]

**Produktionsstandort: 1 (DO1)** — *Farbwechselmatrix*

| von Farbe / nach Farbe | | natur | weiß | gelb | orange | rot | violett | blau | grün | grau | braun | anthrazit | schwarz |
|---|---|---|---|---|---|---|---|---|---|---|---|---|---|
| | | 000000 | 0 | 1 | 2 | 3 | 4 | 5 | 6 | 7 | 8 | 9 | 901510 |
| | | 0 | 1 | 2 | 3 | 4 | 5 | 6 | 7 | 8 | 9 | | |
| natur | 000000 | 0 | 0 | 2 | 3 | 4 | 3 | 4 | 5 | 5 | 5 | 5 | 5 |
| weiß | 0 | 2 | 0 | 2 | 3 | 4 | 3 | 4 | 5 | 5 | 5 | 5 | 5 |
| gelb | 1 | 10 | 10 | 0 | 2 | 2 | 3 | 4 | 4 | 5 | 5 | 5 | 5 |
| orange | 2 | 12 | 12 | 5 | 0 | 2 | 2 | 4 | 6 | 5 | 5 | 5 | 5 |
| rot | 3 | 12 | 12 | 8 | 5 | 0 | 3 | 4 | 5 | 6 | 7 | 8 | 8 |
| violett | 4 | 12 | 12 | 10 | 10 | 5 | 0 | 1 | 2 | 4 | 5 | 7 | 7 |
| blau | 5 | 12 | 12 | 12 | 12 | 12 | 12 | 0 | 4 | 4 | 5 | 5 | 5 |
| grün | 6 | 12 | 12 | 12 | 12 | 12 | 12 | 8 | 0 | 5 | 5 | 5 | 5 |
| grau | 7 | 10 | 10 | 10 | 10 | 10 | 10 | 10 | 10 | 0 | 1 | 2 | 2 |
| braun | 8 | 12 | 12 | 12 | 12 | 12 | 12 | 12 | 12 | 12 | 0 | 2 | 2 |
| anthrazit | 9 | 20 | 20 | 20 | 20 | 20 | 20 | 20 | 20 | 10 | 20 | 0 | 1 |
| schwarz | 901510 | 20 | 20 | 20 | 20 | 20 | 20 | 20 | 20 | 10 | 20 | 1 | 0 |

**Produktionsstandort: 1 (DO1)** — *Typwechselmatrix*

| von Kunststofftyp / nach Kunststofftyp | Anlauf | K1 | K2 | K3 | K4 | K5 |
|---|---|---|---|---|---|---|
| Anlauf | 0 | 36 | 36 | 36 | 36 | 36 |
| K1 | - | 0 | 12 | 12 | 24 | 24 |
| K2 | - | 24 | 0 | 12 | 24 | 24 |
| K3 | - | 24 | 24 | 0 | 12 | 24 |
| K4 | - | 24 | 24 | 24 | 0 | 24 |
| K5 | - | 24 | 24 | 24 | 24 | 0 |

**Abb. 7-5:** *Rüstmatrizen (Übergangszeiten) für Produktionsstandort Nr. 1*

---

[1] Um den Aufwand gering zu halten, wurde in der prototypischen Realisierung keine vollständige Transportmatrix erstellt, die alle Kombinationen von Produktionsstandorten und Kundenstandorten enthält.

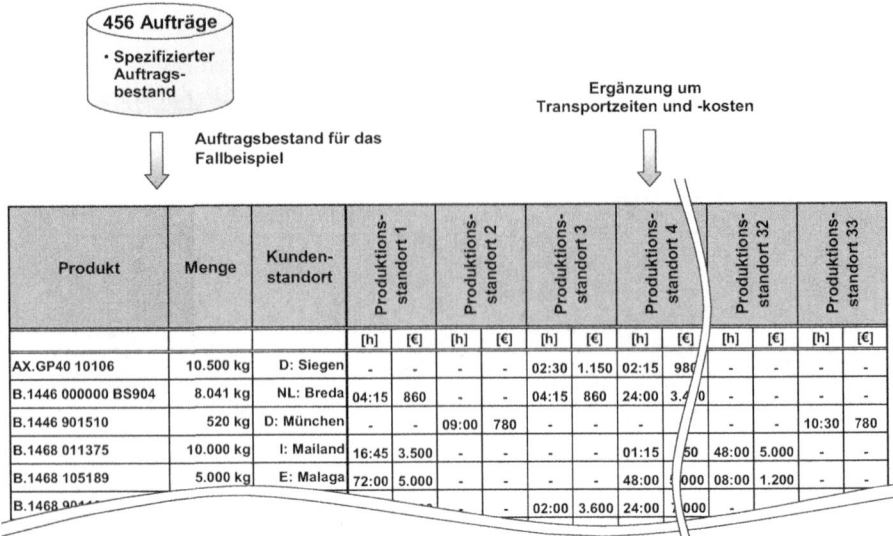

**Abb. 7-6:** *Ergänzung des Auftragsbestandes um Transportzeiten und -kosten*

Im Hinblick auf den Einsatz des hier entwickelten Verfahrens zum Multi-Site-Scheduling wurden als weitere Parameter der Standortbeschreibung die redundanten Produktionsstandorte ermittelt und festgehalten. Hierzu wurde mit Hilfe der Disponenten die Zuordnungsmatrix aus Abb. 7-2 ergänzt. Für jede Kombination aus Auftragsmenge, Kunststofftyp und Kunststofffarbe wurden statt nur einer Zuordnung mehrere, d. h. bis zu acht gleichwertige Zuordnungen festgehalten. Das Verfahren kann somit unter den angegebenen, redundanten Produktionsstandorten den geeignetsten Standort ermitteln. Eine Auftragszuordnung, die technisch nicht möglich ist, wird damit ausgeschlossen.

## 7.3.2 Leistungsfähigkeitsanalysen

Die Erfassung der erforderlichen Daten ist als einmaliger Aufwand zur Vorbereitung der prototypischen Anwendung am Fallbeispiel zu sehen. Nach der Aufbereitung der erforderlichen Daten zur Verarbeitung im prototypisch realisierten EDV-Programm zum Multi-Site-Scheduling wurden mehrere Planungsläufe durchgeführt. Die Parametrisierung des Evolutionären Algorithmus wurde entsprechend den in Kap. 6.1 gemachten Angaben vorgenommen.[1] Als Planungsziele wurden die Minimierung der Zykluszeit (Makespan) und die Minimierung der Gesamtkosten eingestellt.[2]

Bei dem hier entwickelten Verfahren auf Basis eines multikriteriellen Evolutionären Algorithmus handelt es sich um ein stochastisches, heuristisches Verfahren. Dies hat zur Folge, dass bei mehrfacher Anwendung des Verfahrens unterschiedliche Ergebnisse erzielt werden können.[3] Um allgemeingültige Aussagen aufgrund der Anwendung am Fallbeispiel zu treffen, muss das Verfahren mehrfach (bei gleichen Parametereinstellungen) durchlaufen werden. Die festgehaltenen Ergebnisse beruhen auf insgesamt 20 Verfahrensdurchläufen.

Die Anzahl der Generationen für einen Verfahrensdurchlauf wird aufgrund der Erfahrungen aus zahlreichen Vorläufen so gewählt, dass lange Stagnationsphasen zum Ende des Optimierungsprozesses darauf schließen lassen, dass durch eine Erhöhung der Anzahl Generationen keine nennenswerten Verbesserungen der ermittelten Lösungen (Planauftragslisten) mehr zu erwarten sind. Eine Stagnation bei dem hier angewendeten Verfahren ergibt sich, wenn der Elite-Population des Evolutionären Algorithmus keine neuen Lösungen mehr zugeordnet werden. Diese längeren Stagnationsphasen wurden bei Anwendung des Verfahrens nach ca. 1.000 Generationen für alle 20 Verfahrensdurchläufe festgestellt (s. Abb. 7-7). Aus diesem Grunde genügt es, den Durchlauf des Verfahrens nach 1.000 Generationen abzubrechen.

Die Leistungsfähigkeit des hier entwickelten Verfahrens wurde anhand des Verbesserungspotenzials gegenüber der heutigen manuellen Planung, des Laufzeitverhaltens, des Einflusses der Startlösung auf die Ergebnisqualität und der Lösungszuverlässigkeit untersucht.

### 7.3.2.1 Verbesserungspotenzial

Das hier entwickelte, prototypisch realisierte EDV-Programm errechnet für jeden der 20 durchgeführten Verfahrensdurchläufe mehrere optimierte Planauftragslis-

---

[1]   Vgl. Kap. 6.1 (Multikriterielle Evolutionäre Algorithmen).

[2]   Vgl. Kap. 7.1 (Komplexitätstreiber des Fallbeispiels).

[3]   Vgl. Kap. 5.3 (Auswahl eines geeigneten Lösungsverfahrens).

ten. Es werden zwischen neun und 18 optimierte Planauftragslisten erzeugt und grafisch dargestellt. Die errechneten Planauftragslisten weisen eine relativ gleichmäßige Verteilung zwischen den minimalen und maximalen Zielgrößenausprägungen auf. Die einzelnen Lösungen bilden somit eine Trade-off-Linie zwischen den beiden Zielgrößen vergleichsweise gut ab. Der Disponent wird durch die Art der Ausgabe der verschiedenen Planauftragslisten in Form grafisch angenäherter Trade-off-Linien bei der Auswahl der bevorzugten Planauftragsliste visuell unterstützt. So kann er die positiven und negativen Auswirkungen seiner Auswahl im Vorfeld abwägen und damit bewusster eine geeignete Planauftragsliste heraussuchen, um diese dann der Produktionssteuerung zu übergeben.

Für jeden Fallbeispiel-Durchlauf des EDV-Programms wird der Abstand zwischen den durch das Verfahren ermittelten Lösungen und der Startlösung verglichen. Da hier bei der Optimierung zwei Zielgrößen berücksichtigt werden, sind die Abstände zum einen bzgl. der Zykluszeit und zum anderen bzgl. der Gesamtkosten zu bestimmen. Das Optimierungspotenzial wird abgeschätzt, indem jeweils eine Zielgröße konstant gehalten und die Verbesserung der zweiten Zielgröße bestimmt wird. In Abb. 7-7 ist das maximale Verbesserungspotenzial für Verfahrensdurchlauf Nr. 1 dargestellt.

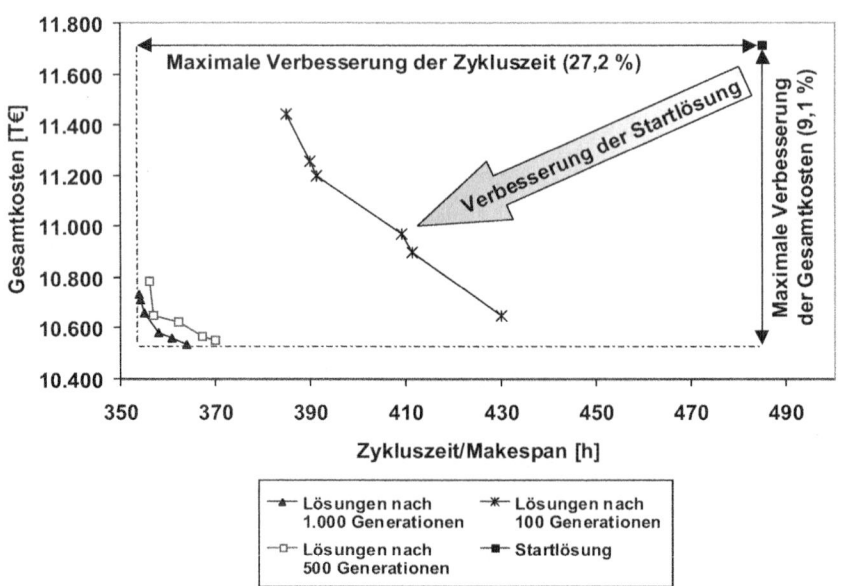

**Abb. 7-7**: *Verbesserungspotenzial für Verfahrensdurchlauf Nr. 1*

Die Ergebnisse der insgesamt 20 Verfahrensdurchläufe zeigen, dass durch die Anwendung des entwickelten Verfahrens am Fallbeispiel eine signifikante Verbesserung gegenüber den jeweiligen Startlösungen und damit gegenüber der heutigen manuellen Planung erzielt wird (s. Abb. 7-8). Auf der Ebene der Zykluszeit ist eine Verbesserung von 18,3 % bis 30,9 % zu beobachten. Auf der Ebene der Gesamtkosten wird ebenfalls eine Verbesserung von 7,0 % bis 12,5 % festgestellt. Das arithmetische Mittel[1] (über die 20 Durchläufe) der maximalen Verbesserung der Zykluszeit ergibt einen Wert von 27,1 % und der Mittelwert der maximalen Verbesserung der Gesamtkosten ergibt einen Wert von 9,1 %.[2]

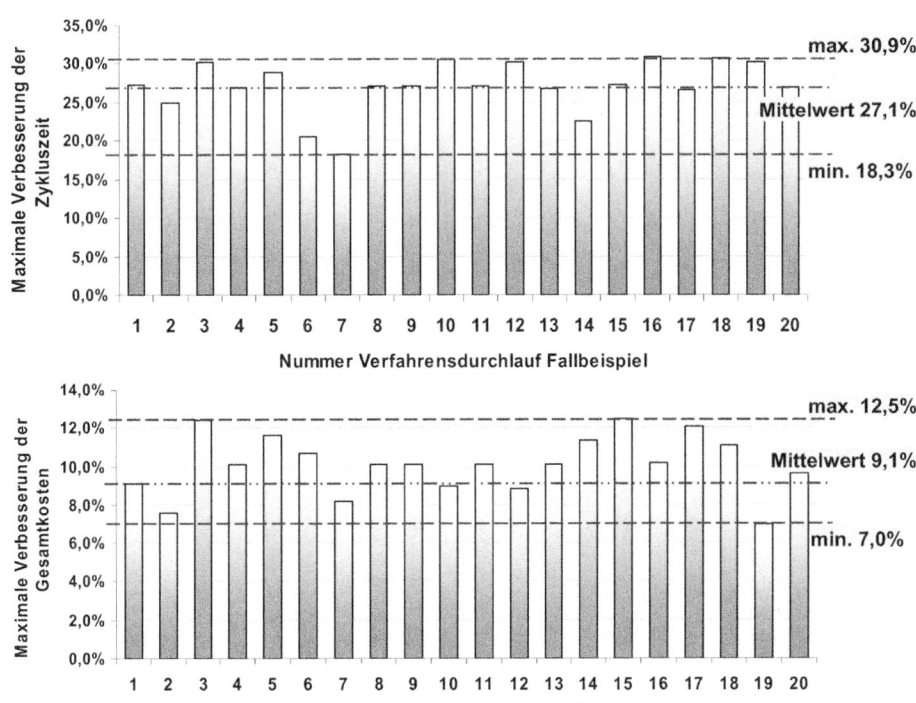

**Abb. 7-8:** *Verbesserungspotenzial*

---

[1]  Das arithmetische Mittel wird im Folgenden als Mittelwert bezeichnet.

[2]  Da die hier für das Fallbeispiel betrachteten Zielgrößen konfliktär zueinander stehen, darf aus den dokumentierten Ergebnissen nicht geschlossen werden, dass gleichzeitig sowohl eine Verbesserung der Zykluszeit von durchschnittlich 27,1 % als auch eine Verbesserung der Gesamtkosten von durchschnittlich 9,1 % erreicht werden kann. Vielmehr stellen die angegebenen Werte isoliert für jede Zielfunktion ermittelte Durchschnittswerte der Verbesserung bei den ermittelten Lösungen dar.

Da die Verbesserung der Startlösung als eine entsprechende Reduzierung der ablaufabhängigen Gesamtkosten und der Zykluszeit gegenüber dem Ist-Zustand in der betrieblichen Praxis interpretiert werden kann, ist der wirtschaftliche Nutzen des entwickelten Verfahrens als erheblich einzuschätzen. Das höhere Verbesserungspotenzial der Zykluszeit gegenüber den Gesamtkosten lässt vermuten, dass für die Aufstellung der Zuordnungsmatrix vielmehr die Kosten als eine gleichmäßige Kapazitätsverteilung über die Produktionsstandorte im Vordergrund stehen. Auch wenn durch die Disponenten ausdrücklich beteuert wurde, dass die manuelle Planung mit Hilfe der Zuordnungsmatrix beiden Zielgrößen und damit auch der gleichmäßigen Auslastung der Produktionsstandorte gerecht werden soll, so zeigen die hier ermittelten Ergebnisse, dass mit der manuellen Vorgehensweise nicht gleichzeitig zwei Ziele gleichwertig berücksichtigt werden können.

### 7.3.2.2 Laufzeitverhalten

Die Beurteilung der Leistungsfähigkeit eines Optimierungsverfahrens sollte immer im Zusammenhang mit seiner Laufzeit betrachtet werden.[1] Da das entwickelte Verfahren entsprechend den formulierten Anforderungen in der betrieblichen Praxis in einem rollierenden Planungskonzept eingesetzt werden soll,[2] ist das Laufzeitverhalten dahingehend zu analysieren, ob die nachgewiesene Ergebnisqualität auch in hinreichend kurzer Rechenzeit erzielt werden kann. Die erforderliche Rechenzeit zur Lösung der Planungsaufgabe (im Fallbeispiel bei 20 EDV-Durchläufen mit eingestellten 1.000 Generationen) liegt bei Einsatz eines handelsüblichen PCs (Pentium III, 1 GHz) zwischen 189 und 285 Minuten (s. Abb. 7-9).

Durchschnittlich werden somit bei Einsatz des hier entwickelten Verfahrens etwas mehr als vier Stunden für einen Planungsdurchlauf benötigt. Vor dem Hintergrund, dass diese Planung wöchentlich im untersuchten Unternehmen durchgeführt wird,[3] ist damit das hier entwickelte Verfahren für den Einsatz in der betrieblichen Praxis geeignet. Auch wird die Forderung aus dem Lastenheft, dass die optimierten Planauftragslisten in weniger als acht Stunden generiert werden sollen, damit erfüllt.[4]

---

[1]  Vgl. Domschke/Scholl/Voß (1997), S. 40.

[2]  Vgl. Kap. 3.4 (Leistungsbezogene Anforderungen).

[3]  Vgl. Kap. 2.3.3 (Rollierende Planung und Aggregationsgrade).

[4]  Vgl. Kap. 3.4 (Leistungsbezogene Anforderungen).

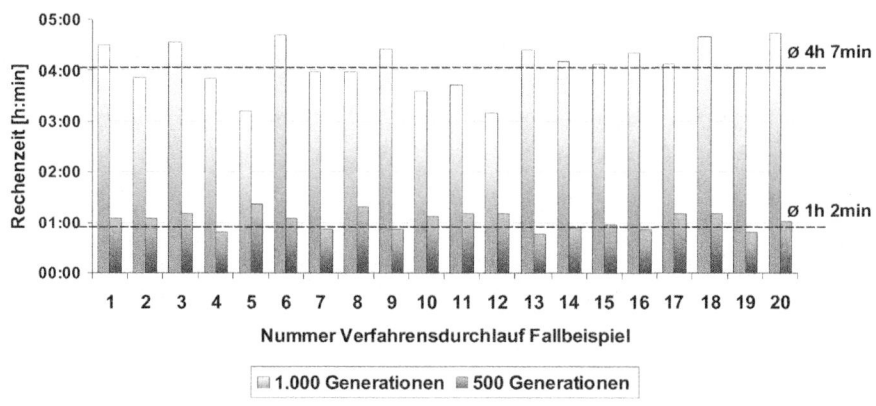

**Abb. 7-9:** *Rechenzeiten des Fallbeispiels*

Ein Vergleich der durchschnittlich benötigten Zeit für einen manuellen Planungs-durchlauf mit dem hier entwickelten Multi-Site-Scheduling zeigt, dass in ca. einem Zwölftel der gegenwärtig benötigten Zeit (bessere) Ergebnisse erzielt werden. In Abb. 7-10 sind die beiden Planungsdurchlaufzeiten gegenübergestellt.

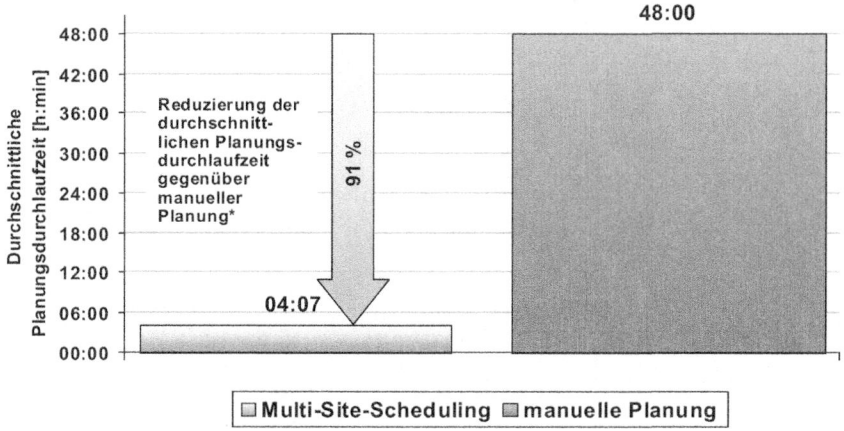

* Es ergibt sich eine Reduzierung um 74 % bei Vergleich der Rechenzeit mit der Arbeitszeit

**Abb. 7-10:** *Vergleich der durchschnittlichen Planungsdurchlaufzeiten*

Die benötigte Zeit für die manuelle Planung wurde auf Grundlage einer Befragung der Disponenten in der zentralen Grobplanung und der Disponenten an den de-zentralen Produktionsstandorten erhoben. Vergleicht man hierbei die Zeitdauer vom Start der Planung bis zur Fertigstellung, so liegen derzeit bei der manuellen

Planung im Durchschnitt nach zwei Tagen (48 Stunden) die Ergebnisse vor. Hieraus ergibt sich eine Reduzierung der Planungsdurchlaufzeit um 91 %. Vergleicht
man hingegen die reinen Arbeitszeiten mit der Rechenzeit, so ergibt sich eine
durchschnittliche Reduzierung von 74 % (bei der Annahme eines 8-Stunden-
Arbeitstages).

Um den Zusammenhang zwischen der Ergebnisqualität des Verfahrens und seiner
benötigten Rechenzeit abzuschätzen, wurden die Ausprägungen der zwei untersuchten Zielgrößen nach 1.000 und zusätzlich nach 500 Generationen untersucht.
Auf der linken Seite von Abb. 7-11 ist der Mittelwert der maximalen Verbesserung
der beiden Zielgrößen gegenüber der Startlösung nach 1.000 Generationen dargestellt (s. auch Abb. 7-8). Auf der rechten Seite von Abb. 7-11 ist ebenfalls der
Mittelwert der maximalen Verbesserung der beiden Zielgrößen dargestellt, jedoch
wurde hier das Verfahren bereits nach 500 Generationen abgebrochen.

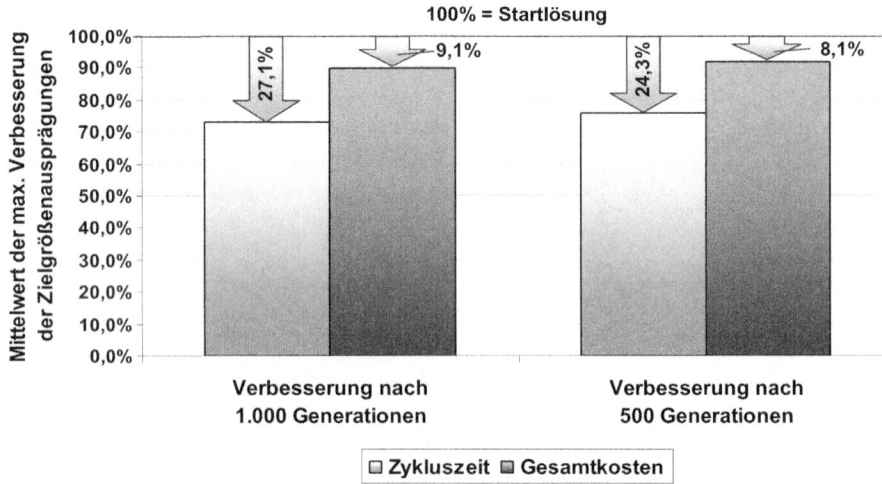

**Abb. 7-11:** *Vergleich der Mittelwerte der maximalen Verbesserungen bei*
*1.000 und 500 Generationen*

Ein Vergleich der Mittelwerte der maximalen Verbesserung der Zykluszeiten zeigt,
dass nach 500 Generationen der Mittelwert bereits einen Wert von 24,3 % gegenüber 27,1 % (nach 1.000 Generationen) aufweist. Auf der Ebene der Gesamtkosten wird nach 500 Generationen bereits ein Mittelwert von 8,1 % statt von 9,1 %
(nach 1.000 Generationen) erreicht. Vergleicht man hierbei die durchschnittlichen

Rechenzeiten bei 1.000 Generationen mit denen bei einem Abbruch nach 500 Generationen (s. Abb. 7-9), so ist festzustellen, dass bereits nach ca. einem Viertel der ursprünglich benötigten Zeit (62 Minuten zu 247 Minuten) relativ gute Ergebnisse erzielt werden.

Wird schnell eine verbesserte Lösung angestrebt, so bietet es sich an, das Verfahren bereits nach 500 Generationen abzubrechen. Werden dagegen bestmögliche Optimierungsergebnisse angestrebt, so ist eine längere Laufzeit in Kauf zu nehmen. Darüber hinaus bestehen weitere Möglichkeiten der Laufzeitreduzierung, indem der parallele Evolutionäre Algorithmus die Ressourcen von mehreren PCs parallel nutzt. So bietet es sich an, jede Unterpopulation von einem eigenen, parallel geschalteten PC berechnen zu lassen, der von einem Hauptrechner, dem sog. Master, koordiniert wird.[1]

### 7.3.2.3 Einfluss der Startlösung

Um den Einfluss der Startlösung auf die erzielbare Ergebnisqualität des entwickelten Verfahrens zu ermitteln, wurde zusätzlich für das Fallbeispiel nicht (wie vorher beschrieben) die Startlösung mit Hilfe der derzeitigen manuellen Planung vorgegeben, vielmehr wurde der Evolutionäre Algorithmus von einer zufällig erzeugten Startlösung aus gestartet. Werden die Ergebnisse der 20 EDV-Durchläufe, die mit der deterministisch vorgegebenen Startlösung gestartet wurden, mit denen verglichen, die aus einer zufallsbestimmten Startlösung berechnet wurden, so sind nach 1.000 Generationen keine wesentlichen Ergebnisunterschiede zu verzeichnen. Im oberen Teil von Abb. 7-12 ist die relative Abweichung der Zielgrößenausprägungen nach 1.000 Generationen dargestellt. Negative Abweichungen bedeuten, dass die zufallsbestimmten Startlösungen zu schlechteren Zielgrößenausprägungen führen; positive Abweichungen bedeuten, dass die zufallsbestimmten Startlösungen zu besseren Ergebnissen führen. Die Abweichungen der Ergebnisse im oberen Teil von Abb. 7-12 liegen in einem so engen Bereich, dass hierfür die stochastische Natur des Evolutionären Algorithmus als Begründung anzuführen ist.[2] Werden dagegen die beschriebenen 20 EDV-Durchläufe bereits nach 500 Generationen abgebrochen, so weisen die Ergebnisse der Verfahrensdurchläufe, die

---

[1] Vgl. Alba/Tomassini (2002), S. 446 f.; Dussa-Zieger/Schwehm (1998), S. 31 ff.
Vgl. auch Kap. 6.1.7.3 (Parallelisierung Evolutionärer Algorithmen).

[2] Vgl. Kap. 5.3 (Auswahl eines Lösungsverfahrens).

aus einer zufälligen Startlösung berechnet wurden, schlechtere Ergebnisqualitäten auf (s. Abb. 7-12, unterer Teil).

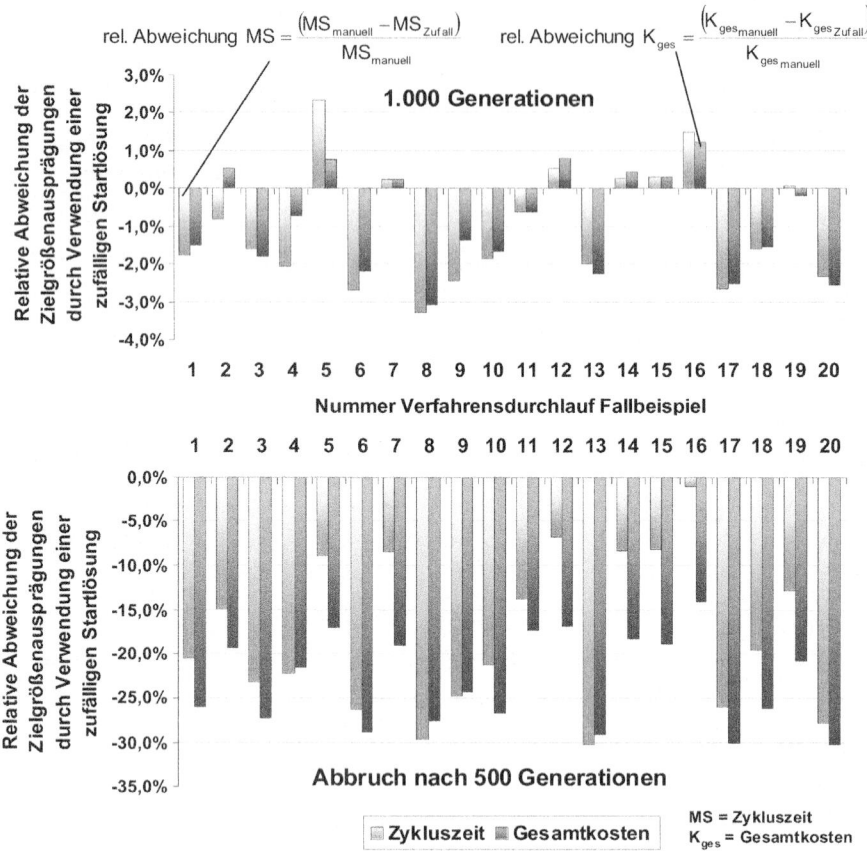

**Abb. 7-12:** *Einfluss der Startlösung*

Für die Anwendung des entwickelten Verfahrens zum Multi-Site-Scheduling bedeuten diese Erkenntnisse, dass auch ausreichend gute Planauftragslisten erzeugt werden, wenn die durch das Verfahren zufällig erzeugten Startlösungen verwendet werden. Dies setzt allerdings voraus, dass der Optimierungsprozess mindestens 1.000 Generationen umfasst.[1] Dem Anwender des Programms wird

---

[1]  Vgl. Kap. 6.1.9 (Generierung einer Anfangspopulation); hier wurde festgestellt, dass die Startlösung keinen Einfluss auf die Konvergenzsicherheit eines Evolutionären Algorithmus hat. Lediglich die Konvergenzgeschwindigkeit wird durch die Startlösung beeinflusst.

hierdurch die Mühe erspart, eine gute Startlösung selbst manuell zu generieren. Wird hingegen schnell ein guter Vorschlag durch das EDV-Programm zum Multi-Site-Scheduling erwartet, so sollte der Disponent dem Programm eine deterministisch ermittelte Startlösung zur Verfügung stellen.

### 7.3.2.4 Lösungszuverlässigkeit

Die Leistungsfähigkeit eines heuristischen Optimierungsverfahrens wird neben der erzielbaren Lösungsqualität und Lösungsgeschwindigkeit auch durch die Lösungswahrscheinlichkeit und -zuverlässigkeit des Verfahrens bestimmt – insbesondere bei einer stochastisch gesteuerten Lösungssuche.[1] Betrachtet man vor diesem Hintergrund in Abb. 7-8 die Spannweite[2] der maximalen Verbesserung der Zielgrößenausprägungen der 20 Verfahrensdurchläufe, so schwankt die Zykluszeit mit einer Spannweite von 12,6 % (18,3 % bis 30,9 %), und die Gesamtkosten schwanken mit einer Spannweite von 5,5 % (7,0 % bis 12,5 %). Ein Maß für die Streuung der Zielgrößenausprägungen bildet die Standardabweichung.[3] Die Standardabweichung der Zykluszeiten beträgt 3,3 % und die der Gesamtkosten 1,5 %. Die Verbesserung der Zykluszeit weicht somit durchschnittlich nur um 3,3 % vom Mittelwert ab, und die Verbesserung der Gesamtkosten weicht nur um 1,5 % vom Mittelwert ab. Mit Blick auf die Extremwerte werden im schlechtesten Fall die Zykluszeit um 18,3 % und die Gesamtkosten um 7,0 % verbessert. Aus unternehmerischer Sicht stellen diese Größen bereits beachtliche Einsparungspotenziale dar. Selbst, wenn die Startlösung zufällig durch das Verfahren bestimmt wird, werden zuverlässig die möglichen Verbesserungspotenziale erreicht (s. Abb. 7-12). Damit ist das hier entwickelte Verfahren als zuverlässig einzuordnen.

### 7.3.3 Akzeptanz

Die Disponenten des dieser Arbeit zugrunde liegenden Unternehmens zeigten eine hohe Bereitschaft zur Verbesserung der gegenwärtigen Planungssituation. Die Akzeptanz des hier prototypisch umgesetzten Multi-Site-Scheduling-Systems

---

[1]  Vgl. Berens/Delfmann (1995), S. 135; Bierwirth (1993), S. 190.

[2]  Unter Spannweite wird hier die Differenz zwischen maximaler und minimaler Zielgrößenausprägung verstanden; vgl. Bamberg/Baur (2002), S. 21.

[3]  Vgl. Bamberg/Baur (2002), S. 21.

ist ausgesprochen hoch. Diese hohe Akzeptanz des Verfahrens wurde dadurch erreicht, dass

- dem Disponenten durch das Multi-Site-Scheduling-System mehrere, alternative Planauftragslisten zur Auswahl angeboten werden,

- für jede Alternative, falls gewünscht, die geforderten Informationen (Zielgrößenausprägungen, Gantt-Diagramme, Kapazitätsauslastungen, Verteilung der Kosten, usw.) angezeigt werden können und damit Planungstransparenz geschaffen wird,

- der Disponent letztendlich selbst entscheidet, welche Planauftragsliste freigegeben wird sowie

- Expertenwissen in Form von linguistischen Ausdrücken bei der Auftragszuordnung berücksichtigt wird.

Insbesondere wurde von den Disponenten hierbei die hohe Planungstransparenz hervorgehoben. Diese wird erreicht, indem der Disponent grafisch unterstützt zwischen mehreren effizienten Planauftragslisten auswählen kann. Bevor er sich als Anwender für eine Planauftragsliste entscheidet, kann er sich interaktiv eine Reihe von Informationen anzeigen lassen, die ihm die endgültige Auswahl erleichtern. Beispiele zu diesen Anzeigemöglichkeiten sind im Anhang A8 aufgeführt.


### 7.3.4 Dauerhafter Einsatz des Verfahrens

Würde das gegenwärtige, manuelle Planungssystem des Unternehmens durch das hier vorgestellte prototypisch implementierte Multi-Site-Scheduling-System dauerhaft ersetzt, so müssten sicherlich im Vorfeld viele weitere für das Verfahren benötigte Daten einmalig erfasst werden.[1] Auch müsste das prototypisch realisierte EDV-Programm in die vorhandene Soft- und Hardware-Landschaft integriert werden. Vor dem Hintergrund, dass durch eine optimale Zuordnung und Reihenfolgebildung der Aufträge niedrigere (ablaufabhängige) Gesamtkosten (als bei einer manuellen Planung) generiert werden, die (hochgerechnet auf ein Jahr) bei weitem den einmaligen Aufwand kompensieren, ist dieser einmalige Aufwand jedoch mehr als gerechtfertigt.

---

[1] Vgl. Kap. 7.3.1 (Erfassung der relevanten Daten für das Fallbeispiel).

## 7.4  Zusammenfassende Betrachtung der Validierung

Die hier vorgestellten Ergebnisse der Performance-Analyse[1] am Fallbeispiel lassen den Schluss zu, dass sich das hier entwickelte Verfahren für den Einsatz in der betrieblichen Praxis des hier zugrunde gelegten Unternehmens der chemischen Industrie hervorragend eignet und dass mit dessen Einsatz ein erheblicher wirtschaftlicher Nutzen verbunden ist.

Der wirtschaftliche Nutzen ergibt sich zum einen aus der Reduzierung der ablaufabhängigen Gesamtkosten. Zum anderen können durch die Reduzierung der Zykluszeit und der damit verbundenen gleichmäßigeren und höheren Auslastung der Produktionsstandorte und Produktionsanlagen weitere Einsparungspotenziale erschlossen werden.[2] Eine hohe Auslastung der produzierenden Anlagen bewirkt beispielsweise, dass das für die Anlagen eingesetzte Kapital effizient genutzt wird, und somit die Bearbeitungskosten reduziert werden können. Ein weiterer wirtschaftlicher Nutzen des hier beschriebenen Multi-Site-Scheduling-Systems erwächst aus den kürzeren Planungszeiten und der Entlastung der Disponenten.

Über diesen unmittelbar quantifizierbaren, wirtschaftlichen Nutzen hinaus führt der Einsatz des Verfahrens zur wesentlichen Verbesserung der im Lastenheft geforderten Planungstransparenz. Insbesondere diese Transparenz führt in der betrieblichen Praxis zu einer hohen Akzeptanz durch die Disponenten.

Letztendlich kann zusammenfassend behauptet werden, dass der prototypische Einsatz des hier entwickelten Verfahrens gezeigt hat, dass sämtliche im Lastenheft aufgestellten Anforderungen erfüllt werden.[3] Die heutige manuelle Planung kann durch das Verfahren nicht nur ersetzt, sondern sie kann auch erheblich verbessert werden. Diese Verbesserung ist u. a. durch einen hohen wirtschaftlichen Nutzen bei Einsatz des Multi-Site-Scheduling-Systems gekennzeichnet. Durch die exemplarische Anwendung auf reale Daten eines Unternehmens konnte die Praxistauglichkeit nachgewiesen werden.

---

[1]  Vgl. Kap. 7.3 (Anwendung des entwickelten Verfahrens am Fallbeispiel).

[2]  Vgl. Corsten/Gabriel (2002), S. 110; Domschke/Scholl/Voß (1997), S. 291.

[3]  Vgl. Kap. 3 (Anforderungen an ein Verfahren zum Multi-Site-Scheduling) und Abb. 3-3 (Lastenheft – Anforderungen an das Verfahren).

# 8  Zusammenfassung und Ausblick

Die Zielsetzung dieser Arbeit bestand darin, ein Planungsverfahren zur zentralen Anlagenbelegungsplanung bei international verteilten Produktionsstandorten in der chemischen Industrie zu entwickeln. Dieses sog. Multi-Site-Scheduling-Verfahren generiert Ablaufpläne bzw. sog. Planauftragslisten, die im Hinblick auf die Randbedingungen der chemischen Industrie sowie einer globalen Produktionsstandortstruktur zulässig sind und gleichzeitig hinsichtlich mehrerer unterschiedlicher, standortübergreifender Zielsetzungen optimiert worden sind. Aus den durch das Verfahren alternativ ausgegebenen, zulässigen Planauftragslisten kann der Anwender, der Disponent, eine aus seiner Sicht am besten geeignete Planauftragsliste auswählen. Entsprechend den Produktionsstandortzuordnungen der ausgewählten Alternative werden dann den einzelnen Produktionsstandorten die für sie jeweils zugeordneten Ablaufpläne als Vorgaben übermittelt.

Zur Erfüllung dieser Zielsetzung wurde zunächst der Einsatzbereich des hier entwickelten Multi-Site-Scheduling-Verfahrens anhand einer ausführlichen Typologisierung mit 18 Merkmalen abgegrenzt (Kapitel 2). Hierbei wurden durch einen Vergleich von chemischer Industrie und Stückgutindustrie die Besonderheiten der chemischen Industrie hervorgehoben. Des Weiteren wurden die Aufgaben der Anlagenbelegungsplanung und insbesondere des Multi-Site-Scheduling mit global ausgerichteter Planungsfunktion bei international verteilten Produktionsstandorten identifiziert.

Auf die Abgrenzung des Einsatzbereiches folgte in einem Lastenheft die systematische Auflistung der Anforderungen an das Verfahren (Kapitel 3). Anschließend wurde das Modell für das Verfahren durch 34 Modellprämissen beschrieben (Kapitel 4). Diese Modellprämissen überführen die Anforderungen in ein der Lösungsfindung zugängliches, formales Modell. Hierbei wurden im Rahmen der Modellkonzeption die zu optimierenden Zielgrößen in Form von Ziel- und Bewertungsprämissen definiert, und es wurden die vier durchzuführenden Planungsaufgaben – Auftragszuordnung, Auftragsterminierung, Verfügbarkeitsprüfung sowie Reihenfolgeplanung – in die Modellstruktur eingeordnet.

Bei der Auswahl der hier in Frage kommenden Lösungsansätze wurden zunächst die grundsätzlich geeigneten, aus der Literatur bekannten Lösungsverfahren zur Anlagenbelegungsplanung analysiert (Kapitel 5). Anschließend wurden dann die

Lösungsverfahren zielgerichtet ausgewählt, welche die Anforderungen der hier vorliegenden Problemstellung unter Beachtung der getroffenen Modellprämissen am besten erfüllen. Hierbei beruhte die Auswahl geeigneter Verfahren zur Lösung des hier vorliegenden Multi-Site-Scheduling-Problems auf dem Ansatz, die Methoden der lokalen Anlagenbelegungsplanung an die Bedürfnisse einer Anlagenbelegungsplanung mit verteilten Produktionsstandorten der chemischen Industrie anzupassen. Da es sich bei dem hier vorliegenden Problem des Multi-Site-Scheduling um ein komplexes kombinatorisches Problem handelt, da gleichzeitig mehrere Zielgrößen zu berücksichtigen sind und da für das Lösungsverfahren eine praxisgerechte Handhabbarkeit mit kurzen Planungsdurchlaufzeiten gefordert wird, wurde ein multikriterieller Evolutionärer Algorithmus als Optimierungsverfahren ausgewählt.

Nach einer ausführlichen Beschreibung wurde dieser multikriterielle Evolutionäre Algorithmus entsprechend der hier vorliegenden Problemstellung gestaltet und parametrisiert (Kapitel 6). Um die Interdependenzen der vier Planungsaufgaben – Auftragszuordnung, Auftragsterminierung, Verfügbarkeitsprüfung sowie Reihenfolgeplanung – zu berücksichtigen, musste das Multi-Site-Scheduling-Verfahren so konzipiert werden, dass diese vier Aufgaben simultan durchgeführt werden. Da bei der Auftragszuordnung über Jahre erworbenes Planungswissen der Disponenten bei der Produktionsstandortauswahl einbezogen werden sollte und da sich, bedingt durch die weltweit verteilten Produktionsstandorte, ungenaue und unscharfe Planungsinformationen ergeben, wurden die Zuordnungskriterien z. T. durch Fuzzy-Zahlen unscharf ausgeprägt. Hierbei erlaubt es der Einsatz der Fuzzy-Mathematik, komplexe Bewertungsvorgänge, die sich nur schwer mathematisch, aber relativ leicht sprachlich formulieren lassen, in die Auswahl des am besten geeigneten Produktionsstandortes einfließen zu lassen.

Zum Abschluss dieser Arbeit wurde das hier entwickelte Verfahren auf Basis eines Fallbeispiels validiert (Kapitel 7). Hierzu wurden die erzielten Ergebnisse der heutigen manuellen Vorgehensweise der Anlagenbelegungsplanung mit den berechneten Lösungen des hier entwickelten, prototypisch als PC-Programm realisierten Multi-Site-Scheduling verglichen. Der Vergleich zeigte, dass die Zielgrößen teilweise signifikant verbessert und die Planungsdurchlaufzeiten deutlich verkürzt wurden, so dass mit dem Einsatz des hier entwickelten Verfahrens in der betrieblichen Praxis ein erheblicher wirtschaftlicher Nutzen verbunden ist. Das hier entwickelte Multi-Site-Scheduling-Verfahren kann die heutige manuelle Planung nicht nur ersetzen, sondern es kann sie auch – in Bezug auf die zu optimierenden Zielgrößen sowie auf das Planungsdurchlaufzeitverhalten – erheblich verbessern.

Das Konzept des Supply Chain Management (SCM) strebt nach einer ganzheitlichen Planung und Steuerung aller Flüsse von Informationen und Waren in einem Logistiknetzwerk, also der Supply Chain, und somit auch über die Unternehmensgrenzen hinaus. Das oberste Ziel besteht hierbei darin, sowohl die Kosten als auch die logistischen Leistungsgrößen über verschiedene Stufen der Wertschöpfungskette zu optimieren.[1] Indem das hier entwickelte Multi-Site-Scheduling-Verfahren durch die Zuordnung von Aufträgen zu Produktionsstandorten einen Beitrag dazu leistet, globale Warenströme in einem Produktionsnetzwerk der chemischen Industrie effizient zu beherrschen, leistet es somit auch einen Beitrag zum Supply Chain Management.[2]

Kernstück aller SCM-Informationssysteme sind die von verschiedenen Softwareherstellern angebotenen sog. APS-Systeme[3]. Diese zielen darauf ab, die Produktions- und Logistikprozesse über die gesamte Wertschöpfungskette innerhalb eines Unternehmens und auch unternehmensübergreifend mit Hilfe moderner Optimierungsverfahren zu verbessern.[4] Zwei Module dieser Advanced-Planning-Systeme – die standortübergreifende Hauptproduktionsprogrammplanung (Supply Network Planning) und die Ressourceneinsatzplanung (Production Planning/Detailed Scheduling) – entsprechen dem in der vorliegenden Arbeit behandeltem Multi-Site-Scheduling. Infolgedessen kann das in dieser Arbeit entwickelte und prototypisch realisierte Multi-Site-Scheduling-Verfahren nicht nur als Grundlage für die Entwicklung eines marktfähigen Programms zum Multi-Site-Scheduling in der chemischen Industrie dienen, vielmehr kann es einen wesentlichen Baustein eines APS-Systems darstellen.

---

[1]  Vgl. Kopetzki (2001), S. 177; Knolmayer/Mertens/Zeier (2000), S. 13 ff.

[2]  Das hier entwickelte Verfahren wurde so konzipiert, dass die in einem Produktionsnetzwerk zu koordinierenden Produktionsstandorte sich sowohl innerhalb eines Unternehmens als auch in mehreren unterschiedlichen (rechtlich selbständigen) Unternehmen befinden können. Somit wird ein Beitrag zum internen als auch zum externen SCM geleistet.

[3]  APS ist die Abkürzung für den englischen Begriff „Advanced-Planning-System".

[4]  Vgl. Günther/Tempelmeier (2000), S. 338.

Zusammenfassend wird somit festgestellt, dass in dieser Arbeit der Bogen geschlagen worden ist zwischen den theoretischen Ansätzen des Operations Research und der praktischen Anwendung der standortübergreifenden Anlagenbelegungsplanung als Teil des Supply Chain Management. Das Ziel, die Entwicklung eines Verfahrens zum Multi-Site-Scheduling, also der zentralen Anlagenbelegungsplanung bei international verteilten Produktionsstandorten, beides in der chemischen Industrie, wurde erreicht. Vor dem Hintergrund, dass das hier entwickelte Verfahren zum Multi-Site-Scheduling kostengünstig bessere Ergebnisse in kürzerer Zeit liefert, ist es für den Einsatz in der betrieblichen Praxis hervorragend geeignet.

Raum für zukünftige, auf dem vorgestellten Multi-Site-Scheduling-Verfahren aufbauende Forschungsaktivitäten bietet sich durch eine partielle Auflösung der getroffenen, vereinfachenden Annahmen. Beispielsweise könnten die Splittung von Aufträgen und die Begrenzung von Lagerkapazitäten berücksichtigt werden, um so das Anwendungsfeld des hier entwickelten Verfahrens zu erweitern. Auch ließe sich die Chargengrößen- bzw. Losgrößenoptimierung in das Verfahren integrieren.

# Literaturverzeichnis

**Adam, D. (1997):** *Produktionsmanagement.* 8., vollständig überarbeitete und erweiterte Auflage, Wiesbaden: Gabler Verlag.

**Adamidis, P. (1994):** *Review of Parallel Genetic Algorithms – Bibliography.* In: Technical Report, Faculty of Engineering, University of Thessaloniki.

**Akkiraju, R./Keskinocak, P./Murthy, S./Wu, F. (1998):** *An Agent-based Solution Approach for Multi Machine Job Scheduling.* Proceedings of the Tenth Annual Conference of Artificial Intelligence, Menlo Park.

**Alba, E./Tomassini, M. (2002):** *Parallelism and Evolutionary Algorithms.* In: IEEE Transactions on Evolutionary Computation, Vol. 6, No. 5, S. 443–462.

**Allweyer, T./Loos, P./Scheer, A.-W. (1996):** *Requirements and New Concepts for Production Planning and Scheduling in the Process Industry.* In: Paper for the I-CIMPRO'96, Conference in Eindhoven, Netherlands.

**Anagnostopoulos, G. C./Rabadi, G. (2002):** *A Simulated Annealing Algorithm for the Unrelated Parallel Machine Scheduling Problem.* In: World Automation Congress – Eighth International Symposium on Manufacturing with Applications. Orlando, Florida.

**Andersson, J. (1997):** *A survey of multiobjective optimization in engineering design.* University of Mechanical Engineering, Linköping, Sweden, Technical Report LiTH-IKP-R-1097.

**Appelrath, H.-J./Freese, T./Sauer, J./Teschke, T. (1999):** *Ein Multiagentensystem für die verteilte Ablaufplanung.* In: Kirn, S./Petsch, M. (Hrsg.): Workshop "Intelligente Softwareagenten und betriebswirtschaftliche Anwendungsszenarien". Arbeitsbericht Nr. 14, Technische Universität Ilmenau, Fakultät für Wirtschaftswissenschaften, S. 195–200.

**Arnold, J./Nestler, A. (1996):** *Strukturierung von Fertigungssystemen mittels Genetischer Algorithmen.* In: Krug, W. (Hrsg.): Simulationstechnik - 10. Symposium in Dresden, Tagungsband. Braunschweig, Wiesbaden: Friedrich Vieweg & Sohn Verlagsgesellschaft mbH, September 1996, S. 107–112.

**Ausborn, M. (2001):** *Mehrstufige Planung kapazitierter Produktionsnetzwerke.* Dissertation Universität Greifswald.

**Ausborn, M./Leisten, R. (1999):** *Aggregation in Networks and Hierarchical Production Planning – A First Attempt.* Greifswald: Arbeitspapier.

**Azar, F. S. (2000):** *Multiattribute Decision-Making: Use of three Scoring Methods to Compare the Performance of Imaging Techniques for Breast Cancer Detection.* In: Technical Report MS-BE-00-01, MS-CIS-00-10, University of Pennsylvania, Philadelphia (PA).

**Bäck, T. (1993):** *Optimal Mutation Rates in Genetic Search.* In: Forrest, S. (Hrsg.): Proceedings of the 5th International Conference on Genetic Algorithms. San Mateo, California: Morgan Kaufmann. S. 2–8.

**Bäck, T./Fogel, D. B./Michalewicz, Z. (1997):** *Handbook of Evolutionary Computation.* Oxford University Press, IOP Publishing Ltd.

**Bäck, T./Hammel, U./Schwefel, H.-P. (1997):** *Evolutionary Computation: Comments on the History and Current State.* In: IEEE Transactions on Evolutionary Computation, Vol. 1, No. 1, S. 3–17.

**Bäck, T. (1996):** *Evolutionary Algorithms in Theory and Practice – Evolution Strategies, Evolutionary Programming, Genetic Algorithms.* New York: Oxford University Press.

**Backhaus, K. (1993):** *Strategische Allianzen und strategische Netzwerke.* In: WiSt, Heft 7, S. 330–334.

**Bagchi, S./Uckun, S./Miyabe, Y./Kawamura, K. (1991):** *Exploring Problem-Specific Recombination Operators for the Job Shop Scheduling.* In: Belew, R. K./Booker, L. B. (Hrsg.): Proceedings of the 4th International Conference on Genetic Algorithms, San Diego, California: Morgan Kaufmann, S. 10–17.

**Balzert, H. (1982):** *Die Entwicklung von Software-Systemen – Prinzipien, Methoden, Sprachen, Werkzeuge.* Mannheim: Wissenschaftsverlag.

**Balzert, H. (2000):** *Lehrbuch der Software-Technik – Software-Entwicklung.* 2. Auflage, Heidelberg, Berlin: Spektrum Akademischer Verlag.

**Bamberg, G./Baur, F. (2002):** *Statistik.* 12., überarbeitete Aufl., München, Wien: Oldenbourg Verlag.

**Baumgarten, H./Darkow, I.-L. (1999):** *Gestaltung und Optimierung von Logistik-netzwerken – Instrumente für das Management von Logistiknetzwerken.* In: Hossner, R. (Hrsg.): Jahrbuch der Logistik 1999. Düsseldorf: Verlagsgruppe Handelsblatt, S. 146–151.

**Baumgarten, H./Darkow, I.-L./Walter, S. (2000):** *Die Zukunft der Logistik – Kundenintegration, globale Netzwerke und e-Business – Verbesserungspotenziale und Weiterbildung.* In: Hossner, R. (Hrsg.): Jahrbuch der Logistik 2000. Düsseldorf: Verlagsgruppe Handelsblatt, S. 12–23.

**Baumgarten, H./Wiegand, A. (1997):** *Managementtrends und -entwicklungen in der Logistik. Ergebnisse der Untersuchung Trends und Strategien in der Logistik 2000.* Institut für Technologie und Management, Bereich Logistik, Technische Universität Berlin.

**Bayart, B./Kotlicki, P./Nowacki, M. (2002):** *Multiobjective Optimization.* University of Aarhus, Denmark. Collection of Reports for Topics of Evolutionary Computation.

**Bélis-Bergouignan, M.-C./Bordenave, G./Lung, Y. (1996):** *Global strategies in the automobile industry.* In: Actes du Gerpisa, No. 18, S. 99–115.

**Berens, W. (1992):** *Beurteilung von Heuristiken – Neuorientierung und Vertiefung am Beispiel logistischer Planungsprobleme.* Wiesbaden: Gabler Verlag.

**Berens, W./Delfmann, W. (1995):** *Quantitative Planung – Konzeption, Methoden und Anwendungen.* 2., überarbeitete Aufl., Stuttgart: Schäffer-Poeschel Verlag.

**Beyer, H. G./Brucherseifer, E./Jakob, W./Pohlheim, H./Sendhoff, B. (2001):** *Evolutionäre Algorithmen – Begriffe und Definitionen.* In: Arbeitspapier, Universität Dortmund, Institut für Informatik XI (Systemanalyse).

**Bierwirth, C. (1993):** *Flowshop Scheduling mit parallelen Genetischen Algorithmen – Eine problemorientierte Analyse genetischer Suchstrategien.* Wiesbaden: Deutscher Universitäts-Verlag.

**Bierwirth, C./Kopfer, H./Mattfeld, D./Utecht, T. (1993):** *Genetische Algorithmen und das Problem der Maschinenbelegung – Eine Übersicht und ein neuer Ansatz.* Fachbericht Nr. 3, Lehrstuhl für Logistik, Universität Bremen.

**Blecker, T. (2001):** *Unternehmung ohne Grenzen – Ein modernes Konzept zum erfolgreichen Bestehen im dynamischen Wettbewerb.* In: Gronalt, M. (Hrsg.): Logistikmanagement – Erfahrungsberichte und Konzepte zum (Re-)Design der Wertschöpfungskette. Wiesbaden: Gabler Verlag, S. 109–128.

**Blömer, F. (1999):** *Produktionsplanung und -steuerung in der chemischen Industrie – Ressourceneinsatzplanung von Batchprozessen auf Mehrzweckanlagen.* Wiesbaden: Gabler Verlag.

**Böhme, G. (1993):** *Fuzzy-Logik – Einführung in die algebraischen und logischen Grundlagen.* Berlin, Heidelberg: Springer-Verlag.

**Bohnenkamp, R./Hoffmann, M.-L./Ludwig, W./Votsmeier, V. (2003):** *Unternehmen – Vorteile jenseits der Grenze.* In: Capital, Nr. 13/2003, S. 74–75.

**Börcsök, J. (2000):** *Fuzzy control – Theorie und Industrieeinsatz.* Berlin: Verlag Technik.

**Borges, P. J. (1994):** *Tailor-made-scheduling – Beitrag zur Lösung des Reihenfolgeproblems bei Werkstattfertigung mittels Fuzzy-Logic.* Dissertation Universität zu Köln. Aachen: Verlag Mainz.

**Breiing, A./Knosala, R. (1997):** *Bewertung technischer Systeme – Theoretische und methodische Grundlagen bewertungstechnischer Entscheidungshilfen.* Berlin, Heidelberg: Springer-Verlag.

**Bronstein, I. N./Semendjajew, K. A./Musiol, G./Mühlig, H. (2000):** *Taschenbuch der Mathematik.* 5., überarbeitete, erweiterte Auflage. Zürich, Frankfurt, Thun: Harri-Deutsch.

**Brucker, P. (2001):** *Scheduling Algorithms.* 3. Auflage. Berlin, Heidelberg: Springer-Verlag.

**Brucker, P./Dhaenens-Flipo, C. D./Knust, S./Kravchenko, S. A./ Werner, F. (2002):** *Complexity Results for Parallel Machine Problems with a Single Server.* In: Journal of Scheduling 5, 429–457.

**Brucker, P./Knust, S. (2004):** *Complexity Results of Scheduling Problems.* Internet-Dokument:
http://www.mathematik.uni-osnabrueck.de/research/OR/class.

**Bruns, R. (1993):** *Direct Chromosome Representation and Advanced Genetic Operators for Production Scheduling.* In: Forrest, S. (Hrsg.): Proceedings of the 5th International Conference on Genetic Algorithms. San Mateo, California: Morgan Kaufmann. S. 352–359.

**Bruns, T. (1997):** *Scheduling.* In: Bäck, T./Fogel, D. B./Michalewicz, Z. (Hrsg.): Handbook of Evolutionary Computation. Oxford University Press, IOP Publishing Ltd., S. F1.5:1–F1.5:9.

**Büche, D./Müller, S./Koumoutsakos, P. (2003):** *Self-Adaptation for Multiobjective Evolutionary Algorithms.* In: Proceedings of the Second International Conference on Evolutionary Multi-Criterion Optimization (EMO 2003), Lecture Notes in Computer Science 2632, Springer, S. 267–281.

**Buckley, J. J./Eslami, E. (2002):** *An Introduction to Fuzzy Logic and Fuzzy Sets.* Heidelberg, New York: Physica-Verlag.

**Bullinger, H.-J./Ohlhausen, P./Hoffmann, M. (1997):** *Kooperation von mittelständigen Unternehmen.* IAO-Studie, Fraunhofer-Institut für Arbeitswissenschaft und Organisation IAO, Stuttgart.

**Burke, P./Prosser, P. (1991):** *A Distributed Asynchronous System for Predictive and Reactive Scheduling.* In: Artificial Intelligence in Engineering 6, S. 106–124.

**Busse von Colbe, W./Laßmann, G. (1999):** *Betriebswirtschaftstheorie – Band 1: Grundlagen, Produktions- und Kostentheorie.* 5., durchgesehene Auflage. Berlin, Heidelberg: Springer-Verlag.

**Cantú-Paz, E. (1995):** *A summary of research on parallel genetic algorithms.* University of Illinois, Illinois Genetic Algorithms Laboratory, IlliGAL Report No. 95007.

**Carlsson, C./Fullér, R. (2002):** *Fuzzy Reasoning in Decision Making and Optimization.* Heidelberg, New York: Physica-Verlag.

**Chakraborty, D. (2001):** *Structural quantization of vagueness in linguistic expert opinions in an evaluation program.* In: Fuzzy Sets and Systems 119, S. 171–186.

**Chang, Y.-H./Yeh, C.-H. (2001):** *Evaluating airline competitiveness using multiattribute decision making.* In: Omega, The International Journal of Management Science 29, S. 405–415.

**Chen, C.-T. (2000):** *Extensions of the TOPSIS for group decision-making under fuzzy environment.* In: Fuzzy Sets and Systems 114, S. 1–9.

**Chen, C.-T. (2001):** *A fuzzy approach to select the location of distribution center.* In: Fuzzy Sets and Systems 118, S. 65–73.

**Chen, J.-H./Goldberg, D. E./Ho, S.-Y./Sastry, K. (2002):** *Fitness Inheritance in Multi-Objective Optimization.* University of Illinois, Department of General Engineering. IlliGAL Report No. 200217.

**Chen, S. J./Hwang, C. L. (1992):** *Fuzzy Multiple Attribute Decision Making – Methods and Applications.* Berlin, Heidelberg: Springer-Verlag.

**Chen, Z. (1999):** *Simultaneous Job Scheduling and Resource Allocation on Parallel Machines.* University of Pennsylvania, Department of Systems Engineering, Working Paper 99-04.

**Cheng, T. C. E./Sin, C. C. S. (1990):** *A State-of-the-Art Review of Parallel-Machine Scheduling Research.* In: European Journal of Operational Research, Vol. 47, S. 271–292.

**Cleveland, G. A./Smith, S. F. (1989):** *Using Genetic Algorithms to Schedule Flow Shop Releases.* In: Schaffer, J. D. (Hrsg.): Proceedings of the 3rd International Conference on Genetic Algorithms. San Mateo, California: Morgan Kaufmann. S. 160–169.

**Coello, C. (1996):** *An empirical study of evolutionary techniques for multiobjective optimization in engineering design.* Thesis, Tulane University, New Orleans, USA.

**Coello, C. (1998):** *An Updated Survey of GA-Based Multiobjective Optimization Techniques.* In: Technical Report Lania-RD-98-08, Laboratorio Nacional de Informática Avanzada (LANIA), Xalapa, Veracruz, Mexico.

**Corsten, D./Gabriel, C. (2002):** *Supply Chain Management erfolgreich umsetzen – Grundlagen, Realisierung und Fallstudien.* Berlin, Heidelberg: Springer-Verlag.

**Corsten, H. (2000):** *Ansatzpunkte für die Koordination in heterarchischen und hierarchischen Unternehmensnetzwerken.* In: Corsten, H. (Hrsg.): Nr. 37 der Schriften zum Produktionsmanagement. Kaiserslautern, S. 10–23. (Zitiert als Corsten (2000b))

**Corsten, H. (2000):** *Produktionswirtschaft – Einführung in das industrielle Produktionsmanagement.* 9., vollständig überarbeitete und erweiterte Aufl., München, Wien: Oldenbourg Verlag. (Zitiert als Corsten (2000a))

**Corsten, H./Gössinger, R. (2000):** *Produktionsplanung und -steuerung in virtuellen Produktionsnetzwerken.* In: Kaluza, B./Blecker, T. (Hrsg.): Produktions- und Logistikmanagement in virtuellen Unternehmen und Unternehmensnetzwerken. Berlin, Heidelberg: Springer-Verlag. S. 249–294.

**Corsten, H./May, C. (1994):** *Besonderheiten der Produktion in der Verfahrensindustrie und deren Auswirkung auf PPS-Systeme.* In: Corsten, H. (Hrsg.): Handbuch Produktionsmanagement. Wiesbaden: Gabler Verlag, S. 871–889.

**Crama, Y./Pochet, Y./Wera, Y. (2001):** *A discussion of production planning approaches in the process industry.* Université de Liège, Arbeitspapier.

**Daub, A. (1994):** *Ablaufplanung – Modellbildung, Kapazitätsbestimmung und Unsicherheit.* Bergisch Gladbach, Köln: Josef Eul Verlag.

**Deb, K. (1999):** *Multi-objective evolutionary algorithms: Introducing bias among Pareto-optimal solutions.* Indian Institute of Technology Kanpur. KanGAL Report No. 99002.

**Deb, K. (2001):** *Genetic Algorithms for Optimization.* Indian Institute of Technology Kanpur. KanGAL Report Number 2001002.

**Deb, K. (2004):** *Single and Multi-Objective Optimization using Evolutionary Computation.* Indian Institute of Technology Kanpur. KanGAL Report Number 2004002.

**Deb, K./Agrawal, S./Pratap, A./Meyarivan, T. (2000):** *A Fast and Elitist Multi-Objective Genetic Algorithm; NSGA-II.* Indian Institute of Technology Kanpur. KanGAL Report Number 2000001.

---

**Deb, K./Beyer, H.-G. (1999):** *Self-Adaptive Genetic Algorithms with Simulated Binary Crossover.* Universität Dortmund, Technical Report CI-61/99.

**Deb, K./Goel, T. (2001):** *Controlled elitist non-dominated sorting genetic algorithms for better convergence.* In: Proceedings of the First International Conference on Evolutionary Multi-Criterion Optimization (EMO-2001), 7–9 March. Zürich. S. 67–81.

**Deb, K./Mohan, M./Mishra, S. (2003):** *A Fast Multi-objective Evolutionary Algorithm for Finding Well-Spread Pareto-Optimal Solutions.* Indian Institute of Technology Kanpur. KanGAL Report No. 2003002.

**Dellmann, K. (1975):** *Entscheidungsmodelle für die Serienfertigung.* In: Albach, H./Hax, H./Riebel, P./von Wysocki, K. (Hrsg.): Beiträge zur betriebswirtschaftlichen Forschung. Opladen: Westdeutscher Verlag.

**Deng, H. (1997):** *An algorithm for fuzzy multi-criteria decision making.* In: Proceedings of the 1997 IEEE International Conference on Intelligent Processing Systems, Beijing China, S. 1564–1568.

**Dias, A./Vasconcelos, J. (2002):** *Multiobjective Genetic Algorithms Applied to Solve Optimization Problems.* In: IEEE Transactions on Management, Vol. 38, S. 1133–1136.

**Digalakis, J./Margaritis, K. (2001):** *Performance Comparison of Memetic Algorithms.* In: Proceedings of the 4th Meta-heuristics International Conference, Porto, Portugal, vol. 1, July 16–20, S. 121–125.

**DIN 8580 (1974):** *Fertigungsverfahren – Einteilung.* 1974-06.

**Dohmen, L. W. (2004):** *Entwicklung eines Verfahrens zur Abfuhrplanung in der kommunalen Abfallentsorgung.* Dissertation RWTH Aachen.

**Domschke, W./Drexl, A. (2002):** *Einführung in Operations Research.* 5., überarbeitete und erweiterte Auflage. Berlin, Heidelberg: Springer-Verlag.

**Domschke, W./Klein, R./Scholl, A. (1996):** *Taktische Tabus, Tabu Search – Durch Verbote schneller optimieren.* In: c't - Magazin für Computertechnik, Heft 12, S. 326–332.

**Domschke, W./Scholl, A. (2000):** *Grundlagen der Betriebswirtschaftslehre – Eine Einführung aus entscheidungsorientierter Sicht.* Berlin, Heidelberg: Springer-Verlag.

**Domschke, W./Scholl, A./Voß, S. (1997):** *Produktionsplanung – Ablauforganisatorische Aspekte.* 2. Aufl., Berlin, Heidelberg: Springer-Verlag.

**Dubois, D./Nguyen, H. J./Prade, H. (2000):** *Possibility theory, probability and fuzzy sets: misunderstandings, bridges and gaps.* In: Dubois, D./Prade, H. (Hrsg.): Fundamentals of fuzzy sets. Boston, USA, S. 343–438.

**Dubois, D./Prade, H. (1978):** *Operations on fuzzy numbers.* In: International Journal of Systems Science, Vol. 9, No. 6, S. 613–626.

**Dubois, D./Prade, H. (1980):** *Fuzzy Sets and Systems – Theory and Applications.* London: Academic Press.

**Dussa-Zieger, K./Schwehm, M. (1998):** *Scheduling of Parallel Programs on Configurable Multiprocessors by Genetic Algorithms.* In: Journal of Approximate Reasoning, Special Issue on Approximative Methods in Scheduling, Vol. 19 (1-2), S. 23–38.

**Dyckhoff, H. (1994):** *Betriebliche Produktion – Theoretische Grundlagen einer umweltorientierten Produktionswirtschaft.* 2., verbesserte Aufl., Berlin, Heidelberg, New York: Springer-Verlag.

**Dyckhoff, H. (2003):** *Grundzüge der Produktionswirtschaft – Einführung in die Theorie betrieblicher Wertschöpfung.* 4., verbesserte Aufl., Berlin, Heidelberg, New York: Springer-Verlag.

**Dyckhoff, H./Spengler, T. (2005):** *Produktionswirtschaft – Eine Einführung für Wirtschaftsingenieure.* 4. Berlin, Heidelberg, New York: Springer-Verlag.

**Echte, A. (1993):** *Handbuch der technischen Polymerchemie.* Weinheim: VCH-Verlagsgesellschaft.

**Eickemeier, S. (2002):** *Bestimmung der Gewichte bei Mehrzielentscheidungen – Eine vergleichende Analyse ausgewählter Verfahren.* In: Chamoni, P./Leisten, R./Martin, A./Minnemann, J./Stadtler, H. (Hrsg.): Operations Research Proceedings 2001. Berlin: Springer-Verlag, S. 389–396.

278                                                            Literaturverzeichnis

**Eiden, W, (2003):** *Flexibles Scheduling auf Basis von Fuzzy-Technologien.* In: Geldermann, J./Rommelfanger, H. (Hrsg.): Einsatz von Fuzzy-Sets, Neuronalen Netzen und Künstlicher Intelligenz in industrieller Produktion und Umweltforschung. Fortschritt-Berichte VDI Reihe 10, Nr. 725. Düsseldorf: VDI-Verlag, S. 70–84.

**Eisenführ, F. (1998):** *Einführung in die Betriebswirtschaftslehre.* 2., durchgesehene Aufl., Stuttgart: Schäffer-Poeschel Verlag.

**Eisenführ, F./Weber, M. (1999):** *Rationales Entscheiden.* 3., überarbeitete Aufl., Berlin, Heidelberg: Springer-Verlag.

**Ellinger, T./Beuermann, G./Leisten, R. (2001):** *Operations Research – Eine Einführung.* 5., durchgesehene Auflage. Berlin, Heidelberg: Springer-Verlag.

**Engell, S./Märkert, A./Sand, G./Schultz, R./Schulz, C. (2001):** *Online Scheduling of Multiproduct Batch Plants under Uncertainty.* In: Grötschel, M./Krumke, S. O./Rambau, J. (Hrsg.): Online Optimization of Large Scale Systems. Berlin: Springer-Verlag. S. 649–678.

**Erben, R. F. (2000):** *Fuzzy-Logic-basiertes Risikomanagement – Anwendungsmöglichkeiten der Theorie unscharfer Mengen im Rahmen des Risikomanagements von Industriebetrieben unter besonderer Berücksichtigung der Beurteilung von Länderrisiken.* Dissertation RWTH Aachen. Aachen: Shaker Verlag.

**Eversheim, W. (1996):** *Produktionstechnik und -verfahren.* In: Kern, W./Schröder, H.-H./Weber, J. (Hrsg.): Handwörterbuch der Produktionswirtschaft. 2. Aufl., Stuttgart: Schäffer-Poeschel Verlag, S. 1534–1544.

**Eversheim, W. (1997):** *Organisation in der Produktionstechnik 3 – Arbeitsvorbereitung.* 3., vollständig überarbeitete Aufl., Berlin, Heidelberg: Springer-Verlag.

**Eversheim, W. (1999):** *Fabrikplanung – Standortplanung.* In: Eversheim, W./Schuh, G. (Hrsg.): Produktion und Management 3 – Gestaltung von Produktionssystemen. Berlin, Heidelberg: Springer-Verlag, S. 9/40–9/57. (Zitiert als Eversheim (1999a))

**Eversheim, W. (1999):** *Produktionsplanung und -steuerung – Typologische Einordnung von Unternehmen hinsichtlich ihrer Steuerungsaufgabe.* In: Eversheim, W./Schuh, G. (Hrsg.): Produktion und Management 4 – Betrieb von Produktionssystemen. Berlin, Heidelberg: Springer-Verlag, S. 14/60–14/82. (Zitiert als Eversheim (1999b))

**Eversheim, W./Böhmer, D./Dohms, R./Schellberg, O. (1999):** *Einrichten einer Auftragsleitstelle.* In: Luczak, H./Eversheim, W. (Hrsg.): Produktionsplanung und -steuerung – Grundlagen, Gestaltung und Konzepte. 2., korrigierte Aufl., Berlin, Heidelberg: Springer-Verlag. S. 376–419.

**Eversheim, W./Schellberg, O./Terhaag, O. (2000):** *Gestaltung und Betrieb von Produktionsnetzwerken.* In: Kaluza, B./Blecker, T. (Hrsg.): Produktions- und Logistikmanagement in virtuellen Unternehmen und Unternehmensnetzwerken. Berlin, Heidelberg: Springer-Verlag. S. 35–59.

**Fang, H.-L. (1994):** *Genetic Algorithms in Timetabling and Scheduling.* Thesis, University of Edinburgh.

**Fieldsend, J. E./Everson, R. M./Singh, H. (2003):** *Using Unconstrained Elite Archives for Multi-Objective Optimisation.* In: IEEE Transactions on Evolutionary Computation, Volume 7, Issue 3, S. 305–323.

**Fink, A./Voß, S. (1998):** *Hotframe – Heuristische Lösung diskreter Planungsprobleme mittels wiederverwendbarer Software-Komponenten.* In: OR News, Nr. 4, S. 18–24.

**Fischer, G. (2002):** *Lineare Algebra.* 13., durchgesehene Aufl., Braunschweig, Wiesbaden: Vieweg.

**Fogel, L. J./Ownes, A. J./Walsh, M. J. (1966):** *Artificial Intelligence through Simulated Evolution.* New York: Wiley.

**Fonseca, C. M./Fleming, P. J. (1995):** *An Overview of Evolutionary Algorithms in Multiobjective Optimization.* In: Evolutionary Computation, 3(1), S. 1–16.

**Fonseca, C. M./Fleming, P. J. (1998):** *Multiobjective Optimization and Multiple Constraint Handling with Evolutionary Algorithms – Part I: A Unified Formulation.* In: IEEE Transaction on Systems, Man and Cybernetics – Part A: Systems and Humans, 28(1998)1, S. 1–37.

**Frauendorfer, K./Königsperger, E. (1996):** *Concepts for Improving Scheduling Decisions – An Application in the Chemical Industry.* In: International Journal of Production Economics, 46-47, S. 27–38.

**French, S. (1982):** *Sequencing and Scheduling: An Introduction to the Mathematics of Job-Shop.* New York: Ellis Horwood.

**Friedrich, S./Hinterhuber, H. (1999):** *Wettbewerbsvorteile durch Wertschöpfungspartnerschaft.* In: WiSt, Heft 1, S. 2–8.

**Fritz, M./Stobbe, M./Engell, S. (1996):** *Produktionsplanung und Simulation von rezeptgesteuerten Mehrproduktanlagen.* 10. Symposium Simulationstechnik ASIM '96, Dresden, S. 149–154.

**Fuchs, K. (1997):** *Koordination der Durchführungsplanung eines mehrstufigen Produktionsprozesses in der Textilindustrie.* Dissertation Universität Stuttgart, Renningen-Malmsheim: Expert-Verlag.

**Fürer, S./Rauch, J./Sanden, F. (1998):** *Definition von Mehrproduktanlagen und Flexibilitätsanforderungen.* In: Rauch, J. (Hrsg.): Mehrproduktanlagen. Weinheim, New York: Wiley-VCH Verlag, S. 3–6.

**Fürer, S./Sanden, F. (1998):** *Die diskontinuierlich betriebene Standard-Mehrproduktanlage.* In: Rauch, J. (Hrsg.): Mehrproduktanlagen. Weinheim, New York: Wiley-VCH Verlag, S. 17–20.

**Garg, S./Gupta, S. K. (1999):** *Multiobjective optimization of a free radical bulk polymerization reactor using genetic algorithm.* In: Macromol. Theory Simulation, 8, S. 46–53.

**Garus, S. (2000):** *Evolutionäre Algorithmen in der simulationsunterstützten Produktionsprozessplanung – Einsatz in der chemischen Industrie.* Wiesbaden: Deutscher Universitäts-Verlag.

**Giachetti, R. E./Young, R. E. (1997):** *A parametric representation of fuzzy numbers and their arithmetic operators.* In: Fuzzy Sets and Systems 91, S. 185–202.
(Zitiert als Giachetti/Young (1997b))

**Giachetti, R. E./Young, R. E. (1997):** *Analysis of the error in the standard approximation used for multiplication of triangular and trapezoidal fuzzy numbers and the development of a new approximation.* In: Fuzzy Sets and Systems 91, S. 1–13. (Zitiert als Giachetti/Young (1997a))

**Girsch, M. (2001):** *Evaluation of the Reactive Scheduler in the REFRESH-Project.* DBAI Technical Report. Universität Wien, Institut für Informationssysteme.

**Glaser, H./Geiger, W./Rohde, V. (1991):** *Produktionsplanung und -steuerung –* *Grundlagen, Konzepte und Anwendungen.* Wiesbaden: Gabler Verlag.

**Goldberg, D. E. (1989):** *Genetic Algorithms in Search, Optimization and Machine Learning.* Massachusetts: Addison-Wesley Publishing.

**Gordon, V. S./Whitley, D. (1993):** *Serial and Parallel Genetic Algorithms as Function Optimizers.* In: Forrest, S. (Hrsg.): Proceedings of the 5th International Conference on Genetic Algorithms. San Mateo, California: Morgan Kaufmann. S. 177–183.

**Gottlieb, J. (2000):** *Evolutionary Algorithms for Constrained Optimization Problems.* Dissertation Universität Clausthal. Aachen: Shaker Verlag.

**Gottlieb, J. (2001):** *Evolutionäre Algorithmen für Rucksackprobleme.* In: Universität Clausthal, TUContact, Juni 2001, S. 51–53.

**Götze, U. (1996):** *Standort.* In: Bloech, J./Ihde, G. B. (Hrsg.): Vahlens großes Logistiklexikon. München: Vahlen Verlag. S. 981.

**Greb, T./Erkens, E./Kopfer, H. (1998):** *Naturadaptive Ansätze zur Lösung betrieblicher Optimierungsprobleme.* In: WISU 4/98. S. 444–454.

**Groß, B. (1999):** *Gesamtoptimierung verfahrenstechnischer Systeme mit Evolutionären Algorithmen.* Fortschritt-Berichte VDI Reihe 3, Nr. 608. Düsseldorf: VDI-Verlag.

**Große-Oetringhaus, W. (1972):** *Typologie der Fertigung unter dem Gesichtspunkt der Fertigungsablaufplanung.* Dissertation Universität Gießen.

**Gruhn, G./Fichtner, G./Jänicke, W. (1983):** *On the scheduling of a multi-purpose batch chemical plant.* In: 3rd International Congress, Computers and chemical engineering, Paris, S. 48–73.

**Gudehus, T. (1999):** *Logistik – Grundlagen, Strategien, Anwendungen.* Berlin, Heidelberg: Springer-Verlag.

**Günther, H.-O./Tempelmeier, H. (1995):** *Produktionsmanagement – Einführung mit Übungsaufgaben.* 2., überarbeitete Aufl., Berlin, Heidelberg: Springer-Verlag.

**Günther, H.-O./Tempelmeier, H. (2000):** *Produktion und Logistik.* 4., überarbeitete und erweiterte Aufl., Berlin, Heidelberg: Springer-Verlag.

**Gutenberg, E. (1983):** *Grundlagen der Betriebswirtschaftslehre – Band I: Die Produktion.* 24. Aufl., Berlin, Heidelberg: Springer-Verlag.

**Hahn, D. (1994):** *Ziele des Produktionsmanagement.* In: Corsten, H. (Hrsg.): Handbuch Produktionsmanagement. Wiesbaden: Gabler Verlag, S. 24–49.

**Hahn, D. (2000):** *Problemfelder des Supply Chain Management.* In: Wildemann, H. (Hrsg.): Supply Chain Management. München: TCW Transfer-Centrum-Verlag, S. 9–19.

**Harker, P. T. (1989):** *The Art of Decision Making – The Analytic Hierarchy Process.* In: Golden, B. L./Wasil, E. E./Harker, P. T. (Hrsg.): The Analytic Hierarchy Process – Applications and Studies. Berlin, Heidelberg: Springer-Verlag, S. 3–36.

**Hartmann, H./Merath, F. (1998):** *Logistik in Produktionsverbundsystemen – Wettbewerbsvorteile durch räumliche Prozessdifferenzierung.* In: Jahrbuch der Logistik, 11, S. 66–70.

**Haupenthal, C./Juszczyk, L. (2002):** *Allianzen – Das fünfte Element im klassischen Marketing-Mix.* In: Technologie & Management, 1-2/2002, S. 12–15.

**He, D./Babayan, A./Kusiak, A. (1999):** *Scheduling Manufacturing Systems in an agile Environment.* University of Toledo.

**Heinrich, H. I. (1999):** *Methoden der Ablaufplanung bei mehrfacher Zielsetzung, dargestellt am Beispiel der Elektroindustrie.* Diplomarbeit Universität Dresden.

**Helget, A./Kersting, F.-J. (1998):** *Prozessführung.* In: Rauch, J. (Hrsg.): Mehrproduktanlagen. Weinheim, New York: Wiley-VCH Verlag, S. 163–184.

**Herrera, F./Herrera-Viedma, E. (2000):** *Linguistic decision analysis – Steps for solving decision problems under linguistic information.* In: Fuzzy Sets and Systems 115, S. 67–82.

**Hesse, W./Merbeth, G./Frölich, R. (1992):** *Software-Entwicklung – Vorgehensmodelle, Projektführung, Produktverwaltung.* München, Wien: Oldenbourg Verlag.

**Higgins, P. G./Wirth, A. (1997):** *Interactive Scheduling.* 4th Conference of the Association of Asian-Pacific Operational Research Societies Melbourne (APORS), Melbourne 1–4 December 1997.

**Hillier, F. S./Liebermann, G. J. (2002):** *Operations Research – Einführung.* Aus dem Amerikanischen übersetzt, 2. Aufl., Wien: Oldenbourg Verlag.

**Höchst, B. (1997):** *Entwicklung eines Simultanplanungsverfahrens zur Apparatebelegungsplanung bei der Farben- und Lackproduktion.* Dissertation RWTH Aachen. Aachen: Shaker Verlag.

**Hoffmeister, F./Bäck, T. (1991):** *Genetic Algorithms and Evolution Strategies – Similarities and Differences.* In: Schwefel, H.-P./Männer R. (Hrsg.): Parallel Problem Solving from Nature, 1st Workshop, PPSN I, Dortmund, October 1–3, 1990, Proceedings. Lecture Notes in Computer Science 496, Springer-Verlag, S. 455–469.

**Hoffmeister, W. (2000):** *Investitionsrechnung und Nutzwertanalyse – Eine entscheidungsorientierte Darstellung mit vielen Beispielen und Übungen.* Stuttgart: Kohlhammer.

**Hofmann, M. (1992):** *PPS – nichts für die chemische Industrie?* In: io Management Zeitschrift 61, BWI ETH, S. 30–33.

**Hoitsch, H.-J. (1993):** *Produktionswirtschaft – Grundlagen einer industriellen Betriebswirtschaftslehre.* 2., völlig überarbeitete und erweiterte Aufl., München: Vahlen Verlag.

**Holland, L. H. (1975):** *Adaptation in Natural and Artificial Systems.* Ann Arbor: The University of Michigan Press.

**Horn, J. (1997):** *Multicriterion decision making.* In: Bäck, T./Fogel, D. B./Michalewicz, Z. (Hrsg.): Handbook of Evolutionary Computation. Oxford University Press, IOP Publishing Ltd., S. F1.5:1–F1.5:9.

**Hummel, B.** (1997): *Internationale Standortentscheidungen – Einflussfaktoren, informatorische Fundierung und Unterstützung durch computergestützte Informationssysteme.* Freiburg: Rudolf Haufe Verlag.

**Hwang, C. L./Yoon, K.** (1981): *Multiple Attribute Decision Making – Methods and Applications.* Berlin, Heidelberg: Springer-Verlag.

**Jaanineh, G./Maijohann, M.** (1996): *Fuzzy-Logik und Fuzzy-Control.* Würzburg: Vogel Buchverlag.

**Jablonski, S.** (1995): *Workflow-Management-Systeme – Motivation, Modellierung, Architektur.* Informatik Spektrum 18, S. 13–14.

**Jacob, H.** (1990): *Die Planung des Produktions- und Absatzprogramms.* Jakob, H. (Hrsg.): Industriebetriebslehre. 4. Aufl., Wiesbaden: Gabler Verlag.

**Jahnke, H./Biskup, D.** (1999): *Planung und Steuerung der Produktion.* Landsberg/Lech: Verlag Moderne Industrie.

**Jain, A. S./Meeran, S.** (1998): *A State-of-the-Art Review of Job-Shop Scheduling Techniques.* Technical Report, Department of Applied Physics, Electronic and Mechanical Engineering, University of Dundee, Scotland.

**Jammernegg, W./Reiner, G./Trcka, M.** (2000): *Gestaltung von reaktionsschnellen Produktionsnetzwerken.* In: Kaluza, B./Blecker, T. (Hrsg.): Produktions- und Logistikmanagement in virtuellen Unternehmen und Unternehmensnetzwerken. Berlin, Heidelberg: Springer-Verlag. S. 189–216.

**Jänicke, W.** (2002): *Jahresplanung mit Feinplanungsmethoden bei Systemen chemischer Mehrproduktanlagen.* In: Chemie Ingenieur Technik (CIT), 2002-74, Nr. 5, S. 46–49.

**Janikow, C. Z./Michalewicz, Z.** (1991): *An Experimental Comparison of Binary and Floating Point Representations in Genetic Algorithms.* In: Belew, R. K./Booker, L. B. (Hrsg.): Proceedings of the 4th International Conference on Genetic Algorithms, San Diego, California: Morgan Kaufmann, S. 31–36.

**Jones, A./Rabelo, L. C.** (1998): *Survey of Job Shop Scheduling Techniques.* In: National Institute of Standards and Technology, Gaithersburg, MD.

**Jones, D. F./Mirrazavi, S. K./Tamiz, M.** (2002): *Multi-objective meta-heuristics: an overview of the current state-of-the-art.* In: European Journal of Operational Research 137, S. 1–9.

**Kaluza, B./Blecker, T. (1996):** *Interindustrielle Unternehmensnetzwerke in der betrieblichen Entsorgungslogistik.* In: Diskussionsbeiträge des Fachbereichs Wirtschaftswissenschaften der Gerhard-Mercator-Universität Gesamthochschule Duisburg, Nr. 229.

**Kaluza, B./Blecker, T. (2001):** *Konzept einer Produktionsplanung und -steuerung in der Unternehmung ohne Grenzen.* In: Diskussionsbeiträge des Instituts für Wirtschaftswissenschaften der Universität Klagenfurt, Nr. 2001/02.

**Käschel, J./Köbernik, G./Meier, B./Teich, T. (1999):** *Algorithms for the Job Shop Scheduling Problem – A comparison of different methods.* In: Proceedings of the European Symposium on Intelligent Techniques. Crete (Greece) 1999, S. 74–82.

**Kaufmann, G./Gupta, M. M. (1985):** *Introduction to Fuzzy Arithmetic – Theory and Applications.* New York: Van Nostrand Reinhold Company.

**Kernler, H. (1993):** *PPS der 3. Generation – Grundlagen, Methoden Anregungen.* Heidelberg: Hüthig Verlag.

**Kernler, H. (2003):** *Logistiknetze – Mit Supply Chain Management erfolgreich kooperieren.* Heidelberg: Hüthig Verlag.

**Keuper, F. (1999):** *Fuzzy-PPS-Systeme – Einsatzmöglichkeiten und Erfolgspotentiale der Theorie unscharfer Mengen.* Wiesbaden: Gabler Verlag.

**Khuri, S./Bäck, T./Heitkötter, J. (1994):** *An Evolutionary Approach to Combinatorial Optimization Problems.* In: Proceedings of the 22nd Annual ACM Computer Science Conference. ACM Press New York, S. 66–73.

**Kießwetter, M. (1999):** *Ablaufplanung in der chemischen Industrie – Optimierung mit Evolutionären Algorithmen.* Wiesbaden: Deutscher Universitäts-Verlag.

**Kistner, K.-P./Steven, M. (1993):** *Produktionsplanung.* 2. Aufl., Heidelberg: Physica-Verlag.

**Klein, S. (1996):** *Interorganisationssysteme und Unternehmensnetzwerke.* Wiesbaden: Gabler Verlag.

**Knolmayer, G. (2001):** *Advanced Planning and Scheduling Systems – Optimierungsmethoden als Entscheidungskriterium für die Beschaffung von Software-Paketen.* In: Wagner, U. (Hrsg.): Zum Erkenntnisstand der Betriebswirtschaftslehre zum Beginn des 21. Jahrhunderts – Festschrift für Erich Loitlsberger zum 80. Geburtstag. Berlin: Duncker & Humblot, S. 135–155.

**Knolmayer, G./Mertens, P./Zeier, A. (2000):** *Supply Chain Management auf Basis von SAP-Systemen – Perspektiven der Auftragsabwicklung für Industriebetriebe.* Berlin, Heidelberg, New York: Springer-Verlag.

**Knust, S. (1999):** *Shop-Scheduling Problems with Transportation.* Dissertation Universität Osnabrück.

**Koch, W./Ulrich, M. (2003):** *Warum kollaborieren?* In: Logistik heute, 1-2, S. 38.

**Kögl, B./Moser, F. (1981):** *Grundlagen der Verfahrenstechnik.* Berlin, Heidelberg: Springer-Verlag.

**Königsperger, E. (1997):** *Entscheidungsunterstützung bei mehrkriteriellen Problemstellungen und partieller Information.* Dissertation Universität St. Gallen. Bamberg: Difi-Druck.

**Kopetzki, M. (2001):** *Neue Informationstechnologie als Basis für integrierten Datenfluss in der automobilen Wertschöpfungskette.* In: Buchholz, W./Werner, H. (Hrsg.): Supply Chain Solutions – Best Practices in e-Business. Stuttgart: Schäffer-Poeschel Verlag, S. 171–184.

**Kopfer, H./Rixen, I./Bierwirth, C. (1995):** *Ansätze zur Integration Genetischer Algorithmen in der Produktionsplanung und -steuerung.* In: Wirtschaftsinformatik 37 (1995) 6. S. 571–580.

**Krampe, D. (1998):** *Fallbasierter konzeptioneller Informationssystementwurf.* Dissertation Universität Basel. Wiesbaden: Gabler Verlag.

**Kreikebaum, H. (1997):** *Strategische Unternehmensplanung.* 6., überarbeitete und erweiterte Aufl., Stuttgart, Berlin, Köln: Kohlhammer.

**Kurbel, K. (1993):** *Produktionsplanung und -steuerung – Methodische Grundlagen von PPS-Systemen und Erweiterungen.* München, Wien: Oldenbourg Verlag.

**Kurbel, K./Rohmann, T.** (1995): *Ein Vergleich von Verfahren zur Maschinenbelegungsplanung: Simulated Annealing, Genetische Algorithmen und mathematische Optimierung.* In: Wirtschaftsinformatik 37 6, S. 581–601.

**Kursawe, F.** (1999): *Grundlegende empirische Untersuchungen der Parameter von Evolutionsstrategien – Metastrategien.* Dissertation Universität Dortmund.

**Laumanns, M./Laumanns, N.** (2002): *Evolutionäre Algorithmen in der Fahrzeugentwicklung [Evolutionary Algorithms in Vehicle Development].* In: 11. Aachener Kolloquium Fahrzeug- und Motorentechnik, Aachen, 7.–9. Oktober 2002. S. 641–653.

**Laumanns, M./Thiele, L./Deb, K./Zitzler, E.** (2002): *Combining Convergence and Diversity in Evolutionary Multiobjective Optimization.* In: Evolutionary Computation 10(3), S. 263–282.

**Laumanns, M./Zitzler, E./Thiele, L.** (2001): *On the effects of archiving, elitism and density based selection in evolutionary multi-objective optimization.* In: Proceedings of the First International Conference on Evolutionary Multi-Criterion Optimization (EMO-2001), 7–9 March, Zürich. S. 181–196.

**Lechleiter, I.** (1999): *Maschinenbelegungsplanung in der Variantenfertigung – Job-Shop-Scheduling mit Fälligkeitsterminen und Flow-Shop-Scheduling mit begrenzten Zwischenlagern.* Dissertation Universität Karlsruhe. Wiesbaden: Deutscher Universitäts-Verlag.

**Leisten, R.** (1984): *Die Einbeziehung beschränkter Zwischenlager in die Auftragsreihenfolgeplanung bei Reihenfertigung.* Dissertation Universität Köln.

**Leisten, R.** (1995): *Iterative Aggregation und mehrstufige Entscheidungsmodelle – Einordnung in den planerischen Kontext, Analyse anhand der Modelle der Linearen Programmierung und Darstellung am Anwendungsbeispiel der Hierarchischen Produktionsplanung.* Heidelberg: Physica-Verlag.

**Lewis, H. S./Sweigart, J. R./Markland, R. E.** (1996): *An interactive decision framework for multiple objective production planning.* In: International Journal of Production Research 34-1996-11, S. 3145–3164.

**Liao, T. W.** (1996): *A Fuzzy Multicriteria Decision-Making Method for Material Selection.* In: Journal of Manufacturing Systems, Vol. 15, No. 1, S. 1–12.

**Lieven, K./Meier, W./Weber, R./Zimmermann, H.-J. (1995):** *Methoden und An-wendungen der Fuzzy Datenanalyse und Neuro-Fuzzy Systeme.* In: Zim-mermann, H.-J. (Hrsg.): Neuro + Fuzzy: Technologien – Anwendungen. Düsseldorf: VDI-Verlag.

**Liou, T.-S./Wang, M.-J. J. (1992):** *Ranking fuzzy numbers with integral value.* In: Fuzzy Sets and Systems 50, S. 247–255.

**Littig, P. (2002):** *Coopetition – Gemeinsame Sache mit dem Konkurrenten.* In: Technologie & Management, 1-2/2002, S. 16–19.

**Loibl, C. (2002):** *Finanzplanung in privaten Haushalten.* Dissertation Universität München.

**Loos, P. (1995):** *Konzeption und Umsetzung einer Systemarchitektur für die Pro-duktionssteuerung in der Prozessindustrie.* In: Wenzel, P. (Hrsg.): Ge-schäftsprozessoptimierung mit SAP-R/3. Braunschweig, Wiesbaden: Gabler Verlag, S. 214–236.

**Loos, P. (1997):** *Produktionslogistik in der chemischen Industrie – Betriebstypolo-gische Merkmale und Informationsstrukturen.* Wiesbaden: Gabler Verlag.

**Loos, P. (1999):** *Grunddatenverwaltung und Betriebsdatenerfassung als Basis der Produktionsplanung und -steuerung.* In: Corsten, H./Friedl, B. (Hrsg.): Ein-führung in das Produktionscontrolling. München: Vahlen Verlag, S. 227–257.

**Loraschi, A./Tettamanzi, A./Tomassini, M./Verda, P. (1995):** *Distributed Genetic Algorithms with an Application to Portfolio Selection Problems.* In: Pearson, D.W./Steele, N. C./Albrecht, R. F. (Hrsg.): Artificial Neural Nets and Genetic Algorithms: Proceedings of the International Conference in Alès, France, 1995. Wien, New York: Springer-Verlag. S. 384–387.

**Loukmidis, G. (2002):** *Der richtige Weg zum richtigen Standort – Produktions-netzwerke erfordern innovative Planungsverfahren.* Forschungsinstitut für Rationalisierung (FIR) an der RWTH Aachen. Internetpublikation: www.fir.rwth-aachen.de/themen/index.html (191/02, SV3784).

**Lücke, T. (2004):** *Z-SCM – Methode zur Gestaltung eines zentralen Supply Chain Managements.* In: UdZ – Unternehmen der Zukunft, 2/2004, S. 9–11.

**Luczak, H./Eversheim, W. (1999):** *Produktionsplanung und -steuerung – Grundlagen, Gestaltung und Konzepte.* 2., korrigierte Aufl., Berlin, Heidelberg: Springer-Verlag.

**Man, K. F./Tang, K. S./Kwong, S. (2001):** *Genetic Algorithms – Concepts and Designs.* London, Berlin, Heidelberg: Springer-Verlag.

**Martin, W. N./Lienig, J./Cohoon, J. P. (1997):** *Island (migrations) models: evolutionary algorithms based on punctuated equilibria.* In: Bäck, T./Fogel, D. B./Michalewicz, Z. (Hrsg.): Handbook of Evolutionary Computation. Oxford University Press, IOP Publishing Ltd., S. C6.3:1–C6.3:16.

**Mattfeld, D. C./Bierwirth, C. (1998):** *Minimizing Job Tardiness – Priority Rules vs. Adaptive Scheduling.* In: Parmee, I. C. (Hrsg.): Proceedings of ACDM98, Berlin, Heidelberg: Springer-Verlag, S. 59–67.

**Matyas, K. (2001):** *Taschenbuch Produktionsmanagement – Planung und Erhaltung optimaler Produktionsbedingungen.* München, Wien: Carl Hansa Verlag.

**Meijboom, B. (1997):** *International Manufacturing and Location Decisions.* In: European Journal of Operations and Production Management, 17, 7/8, S. 429–434.

**Mertens, P. (2000):** *Integrierte Informationsverarbeitung 1 – Administrations- und Dispositionssysteme in der Industrie.* 2., neu bearbeitete Aufl., Wiesbaden: Gabler Verlag.

**Mertens, P./Knolmayer, G. (1998):** *Organisation in der Informationsverarbeitung – Grundlagen, Aufbau, Arbeitsteilung.* Wiesbaden: Gabler Verlag.

**Meyer, D. (2002):** *MOMBES - Multiobjective Modelbased Evolution.* Technische Universität München, Institut für Informatik (H2). Forschungsbericht Künstliche Intelligenz, FKI-246-02.

**Michalewicz, Z. (1999):** *Genetic Algorithms + Data Structures = Evolution Programs.* Third, Revised and Extended Edition. Berlin, Heidelberg, New York: Springer-Verlag.

**Michalewicz, Z./Fogel, D. B. (2000):** *How to Solve It – Modern Heuristics.* Second, Corrected Printing. Berlin, Heidelberg, New York: Springer-Verlag.

**Miller, G. A. (1956):** *The Magical Number Seven, Plus or Minus Two – Some Limits on our Capacity on Processing Information.* In: The Psychological Review, Vol. 63, S. 81–97.

**Milling, P. (2001):** *Kybernetische Überlegungen beim Entscheiden in komplexen Systemen.* In: Milling, P. (Hrsg.): Entscheiden in komplexen Systemen. Berlin: Duncker & Humblot, S. 1–16.

**Moon, I./Lee, J. (2003):** *Genetic Algorithm Application to the Job Shop Scheduling Problem with Alternative Routings.* In: Arbeitsbericht, Department of Industrial Engineering, Seoul, Korea.

**Moon, J. H./Kang, C. S. (1999):** *Use of fuzzy set theory in the aggregation of expert judgements.* In: Annals of Nuclear Energy 26, S. 461–467.

**Morton, T. E./Pentico, D. (1993):** *Heuristic Scheduling Systems.* New York: Wiley.

**Much, D. (1999):** *Gestaltung der Auftragsabwicklung und PPS bei Unternehmenszusammenschlüssen.* In: Luczak, H./Eversheim, W. (Hrsg.): Produktionsplanung und -steuerung – Grundlagen, Gestaltung und Konzepte. 2., korrigierte Aufl., Berlin, Heidelberg: Springer-Verlag. S. 546–595.

**Much, D./Nicolai, H. (1995):** *PPS-Lexikon.* Berlin: Cornelsen Verlag.

**Mühlenbein, H. (1991):** *Evolution in Time and Space –The Parallel Genetic Algorithm.* In: Rawlins, G. (Hrsg.): Proceedings of the First Workshop on Foundations of Genetic Algorithms. Bloomington Campus, Indiana, USA, July 15–18 1990. Morgan Kaufmann 1991, S. 316–337.

**Müller-Merbach, H. (1973):** *Operations Research – Methoden und Modelle der Optimalplanung.* 3. Auflage. Berlin, Frankfurt: Verlag Franz Vahlen.

**Murtadi, A./Taboun, S. M. (2001):** *A Genetic Algorithm for Scheduling Sequence Dependent Jobs on Identical Parallel Machines to Minimize the Bi-Criteria of Makespan and Number of Tardy Jobs.* The 29th International Conference on Computers and Industrial Engineering, Montréal, Canada. S. 508–513.

**Naumann, F. (1998):** *Data Fusion and Data Quality.* In: Proceedings of the New Techniques and Technologies for Statistics Seminar, (NTTS '98), Sorrent, Italy.

**Nedeß, C./Käselau, J. (1999):** *PPS in dezentralen Produktionsstrukturen.* In: Luczak, H./Eversheim, W. (Hrsg.): Produktionsplanung und -steuerung – Grundlagen, Gestaltung und Konzepte. 2., korrigierte Aufl., Berlin, Heidelberg: Springer-Verlag. S. 458–491.

**Neher, A. (2001):** *Logistikstrategien – Ergebnisse empirischer Untersuchungen.* In: Göpfert, I. (Hrsg.): Arbeitspapiere des Lehrstuhls für Allgemeine Betriebswirtschaftslehre und Logistik der Phillips-Universität Marburg, Nr. 22.

**Neubauer, M. (1998):** *Analyse und Synthese Evolutionärer Algorithmen zur Maschinenbelegungsplanung.* Marburg: Tectum-Verlag.

**Nicolai, H./Schotten, M./Much, D. (1999):** *Grundlagen der Produktionsplanung und -steuerung – Aufgaben.* In: Luczak, H./Eversheim, W. (Hrsg.): Produktionsplanung und -steuerung – Grundlagen, Gestaltung und Konzepte. 2., korrigierte Aufl., Berlin, Heidelberg: Springer-Verlag. S. 29–74.

**Nietsch, T./Rautenstrauch, C./Rehfeldt, M./Rosemann, M./Turowski, K. (1993):** *Ansätze für die Verbesserung von PPS-Systemen durch Fuzzy-Logik.* In: Becker, J. et al. (Hrsg.): Arbeitsberichte des Instituts für Wirtschaftsinformatik. Arbeitsbericht Nr. 23, Münster.

**Nissen, V. (1994):** *Evolutionäre Algorithmen – Darstellung, Beispiele, betriebswirtschaftliche Anwendungsmöglichkeiten.* Dissertation Universität Göttingen. Wiesbaden: Deutscher Universitätsverlag.

**Nissen, V. (1997):** *Einführung in Evolutionäre Algorithmen – Optimierung nach dem Vorbild der Natur.* Braunschweig, Wiesbaden: Vieweg.

**Nissen, V. (1998):** *Einige Grundlagen Evolutionärer Algorithmen.* In: Biethahn et al. (Hrsg.): Betriebswirtschaftliche Anwendungen des Soft Computing – Neuronale Netze, Fuzzy Systeme und Evolutionäre Algorithmen. Braunschweig, Wiesbaden: Vieweg.

**Nöfer, E. (1995):** *Kostenorientiertes Produktionsmanagement in einer dezentral organisierten Fertigung.* Dissertation Friedrich-Schiller-Universität Jena.

**Obayashi, S./Takahashi, S./Takeguchi, Y. (1998):** *Niching and Elitist Models for MOGAs.* In: Eiben, A. E./Bäck, T./Schoenauer, M./Schwefel, H.-P. (Hrsg.): Parallel Problem Solving from Nature – PPSN V, 5th International Conference, Amsterdam, The Netherlands, September 27–30, 1998, Proceedings. Lecture Notes in Computer Science 1498, Springer-Verlag, S. 260–269.

**Parlett, B. N. (1980):** *The symmetric eigenvalue problem.* Prebtice-Hall: Englewood Cliffs.

**Peuker, T. (1995):** *Produktionsplanung und Produktionssteuerung kontinuierlich betriebener verfahrenstechnischer Anlagenkomplexe dargestellt am Beispiel der erdölverarbeitenden Industrie.* Düsseldorf: VDI-Verlag.

**Pfohl, H.-C. (2000):** *Logistiksysteme – Betriebswirtschaftliche Grundlagen.* 6., neubearbeitete und aktualisierte Aufl., Berlin, Heidelberg, New York: Springer-Verlag.

**Philip, B./Stevens, P. (1987):** *Grundzüge der industriellen Chemie.* Weinheim, New York: VCH Verlagsgesellschaft.

**Picot, A./Neuburger, R. (2000):** *Grundzüge eines Produktionsmanagement in vernetzten Organisationen.* In: Kaluza, B./Blecker, T. (Hrsg.): Produktions- und Logistikmanagement in virtuellen Unternehmen und Unternehmensnetzwerken. Berlin, Heidelberg: Springer-Verlag. S. 177–188.

**Picot, A./Reichwald, R./Wigand, R. T. (2001):** *Die grenzenlose Unternehmung – Information, Organisation und Management.* 4., vollständig überarbeitete Aufl., Wiesbaden: Gabler Verlag.

**Pinedo, M. (1995):** *Scheduling – Theory, Algorithms and Systems.* Englewood Cliffs: Prentice-Hall.

**Piron, J./Kulow, B./Hellingrath, B./Laakmann, F. (1999):** *Gut, dass wir verglichen haben – Marktübersicht SCM-Software.* In: Logistik heute, 3, S. 69–76.

**Pohlheim, H. (1995):** *Ein genetischer Algorithmus mit Mehrfachpopulationen zur Numerischen Optimierung.* In: at-Automatisierungstechnik 3(1995), S. 127–135.

**Pohlheim, H. (1999):** *Evolutionäre Algorithmen – Verfahren, Operatoren, Hinweise aus der Praxis.* Berlin, Heidelberg, New York: Springer-Verlag.

**Ponnambalam, S. G./Aravindan, P./Sreenivasa, P. (2001):** *Comparative evaluation of genetic algorithms for job-shop scheduling.* In: Production Planning & Control, Vol. 12, No. 6, S. 560–574.

**Popp, T. (1992):** *Kapazitätsorientierte dynamische Losgrößen- und Ablaufplanung bei Sortenfertigung.* Dissertation Universität Hamburg.

**Porter, M. E. (1989):** *Der Wettbewerb auf globalen Märkten – Ein Rahmenkonzept.* In: Porter, M. E. (Hrsg.): Globaler Wettbewerb – Strategien der neuen Internationalisierung. Wiesbaden: Gabler Verlag. S. 17–68.

**Prahalad, C. K./Hamel, G. (1990):** *The Core Competence of the Cooperation.* In: Harvard Business Review, 5/6, S. 79–91.

**Pries, L. (2000):** *Globalisierung und Wandel internationaler Unternehmen – Konzeptionelle Überlegungen am Beispiel der deutschen Automobilkonzerne.* In: Kölner Zeitschrift für Soziologie und Sozialpsychologie. Jahrgang 52, Heft 4, S. 670–695.

**Prodanovic, P. (2001):** *Fuzzy Set Ranking Methods and Multiple Expert Decision Making.* Dissertation Universität Western Ontario.

**Purshouse, R. C./Fleming, P. J. (2002):** *Elitism, Sharing and Ranking Choices in Evolutionary Multi-Criterion Optimisation.* In: Research Report No. 815, University of Sheffield, UK.

**Rasmy, M. H./Lee, S. M./El-Wahed, W. F./Ragab, A. M./El-Sherbiny, M. M. (2002):** *An expert system for multiobjective decision making – Application of fuzzy linguistic preferences and goal programming.* In: Fuzzy Sets and Systems 127, S. 209–220.

**Rechenberg, I. (1973):** *Evolutionsstrategien – Optimierung technischer Systeme nach Prinzipien biologischer Evolution.* Stuttgart: Friedrich Frommann Verlag.

**Reed, P. M./Minsker, B. S./Goldberg, D. E. (2001):** *Designing a New Elitist Nondominated Sorted Genetic Algorithm for a Multiobjective Long Term Groundwater Monitoring Application.* In: Spector, L. et al. (Hrsg.): Proceedings of the Genetic and Evolutionary Computation Conference, GECCO'2001. San Francisco: Morgan Kaufmann Publishers.

**Reeves, C. R. (1993):** *Evaluation of Heuristic Performance.* In: Reeves, C. R. (Hrsg.): Modern Heuristic Techniques for Combinatorial Problems. London u. a.: Blackwell Scientific Publications, S. 304–315. (Zitiert als Reeves (1993a))

**Reeves, C. R. (1993):** *Using Genetic Algorithms with small populations.* In: Forrest, S. (Hrsg.): Proceedings of the 5th International Conference on Genetic Algorithms. San Mateo, California: Morgan Kaufmann. S. 92–99. (Zitiert als Reeves (1993b))

**Reeves, C. R./Beaseley, J. E. (1993):** *Introduction.* In: Reeves, C. R. (Hrsg.): Modern Heuristic Techniques for Combinatorial Problems. London u. a.: Blackwell Scientific Publications, S. 1–19.

**Rehfeldt, M./Turowski, K. (1994):** *Integration von Fuzzy-Ansätzen in PPS-Systemen.* In: Palm, R. (Hrsg.): Fuzzy-Systeme '94, München.

**Reichwald, R./Piller, F. T. (2000):** *Produktionsnetzwerke für die Mass Customization – Potentiale, Arten und Implementation.* In: Kaluza, B./Blecker, T. (Hrsg.): Produktions- und Logistikmanagement in virtuellen Unternehmen und Unternehmensnetzwerken. Berlin, Heidelberg: Springer-Verlag. S. 599–626.

**Rekiek, B. (2001):** *Assembly Line Design – Multiple objective grouping genetic algorithm and the balancing of mixed-model hybrid assembly line.* Thèse, Université Libre de Bruxelles.

**Riebel, P. (1963):** *Industrielle Erzeugungsverfahren aus betriebswirtschaftlicher Sicht.* Wiesbaden: Gabler Verlag.

**Rixen, I. (1997):** *Maschinenbelegungsplanung mit Evolutionären Algorithmen.* Wiesbaden: Deutscher Universitäts-Verlag.

**Rommelfanger, H. (1994):** *Entscheiden bei Unschärfe – Fuzzy Decision Support-Systeme.* 2. Aufl., Berlin, Heidelberg: Springer-Verlag.

**Rommelfanger, H. (1999):** *A Fuzzy Logic Approach to Multicriteria Decision Making.* In: Proceedings of the Eighth International Fuzzy System Association World Congress, Vol. 1, Taipei, Taiwan ROC, S. 6–9. (Zitiert als Rommelfanger (1999a))

**Rommelfanger, H. (1999):** *Decision making in fuzzy environment – Ways for getting practical Decision Models.* In: Wanka, G./Krallert, U. D. (Hrsg.): Decision Theory and Optimization in Theory and Practice. University Chemnitz. (Zitiert als Rommelfanger (1999b))

**Rommelfanger, H./Eickemeier, S.** (2002): *Entscheidungstheorie – Klassische Konzepte und Fuzzy-Erweiterungen.* Berlin, Heidelberg: Springer-Verlag.

**Roth, B.** (1998): *Lösungsverfahren für mehrkriterielle Entscheidungsprobleme – Klassische Verfahren, Neuronale Netze und Fuzzy Logic.* Dissertation Universität Hamburg. Frankfurt am Main, u. a.: Peter-Lang-Verlag.

**Saaty, T. L.** (1980): *The analytic Hierarchy Process.* New York, McGraw-Hill.

**Saaty, T. L.** (1996): *The analytic Hierarchy Process – Planning, Priority setting, Resource allocation.* 2., überarbeitete Aufl., Pittsburgh, RWS Publications.

**Saaty, T. L./Forman, E. H.** (1980): *The Hierarchon – A Dictionary of Hierarchies.* Pittsburgh, Expert Choice.

**Salem, A./Anagnostopoulos, G. C./Rabadi, G.** (2000): *A Branch-and-Bound Algorithm for Parallel Machine Scheduling Problems.* In: Society for Computer Simulation International (SCS). Harbour, Maritime & Multimodal Logistics Modeling and Simulation Workshop. Portofino, Italy, S. 88–93.

**Sanden, F.** (1998): *Einsatzgebiete von Mehrproduktanlagen.* In: Rauch, J. (Hrsg.): Mehrproduktanlagen. Weinheim, New York: Wiley-VCH Verlag, S. 7–16.

**Sander, U.** (1994): *Simultane Kapazitäts- und Reihenfolgeplanung bei variantenreicher Serienfertigung.* Dissertation RWTH Aachen. Aachen: Verlag der Augustinus Buchhandlung.

**Sauer, J.** (2000): *Multi-Site Scheduling.* In: PPS Management, Zeitschrift für Produktionsplanung und -steuerung, 5 (2000) Nr. 3, S. 23–30, Gito Verlag.

**Sauer, J.** (2001): *Modeling and solving multi-site scheduling problems.* In: Jorna, R. (Hrsg.): Planning and Intelligence. New York: Wiley.

**Sauer, J.** (2002): *Multi-Site Scheduling – Hierarchisch koordinierte Ablaufplanung auf mehreren Ebenen.* Habilitationsschrift, Universität Oldenburg, Fachbereich Informatik.

**Sauer, J./Appelrath, H.-J.** (2000): *Integrating Transportation in a Multi-Site Scheduling Environment.* In: Sprague, R. H. (Hrsg.): Proceedings of the 33rd Hawaii International Conference on System Sciences, IEEE Computer Society.

**Sauer, J./Suelmann, G./Appelrath, H.-J. (1998):** *Multi-Site Scheduling with Fuzzy Concepts.* In: International Journal of Approximate Reasoning in Scheduling, 19, S. 145–160.

**Scharte, D. (2002):** *GIS-gestützte Anwendung nutzwertanalytischer Verfahren zur Bewertung der Netzanbindung eines Offshore-Windparks.* Dissertation Universität Oldenburg.

**Scheer, A. W. (1997):** *Wirtschaftsinformatik – Referenzmodelle für industrielle Geschäftsprozesse.* 7. Aufl., Berlin, Heidelberg: Springer-Verlag.

**Schierenbeck, H. (2003):** *Grundzüge der Betriebswirtschaftslehre.* 16., vollständig überarbeitete und erweiterte Auflage. München, Wien: Oldenbourg Verlag.

**Schlenzig, C. (1997):** *PlaNe – Ein entscheidungsunterstützendes System für die Energie- und Umweltplanung.* Dissertation Universität Stuttgart.

**Schmidt, C. (1998):** *Produktionsprozessplanung mit Genetischen Algorithmen.* BWL-Wirtschaftsinformatik, Universität Gießen: Arbeitspapier.

**Schmidt, C./Meyer, M. (2004):** *OpenFactory – Prozess- und Datenstandards für die überbetriebliche Auftragsabwicklung in Produktionsnetzwerken.* In: UdZ – Unternehmen der Zukunft, 2/2004, S. 4–6.

**Schneeweiß, C. (1991):** *Der Analytic Hierarchy Process als spezielle Nutzwertanalyse.* In: Fandel, G./Gehring, H. (Hrsg.): Operations Research. Beiträge zur quantitativen Wirtschaftsforschung. Berlin, Heidelberg, New York: Springer-Verlag, S. 183–195.
(Zitiert als Schneeweiß (1991b))

**Schneeweiß, C. (1991):** *Planung – 1. Systemanalytische und entscheidungstheoretische Grundlagen.* Berlin, Heidelberg, New York: Springer-Verlag.
(Zitiert als Schneeweiß (1991a))

**Schneeweiß, C. (1992):** *Planung – 2. Konzepte der Prozess- und Modellgestaltung.* Berlin, Heidelberg, New York: Springer-Verlag.

**Schneeweiß, C. (1997):** *Einführung in die Produktionswirtschaft.* 6., neubearbeitete Aufl., Berlin, Heidelberg, New York: Springer-Verlag.

**Schneider, B.** (1993): *Neuronale Netze für betriebliche Anwendungen – Anwendungspotentiale und existierende Systeme.* In: Becker, J. et al. (Hrsg.): Arbeitsberichte des Instituts für Wirtschaftsinformatik. Arbeitsbericht Nr. 22, Münster.

**Scholl, A./Krispin, G./Klein, R./Domschke, W.** (1997): *Besser beschränkt – Clever optimiert mit Branch and Bound.* In: c't - Magazin für Computertechnik, Heft 10, S. 336–345.

**Schomburg, E.** (1980): *Entwicklung eines betriebstypologischen Instrumentariums zur systematischen Ermittlung der Anforderungen an EDV-gestützte Produktionsplanungs- und -steuerungssystem im Maschinenbau.* Dissertation RWTH Aachen.

**Schönberg, A./Thoben, W.** (1998): *Ein unscharfes Bewertungskonzept für die Bedrohungs- und Risikoanalyse Workflow-basierter Anwendungen.* Interne Veröffentlichung, Oldenburger Forschungs- und Entwicklungsinstitut für Informatik-Werkzeuge und -Systeme (OFFIS).

**Schöneburg, E./Heinzmann, F./Feddersen, S.** (1994): *Genetische Algorithmen und Evolutionsstrategien – Eine Einführung in Theorie und Praxis der simulierten Evolution.* Bonn, Paris: Addison-Wesley.

**Schönsleben, P.** (2000): *Integrales Logistikmanagement – Planung und Steuerung von umfassenden Geschäftsprozessen.* 2., überarbeitete und erweiterte Aufl., Berlin, Heidelberg: Springer-Verlag.

**Schönsleben, P./Hieber, R./Bärtschi, M.** (2002): *Das Logistik-Management sprengt Unternehmensgrenzen – Vertrauensbildung als Voraussetzung zum Aufbau stabiler Lieferketten.* In: Supply Chain Management. Beilage zu Neue Zürcher Zeitung vom 19.11.02, S. B1.

**Schuh, G.** (1999): *Logistik in der virtuellen Fabrik.* In: Schulte, C. (Hrsg.): Lexikon der Logistik. München, Wien: Oldenbourg Verlag, S. 416–423.

**Schuh, G./Eisen, S./Dierkes, M.** (2000): *Virtuelle Fabrik – Flexibles Produktionsnetzwerk zur Bewältigung des Strukturwandels.* In: Kaluza, B./Blecker, T. (Hrsg.): Produktions- und Logistikmanagement in virtuellen Unternehmen und Unternehmensnetzwerken. Berlin, Heidelberg: Springer-Verlag, S. 61–88.

**Schulte, G. (1996):** *Material- und Logistikmanagement.* München, Wien: Olden-bourg Verlag.

**Schultz, J. (1999):** *Ausgewählte Methoden der Ablaufplanung im Vergleich.* Dis-sertation Universität Erlangen, Nürnberg. Wiesbaden: Deutscher Universi-täts-Verlag.

**Schulz, R. (2002):** *Parallele und Verteilte Simulation bei der Steuerung komplexer Produktionssysteme.* Dissertation Universität Ilmenau.

**Schulze, L. (1999):** *Fördertechnik.* In: Schulte, C. (Hrsg.): Lexikon der Logistik. München, Wien: Oldenbourg Verlag, S. 142–148.

**Schütte, R./Siedentopf, J./Zelewski, S. (1999):** *Koordinationsprobleme in Pro-duktionsplanungs- und -steuerungskonzepten.* In: Corsten, H./Friedl, B. (Hrsg.): Einführung in das Produktionscontrolling. München: Vahlen Ver-lag, S. 141–187.

**Schwarz, O. (1997):** *Kunststoffkunde.* Würzburg: Vogel-Verlag.

**Schwefel, H.-P. (1975):** *Evolutionsstrategien und numerische Optimierung.* Dis-sertation Technische Universität Berlin.

**Schwehm, M. (1995):** *Parallel Population Models for Genetic Algorithms.* In: Eshelman, L. J. (Hrsg.): Proceedings of the 6th International Conference on Genetic Algorithms, Pittsburgh, PA, USA, July 15–19, 1995. Morgan Kauf-mann.

**Schwehm, M. (1996):** *Globale Optimierung mit massiv parallelen genetischen Algorithmen.* Dissertation Universität Erlangen-Nürnberg.

**Schwindt, C./Trautmann, N. (2000):** *Batch scheduling in process industries: an application of resource-constrained project scheduling.* In: OR Spektrum, 22. S. 501–524.

**Shaw, K. J./Fleming, P. J. (1996):** *Initial Study of Multi-Objective Genetic Algo-rithms for Scheduling the Production of Chilled Ready Meals.* In: Proceedings of the 2nd International Mendel Conference on Genetic Al-gorithms, Brno, Czech Republic.

**Shim, M. B./Furukawa, T./Yoshimura, S. (2001):** *Pareto-based continuous evo-lutionary algorithms for multiobjective optimization.* In: Engineering Compu-tations, Vol. 19, No. 1, S. 22–48.

**Siedentopf, J. (1994):** *Anwendung und Beurteilung heuristischer Verbesserungsverfahren für die Maschinenbelegungsplanung – Ein exemplarischer Vergleich zwischen Neuronalen Netzen, Simulated Annealing und genetischen Algorithmen.* Arbeitsbericht Nr. 2, Universität Leipzig.

**Silver, E. A. (2002):** *An overview of Heuristics Solution Methods.* University of Calgary, Working Paper 2002-15.

**Slany, W. (1996):** *Scheduling as a fuzzy multiple criteria optimization problem.* In: Fuzzy Sets and Systems 78, S. 197–222.

**Sommerhäuser, G. (1999):** *Unterstützung bankbetrieblicher Entscheidungen mit dem Analytic-Hierarchy-Process – Unter besonderer Berücksichtigung der Vertriebsformenwahl bei Kreditinstituten.* Dissertation Universität zu Köln. Berlin: Duncker & Humblot.

**Sommerville, I. (2001):** *Software Engineering.* 6. Auflage, München: Pearson Verlag.

**Spears, W. M. (2000):** *Evolutionary Algorithms – The Role of Mutation and Recombination.* Berlin, Heidelberg, New York: Springer-Verlag.

**Sprave, J. (1993):** *Zelluläre Evolutionäre Algorithmen zur Parameteroptimierung.* In: Hofestädt, R./Krückeberg, F./Lengauer, T. (Hrsg.): Informatik in den Biowissenschaften. 1. Fachtagung der GI-FG 4.0.2, Bonn 15.–16.2.1993, S. 111–120.

**Sprave, J. (1999):** *Ein einheitliches Modell für Populationsstrukturen in Evolutionären Algorithmen.* Dissertation Universität Dortmund.

**Srinivas, N./Deb, K. (1994):** *Multiobjective optimization using non-dominated sorting in genetic algorithms.* In: Evolutionary Computation, 3(1994)2, S. 221–248.

**Staehle, W. H. (1991):** *Redundanz, Slack und lose Kopplung in Organisationen – Eine Verschwendung von Ressourcen?* In: Staehle, W. H./Sydow, J. (Hrsg.): Managementforschung 1. Berlin, Heidelberg: Springer-Verlag. S. 313–345.

**Stammbach, U. (1988):** *Lineare Algebra.* 3., überarbeitete Aufl., Stuttgart: Teubner.

**Starkweather, T./McDaniel, S./Mathias, K./Whitley, D./Whitley, C. (1991):**
*A Comparison of Genetic Sequencing Operators.* In: Belew, R. K./
Booker, L. B. (Hrsg.): Proceedings of the 4th International Conference on
Genetic Algorithms, San Diego, California: Morgan Kaufmann, S. 69–75.

**Statistisches Bundesamt (Hrsg.) (2002):** *Klassifikation der Wirtschaftszweige.*
Ausgabe 1993 (WZ 93). Wiesbaden.

**Stieglitz, A./Prisczor, J./Steckel, A./Kraft, J. (2001):** *Herausforderungen einer
integrierten Supply Chain Planung in der chemischen Industrie.* In:
Buchholz, W./Werner, H. (Hrsg.): Supply Chain Solutions – Best Practices
in e-Business. Stuttgart: Schäffer-Poeschel Verlag, S. 275–290.

**Stobbe, M./Fritz, M./Löhl, T./Engell, S. (1997):** *BaSiS: Simulationsbasierte Produktionsplanung für rezeptgesteuerte Mehrproduktanlagen.* 11. Symposium
Simulationstechnik ASIM ´97, Dormund. S. 290–295.

**Stockrahm, W./Schocke, K.-O./Lautenschläger, M./Kraft, J. (2001):** *Werks-
übergreifende Planung und Optimierung mit SAP APO.* In: Buchholz,
W./Werner, H. (Hrsg.): Supply Chain Solutions – Best Practices in e-
Business. Stuttgart: Schäffer-Poeschel Verlag, S. 261–274.

**Stoeckhert, K. (1992):** *Kunststofflexikon.* 8., aktualisierte und erweiterte Aufl.,
München: Carl Hanser Verlag.

**Strugalla, R. (1998):** *Serienfertiger ist nicht gleich Serienfertiger – Der Einfluss
des Kundenabzugsverhaltens auf die Supply Chain.* In: ZWF, 93, 4,
S. 144–147.

**Sydow, J. (1993):** *Strategische Netzwerke – Evolution und Organisation.* Wiesbaden: Gabler Verlag.

**Sydow, J. (2001):** *Zum Verhältnis von Netzwerken und Konzernen: Implikationen
für das strategische Management.* In: Ortmann, G./Sydow, J. (Hrsg.): Strategie und Strukturation – Strategisches Management von Unternehmungen,
Netzwerken und Konzernen. Wiesbaden: Gabler Verlag.

**Szelke, E./Kerr, R. M. (1995):** *Artificial Intelligence in Reactive Scheduling.*
London (UK): Chapman & Hall.

**Tam, M. (1994):** *A Predictive and Reactive Scheduling Tool Kit for Repetitive Manufacturing.* In: Szelke, E./Kerr, R. M. (Hrsg.): Knowledge-based Reactive Scheduling. Elsevier Science, S. 147–162.

**Tanese, R. (1989):** *Distributed Genetic Algorithms.* In: Schaffer, J. D. (Hrsg.): Proceedings of the 3rd International Conference on Genetic Algorithms. San Mateo, California: Morgan Kaufmann. S. 434–439.

**Tempelmeier, H. (1999):** *Material-Logistik – Modelle und Algorithmen für die Produktionsplanung und -steuerung und das Supply Chain Management.* 4., überarbeitete und erweiterte Aufl., Berlin, Heidelberg: Springer-Verlag.

**Thaler, K. (2000):** *Supply Chain Management – Prozessoptimierung in der logistischen Kette.* 2. Aufl., Köln, Wien, Aarau: Fortis Verlag.

**Todd, D. S./Sen, P. (1997):** *A Multiple Criteria Genetic Algorithm for Containership Loading.* In: Bäck, T. (Hrsg.): Proceedings of the 7th International Conference on Genetic Algorithms. San Mateo, California, Morgan Kaufmann, S. 674–681.

**Todd, D. S./Sen, P. (1999):** *Directed Multiple Objective Search of Design Spaces Using Genetic Algorithms and Neural Networks.* In: Banzhaf, W. et al. (Hrsg.): Proceedings of the Genetic and Evolutionary Computation Conference (GECCO '99). Morgan Kaufmann Publishers, San Francisco, California, S. 1738–1743.

**Tong, R. M./Bonissone, P. P. (1983):** *Linguistic Solutions to Fuzzy Decision Problems.* In: Zimmermann, H.-J./Zadeh, L. A./Gaines, B. R. (Hrsg.): Fuzzy Sets and Decision Analysis. Amsterdam: Elsevier Science Publishers.

**Trautmann, N. (2001):** *Anlagenbelegungsplanung in der Prozessindustrie.* Dissertation Universität Karlsruhe. Wiesbaden: Deutscher Universitäts-Verlag.

**Triantaphyllou, E./Shu, B./Sanchez, S. N./Ray, T. (1998):** *Multi-Criteria Decision Making: An Operations Research Approach.* In: Encyclopedia of Electrical and Electronics Engineering, Vol. 15, S. 175–186.

**Uhlig, R. (1995):** *Automatisierung von Chargenprozessen.* München: Oldenbourg Verlag.

**van Veldhuizen, D. A./Lamont, G. B. (1998):** *Multiobjective Evolutionary Algorithm Research: A History and Analysis.* Department of Electrical and Computer Engineering, Graduate School of Engineering, Air Force Institute of Technology, Wright-Patterson.

**van Veldhuizen, D. A./Lamont, G. B. (2000):** *Multiobjective Evolutionary Algorithm: Analyzing the State-of-the-Art:* In: Evolutionary Computation Journal, 8(2), S. 125–147.

**Vanegas, L. V./Labib, A. W. (2001):** *Application of new fuzzy-weighted average (NFWA) method to engineering design evaluation.* In: International Journal of Production Research, Vol. 39, No. 6, S. 1147–1162.

**VDI/VDE 2519 (2001):** *Vorgehensweise bei der Erstellung von Lastenheft/Pflichtenheft.* VDI-Richtlinie 2519. Berlin: Beuth Verlag.

**VDI/VDE 3550 (2003):** *Computational Intelligence – Evolutionäre Algorithmen – Begriffe und Definitionen.* VDI-Richtlinie 3550 Blatt 3. Berlin: Beuth Verlag.

**VDI/VDE 3694 (1991):** *Lastenheft/Pflichtenheft für den Einsatz von Automatisierungssystemen.* VDI-Richtlinie 3694. Düsseldorf: VDI Verlag.

**Vering, O. (1997):** *Berücksichtigung von Unschärfe in betrieblichen Informationssystemen – Einsatzfelder und Nutzenpotentiale am Beispiel der PPS.* In: Becker, J. et al. (Hrsg.): Arbeitsberichte des Instituts für Wirtschaftsinformatik. Arbeitsbericht Nr. 59, Münster.

**Vieira, G., E ./Herrmann, J. W./Lin, E. (2003):** *Rescheduling manufacturing systems – A framework of strategies, policies and methods.* In: Journal of Scheduling, Volume 6, Number 1, S. 35–58.

**von Altrock, C. (1993):** *Fuzzy Logic – Band 1, Technologie.* München: Oldenbourg Verlag.

**von Wartenberg, P. L. (2000):** *Gestaltung eines (internationalen) Fertigungsverbundes unter besonderer Berücksichtigung logistischer Aspekte – Dargestellt am Beispiel eines Automobilzulieferunternehmens.* Dissertation Universität Greifswald.

**von Wrede, P. (2000):** *Simultane Produktionsprogrammplanung bei international verteilten Produktionsstandorten mit Serienfertigung.* Dissertation RWTH Aachen. Aachen: Shaker Verlag.

**Wagner, S./Affenzeller, M./Schragl, D. (2004):** *Traps and Dangers when Modeling Problems for Genetic Algorithms.* In: Cybernetics and Systems 2004, Austrian Society for Cybernetic Studies, S. 79–84.

**Wang, K./Löhl, T./Stobbe, M./Engell, S. (2000):** *A genetic algorithm for online-scheduling of a multiproduct polymer batch plant.* In: Computers and Chemical Engineering 24, S. 393–400.

**Weber, J. (1999):** *Logistik als akademische Disziplin am Ende des 20. Jahrhunderts – Ein deutscher Standpunkt.* Lehrstuhl für Betriebswirtschaftslehre, insbes. Controlling und Logistik, WHU Koblenz.

**Weber, W. (2001):** *Einführung in die Betriebswirtschaftslehre.* 4. Aufl., Wiesbaden: Gabler Verlag.

**Wegener, I. (1996):** *Kompendium theoretische Informatik – eine Ideensammlung.* Stuttgart: Teubner.

**Weicker, K. (2002):** *Evolutionäre Algorithmen.* Stuttgart, Leipzig, Wiesbaden: Teubner.

**Weiß, H. (2002):** *Genetic Algorithms.* German Aerospace Center, Institute of Robotics and Mechatronics, Internal Report.

**Werner, H. (2001):** *e-Supply Chains: Konzepte und Trends.* In: Buchholz, W./Werner, H. (Hrsg.): Supply Chain Solutions – Best Practices in e-Business. Stuttgart: Schäffer-Poeschel Verlag. S. 11–27.

**Westkämper, E. (2000):** *Auf dem Weg zum Virtuellen Unternehmen.* In: Kaluza, B./Blecker, T. (Hrsg.): Produktions- und Logistikmanagement in virtuellen Unternehmen und Unternehmensnetzwerken. Berlin, Heidelberg: Springer-Verlag, S. 629–651.

**Westphal, J. R. (2000):** *Komplexitätsmanagement in der Produktionslogistik.* In: Diskussionsbeiträge aus dem Institut für Wirtschaft und Verkehr, Technische Universität Dresden, Nr. 4/2000.

**Whitley, D. (1997):** *Mutation – Permutations.* In: Bäck, T./Fogel, D. B./ Michalewicz, Z. (Hrsg.): Handbook of Evolutionary Computation. Oxford University Press, IOP Publishing Ltd., S. C3.2:5–C3.2:7.
(Zitiert als Whitley (1997b))

**Whitley, D. (1997):** *Permutations.* In: Bäck, T./Fogel, D. B./Michalewicz, Z. (Hrsg.): Handbook of Evolutionary Computation. Oxford University Press, IOP Publishing Ltd., S. C1.4:1–C1.4:8. (Zitiert als Whitley (1997a))

**Whitley, D. (1997):** *Recombination – Permutations.* In: Bäck, T./Fogel, D. B./Michalewicz, Z. (Hrsg.): Handbook of Evolutionary Computation. Oxford University Press, IOP Publishing Ltd., S. C3.3:14–C3.3:20. (Zitiert als Whitley (1997c))

**Wiendahl, H.-P. (1999):** *Fabrikplanung – Grundlagen der Fabrikplanung.* In: Eversheim, W./Schuh, G. (Hrsg.): Produktion und Management 3 – Gestaltung von Produktionssystemen. Berlin, Heidelberg: Springer-Verlag, S. 9/1–9/30.

**Wiese, J. (1998):** *Ein Entscheidungsmodell für die Auswahl von Standard-Anwendungssoftware am Beispiel von Warenwirtschaftssystemen.* In: Becker, J. et al. (Hrsg.): Arbeitsberichte des Instituts für Wirtschaftsinformatik. Arbeitsbericht Nr. 62, Münster.

**Wildemann, H. (1996):** *Management von Produktions- und Zuliefernetzwerken.* In: Wildemann, H. (Hrsg.): Produktions- und Zuliefernetzwerke. München: TCW-Verlag, S. 13–45.

**Wildemann, H. (2002):** *Was bedeutet Globalisierung? – Welche Prozesse finden im Unternehmen statt?* In: TCW Standpunkt, Nr. VII, 2002/03, S. 40–43.

**Williams, J./Steele, N. (2002):** *Difference, distance and similarity as a basis for fuzzy decision support bases on prototypical decision classes.* In: Fuzzy Sets and Systems 131, S. 35–46.

**Willmer, H./Balzert, H. (1984):** *Fallstudie einer industriellen Software-Entwicklung – Definition, Entwurf, Implementierung, Abnahme, Qualitätssicherung.* Mannheim: Wissenschaftsverlag.

**Wöhe, G. (1997):** *Einführung in die Allgemeine Betriebswirtschaftslehre.* 19., neubearbeitete Aufl. München: Vahlen Verlag.

**Wolf, W./Peyke, G.** (1999): *Genauere Aussagen in der Geographie durch Betrachtung der Unschärfe – Plädoyer für eine vermehrte Anwendung der Fuzzy-Theorie.* In: Schultz, H.-D. (Hrsg.): Quodlibet Geographicum – Einblicke in unsere Arbeit, Berliner Geographische Arbeiten 90. Humboldt-Universität zu Berlin, S. 159–179.

**Zadeh, L. A.** (1996): *Fuzzy Logic = Computing with Words.* In: IEEE Transactions on Fuzzy Systems, Vol. 4, No. 2, S. 103–111.

**Zadek, H./Priemer, J.** (2000): *Implementierungswege und -werkzeuge für neue Logistiksysteme.* In: Hossner, R. (Hrsg.): Jahrbuch der Logistik 2000. Düsseldorf: Verlagsgruppe Handelsblatt, S. 202–206.

**Zäpfel, G.** (1982): *Produktionswirtschaft – Operatives Produktions-Management.* Berlin, New York: de Gruyter Verlag.

**Zäpfel, G.** (1999): *MRP II-System.* In: Schulte, C. (Hrsg.): Lexikon der Logistik. München, Wien: Oldenbourg Verlag, S. 291–298.

**Zäpfel, G.** (2001): *Grundzüge des Produktions- und Logistikmanagement.* 2. Aufl. München, Wien: Oldenbourg Verlag.

**Zäpfel, G./Piekarz, B.** (1996): *Supply Chain Controlling – Interaktive und dynamische Regelung der Material- und Warenflüsse.* Wien: Verlag Ueberreuter.

**Zeier, A.** (2002): *Identifikation und Analyse branchenspezifischer Faktoren für den Einsatz von Supply-Chain-Management-Software – Teil I: Grundlagen, Methodik und Kernanforderungen.* In: FORWIN – Bayerischer Forschungsverbund Wirtschaftsinformatik. Bamberg, u. a.: FWN-2002-002. (Zitiert als Zeier (2002a))

**Zeier, A.** (2002): *Identifikation und Analyse branchenspezifischer Faktoren für den Einsatz von Supply-Chain-Management-Software – Teil II: Betriebstypologische Branchensegmentierung.* In: FORWIN – Bayerischer Forschungsverbund Wirtschaftsinformatik. Bamberg, u. a.: FWN-2002-003. (Zitiert als Zeier (2002b))

**Zeier, A. (2002):** *Identifikation und Analyse branchenspezifischer Faktoren für den Einsatz von Supply-Chain-Management-Software – Teil III: Evaluation der betriebstypologischen Anforderungsprofile auf Basis des SCM-Kern-Schalen-Modells in der Praxis für die Branchen Konsumgüter und Chemie/Pharma.* In: FORWIN – Bayerischer Forschungsverbund Wirtschaftsinformatik. Bamberg, u. a.: FWN-2002-004. (Zitiert als Zeier (2002c))

**Zeier, A. (2002):** *Identifikation und Analyse branchenspezifischer Faktoren für den Einsatz von Supply-Chain-Management-Software – Teil IV: Anwendungsbeispiele.* In: FORWIN – Bayerischer Forschungsverbund Wirtschaftsinformatik. Bamberg, u. a.: FWN-2002-005. (Zitiert als Zeier (2002d))

**Zelewski, S. (1989):** *Komplexitätstheorie als Instrument zur Klassifizierung und Beurteilung von Problemen des Operations Research.* Braunschweig, Wiesbaden: Vieweg Verlag.

**Zelewski, S. (2001):** *Komplexitätstheorie.* In: Mertens, P. (Hrsg.): Lexikon der Wirtschaftsinformatik. Berlin, Heidelberg: Springer-Verlag.

**Zeller, A. J. (2003):** *Controlling von Unternehmensnetzwerken – Bestandsaufnahme und Lückenanalyse.* In: FORWIN – Bayerischer Forschungsverbund Wirtschaftsinformatik. Bamberg, u. a.: FWN-2003-002.

**Zhou, F./Gupta, S. K./Ray, A. K. (2000):** *Multiobjective Optimization of the Continuous Casting for Poly (methyl methacrylate) Using Adapted Genetic Algorithm.* In: Journal of Applied Polymer Science, Vol. 78, S. 1439–1458.

**Zhu, Y./Buchmann, A. (2002):** *Evaluation and Selecting Web Sources as External Information Resources of a Data Warehouse.* In: Proceedings of the 3rd Intl. Conference on Web Information Systems Engineering (WISE2002), Singapore.

**Zimmermann, H.-J. (1991):** *Fuzzy set theory and its applications.* 2., revised edition. Boston: Kluwer Academic Publishers.

**Zimmermann, H.-J. (1992):** *Methoden und Modelle des Operations Research.* 2., überarbeitete Auflage, Braunschweig, Wiesbaden: Vieweg Verlag.

**Zimmermann, H.-J./Gutsche, L. (1991)**: *Multi-Criteria Analyse – Einführung in die Theorie der Entscheidungen bei Mehrfachzielsetzungen.* Berlin, Heidelberg: Springer-Verlag.

**Zimmermann, J. (1998)**: *Decision Support Systeme im Operations Research – Computergestützte Entscheidungsfindung.* Technical Report WIOR 501. Universität Karlsruhe.

**Zimmermann, W. (1997)**: *Operations Research – Quantitative Methoden zur Entscheidungsvorbereitung.* 6. Auflage, München: Oldenbourg Verlag.

**Zitzler, E. (1999)**: *Evolutionary Algorithms for Multiobjective Optimization – Methods and Applications.* Dissertation Technische Hochschule Zürich. Aachen: Shaker Verlag.

**Zitzler, E. (2002)**: *Evolutionary Algorithms for Multiobjective Optimization.* In: Giannakoglou, K. et al. (Hrsg.): Evolutionary Methods for Design, Optimization and Control. Cimne, Barcelona, Spain.

**Zitzler, E./Deb, K./Thiele, L. (2000)**: *Comparison of Multiobjective Evolutionary Algorithms: Empirical results.* In: Evolutionary Computation Journal, 8(2), S. 173–195.

**Zitzler, E./Laumanns, M./Bleuler, S. (2004)**: *A Tutorial on Evolutionary Multiobjective Optimization.* Berlin, Heidelberg, New York: Springer-Verlag.

**Zitzler, E./Thiele, L. (1998)**: *Multiobjective Optimization using Evolutionary Algorithms – A comparative Case Study.* In: Eiben, A. E./Bäck, T./Schoenauer, M./Schwefel, H.-P. (Hrsg.): Parallel Problem Solving from Nature – PPSN V, 5th International Conference, Amsterdam, The Netherlands, September 27–30, 1998, Proceedings. Lecture Notes in Computer Science 1498, Springer-Verlag, S. 292–301.

**Zitzler, E./Thiele, L. (1999)**: *Multiobjective Evolutionary Algorithms: A Comparative Case Study and the Strength Pareto Approach.* In: IEEE Transactions on Evolutionary Computation, 3(4), S. 257–271.

# Anhang

## A 1 Vorgehensweise des Topsis-Verfahrens

Die Vorgehensweise des Topsis-Verfahrens besteht aus sechs Schritten:[1]

1. **Berechnung der normalisierten Zielerreichungsmatrix:**

   Das Ziel der Normierung besteht darin, die Skalen verschiedener Kriterien vergleichbar zu machen. Für das Topsis-Verfahren wird die Vektornormierung angewandt. Hierbei wird jeder Spaltenvektor der Zielerreichungsmatrix X durch seine euklidische Norm dividiert, so dass sich die Koeffizienten $r_{sj}$ der normierten Zielerreichungsmatrix R für alle Alternativen $a_s$ ($1 \leq s \leq m$) und alle Kriterien $k_j$ ($1 \leq j \leq n$) errechnen als[2]

$$r_{sj} = \frac{x_{sj}}{\sqrt{\sum_{s=1}^{m}(x_{sj})^2}} . \tag{1}$$

   Damit haben alle Spaltenvektoren die gleiche euklidische Länge

$$\sqrt{\sum_{s=1}^{m}(r_{sj})^2} = 1.$$

2. **Berechnung der gewichteten, normalisierten Zielerreichungsmatrix:**

   Jedes Element $r_{sj}$ der normalisierten Zielerreichungsmatrix R wird mit dem Gewichtungsfaktor[3] $w_j$ ($1 \leq j \leq n$) des Kriteriums $k_j$ multipliziert, so dass sich die Koeffizienten $v_{sj}$ der gewichteten, normalisierten Zielerreichungsmatrix V für alle Alternativen $a_s$ ($1 \leq s \leq m$) und alle Kriterien $k_j$ ($1 \leq j \leq n$) errechnen als

$$v_{sj} = w_j \cdot r_{sj} . \tag{2}$$

   Für die Gewichtungsfaktoren gilt: $\sum_{j=1}^{n} w_j = 1$.

---

[1] Vgl. Zhu/Buchmann (2002), S. 6 f.; Chang/Yeh (2001), S. 409 f.; Azar (2000), S. 9–10; Triantaphyllou et al. (1998), S. 182 f.; Naumann (1998), S. 3 f.; Deng (1997), S. 1566 f.; Chen/Hwang (1992), S. 38 f.; Hwang/Yoon (1981), S. 129–140.

[2] Vgl. Zimmermann/Gutsche (1991), S. 37 f.; Hwang/Yoon (1981), S. 29 f.

[3] Zur Definition und Ermittlung der Gewichtungsfaktoren siehe Kap. 6.3.6 (Gewichtung der relevanten Zuordnungskriterien).

**3. Berechnung der positiv-idealen und negativ-idealen Lösungen:**

Ein Element $v_j^+$ aus der Menge der positiv-idealen Lösungen $V^+$ berechnet sich aus dem Maximumwert ($1 \leq s \leq m$) des Kriterienvektors $k_j$ für den Fall, dass das Kriterium j maximiert werden soll (sog. Gewinn-Kriterien) und aus dem Minimumwert des Kriterienvektors $k_j$ für den Fall, dass das Kriterium j minimiert werden soll (sog. Kosten-Kriterien). Die positiv-ideale Lösung ist also die Zusammenstellung aller besten Eigenschaften pro Kriterium und die negativ-ideale Lösung die Zusammenstellung aller schlechtesten Eigenschaften. Die Menge $V^+$ wird bestimmt durch:

$$V^+ = \left\{ \left( \max_s v_{sj} \mid j \in J^+ \right), \left( \min_s v_{sj} \mid j \in J^- \right) \middle| s = 1,2,...,m \right\} \quad \text{wobei} \quad (3a)$$

$$J^+ = \{ j = 1,2,...,n \mid j \text{ für zu max imierende Kriterien} \} \text{ und}$$

$$J^- = \{ j = 1,2,...,n \mid j \text{ für zu min imierende Kriterien} \} \text{ gilt.}$$

Entsprechend wird ein Element $v_j^-$ aus der Menge der negativ-idealen Lösungen $V^-$ berechnet durch:

$$V^- = \left\{ \left( \min_s v_{sj} \mid j \in J^+ \right), \left( \max_s v_{sj} \mid j \in J^- \right) \middle| s = 1,2,...,m \right\} .$$

Die positiv-idealen Lösungen $V^+$ und negativ-idealen Lösungen $V^-$ sind jeweils Zeilenvektoren mit n Elementen:

$$V^+ = \{ v_1^+, v_2^+,...,v_j^+,...,v_n^+ \} \text{ und } V^- = \{ v_1^-, v_2^-,...,v_j^-,...,v_n^- \}. \quad (3b)$$

**4. Berechnung des Abstandswertes:**

Der Abstand zwischen jeder Alternative und der idealen Lösung wird durch die n-dimensionale euklidische Distanz definiert. Die m Elemente $d_s^+$ des positiven Abstandsvektors $D^+$ werden errechnet durch:

$$d_s^+ = \sqrt{\sum_{j=1}^n \left( v_{sj} - v_j^+ \right)^2} \quad \text{für } s = 1,2,...,m. \quad (4a)$$

Ähnlich werden die m Elemente $d_s^-$ des negativen Abstandsvektors $D^-$ errechnet durch:

$$d_s^- = \sqrt{\sum_{j=1}^n \left( v_{sj} - v_j^- \right)^2} \quad \text{für } s = 1,2,...,m. \quad (4b)$$

**5. Berechnung der relativen Nähe zu den idealen Lösungen:**

Geht man von der Vorstellung aus, dass die geeignetste Alternative so nah wie möglich an der positiv-idealen Lösung liegt und gleichzeitig so weit wie möglich von der negativ-idealen Lösung, so gibt der Quotient aus (5) die Eignung einer Alternative wieder. Die relative Nähe[1] einer Alternative $a_s$ wird bestimmt durch den Zeilenvektor N. Die m Elemente $n_s$ des Zeilenvektors N sind wie folgt definiert:

$$n_s = \frac{d_s^-}{d_s^+ + d_s^-} \text{, es gilt } 0 < n_s < 1, s=1,2,...,m. \tag{5}$$

**6. Reihenfolgebildung der Alternativen:**

Im letzten Schritt müssen die Alternativen in eine Reihenfolge entsprechend ihrer relativen Nähe gebracht werden. Die Alternative s, zu der die höchste relative Nähe $n_s$ berechnet worden ist, wird bevorzugt.

---

[1] Hwang und Yoon nennen die relative Nähe auch „Gleichheitsindex" (engl. „Similarity Index"); vgl. Hwang/Yoon (1981), S. 132.

## A 2  Beispiel für die Anwendung des Topsis-Verfahrens

Im hier vorgestellten Beispiel werden fünf Alternativen anhand von sechs Kriterien mit dem Topsis-Verfahren beurteilt. Die Kriterien 1, 4, 5 und 6 sind zu maximieren (sog. Gewinnkriterien), die Kriterien 2 und 3 sind zu minimieren (sog. Kostenkriterien). Die Gewichtungen der Kriterien seien hier vorgegeben.

In den nächsten Abbildungen (Abb. A 2-1, Abb. A 2-2 und Abb. A 2-3) werden die sechs durchzuführenden Schritte an einem Beispiel erläutert. Es zeigt sich, dass Alternative 3 die beste der fünf Alternativen darstellt.

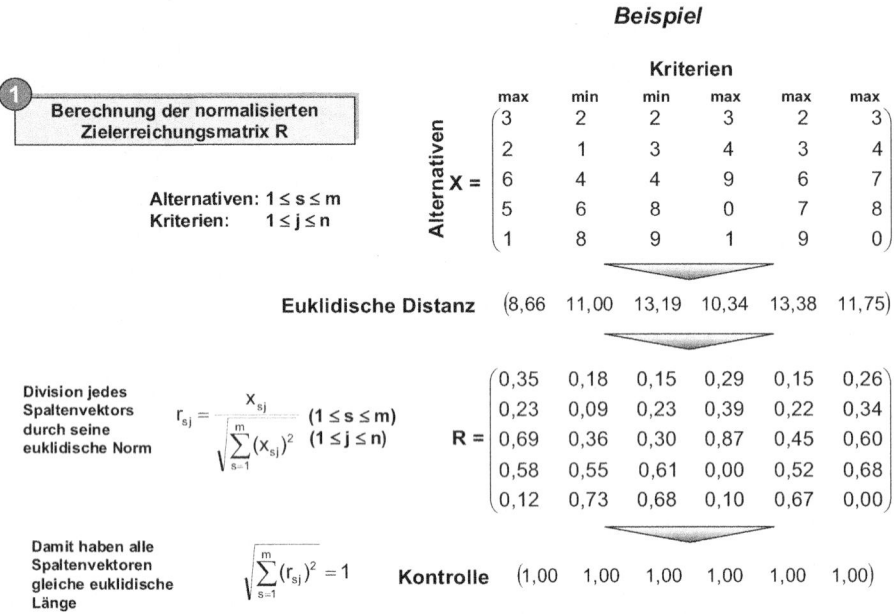

**Abb. A 2-1:** *Schritt 1 des Topsis-Verfahrens*

**2** Berechnung der gewichteten, normalisierten Zielerreichungsmatrix V

*Beispiel*

Für die Gewichtungsfaktoren gilt:

$$\sum_{j=1}^{n} w_j = 1$$

Gewichtung

$$\begin{pmatrix} 0,30 & 0,20 & 0,20 & 0,10 & 0,10 & 0,10 \\ \text{max} & \text{min} & \text{min} & \text{max} & \text{max} & \text{max} \end{pmatrix}$$

Jedes Kriterium von R wird mit Gewichtungsfaktor $w_j$ des Kriteriums $k_j$ multipliziert

$$v_{sj} = w_j * r_{sj} \quad \begin{array}{l} (1 \le s \le m) \\ (1 \le j \le n) \end{array}$$

$$V = \begin{pmatrix} 0,10 & 0,04 & 0,03 & 0,03 & 0,01 & 0,03 \\ 0,07 & 0,02 & 0,05 & 0,04 & 0,02 & 0,03 \\ 0,21 & 0,07 & 0,06 & 0,09 & 0,04 & 0,06 \\ 0,17 & 0,11 & 0,12 & 0,00 & 0,05 & 0,07 \\ 0,03 & 0,15 & 0,14 & 0,01 & 0,07 & 0,00 \end{pmatrix}$$

**3** Berechnung der positiv-idealen und negativ-idealen Lösungen V+ und V-

$$V^+ = \left\{ \left( \max_s v_{sj} \mid j \in J^+ \right), \left( \min_s v_{sj} \mid j \in J^- \right) \mid s = 1,2,\ldots,m \right\}$$

$$V^- = \left\{ \left( \min_s v_{sj} \mid j \in J^+ \right), \left( \max_s v_{sj} \mid j \in J^- \right) \mid s = 1,2,\ldots,m \right\}$$

$$V = \begin{pmatrix} 0,10 & 0,04 & 0,03 & 0,03 & 0,01 & 0,03 \\ 0,07 & 0,02 & 0,05 & 0,04 & 0,02 & 0,03 \\ 0,21 & 0,07 & 0,06 & 0,09 & 0,04 & 0,06 \\ 0,17 & 0,11 & 0,12 & 0,00 & 0,05 & 0,07 \\ 0,03 & 0,15 & 0,14 & 0,01 & 0,07 & 0,00 \end{pmatrix}$$

$$J^+ = \left\{ j = 1,2,\ldots,n \mid j \text{ für Gewinnkriterien} \right\}$$

$$J^- = \left\{ j = 1,2,\ldots,n \mid j \text{ für Kostenkriterien} \right\}$$

$$V^+ = \left\{ v_1^+, v_2^+, \ldots, v_j^+, \ldots, v_n^+ \right\}$$

$$V^- = \left\{ v_1^-, v_2^-, \ldots, v_j^-, \ldots, v_n^- \right\}$$

⬤ $V^+ = \{0,21; 0,02; 0,03; 0,09; 0,07; 0,07\}$

◯ $V^+ = \{0,03; 0,15; 0,14; 0,00; 0,01; 0,00\}$

**Abb. A 2-2:** *Schritte 2 und 3 des Topsis-Verfahrens*

**4** Berechnung der Abstandswerte D+ und D-

*Beispiel*

Euklidischer Abstand zwischen jeder Alternative und der idealen Lösung (Berechnung zeilenweise)

$$(1 \le s \le m)$$

$$d_s^+ = \sqrt{\sum_{j=1}^{n} \left( v_{sj} - v_j^+ \right)^2} \qquad d_s^- = \sqrt{\sum_{j=1}^{n} \left( v_{sj} - v_j^- \right)^2}$$

$$D^+ = \begin{pmatrix} 0,14 \\ 0,16 \\ 0,07 \\ 0,16 \\ 0,26 \end{pmatrix} \qquad D^- = \begin{pmatrix} 0,17 \\ 0,17 \\ 0,23 \\ 0,16 \\ 0,05 \end{pmatrix}$$

**5** Berechnung der relativen Nähe N zu den idealen Lösungen

$$n_s = \frac{d_s^-}{d_s^+ + d_s^-} \qquad \text{es gilt } 0 \le n_s \le 1$$

$$N = \begin{pmatrix} 0,55 \\ 0,52 \\ 0,78 \\ 0,51 \\ 0,17 \end{pmatrix}$$

**6** Reihenfolgebildung der Alternativen

Alternativen entsprechend ihrer relativen Nähe in Reihenfolge bringen.
Die Alternative s, zu der die höchste relative Nähe $n_s$ berechnet worden ist, wird bevorzugt.

$$\begin{pmatrix} \text{Rang 2} \\ \text{Rang 3} \\ \text{Rang 1} \\ \text{Rang 4} \\ \text{Rang 5} \end{pmatrix}$$

Alternative 3 wird bevorzugt

**Abb. A 2-3:** *Schritte 4 und 5 des Topsis-Verfahrens*

## A 3   Fuzzy-Sets und Fuzzy-Zahlen

Einem Vorschlag von Zadeh[1] folgend, kann man für jedes Element x einer Grundmenge X den Grad der Zugehörigkeit zu einer unscharf beschriebenen Teilmenge
Ã durch die Zuordnung einer reellen Zahl $\mu_{\tilde{A}}(x)$ ausdrücken.[2]

Sei X = {x} eine Menge von Objekten, die bezüglich einer unscharfen Aussage zu
bewerten ist. Sei $\mu_{\tilde{A}}$: X→[0,1] eine reellwertige, auf das Intervall [0,1] normierte
Funktion, die so genannte Zugehörigkeitsfunktion (engl. „Membership Function"),
deren Wert $\mu_{\tilde{A}}(x)$ für jedes $x \in X$ den Grad angibt, mit dem es der Entscheidungsfäller für wahr hält, dass die gegebene unscharfe Aussage erfüllt wird. Damit wird
die Frage, ob x die unscharfe Aussage erfüllt, nicht nur mit „ja" oder „nein" beant-
wortet, sondern falls erforderlich auch mit „mehr" oder „weniger", was sich durch
entsprechende Werte von $\mu_{\tilde{A}}(x)$ zwischen 0 und 1 wiedergeben lässt.[3]

Die Menge Ã aller geordneten Paare (x, $\mu_{\tilde{A}}(x)$), also

$$\tilde{A} = \{(x, \mu_{\tilde{A}}(x)) \mid x \in X\} \qquad \text{mit} \qquad \mu_{\tilde{A}}: X \to [0,1],$$

heißt eine unscharfe Menge oder Fuzzy-Menge auf X (engl. „Fuzzy Set in X"), wobei $\mu_{\tilde{A}}(x)$ für jedes $x \in X$ den Grad der Zugehörigkeit von x zu Ã angibt. X stellt
dabei die Grundmenge und $\mu_{\tilde{A}}$ die Zugehörigkeitsfunktion dar. Als Zugehörigkeitsfunktion können grundsätzlich beliebige Funktionen verwendet werden. Nimmt $\mu_{\tilde{A}}$
nur die Werte 0 oder 1 ein, so beschreibt Ã eine klassische „scharfe Menge". Das
Konzept der scharfen Mengen (engl. „Crisp Sets") ist somit als Spezialfall der unscharfen Mengen zu verstehen.[4]

Unscharfe Mengen werden wie oben gezeigt als geordnete Paare dargestellt. Eine
diskrete, unscharfe Menge kann beispielsweise in Form von Tupeln dargestellt
werden. So werden z. B. die Bearbeitungskosten pro kg [€/kg] in der Form

---

[1]   Zadeh gilt als der Begründer der Fuzzy-Theorie. Erste Veröffentlichungen hierzu erschienen im
      Jahre 1965; vgl. Rommelfanger (1994), S. 7 ff.

[2]   In dieser Arbeit werden Fuzzy-Zahlen zur Unterscheidung von scharfen Zahlen in der Darstel-
      lung mit einer wellenförmigen Überstreichung (~) gekennzeichnet.

[3]   Vgl. Rommelfanger/Eickemeier (2002), S. 35–37; Zimmermann/Gutsche (1991), S. 240 f.

[4]   Vgl. Böhme (1993), S. 5 f.

Ã = {(11;0), (12;0,1), (13;0,3), (14;0,5), (15;0,9), (16;1,0), (17;0,5), (18;0,1)}

abgebildet (s. Abb. A 3-1). Dabei steht die erste Zahl für das Element aus der Menge X (Bearbeitungskosten) und die zweite Zahl für deren Zugehörigkeit zur Menge Ã.

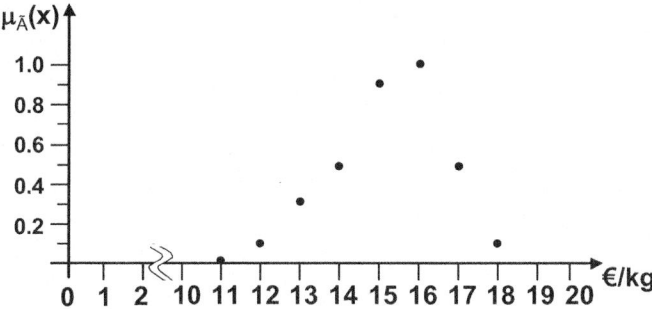

**Abb. A 3-1:** *Zugehörigkeitsfunktion $\mu_{\tilde{A}}(x)$*

Meistens werden jedoch unscharfe Mengen auf einen stetigen Raum abgebildet. Als unscharfe Zahl bzw. Fuzzy-Zahl (engl. „Fuzzy Number") wird eine unscharfe Menge Ñ auf der Menge $\mathbb{R}$ der reellen Zahlen bezeichnet, für deren Zugehörigkeitsfunktion $\mu_{\tilde{N}}(x)$ $\mu_{\tilde{N}}:\mathbb{R}\rightarrow[0,1]$ gilt:[1]

$\mu_{\tilde{N}}(x)$ ist eine stetige Funktion von $\mathbb{R}$ auf ein geschlossenes Intervall [0,1],

$\mu_{\tilde{N}}(x) = 0$ für alle $x \in (-\infty, a]$,

$\mu_{\tilde{N}}(x)$ ist stetig steigend in [a, b],

$\mu_{\tilde{N}}(x) = 1$ für alle $x \in [b, c]$,

$\mu_{\tilde{N}}(x)$ ist stetig fallend in [c, d],

$\mu_{\tilde{N}}(x) = 0$ für alle $x \in [d, \infty)$,

wobei a, b, c, d $\in \mathbb{R}$ und $-\infty < a$, $d < \infty$ gelten.

---

[1]  Vgl. Dubois/Prade (1978), S. 613 f.

Der Begriff Fuzzy-Zahl wird verwendet, um unpräzise Zahlenangaben wie „ungefähr 10", „ca. 7" usw. mathematisch zu erfassen.[1] So kann etwa der vage Begriff
„ungefähr 10" durch folgende unscharfe Zahl dargestellt werden (s. Abb. A 3-2):

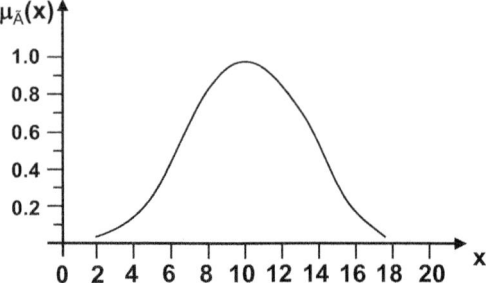

**Abb. A 3-2:** *Fuzzy-Zahl "ungefähr 10"*

In der Praxis haben sich trapezförmige Fuzzy-Zahlen (engl. „Trapezoidal Fuzzy
Numbers") bewährt. Eine Fuzzy-Zahl $\tilde{N}$ auf $\mathbb{R}$ wird als trapezförmige Fuzzy-Zahl
bezeichnet, wenn die entsprechende Zugehörigkeitsfunktion $\mu_{\tilde{N}}:\mathbb{R} \to [0,1]$ wie folgt
definiert ist:

$$\mu_{\tilde{N}}(x) = (x - \alpha)/(\beta - \alpha) \qquad \alpha \le x \le \beta$$
$$= 1 \qquad \beta \le x \le \gamma$$
$$= (x - \delta)/(\gamma - \delta) \qquad \gamma \le x \le \delta$$
$$= 0 \qquad \text{sonst}$$

mit $\alpha \le \beta \le \gamma \le \delta$.

Die beschriebene trapezförmige Fuzzy-Zahl kann als Quadrupel in der Form
$(\alpha, \beta, \gamma, \delta)$ dargestellt werden (vgl. Abb. A 3-3). Die vier Werte des Quadrupels entsprechen der linken unteren Ecke des Trapezes ($\alpha$, Zugehörigkeit=0), der linken
oberen Ecke ($\beta$, Zugehörigkeit=1), der rechten oberen Ecke ($\gamma$, Zugehörigkeit=1)
und der rechten unteren Ecke ($\delta$, Zugehörigkeit=0).

Neben trapezförmigen Fuzzy-Zahlen haben sich dreieckige Fuzzy-Zahlen (engl.
„Triangular Fuzzy Numbers") bewährt. Diese können als spezielle trapezförmige
Fuzzy-Zahlen angesehen werden, für die gilt $\beta = \gamma$. Somit können diese wie trapez-

---

[1]   Vgl. Chen/Hwang (1992), S. 66 f.

förmige Fuzzy-Zahlen auch als Quadrupel in der Form $(\alpha, \beta, \beta, \delta)$ dargestellt werden. In dieser Arbeit werden trapezförmige und dreieckige Fuzzy-Zahlen verwendet und als Quadrupel abgebildet.

Verbale Unsicherheiten wie z. B. „ungefähr zwischen", „ungefähr gleich" oder „genau zwischen" werden in dieser Arbeit mit Hilfe der trapezförmigen Zahlen abgebildet. Die Abstände zwischen $\alpha$ und $\beta$ sowie zwischen $\gamma$ und $\delta$ sind ein Maß für die abzubildende Unsicherheit. Sind diese Abstände null, so gehen diese unscharfen Zahlen in scharfe Zahlen über.

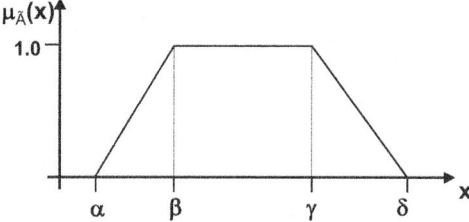

**Abb. A 3-3:** *Trapezförmige Fuzzy-Zahl*

Zusammenfassend lässt sich feststellen, dass die Grundidee der Fuzzy-Theorie der Vorstellung folgt, eine der Problemstellung angemessene graduelle Differenzierung in der Unschärfe, Vagheit und Unsicherheit mittels Fuzzy-Zahlen quantitativ adäquat auszudrücken. Durch die Umwandlung in Fuzzy-Zahlen kann das Problem mathematisch erfasst werden.

## A 4   Fuzzy-Algebra

Ähnlich wie bei scharfen Zahlen lassen sich mit unscharfen, trapezförmigen Fuzzy-Zahlen auch Rechenoperationen abbilden.[1]

Für zwei trapezförmige Fuzzy-Zahlen $\tilde{M} = (\alpha_1, \beta_1, \gamma_1, \delta_1)$ und $\tilde{N} = (\alpha_2, \beta_2, \gamma_2, \delta_2)$ gelten folgende Rechenregeln:[2]

- Vorzeichenwechsel:

$$-\tilde{M} = (-\delta_1, -\gamma_1, -\beta_1, -\alpha_1) \tag{6}$$

- Kehrwert:

$$\tilde{M}^{-1} = 1/\tilde{M} = (1/\delta_1, 1/\gamma_1, 1/\beta_1, 1/\alpha_1) \tag{7}$$

- Addition mit Skalar:

$$\forall k > 0, k \in \mathbb{R} : k \oplus \tilde{M} = (k + \alpha_1, k + \beta_1, k + \gamma_1, k + \delta_1) \tag{8}$$

- Addition von Fuzzy-Zahlen:

$$\tilde{M} \oplus \tilde{N} = (\alpha_1 + \alpha_2, \beta_1 + \beta_2, \gamma_1 + \gamma_2, \delta_1 + \delta_2) \tag{9}$$

- Subtraktion von Fuzzy-Zahlen:

$$\tilde{M} \ominus \tilde{N} = (\alpha_1 - \delta_2, \beta_1 - \gamma_2, \gamma_1 - \beta_2, \delta_1 - \alpha_2) \tag{10}$$

- Multiplikation von Fuzzy-Zahlen:

in den meisten, praxisrelevanten Anwendungen sind Fuzzy-Zahlen positiv und es gilt:[3]

$$\tilde{M} > 0, \tilde{N} > 0 : \tilde{M} \otimes \tilde{N} = (\alpha_1\alpha_2, \beta_1\beta_2, \gamma_1\gamma_2, \delta_1\delta_2) \tag{11}$$

---

[1]   Die Beweisführung würde an dieser Stelle zu weit gehen. Die Beweise der algebraischen Operationen beruhen auf dem Prinzip der Erweiterung nach Zadeh. Dieses Prinzip stellt eine allgemeine Verfahrenweise dar, um klassische Konzepte der Mathematik auf unscharfe Mengen zu übertragen; vgl. dazu Jaanineh/Maijohann (1996), S. 131. Mit Hilfe des Erweiterungsprinzips können bewährte mathematische Begriffe und Methoden rein formal in die Fuzzy-Theorie übertragen werden; vgl. Böhme (1993), S. 141 ff.

[2]   Es wurden aus denen im Folgenden genannten Literaturquellen die für diese Arbeit benötigten Operatoren zusammengestellt: Rommelfanger/Eickemeier (2002), S. 248–252; Buckley/Eslami (2002), S. 63–78; Williams/Steele (2002), S. 35–46; Carlsson/Fullér (2002), S. 7–30; Giachetti/Young (1997a), S. 1–13; Giachetti/Young (1997b), S. 185–202; Jaanineh/Maijohann (1996), S. 159–168; Chen/Hwang (1992), S. 93; Kaufmann/Gupta (1985), S. 14–77; Dubois/Prade (1980), S. 42–62; Dubois/Prade (1978), S. 613–626.

[3]   Eine Fuzzy Zahl gilt als positiv, wenn für $\tilde{M} = (\alpha_1, \beta_1, \gamma_1, \delta_1)$ gilt, $\alpha_1 > 0$.

allgemein gilt:

$$\tilde{M}\text{ beliebig, }\tilde{N}\text{ beliebig}:\tilde{M}\otimes\tilde{N}=\begin{pmatrix}\text{Min}(\alpha_1\alpha_2,\,\alpha_1\delta_2,\,\delta_1\alpha_2,\,\delta_1\delta_2),\\\text{Min}(\beta_1\beta_2,\,\beta_1\gamma_2,\,\gamma_1\beta_2,\,\gamma_1\gamma_2),\\\text{Max}(\beta_1\beta_2,\,\beta_1\gamma_2,\,\gamma_1\beta_2,\,\gamma_1\gamma_2),\\\text{Max}(\alpha_1\alpha_2,\,\alpha_1\delta_2,\,\delta_1\alpha_2,\,\delta_1\delta_2)\end{pmatrix}\quad(12)$$

- Division von Fuzzy-Zahlen:

in den meisten, praxisrelevanten Anwendungen sind Fuzzy-Zahlen positiv und es gilt:[1]

$$\tilde{M}>0,\tilde{N}>0:\tilde{M}\oslash\tilde{N}=(\alpha_1/\delta_2,\,\beta_1/\gamma_2,\,\gamma_1/\beta_2,\,\delta_1/\alpha_2)\quad(13)$$

allgemein gilt:

$$\tilde{M}\text{ beliebig, }\tilde{N}\text{ beliebig}:\tilde{M}\oslash\tilde{N}=\begin{pmatrix}\text{Min}(\alpha_1/\alpha_2,\,\alpha_1/\delta_2,\,\delta_1/\alpha_2,\,\delta_1/\delta_2),\\\text{Min}(\beta_1/\beta_2,\,\beta_1/\gamma_2,\,\gamma_1/\beta_2,\,\gamma_1/\gamma_2),\\\text{Max}(\beta_1/\beta_2,\,\beta_1/\gamma_2,\,\gamma_1/\beta_2,\,\gamma_1/\gamma_2),\\\text{Max}(\alpha_1/\alpha_2,\,\alpha_1/\delta_2,\,\delta_1/\alpha_2,\,\delta_1/\delta_2)\end{pmatrix}\quad(14)$$

---

[1] Vgl. vorherige Fußnote.

## A 5   Ranking von Fuzzy-Zahlen und Defuzzyfizierung

Die Umwandlung einer Fuzzy-Zahl in eine scharfe Zahl wird als Defuzzyfizierung bezeichnet.[1] Diese Umwandlung wird erforderlich, wenn verschiedene unscharfe Zahlen miteinander verglichen und in eine Reihenfolge gebracht werden sollen. Es gibt viele Methoden, um Fuzzy-Zahlen zu defuzzyfizieren.[2] Eine allgemeingültige Aussage darüber, welches Verfahren zur Defuzzyfizierung „das Richtige" ist, kann nicht getroffen werden. Die Entscheidung wird im Allgemeinen unter Berücksichtigung rein praktischer Gesichtspunkte getroffen. Hier spielen vor allem Rechenzeitaspekte eine wesentliche Rolle.[3] Zwei Vorgehensweisen werden bei der Defuzzyfizierung unterschieden:[4]

1. Methoden, bei denen Fuzzy-Zahlen durch Umwandlungsfunktionen in scharfe Zahlen überführt werden. Die Rangfolge der scharfen Zahlen gibt dann die entsprechende Rangfolge der Fuzzy-Zahlen an. Diese Methoden werden Rangordnungsverfahren genannt.

2. Methoden, bei denen Fuzzy-Zahlen paarweise miteinander verglichen werden, um daraus linguistische Vergleichsausdrücke zu formulieren. Ein Ergebnis könnte beispielsweise sein: „die Fuzzy-Zahl $\tilde{A}$ ist etwas besser als die Fuzzy-Zahl $\tilde{B}$". Diese Methoden werden Präferenzrelations-Verfahren genannt.

Vorgehensweise 1 hat den Vorteil, dass sie konsistente Ergebnisse hervorbringt. Wenn z. B. $\tilde{A}$ größer als $\tilde{B}$ bewertet wird und $\tilde{B}$ größer als $\tilde{C}$, so gilt in jedem Fall $\tilde{A}$ ist größer als $\tilde{C}$. Auch gibt es immer eine oder mehrere Fuzzy-Zahlen, die als die besten oder geeignetsten ermittelt werden können. Nachteilig erweist sich, dass durch die Umwandlungsfunktion die in Fuzzy-Zahlen enthaltenen Informationen nicht alle gleichzeitig und gleichwertig berücksichtigt werden können. Eine Fuzzy-Zahl wird charakterisiert durch a) die Form (Kontur), b) die Höhe, c) die relative Position zur Ordinate und Abszisse, d) die Spannweite, e) den Flächenschwer-

---

[1]  Vgl. von Altrock (1993), S. 24. Defuzzyfizierung wird manchmal auch fälschlicherweise Delingualisierung genannt, vgl. hierzu Börcsök (2000), S. 111.

[2]  Vgl. Börcsök (2000), S. 111 ff.; Jaanineh/Maijohann (1996), S. 265 ff.; Chen/Hwang (1992), S. 101–288.

[3]  Vgl. Lieven et al. (1995), S. 164 f.

[4]  Vgl. Prodanovic (2001), S. 17 ff.

punkt, f) die mittlere Höhe und weitere Eigenschaften.[1] Bei der Umwandlung dieser Informationen in eine eindimensionale, scharfe Zahl gehen notwendigerweise Informationen verloren. Deshalb können unterschiedliche Umwandlungsverfahren dieser Kategorie zu unterschiedlichen Ergebnissen führen. Dagegen werden bei Vorgehensweise 2 alle in den Fuzzy-Zahlen enthaltenen Informationen genutzt. In vielen Fällen erweist sich als besonders nachteilig, dass keine konsistenten Ergebnisse erzielt werden. Es zeigt sich beispielsweise, wenn $\tilde{A}$ größer als $\tilde{B}$ bewertet wird und $\tilde{B}$ größer als $\tilde{C}$, so gilt nicht in jedem Fall $\tilde{A}$ ist größer als $\tilde{C}$.

Zwei häufig genannte Methoden zur Defuzzyfizierung sind die Maximum-Methode und die Flächen-Schwerpunkt-Methode. Bei der Maximum-Methode wird aus der zu defuzzyfizierenden Fuzzy-Zahl $\mu_{\tilde{N}}(x)$ das Maximum der Zugehörigkeitsfunktion ($\mu_{\tilde{N}}(x)$=max.) ermittelt. Das Maximum $\mu_{\tilde{N}}(x)$ gilt für $x = x_s$ und gibt die gesuchte scharfe Zahl an. Probleme bei dieser Methode treten auf, wenn mehrere Maxima vorhanden sind, wenn das Maximum einen Bereich bildet oder wenn sehr unsymmetrische Verläufe der Zugehörigkeitsfunktion gegeben sind. Die Flächen-Schwerpunkt-Methode (engl. „Center of Area") ermittelt die scharfe Zahl als Flächenschwerpunkt der Zugehörigkeitsfunktion. Als scharfe Zahl wird die Abszisse des Flächenschwerpunktes verwendet. Diese Berechnung erfordert jedoch einen hohen Rechenaufwand und Speicherplatzbedarf.[2]

Aus den verschiedenen zur Verfügung stehenden Verfahren zur Defuzzyfizierung[3] und Reihenfolgebildung von unscharfen Zahlen ist die Methode von Liou und Wang[4] für die Anwendung bei der Auftragszuordnung in dieser Arbeit ausgewählt worden. Vergleicht man diese Vorgehensweise mit anderen, so sind folgende Vorteile aufzuzählen:

- Leichte und schnelle Berechnung.

- Die Zugehörigkeitsfunktion der zu defuzzyfizierenden unscharfen Zahl braucht nicht explizit angegeben zu werden; es reicht für trapezförmige Fuzzy-Zahlen die Angabe in Form eines Quadrupels.

---

[1] Vgl. Chen/Hwang (1992), S. 502.

[2] Vgl. von Altrock (1993), S. 169.

[3] Einen Überblick über Defuzzyfizierungsmethoden geben u. a. Prodanovic (2001), S. 17–31; Chen/Hwang (1992), S. 101–288.

[4] Vgl. Liou/Wang (1992).

- Die Methode ist grundsätzlich unabhängig vom Typ der Zugehörigkeitsfunktion, d. h. sie gilt auch für nicht trapezförmige Fuzzy-Zahlen.

- Es können mehrere Fuzzy-Zahlen gleichzeitig geordnet werden. Es wird nicht wie bei vielen anderen Ranking-Methoden nur eine Vergleichszahl zu einer Alternative gebildet.

- Der Entscheider kann den Grad seines Optimismus frei definieren.[1]

Wenn $\tilde{N}$ eine unscharfe Zahl mit entsprechender Zugehörigkeitsfunktion $\mu_{\tilde{N}}$ ist, dann ist der totale integrale Wert (engl. „Total Integral Value") mit dem Grad des Optimismus $\varphi$ definiert als

$$I_T^{\varphi}(\tilde{N}) = \varphi I_R(\tilde{N}) + (1 - \varphi) I_L(\tilde{N}), \tag{15}$$

wobei $I_R(\tilde{N})$ und $I_L(\tilde{N})$ jeweils die rechten und linken integralen Werte von $\tilde{N}$ sind und der Grad des Optimismus des Entscheidungsträgers $\varphi$ zwischen $[0,1]$ liegt.[2] Für Minimierungsprobleme gilt, dass Werte von $\varphi$ nahe bei eins einen eher pessimistischen Entscheidungsträger (wenig Risikobereitschaft) charakterisieren und dass Werte von $\varphi$ nahe bei null einen eher optimistischen Entscheider (hohe Risikobereitschaft) auszeichnen. Pessimistische Entscheidungsträger ($\varphi$ nahe eins) berücksichtigen hauptsächlich die rechte Hälfte der Fuzzy-Zahl, da diese die Fuzzy-Zahl bei Minimierungsproblemen tendenziell größer schätzen. Optimistische Entscheidungsträger ($\varphi$ nahe null) berücksichtigen hauptsächlich die linke Seite der Fuzzy-Zahl und gehen damit ein höheres Risiko ein.[3]

Bei Maximierungsproblemen wählen pessimistische Entscheidungsträger mit wenig Risikobereitschaft Werte von $\varphi$ nahe bei null. Optimistische Entscheidungsträger wählen Werte von $\varphi$ nahe bei eins.

$I_L(\tilde{N})$ und $I_R(\tilde{N})$ sind definiert als

$$I_L(\tilde{N}) = \int_0^1 g_{\tilde{N}}^L(y)\,dy \text{ und}$$

$$I_R(\tilde{N}) = \int_0^1 g_{\tilde{N}}^R(y)\,dy, \tag{16}$$

---

[1]  Der Grad des Optimismus wird weiter unten erläutert.

[2]  Vgl. Liao (1996), S. 7; Liou/Wang (1992), S. 250.

[3]  Vgl. Prodanovic (2001), S. 23 f.

wobei $g_{\tilde{N}}^L(y)$ und $g_{\tilde{N}}^R(y)$ die inversen Funktionen von $f_{\tilde{N}}^L(x)$ und $f_{\tilde{N}}^R(x)$ sind. Für

$f_{\tilde{N}}^L(x):[a,b] \to [0,1]$ gilt dann $g_{\tilde{N}}^L(y):[0,1] \to [a,b]$ und entsprechend

$f_{\tilde{N}}^R(x):[c,d] \to [0,1]$ gilt dann $g_{\tilde{N}}^R(y):[0,1] \to [c,d]$. $\hspace{2cm}$ (17)

Für trapezförmige Fuzzy-Zahlen lauten die inversen Funktionen von $f_{\tilde{N}}^L(x)$ und $f_{\tilde{N}}^R(x)$ somit

$g_{\tilde{N}}^L(y) = \alpha + (\beta - \alpha)y$ und

$g_{\tilde{N}}^R(y) = \delta + (\gamma - \delta)y$. $\hspace{2cm}$ (18)

Damit ergeben sich für die rechten und linken totalen integralen Werte:

$$I_L(\tilde{N}) = \int_0^1 g_{\tilde{N}}^L(y)dy = \int_0^1 [\alpha + (\beta - \alpha)y]\,dy = \frac{\alpha + \beta}{2} \text{ und}$$

$$I_R(\tilde{N}) = \int_0^1 g_{\tilde{N}}^R(y)dy = \int_0^1 [\delta + (\gamma - \delta)y]\,dy = \frac{\gamma + \delta}{2}. \hspace{1.5cm} (19)$$

Bei gegebenem Wert für den Grad der Optimalität $\varphi$ kann der totale integrale Wert einer trapezförmigen Fuzzy-Zahl ohne Integration direkt berechnet werden durch:

$$I_T^\varphi(\tilde{N}) = \frac{1}{2}[\varphi(\gamma + \delta) + (1 - \varphi)(\alpha + \beta)]. \hspace{1.5cm} (20)$$

Oftmals wird der Grad der Optimalität $\varphi$ mit 0,5 festgelegt; dies entspricht einem moderaten Entscheidungsträger. Der totale integrale Wert einer trapezförmigen Fuzzy-Zahl lautet dann:

$$I_T^\varphi(\tilde{N}) = \frac{1}{4}[\alpha + \beta + \gamma + \delta]. \hspace{1.5cm} (21)$$

Für den Vergleich zweier Fuzzy-Zahlen $\tilde{N}$ und $\tilde{M}$ gilt:

wenn $I_T^\varphi(\tilde{N}) > I_T^\varphi(\tilde{M})$, dann ist $\tilde{N} > \tilde{M}$,

wenn $I_T^\varphi(\tilde{N}) = I_T^\varphi(\tilde{M})$, dann ist $\tilde{N} = \tilde{M}$ und

wenn $I_T^\varphi(\tilde{N}) < I_T^\varphi(\tilde{M})$, dann ist $\tilde{N} < \tilde{M}$. $\hspace{1.5cm}$ (22)

Durch die Defuzzyfizierung wird eine Fuzzy-Zahl in eine scharfe Zahl umgewandelt. Zum Ranking der Fuzzy-Zahlen brauchen die entsprechend umgewandelten scharfen Zahlen nur noch in eine Reihenfolge gebracht zu werden.

## A 6  Überprüfung der Konsistenz der Paarvergleichsmatrix

Eine völlig konsistente, reziproke (n x n)-Paarvergleichsmatrix P hat die Eigenschaft, dass der Eigenwert[1] von P gleich der Ordnung n der Matrix ist. Der zugehörige Eigenvektor entspricht genau dem zuvor ermittelten Gewichtungsvektor $W^2$ mit

$$w_l = \frac{p_{lj}}{\sum_{l=1}^{n} p_{lj}} . \tag{23}$$

Für den größten Eigenwert $\lambda_{max}$ gilt, $\lambda_{max} = n$ und alle übrigen Eigenwerte sind null. Im Falle der Inkonsistenz besitzt die vom Entscheidungsfäller angegebene Matrix P nicht genau die Eigenschaften

$$p_{lj} = \frac{w_l}{w_j} \text{ für alle } 1 \le l, j \le n, \tag{24}$$

und für den Eigenwert $\lambda_{max}$ gilt, $\lambda_{max} > n$. Somit lässt sich der Grad der Inkonsistenz als durchschnittliche Abweichung des ermittelten maximalen Eigenwertes von P bestimmen. Dieses Maß heißt Konsistenzindex (KI) und es gilt:

$$KI = \frac{\lambda_{max} - n}{n - 1} . \tag{25}$$

Bei einer vollständig konsistenten Matrix muss der Konsistenzindex den Wert null haben. Um die Abweichung bewerten zu können, wird sie auf die Abweichungen bezogen, die sich für zufällige Paarvergleiche in Matrizen gleicher Ordnung ergeben. Die durchschnittlichen Konsistenzindizes, die sich für reziproke Matrizen unterschiedlicher Ordnung ergeben, werden als „Random Indices" (RI) bezeichnet und als Bezugsgröße für die Berechnung eines Konsistenzwertes (KW) als Maß der Inkonsistenz benutzt:

$$KW = \frac{KI}{RI} \tag{26}$$

---

[1]  Zur Berechnung von Eigenvektoren und Eigenwerten vgl. Fischer (2002), S. 222 ff.; Saaty (1996), S. 179 ff.; Stammbach (1988), S. 122 ff. und Parlett (1980), S. 1–16.

[2]  Vgl. Scharte (2002), S. 25 f.; Sommerhäuser (1999), S. 65 ff.; Schlenzig (1997), S. 151 ff.; Saaty (1996) und Saaty (1980), S. 49–53; Chen/Hwang (1992), S. 332 ff.

Damit wird die Paarvergleichsmatrix P einer völlig zufälligen Beantwortung der Paarvergleiche gegenübergestellt. Als Grenze für noch akzeptable Konsistenzwerte wird KW ≤ 0,1 angesehen.[1] Größere Werte von KW machen eine Überarbeitung der Paarvergleiche erforderlich, weil dann die einfache Berechnung des Gewichtungsvektors mit Hilfe von (23) nicht mehr zulässig ist.

Die RI-Werte, die mit Skalenwerten der 9-Punkte-Skala von Saaty zufällig erstellt wurden, sind folgender Tabelle zu entnehmen:

| n | 1 | 2 | 3 | 4 | 5 | 6 | 7 | 8 | 9 | 10 | 11 | 12 | 13 | 14 | 15 |
|----|---|---|------|-----|------|------|------|------|------|------|------|------|------|------|------|
| RI | 0 | 0 | 0,58 | 0,9 | 1,12 | 1,24 | 1,32 | 1,41 | 1,45 | 1,49 | 1,51 | 1,48 | 1,56 | 1,57 | 1,59 |

**Tab. 2:** *Durchschnittliche, zufällige Konsistenzindizes RI (vgl. Harker (1989), S. 32)*

---

[1]  Vgl. Breiing/Knosala (1997), S. 68 ff.; Harker (1989), S. 32.

## A 7  Beispiel für die Berechnung des Gewichtungsvektors

Wie in Kap. 6.3.6 dargelegt, gestaltet sich die Gewichtung von Zielkriterien in vier Schritten. In Abb. A 7-1 werden die Schritte 1 und 2 an einem Beispiel erläutert.

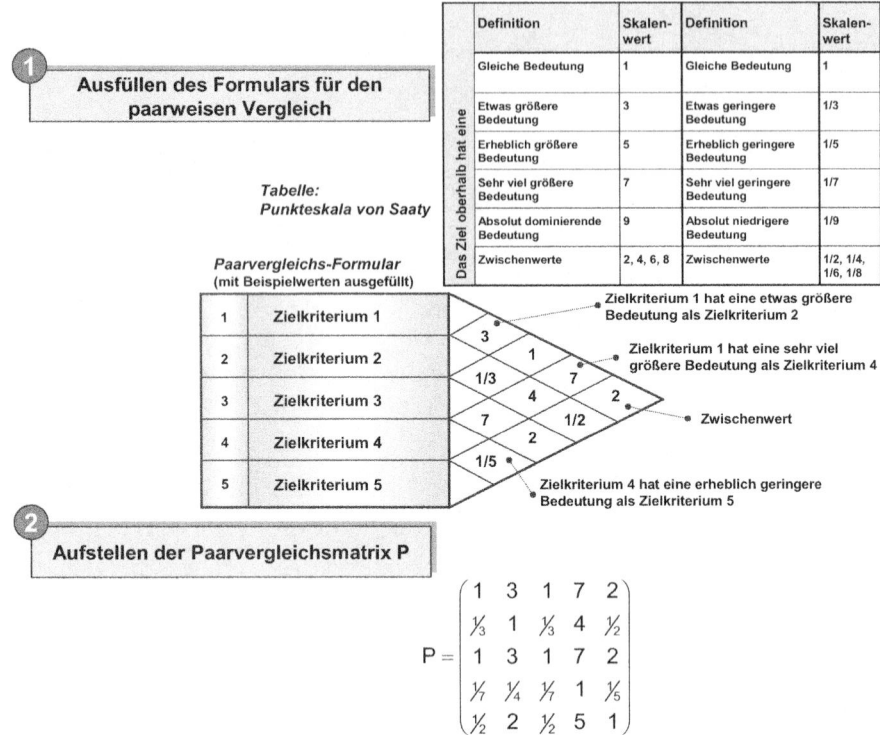

**Abb. A 7-1:** *Schritte 1 und 2 bei der Gewichtung von Zielkriterien*

Zur Überprüfung der Konsistenz der Zielerreichungsmatrix muss in Schritt 3 (Abb. A 7-2) der größte Eigenwert $\lambda_{max}$ von P berechnet werden.[1] Die Eigenwerte einer Matrix P lassen sich durch die Lösung ihrer charakteristischen Gleichung

$$\det(P - \lambda E) = 0 \quad \text{(mit E: Einheitsmatrix)}$$

berechnen. Diese Determinantengleichung wird umgeformt in ein Polynom n-ten Grades in Abhängigkeit von $\lambda$. Durch die Bestimmung der Nullstellen von $\lambda$ wer-

---

[1]  Wenn angenommen wird, dass die Zielerreichungsmatrix konsistent ist, kann Schritt 3 übersprungen werden.

den die n Eigenwerte ermittelt und der maximale Eigenwert $\lambda_{max}$ ausgewählt.[1] Ist $\lambda_{max}$ berechnet worden, lassen sich der Konsistenzindex und -wert bestimmen. Im Beispiel wird ein Konsistenzwert von 0,01116 ermittelt, der kleiner als der Maximalwert der Konsistenzbedingung von 0,1 ist. Somit ist die Paarvergleichsmatrix ausreichend konsistent, und es kann im nächsten Schritt 4 der Gewichtungsvektor W berechnet werden.

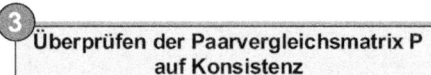

**③ Überprüfen der Paarvergleichsmatrix P auf Konsistenz**

Der maximale Eigenwert von P: $\lambda_{max} = 5,05$

Der Konsistenzindex: $\quad KI = \dfrac{\lambda_{max} - n}{n - 1} = \dfrac{5,05 - 5}{5 - 1} = 0,0125$

Der Konsistenzwert: $\quad KW = \dfrac{KI}{RI} = \dfrac{0,0125}{1,12} = 0,01116 \le 0,1$

| n | 1 | 2 | 3 | 4 | 5 | 6 | 7 | 8 | 9 | 10 | 11 | 12 | 13 | 14 | 15 |
|---|---|---|---|---|---|---|---|---|---|----|----|----|----|----|----|
| RI | 0 | 0 | 0,58 | 0,9 | 1,12 | 1,24 | 1,32 | 1,41 | 1,45 | 1,49 | 1,51 | 1,48 | 1,56 | 1,57 | 1,59 |

$\Rightarrow$ **P ist ausreichend konsistent.**

**④ Berechnung des Gewichtungsvektors W**

$$w_i = \frac{p_{ij}}{\sum\limits_{l=1}^{n} p_{lj}}$$

$$P = \begin{pmatrix} 1 & 3 & 1 & 7 & 2 \\ \tfrac{1}{3} & 1 & \tfrac{1}{3} & 4 & \tfrac{1}{2} \\ 1 & 3 & 1 & 7 & 2 \\ \tfrac{1}{7} & \tfrac{1}{4} & \tfrac{1}{7} & 1 & \tfrac{1}{5} \\ \tfrac{1}{2} & 2 & \tfrac{1}{2} & 5 & 1 \end{pmatrix} \Rightarrow W = \begin{pmatrix} 0,336 \\ 0,112 \\ 0,336 \\ 0,048 \\ 0,168 \end{pmatrix} \Rightarrow \text{Rangfolge} \begin{matrix} 1 \\ 3 \\ 1 \\ 4 \\ 2 \end{matrix}$$

$\sum = 2,976$
Spalte

**Abb. A 7-2:** *Schritte 3 und 4 bei der Gewichtung von Zielkriterien*

Zielkriterien 1 und 3 werden gleich hoch und am höchsten gewichtet. Die anderen Kriterien werden in abfallender Reihenfolge wie folgt eingestuft: Kriterium 5, 2 und dann 4.

---

[1]  Vgl. Fischer (2002), S. 228 f.; Stammbach (1988), S. 122 ff. Zur Berechnung der Nullstellen vgl. Fischer (2002), S. 64 ff.

## A 8   Ergebnisdarstellung

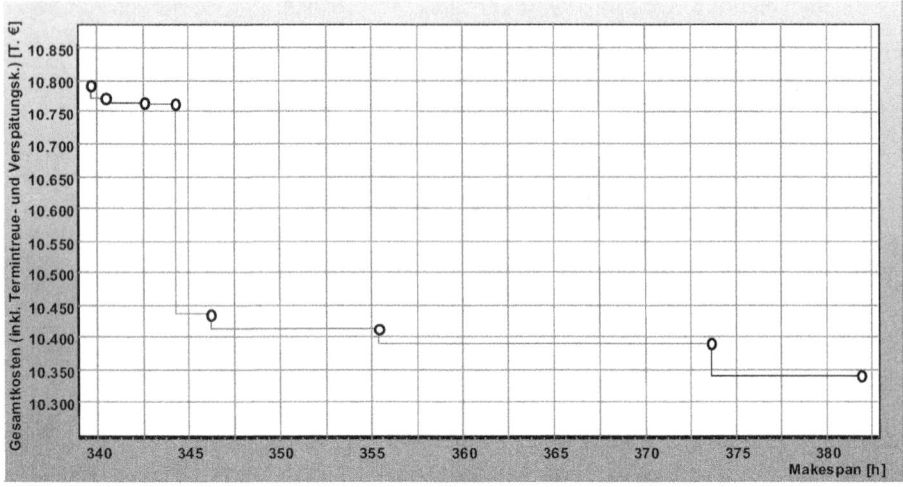

**Abb. A 8-1:** *Darstellung der Pareto-Front*

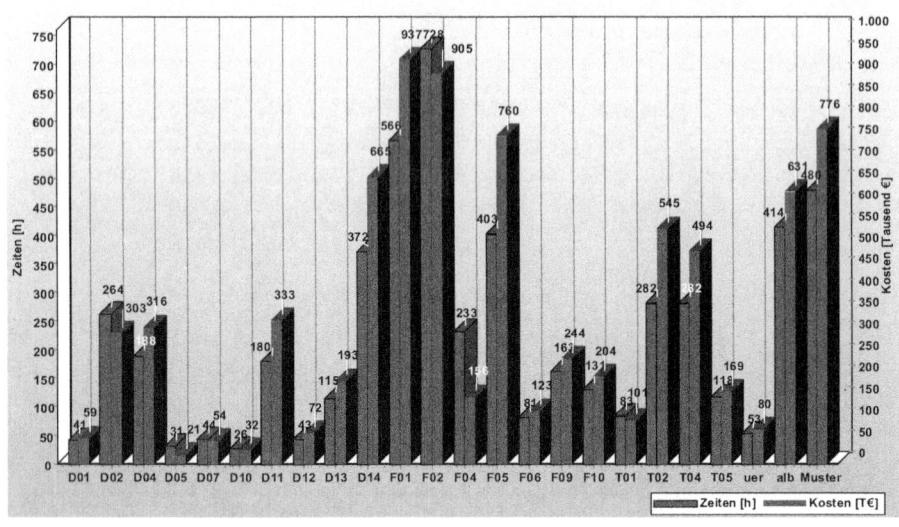

**Abb. A 8-2:** *Kapazitäts- und Kostenverteilung über die Produktionsstandorte*

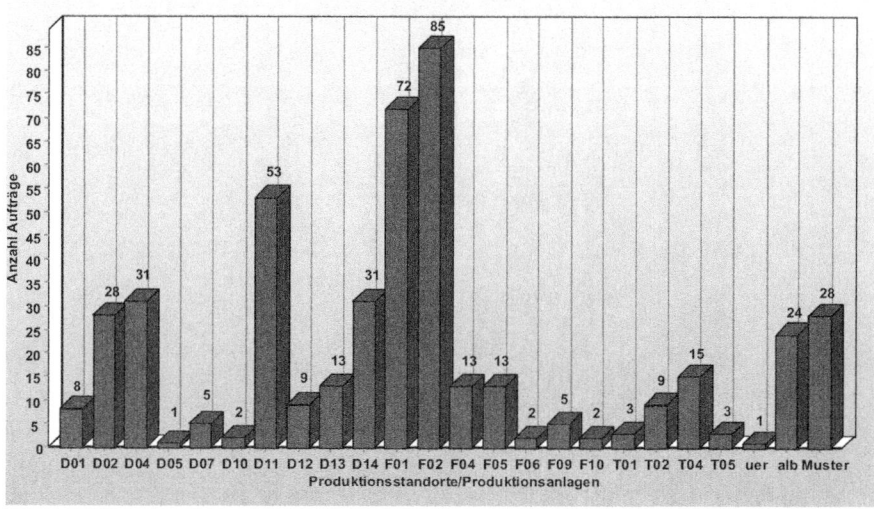

**Abb. A 8-3:** *Verteilung der Anzahl Aufträge über die Produktionsstandorte*

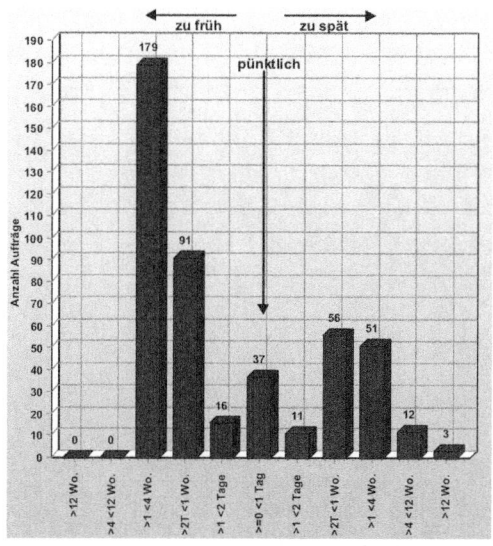

**Abb. A 8-4:** *Pünktlichkeitsuntersuchung – Anzahl Aufträge[1]*

---

[1] Die Pünktlichkeitsuntersuchung bezieht sich hier auf einen Vergleich des Kundenwunschtermins mit dem Ende der Bearbeitungszeit. Zu frühe Produkte müssen gelagert werden, bevor sie ausgeliefert werden.

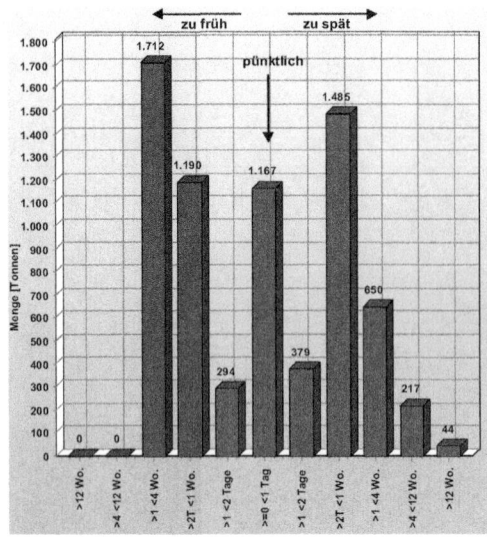

**Abb. A 8-5:** *Pünktlichkeitsuntersuchung – Mengen[1]*

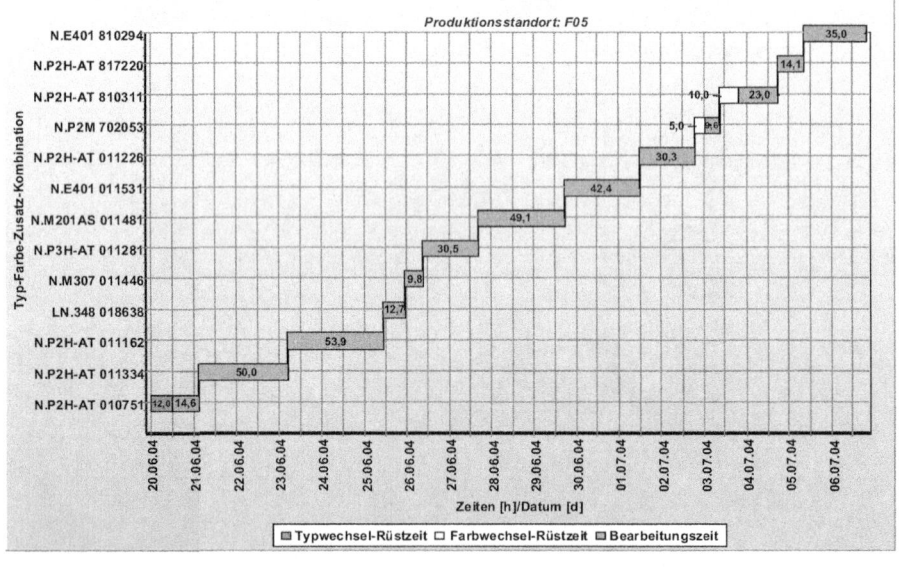

**Abb. A 8-6:** *Ablaufplan/Gantt-Diagramm für Produktionsstandort F05*

---

[1] Siehe vorherige Fußnote.

Printed by Amazon Italia Logistica S.r.l.
Torrazza Piemonte (TO), Italy

34221299R00208